Annette Treibel
Migration in modernen Gesellschaften

Grundlagentexte Soziologie

Herausgegeben von
Martin Diewald und Klaus Hurrelmann

Der Juventa Verlag hat eine lange Tradition in der Publikation sozialwissenschaftlicher Texte. Bereits in den 1960er Jahren wurden mit der Reihe „Grundfragen der Soziologie" (hrsg. von Dieter Claessens) programmatische Akzente gesetzt. Die Reihe hatte einen prägenden Einfluss auf die damals noch in den Anfängen stehende Disziplin Soziologie.

Die Reihe „Grundlagentexte Soziologie" knüpft an diese Tradition an. Die Soziologie hat sich seitdem in Deutschland als theoretisch und empirisch reichhaltiges wissenschaftliches Fach etabliert. Es fehlt ihr aber an Einführungstexten und Übersichtsbänden für den Lehrbetrieb in Universitäten, Fachhochschulen, Fachschulen und anderen Bildungseinrichtungen.

Dieser Herausforderung stellt sich die Reihe „Grundlagentexte Soziologie". Von fachlich gut ausgewiesenen Wissenschaftlerinnen und Wissenschaftlern werden Texte vorgelegt, die die wichtigsten theoretischen Ansätze des Faches, methodische Zugänge und gesellschaftswissenschaftliche Analysen präsentieren. Die Bände sind so zugeschnitten, dass sie sich als Basislektüre für Vorlesungen, Seminare und andere Lehrveranstaltungen mit einführendem Charakter eignen, dabei aber gleichzeitig auf der Höhe der aktuellen Entwicklung des Faches sind.

Die Reihe „Grundlagentexte Soziologie" wird gemeinsam herausgegeben von Martin Diewald (Universität Bielefeld, Fakultät für Soziologie) und Klaus Hurrelmann (Hertie School of Governance, Berlin).

Annette Treibel

Migration in modernen Gesellschaften

Soziale Folgen von Einwanderung,
Gastarbeit und Flucht

5. Auflage 2011

Juventa Verlag Weinheim und München

Die Autorin

Annette Treibel, Jg. 1957, Dr. rer. soc., ist Professorin an der Pädagogischen Hochschule Karlsruhe (Fach Soziologie/Politikwissenschaft).
Ihre Arbeitsgebiete sind Migrationsforschung, soziologische Theorie, Zivilisationstheorie und Geschlechterforschung.

Bibliografische Information der Deutschen Nationalbibliothek

Die Deutsche Nationalbibliothek verzeichnet diese Publikation in der Deutschen Nationalbibliografie; detaillierte bibliografische Daten sind im Internet über http://dnb.d-nb.de abrufbar.

1. Auflage 1990
2., völlig neu bearbeitete und erweiterte Auflage 1999
3. Auflage 2003
4. Auflage 2008
5. Auflage 2011

Das Werk einschließlich aller seiner Teile ist urheberrechtlich geschützt. Jede Verwertung außerhalb der engen Grenzen des Urheberrechtsgesetzes ist ohne Zustimmung des Verlags unzulässig und strafbar. Das gilt insbesondere für Vervielfältigungen, Übersetzungen, Mikroverfilmungen und die Einspeicherung und Verarbeitung in elektronischen Systemen.

© 1990 Juventa Verlag Weinheim und München
Umschlaggestaltung: Atelier Warminski, 63654 Büdingen
Umschlagabbildung: Tür 1969, Joachim Palm, München, © VG Bild-Kunst, Bonn 2011
Printed in Germany

ISBN 978-3-7799-0399-4

*Der Fakultät für Sozialwissenschaft
der Ruhr-Universität Bochum
in Dankbarkeit gewidmet*

Vorwort

Das hier vorgelegte Buch gibt einen Einblick in ein Arbeitsgebiet der Soziologie, das seit 1989 in der öffentlichen und politischen Wahrnehmung verstärkt an Interesse gewonnen hat, die Wanderungs- oder Migrationssoziologie. Die ersten Untersuchungen zu diesem Forschungsgebiet entstanden schon vor über 100 Jahren, aber seit der Öffnung Osteuropas, der deutschen Wiedervereinigung, dem Krieg im ehemaligen Jugoslawien und der Einrichtung des europäischen Binnenmarkts sind die Erscheinungsformen der Wanderungsbewegungen so vielfältig geworden, daß die alten Unterscheidungen (z.b. die klassische Differenzierung zwischen Arbeitsmigration und Fluchtmigration) nicht mehr greifen. Insbesondere in Deutschland, das seit Jahren neben den USA ein bevorzugtes Wanderungsziel darstellt, ist Migration zu einem der zentralen Diskussionsthemen geworden.

Das Buch will einen Beitrag zur Versachlichung der politisch aufgeladenen Thematik Migration leisten. Die Debatten über Aussiedlerpolitik, doppelte Staatsbürgerschaft, Abschiebung oder über die Konzeptionen einer multikulturellen Gesellschaft werden mit dem Wissen, das die sozialwissenschaftliche Migrationsforschung bereitstellt, verständlicher. Die Leserinnen und Leser sollen unterschiedliche Perspektiven kennenlernen und ein Verständnis für die generellen Funktionsprinzipien von Wanderungsprozessen entwickeln können. Die Veröffentlichung versteht sich gleichermaßen als Kompendium der Migrationssoziologie wie als Einführung in die historischen, rechtlichen, gesellschaftlichen und individuellen Dimensionen von Migration und richtet sich somit nicht nur an das Fachpublikum, sondern an eine breitere, interessierte Öffentlichkeit.

Gegenüber der Erstauflage von 1990 wurden sämtliche Kapitel überarbeitet, aktualisiert und erweitert. Völlig neu sind die Abschnitte über Aussiedler (2.3), Europa (3.3) und das Kapitel zur Fluchtmigration (Kap. 6).

Mit der Einbeziehung von *Flucht* war eine Erweiterung des Migrationsbegriffs unumgänglich: In der ersten Auflage war die Darstellung auf die 'mehr oder weniger freiwillige' Migration (sog. Arbeitsmigration) konzentriert. Angesichts der anhaltenden bzw. wachsenden Bedeutung von Flucht und Vertreibung und der 'Mischung' der Migrationsformen scheint mir diese Einschränkung systematisch nicht mehr vertretbar. Deshalb wurde für die Neuauflage der Migrationsbegriff ergänzt und umfaßt nun Arbeits- *und* Fluchtmigration (vgl. Kap. 1).

Mit Blick auf Recherchen, die die Leserinnen und Leser selbst vornehmen wollen, wurde erstmals auch ein Verzeichnis von Institutionen und weiteren Informationsquellen erstellt, die hierfür nützlich bzw. unverzichtbar sind (Kap. 9).

Über Angaben hierzu (Korrekturen, Ergänzungen) und Kommentare zum gesamten Buch freue ich mich - gerne auch über e-mail: Annette.Treibel@ph-karlsruhe.de

Zahlreiche Personen und Institutionen waren an der Entstehung dieses Buches beteiligt, ihnen möchte ich an dieser Stelle danken:

Den Kolleginnen und Kollegen Richard Alba, Uwe Andersen, Jochen Blaschke, Wilhelm Bleek, Kazim Calisgan, Beate Collet, Thomas Faist, Heinz Fassmann, Barbara Hahn, Felicitas Hillmann, Hermann Korte, Elcin Kürsat-Ahlers, Ilse Lenz, Rainer Münz, Ludger Pries, Martina Schöttes, Thomas Schwarz, Wolfgang Seifert, Hans-Peter Waldhoff, Diana Wong und Jung-Sook Yoo für Hinweise und Diskussionen über verschiedene Aspekte des Themas Migration während der letzten Jahre;

den Studierenden Julia Axtmann, Dominik Flohr, Stephanie Fritz, Ulrike Kollnigg und meiner Freundin Stefanie Hortmann für Hilfe bei der Literaturbeschaffung, Recherchen, technischen Problemen, Korrekturen und den Übersetzungen;

den Mitarbeiterinnen und Mitarbeitern der Badischen Landesbibliothek Karlsruhe für die vorzüglichen Arbeitsbedingungen am dortigen Arbeitsplatz;

dem Juventa-Verlag - hierbei insbesondere dessen Geschäftsführer Lothar Schweim - für die nachdrückliche Geduld bezüglich des neuen Manuskriptes

und Christian Illian, meinem Mann, für Diskussionen, Korrekturen, Präzisierungen, Versorgung mit der aktuellen Presse und noch vieles mehr ...

Karlsruhe, November 1998
Annette Treibel

Inhalt

Vorwort 7

Einleitung 11

1. Begriffsklärung: Migration 17

2. Ursachen und Verlauf von Migrationen:
   Beispiele aus Geschichte und Gegenwart 25

   2.1 Binnenmigration: Land-Stadt-Wanderung im United Kingdom des
       19. Jahrhunderts 25

   2.2 Interkontinentale Wanderung: Einwanderung in die USA im
       19. und 20. Jahrhundert 28

   2.3 Kontinentale Wanderung: Zuwanderung von Aussiedlern und
       Spätaussiedlern nach Deutschland 32

   2.4 Modelle zu den Ursachen von Migration 39

   2.5 Zusammenfassung 44

3. Schmelztiegel oder multikulturelle Gesellschaft?
   Vom öffentlichen und rechtlichen Umgang mit Migration 47

   3.1 Die Vereinigten Staaten: Ein Schmelztiegel? 48

   3.2 Die Bundesrepublik Deutschland:
       Eine multikulturelle Gesellschaft? 54

   3.3 Europa: Eine Union von Bürgern? 68

   3.4 Zusammenfassung 78

4. Assimilation oder Marginalität?
   Erklärungsmodelle zur Einwanderung 83

   4.1 Das klassische Assimilations-Konzept:
       Vollständige Assimilation 84

   4.2 Weiterentwicklungen: Formen partieller Assimilation 96

   4.3 Alternative Modelle zur Assimilation:
       Entwurzelung, Fremdheit und Marginalität 102

   4.4 Zusammenfassung 108

5. *Eingliederung oder Ausgrenzung?*
   Erklärungsmodelle zu Gastarbeit und Niederlassung 115

   5.1 Funktionen und Positionen der Gastarbeiterinnen und
       Gastarbeiter im Beschäftigungssystem 117

   5.2 Arbeits- und Lebenssituation der ersten Generation 129

   5.3 Dimensionen der Eingliederung nach der Niederlassung 136

   5.4 Zusammenfassung 151

6. *Passivität oder Aktivität? Erklärungsansätze zur Fluchtmigration* 157

   6.1 Fluchtbewegungen und Flüchtlingsbegriffe in der Politik 159

   6.2 Theoretische Ansätze: Flüchtlingstypen und Migrationssysteme 163

   6.3 Muster von Flucht, Vertreibung und Rückkehr 171

   6.4 Zusammenfassung 173

7. *Die Beziehung zwischen Einheimischen und Zugewanderten:*
   Zur Bedeutung der ethnischen Herkunft 175

   7.1 Spannungstransfer, Unterschichtung und Konkurrenz 176

   7.2 Ethnizität und ethnische Symbole 186

   7.3 Ethnisierung und ethnische Schichtung 199

   7.4 Das Beziehungsgeflecht von Etablierten und Außenseitern 209

   7.5 Zusammenfassung 217

8. *Migration in modernen Gesellschaften* 225

9. *Migrationsforschung und Migrationspolitik:*
   Anschriften von Institutionen 238

Literatur 245

Einleitung

„Wenn Menschen äußerlich in Bewegung geraten, so verändert sich häufig auch ihr Selbstverständnis. Man denke nur an die erstaunliche Transformation von Selbstbild und Identitätsgefühl, die die Folge einer simplen Wohnsitzveränderung sein kann" (P.L. Berger 1977: 68).

Aus unterschiedlichen Gründen und auf der ganzen Welt sind gegenwärtig so viele Menschen in Bewegung wie nie zuvor: Chinesische Familien wandern ins kanadische Vancouver aus, peruanische Frauen bringen sich und ihre Angehörigen mit einem Job in Mailand oder Rom durch, ägyptische Intellektuelle suchen Asyl in Frankreich, Flüchtlinge aus Sri Lanka stranden in Litauen, US-Amerikaner afrikanischer Herkunft suchen Arbeit in Südafrika, deutsche Männer suchen in Thailand oder auf den Philippinen nach einer Ehefrau, Mosambikaner kehren nach Ende des Bürgerkriegs in ihr Land zurück...

Aber Wanderungen sind kein neues Phänomen. Einzelne Menschen, Gruppen oder ganze Stämme (Völkerwanderung) haben zu allen Zeiten - jahrtausendelang zu Fuß - ihre Herkunftsregionen verlassen und sich in anderen Gebieten niedergelassen. Häufig waren sie auch dort vor Hunger, Krankheit oder Verfolgung nicht sicher und zogen weiter. Zum Bild des Mittelalters gehören die wandernden Handwerksgesellen und Fachkräfte, z.B. italienische Steinmetze und Fliesenleger, die von einer Baustelle Europas zur anderen zogen (vgl. Sassen 1996: 23). Die geplante Ansiedelung und Anwerbung von Arbeitskräften ist keine Erfindung gegenwärtiger Gesellschaften. So 'füllte' z.B. der Soldatenkönig Friedrich Wilhelm I. die durch die Pest dezimierte Bevölkerung Litauens durch insgesamt 15.000 aus Salzburg vertriebene Protestanten 'auf'; in den Jahren 1732/33 erreichte diese forcierte Einwanderungsbewegung ihren Höhepunkt (vgl. Walker 1997).

Im Zuge der Industrialisierung, Technisierung und Verstädterung immer größerer Teile der Welt und der Entstehung von Nationalstaaten haben die Wanderungen, quantitativ und qualitativ gesehen, eine neue Dimension erhalten. Mit dieser Form der *Wanderung* (oder *Migration*, wie das anglo-amerikanische Wort und der Fachbegriff lautet) beschäftigt sich die Sozialwissenschaft und auch dieses Buch. Die weltweite Kluft zwischen 'Nord' und 'Süd' wird immer größer und die Möglichkeit des reichen Nordens, sich gegen Wanderarbeiterinnen und Wanderarbeiter (die man im Boom selbst angeworben hatte) und Flüchtlinge aus dem Süden abzuschotten, immer kleiner. Selbst interkontinentale Distanzen werden mit dem Flugzeug leicht überwindbar. Dennoch trägt die sog. *Dritte Welt* selbst die Hauptlast von Flucht und Vertreibung: Die überwiegende Zahl von Flüchtlingen befindet sich in Afrika und Asien. Von Bürgerkriegen und Hungersnöten betroffene Menschen fliehen in die Anrainerstaaten und nur in wenigen Fällen auf andere Kontinente. So befanden sich Anfang 1997 in Iran 1,4 Mill. und in Pakistan 1,2 Mill. Flüchtlinge aus Afghanistan. Im Oktober 1996 waren 1,1 Mill. Menschen aus Ruanda in das benachbarte Ostzaire geflohen. 1997 betrug die Zahl der vom Flüchtlinghochkommissariat der Vereinten Nationen (UNHCR) geschützten Flüchtlinge und Vertriebenen 22 Mill. Dazu kommen nach Schätzungen weitere 25 Mill. Vertriebene, die nicht unter dem Schutz internationaler Organisationen stünden (vgl. UNHCR 1997).

Am Ende des 20. Jahrhunderts leben nach Schätzungen *weltweit* über 100 Mill. Menschen nicht dort, wo sie geboren sind. Hinzu kommen noch 24 Mill. Binnenflüchtlinge (vgl. Opitz 1997). In der *Europäischen Union* (EU) nimmt sich der Umfang der ausländischen Wohnbevölkerung mit 4,8 % noch eher bescheiden aus; 1994 lebten hier ca. 17,6 Mill. Ausländerinnen und Ausländer (siehe Abb. 1). Deutschland nimmt dabei räumlich wie durch seine Bedeutung als Ziel von Migration eine zentrale Position ein: So stellten auch 1998 zwar nicht mehr als die Hälfte, aber immer noch 42% derjenigen, die in der EU einen Asylantrag stellen, ihren Antrag in Deutschland (16% in Großbritannien, 14% in den Niederlanden). „Übertroffen wird Deutschland in der westlichen Welt nur von den USA, wo mit 122 900 Menschen 34 Prozent weniger Asyl suchten als im Jahr zuvor" (Angaben des *UNHCR*, nach: *Süddeutsche Zeitung* vom 5.6.98).

Abbildung 1: Gesamtbevölkerung, ausländische Bevölkerung und Ausländeranteil in den Staaten der Europäischen Union am 1.1.1994 (gerundet)

Staat	*Gesamtbevölkerung*	*ausländische Bevölkerung*	*Ausländeranteil in %*
Belgien	10 100 600	920 600	9,1 %
Dänemark	5 196 600	189 000	3,6 %
Deutschland	82 012 000	7 314 000	8,9 %
Finnland	5 077 900	55 600	1,1 %
Frankreich	56 652 000	3 596 600	6,3 %
Griechenland	10 409 600	149 100	1,4 %
Großbritannien	57 480 000	2 034 000	3,5 %
Irland	3 570 700	79 800	2,2 %
Italien	57 138 500	624 100	1,1 %
Luxemburg	400 900	127 600	31,8 %
Niederlande	15 341 600	779 800	5,1 %
Österreich	8 015 000	706 300	8,8 %
Portugal	9 892 200	157 100	1,6 %
Schweden	8 745 100	507 500	5,8 %
Spanien	39 143 000	461 400	1,2%
Europäische Union	369 138 400	17 671 500	4,8%

Quelle: *eurostat* 1997 (nach: *Ausländer in Deutschland* H. 3/97: 10f.)

Mit *Migration* ist nicht allein eine räumliche Bewegung, d.h. eine Ortsveränderung von Menschen gemeint. Wanderungen sind gravierende soziale Einschnitte

1. für die betroffenen Individuen, deren Orientierungen, Verhaltensweisen und sozialen Kontexte;
2. für die betroffenen Gruppen, zu denen der/die Wandernde
   a) gehört hat,
   b) aktuell gehört bzw. sich zugehörig fühlt,
   c) und auf die er/sie bei der Ankunft stößt;
3. für die aufnehmende und
4. für die abgebende Gesellschaft (bzw. deren soziale und ökonomische Strukturen).

Menschen und Gesellschaften verändern sich also durch Migration. Deshalb stellen Wanderungen - insbesondere, wenn es sich um den prototypischen Fall der Ein- bzw. Auswanderung handelt - für die Sozialwissenschaften von ihren Anfängen an ein wichtiges Thema dar. Dieses Buch behandelt ausschließlich die Migration in *modernen Gesellschaften*. Damit sind die (hoch)industrialisierten, nationalstaatlichen Gesellschaften des 19. und 20. Jahrhunderts gemeint. Ohne die Wanderung von Arbeitskräften innerhalb und zwischen Gesellschaften wären Industrialisierungsprozesse nie richtig in Gang gekommen. Gleichzeitig verstärken die Wanderungsströme vom Land in die Städte die ungleichzeitige Entwicklung von Regionen, die Bevölkerung vieler Metropolen 'explodiert', und die Rekrutierung billiger Arbeitskräfte aus 'traditionellen' Gesellschaften oder Regionen vergrößert das Wohlstands- und Machtgefälle zwischen Zentren und Peripherien. Jedoch findet Migration nicht nur von der Peripherie in die Zentren, also vom Land in die Stadt, sondern auch zwischen den Zentren, also zwischen Städten statt. Mancher Großstadtbewohner mag sich anderen Großstadtbewohnern, auch wenn sich diese auf einem anderen Kontinent befinden, näher fühlen als der ländlichen Bevölkerung des eigenen Landes. Dieser Prozeß wird sich im Zuge der Globalisierung noch verstärken.

Migration in allen ihren Formen, ob erzwungen oder freiwillig, war und ist strukturelles Merkmal des „Weltmarktes für Arbeitskraft" (Potts 1988; vgl. Sassen 1996). Die modernen bzw. moderneren Regionen und Gesellschaften sind das Ziel der Migrationsströme des 19. und 20. Jahrhunderts und werden es wohl auch im 21. Jahrhundert sein. Moderne Gesellschaften oder Regionen sind in stärkerem Maße industrialisiert, technisiert, urbanisiert, Güter und Dienstleistungen werden arbeitsteilig hergestellt. Ihre Bevölkerung ist alphabetisiert, ein ständig wachsender Anteil der Erwachsenen verfügt über eine wissenschaftlich-technische (Aus-)Bildung. Die Mitglieder moderner Gesellschaften sind in räumlicher und sozialer Hinsicht mobil; die Bedeutung von Verwandtschaftsbeziehungen wird geringer. Das öffentliche Leben ist in hohem Maße bürokratisiert, Verwaltung und Politik haben eine hohe Steuerungskapazität. Die folgende Abbildung faßt die Merkmale der beiden Gesellschaftsformen in schematischer Gegenüberstellung zusammen:

Abbildung 2: Dimensionen und Ausprägungen von *Traditionalität* und *Modernität*

Dimension	Traditionalität	Modernität
Sozialstruktur	homogen stabil	heterogen mobil
soziale Kontrolle	direkt	indirekt
Werte- und Normensystem	konsistent 'einfach'	inkonsistent komplex
Positionsrekrutierung	zugeschrieben	erworben
technische Innovationen	gering negativ sanktioniert	zahlreich positiv sanktioniert
Arbeitsproduktivität	gering	hoch
dominanter Wirtschaftssektor	agrarisch	industriell
dominante Siedlungsform	ländlich	städtisch
dominante Sozialform	'Gemeinschaft' personal vermittelt	'Gesellschaft' organisatorisch vermittelt
dominante Organisationsform	Patrimonialismus	Bürokratie
Legitimationsformen der Herrschaft	Heiligkeit der Traditionen	Legalität der Satzung
Aggregation der Interessen	niedrig lokal	hoch zentral
dominante Einheiten der Interessenformierung	politisch formierte 'Stände'	ökonomisch formierte 'Klassen'
politische Partizipation	gering spontan	hoch institutionalisiert
Konfliktaustragung	gewaltsam unterdrückt	friedlich formalisiert
Kommunikation	personal direkt	'medial' vermittelt

Quelle: Lepsius 1977: 16f.

Das Schema von Lepsius ist auch nach 20 Jahren noch nicht überholt, da es die zentralen Unterschiede benennt. Gleichwohl ist auf die grundsätzliche Problematik einer dichotomisierten Gegenüberstellung von *Traditionalität* und *Modernität* hinzuweisen. Bei den von ihm aufgeführten Merkmalen handelt es sich um idealtypische „Eigenschaftsbeschreibungen" (Lepsius) für zwei Gesellschaftsformen, zwischen denen die Übergänge fließend sind. Indem Lepsius eine Dimension etwa als *dominanten* Wirtschaftssektor bezeichnet, bringt er zum Ausdruck, daß es auch in der industriell-modernen Gesellschaft noch traditionelle Elemente gibt - und umgekehrt. Beispiele hierfür sind die „Konfliktaustragung", die in eher modernen Gesellschaften keineswegs nur friedlich und formalisiert verläuft, oder „technische Innovationen", die in eher traditionalen Gesellschaften keineswegs nur negativ sanktioniert sind.

In seinem *opus magnum*, der „Gesellschaft der Gesellschaft" (1997), macht Niklas Luhmann darauf aufmerksam, daß man sich soziale Veränderungen immer ungleichzeitig und unausgewogen vorstellen sollte:

„Die Gesellschaft geht nicht auf wie Sauerteig, sie wird nicht gleichmäßig größer, differenzierter, komplexer, wie die Fortschrittstheorien des 19. Jahrhunderts meinten (und meinen konnten, weil sie die Gesellschaft als Wirtschaftssystem begriffen). Sie komplexiert vielmehr einige Funktionsbereiche und läßt andere verkümmern. Diese Unausgewogenheit ist immer wieder Anlaß gewesen zu einer Zivilisationskritik - mag sie nun, wie die Restaurationsphilosophie, auf Religion setzen oder, wie Habermas, auf Vernunft" (a.a.O., Bd. 1: 392).[1]

Im Mittelpunkt dieses Buches stehen die *individuellen und gesellschaftlichen Folgen* der Migration. Der Umbruch in Osteuropa, die deutsche Wiedervereinigung und die europäische Einigung, rassistische Anschläge, die Änderung des deutschen Asylrechts, der Krieg im ehemaligen Jugoslawien und die Diskussion über Rückführung nach dem Friedensabkommen von Dayton, die Flüchtlingskatastrophen in Ruanda, die Aussiedlerdebatte in deutschen Kommunen, die Diskussion um die doppelte Staatsbürgerschaft und andere migrationspolitische Ereignisse während der letzten Jahre haben die Abfassung dieses Buches begleitet. Zu den Folgen dieser Prozesse kann es zwar noch keine gesicherten Forschungs-Ergebnisse geben; nach meiner Auffassung ist dies jedoch nicht nur ein Mangel, sondern auch eine Chance. Die 'brennende Aktualität' neuer Migrations-Bewegungen schärft den Blick für frühere Wanderungen. Umgekehrt ermöglicht das Wissen über frühere Wanderungen den Blick 'über den Tellerrand' gegenwärtiger Probleme.

Hier wird nicht der Blick auf ein eher kurzfristig definiertes „Einwanderer-, Gastarbeiter-, Ausländer- oder Flüchtlingsproblem" gerichtet, sondern der Versuch einer längerfristigen Perspektive unternommen. Es soll ein systematischer Überblick über die Begriffe, Ansätze und Ergebnisse der Wanderungssoziologie gegeben werden (wobei ich mich auf die Aufnahmeländer USA und Bundesrepublik Deutschland konzentriere); mein Hauptinteresse liegt dabei auf dem Verhältnis zwischen der Aufnahmegesellschaft und den Zugewanderten.

---

1 An einer anderen Stelle reflektiert Luhmann (1927-1998) das Problem, eine Zäsur für den Beginn 'der modernen Gesellschaft' zu benennen und macht darauf aufmerksam, daß die Definition von moderner Gesellschaft vom Standpunkt des Beobachters abhängt und eine theoretische Konstruktion darstellt: „Wenn man wissen will, wie die moderne Gesellschaft sich selber historisch abgrenzt, muß man sie deshalb von einer Ebene zweiter Ordnung aus beobachten. Man muß beschreiben, wie sie sich selbst beschreibt" (Luhmann 1997, Bd. 1: 516). Aus Sicht von Mitgliedern traditionaler Gesellschaften würde der Blick auf moderne Gesellschaften also anders ausfallen. - Informative, an Luhmann orientierte Hinweise zu dieser Thematik finden sich bei Halfmann (1996: Kap.1 „Soziologie und moderne Gesellschaft").

Relativ unabhängig davon, ob es sich um eine schwedische Einwanderin in den Vereinigten Staaten zu Ende des 19. Jahrhunderts, einen italienischen Saisonarbeiter in der Bundesrepublik in den 1950er Jahren oder eine Familie aus Bosnien handelt, die 1992 in Österreich Zuflucht gesucht hat - es geht im folgenden um eine spezifische Form der Gruppenbeziehung in modernen Gesellschaften, die zwischen Einheimischen und Neuankömmlingen. Dieser Ansatz wird dem Thema *Folgen von Wanderungen* meiner Auffassung nach gerechter als eine Herangehensweise, die die Zugewanderten in einem bestimmten Land und zu einer bestimmten Zeit als vermeintlich singuläres *Problem* definiert (vgl. auch Treibel 1988).

Soziologinnen und Soziologen beschäftigen sich mit Prozessen, in denen Menschen engagiert und involviert sind. Gerade Migration ist ein solcher Prozeß: Politische und moralische Vorstellungen und normative Erwartungen fließen in den Wanderungsprozeß mit ein. Diejenigen, die sich mehr oder weniger freiwillig zur Wanderung entschließen, setzen sich einem großen Erwartungsdruck aus. Die Wanderung muß sich lohnen - für sie selbst und gegenüber dem Herkunftskontext. Diejenigen, die unter Zwang wandern, sehen sich in ein globales System von Flüchtlingshilfe und Politikstrategien eingebunden. Und auch die aufnehmenden Gesellschaften müssen sich durch die Zuwanderung an neue soziale und politische Konstellationen anpassen. Die Migrantinnen und Migranten sind eine Herausforderung an das Selbstverständnis ihrer Modernität.

Untersucht man diese Vorgänge soziologisch, sollte man sich möglichst weitgehend von den eingeflossenen Bewertungen und Erwartungen, auch von den eigenen politischen Wünschen lösen und Distanz üben. Anregungen für ein solches Vorgehen geben die Arbeiten des Soziologen Norbert Elias (1897-1990), dessen Analyse der Gruppenbeziehung zwischen Etablierten und Außenseitern (Elias/Scotson 1990) zu einem späteren Zeitpunkt aufgegriffen wird (vgl. Abschnitt 7.4). Hier sei nur auf seine Aufforderung zu einer distanzierteren Haltung gegenüber dem gesellschaftlichen Tagesgeschehen hingewiesen:

> „Scharf umrissen treten die unterscheidenden sozialen Strukturen und so auch die Probleme der jeweiligen Gegenwart für das Auge der Untersuchenden erst hervor, wenn es ihnen gelingt, sie mit einiger Distanz zu betrachten. Dazu bedarf es der ständigen Arbeit an einem klar profilierten, konsensfähigen, also überprüfbaren theoretischen Modell der langfristigen Gesellschaftsentwicklung, das es möglich macht, die eigene Gegenwart, statt sie mit engem Horizont und in Isolierung zu untersuchen, systematisch mit anderen Entwicklungsphasen zu vergleichen und sie so auch selbst als Phase einer Entwicklung wahrzunehmen, die über diese Gegenwart hinausweist" (Elias 1983b: 36).

Das Augenmerk soll im folgenden auf dem Verhältnis zwischen Zugewanderten und Aufnahmegesellschaft liegen. Dieses Verhältnis stellt die Flexibilität und die Modernisierungskapazität modernerer Gesellschaften auf die Probe.

1. Begriffsklärung: Migration

„Gesellschaftstheoretiker sind keine Theoretiker wie Naturwissenschaftler. Sie können keine Mikrostrukturen aufdecken, keine Elektronen oder Moleküle finden. Sie beschreiben, was die Bürgerinnen und Bürger bereits wissen, lediglich neu - in möglicherweise erhellenden, in vielleicht auch nicht erhellenden Begriffen" (Rorty 1998b).

Wanderungsprozesse sind komplex: Wanderung betrifft nicht nur die wandernden Menschen, sondern auch die Gesellschaften und Regionen, zwischen denen diese Menschen sich bewegen. Aufgrund dieser Tatsache sind neben der Soziologie zahlreiche andere wissenschaftliche Disziplinen mit Migration befaßt.

Die *Wirtschaftswissenschaften* beschäftigen sich mit den ökonomischen Ursachen und Begleiterscheinungen von Wanderungen, mit internationalen Wanderungsströmen und mit den volkswirtschaftlichen Vor- und Nachteilen der Beschäftigung ausländischer Arbeitnehmerinnen und Arbeitnehmer (vgl. Körner 1990; Siebert 1994).

In der *Rechtswissenschaft* werden Fragen des Aufenthalts-, Staatsbürgerschafts- und Flüchtlingsrechts sowie Rechtsnormen im internationalen Vergleich diskutiert. Migration steht hier im Kontext des Verfassungs-, Europa- und Völkerrechts, bestehende Gesetze werden kommentiert, mögliche Modifikationen für die Zukunft erörtert (vgl. Goes 1997; Hailbronner 1992; Kimminich 1996).

In der *Demographie* steht Migration im Zusammenhang von Untersuchungen und Prognosen zur Bevölkerungsentwicklung (vgl. Münz u.a. 1997; J. Schmid 1996).

In der *Geographie* wird Migration zunächst als räumliche Mobilität verstanden, die den Bevölkerungsaufbau von Gesellschaften und die Siedlungsstruktur von Regionen bzw. Städten verändert. In den 90er Jahren mehren sich jedoch Veröffentlichungen, die eine breitere, problemorientierte Perspektive einnehmen und Migration als (welt-)gesellschaftliches und nicht mehr nur als räumliches Phänomen untersuchen (vgl. *Geographische Rundschau*, H. 7-8, 1995; Hillmann 1996; King 1993).

Die *Geschichtswissenschaft* hat eine Reihe von sozial- und wirtschaftsgeschichtlichen Studien zum Verlauf und Vergleich von Wanderungen vorgelegt (z.B. zur Einwanderung in die USA oder zur Wanderung der Polen ins Ruhrgebiet; vgl. Helbich 1988 bzw. Stefanski 1991). Der Anschluß der Migrationsdiskussion an eine langfristige und internationale Sicht ist nicht zuletzt dem Engagement von Historikern zu verdanken (vgl. Bade 1992, 1994).

Für die *Politikwissenschaft* stehen die ausländerrechtliche und -politische Entwicklung, also der politische Umgang mit und die politische Partizipation von zugewanderten Minderheiten im Mittelpunkt. Wichtige Impulse gehen von Untersuchungen zur Staatsbürgerschaft (vgl. Brubaker 1994) oder zum europäischen Vergleich von Einwanderungs- und Asylpolitiken aus (vgl. Blanke 1993; Heinelt 1994). Darüberhinaus liegen Untersuchungen zur globalen Dimension von Migration vor allem aus dieser Disziplin vor (vgl. Sassen 1996; Zolberg et al. 1989).

In der *Philosophie* und *Sozialphilosophie* werden grundsätzliche Konzepte zur privaten und politischen Existenz des Individuums in der Moderne und zum 'Umgang mit Minderheiten' diskutiert (vgl. Habermas 1993; Taylor 1993; Walzer 1998).

Kulturanthropologie und *Ethnographie* untersuchen den gesellschaftlichen Umgang mit 'Fremden' und die Frage, wie diese ihre neue soziale bzw. kulturelle Umgebung wahrnehmen und sich spezifische Verhaltensstile, etwa der zweiten, türkischen, männlichen Einwanderergeneration entwickeln. Die einfühlsame Porträtierung von schwer zugänglichen Milieus machen diese qualitativ vorgehenden Studien (vgl. Schiffauer 1991; Tertilt 1996) zu wichtigen Ergänzungen gerade für die - häufig primär quantitativ vorgehende - soziologische Migrationsforschung.

Die *Psychologie* und *Sozialpsychologie* thematisieren persönlichkeitsbedingte Ursachen von Migration und Fragen der Identitätsentwicklung im Zuge der Migration. Darüberhinaus stellen sie Materialien zur Weiterbildung von Mitarbeitern der Sozialarbeit mit und der Beratung von Migranten bereit (vgl. Cropley u.a. 1994, 1995).

Für die *Erziehungswissenschaft* steht die schulische Situation der sog. zweiten (und nachfolgenden) Generation(en) und die Theorie und Praxis multi- bzw. interkultureller Erziehung im Mittelpunkt (vgl. Auernheimer 1995; Prengel 1995).

Die *Soziologie* schließlich interessiert sich für die individuellen und gesellschaftlichen Folgen der Migration, wobei sie versucht, dies weniger an einzelnen Wanderungsereignissen festzumachen, sondern zu generellen Aussagen zu gelangen. Diese Aussagen betreffen die Verhaltensmodelle der Migranten und der Einheimischen und die Frage, welche Funktion die Zuwanderung für die Aufnahmegesellschaft erfüllt und wie sie sich dadurch verändert.

Migration oder *Wanderung* (ich verwende die beiden Begriffe synonym) ist unterschiedlich definiert worden. Die folgenden Beispiele sind nach ihrem Allgemeinheitsgrad geordnet; sie beginnen beim weiten und enden beim engeren Begriffsverständnis.

Migration bzw. *Wanderung* ist bzw. betrifft

– „jede Ortsveränderung von Personen" (Hoffmann-Nowotny 1970: 107)
– „jeder Wechsel des Wohnsitzes, und zwar des de facto-Wohnsitzes, einerlei ob freiwillig oder unfreiwillig, dauernd oder vorübergehend" (Heberle 1955: 2)
– „Menschen, die dauerhaft oder für längere Zeit außerhalb ihres Herkunftslandes leben" (Castles 1993: 1)
– „ein permanenter oder semipermanenter Wechsel des Wohnsitzes" (Lee 1972: 117)
– der Wechsel der Gruppenzugehörigkeit („Was geschieht, scheint ... nur zu sein, daß Menschen sich physisch von einem Ort zum anderen bewegen. In Wirklichkeit wechseln sie immer von einer Gesellschaftsgruppe in eine andere über." (Elias/Scotson 1990: 229))
– „die Ausführung einer räumlichen Bewegung, die einen vorübergehenden oder permanenten Wechsel des Wohnsitzes bedingt, eine Veränderung der Position also im physischen und im 'sozialen Raum'" (Albrecht 1972: 23)
– „das Verlassen des bisherigen und das Aufsuchen eines neuen, als dauerhaft angestrebten Wohnorts in einer signifikanten Entfernung" (Schrader 1989: 436; ähnlich auch Hoffmann-Nowotny 1994: 400; Wenning 1996: 13)
– „jeder Wechsel des Hauptwohnsitzes einer Person" (Wagner 1989: 26)
– „daß Individuen aus einem Gesellschaftssystem in ein anderes überwechseln, wodurch direkt oder indirekt in beiden Systemen interne und externe Beziehungs- und Strukturveränderungen induziert werden" (Ronzani 1980: 17).
– „der Übergang eines Individuums oder einer Gruppe von einer Gesellschaft zur anderen" *physical transition* (Eisenstadt 1954: 1).

Die Definitionen unterscheiden sich nach den Kriterien der zurückgelegten Entfernung bzw. des Kontrastes zwischen Herkunfts- und Zielregion. Eisenstadt nennt nur den Wechsel von Gesellschaften Migration. Für Schrader ist eine signifikante Entfernung ausreichend: Danach wäre ein Umzug von Saarbrücken nach Kiel sozialwissenschaftlich als Migration zu verstehen, der Umzug von Saarbrücken nach Saarlouis aber nicht. Hinzu kommt (bei Albrecht, Lee, Schrader, Wagner, Castles und indirekt bei Elias/Scotson) der Aspekt der Dauerhaftigkeit. Damit sind Formen der räumlichen Bewegung wie Wandern als Sport bzw. Freizeitbeschäftigung, Reisen, Tourismus, Nomadentum und Pendeln ausgenommen. Flucht und Vertreibung als Formen erzwungener Wanderung sind bei diesen allgemeinen Begriffs-Bestimmungen miteingeschlossen.

Für alle Definitionen sind die Aspekte des Wechsels und der Bewegung zentral. Jackson (1969) weist darauf hin, daß Bewegung zu jeder normalen menschlichen Erfahrung hinzugehört: Beim Erwachsenwerden, durch Heirat oder Umzug erlebt das Individuum Veränderungen (vgl. a.a.O.: 4). Migration stellt somit nur eine besonders auffällige Bewegung und Veränderung dar.

Es wurden mehrere *Typologien* entwickelt, um den häufig sehr allgemein gehaltenen Migrations-Begriff (s. die obigen Definitionen) konkretisieren und differenzieren zu können:

1. Unter *räumlichen* Aspekten (Zielrichtung bzw. zurückgelegte Distanz bei der Wanderung) wird zwischen
   - *Binnenwanderung* oder *interner* Wanderung (meist vom Land in die Stadt) und
   - *internationaler* oder *externer* Wanderung unterschieden. Bei letzterer gibt es die Form *kontinentaler* oder *interkontinentaler* Wanderung.

2. Unter *zeitlichen* Aspekten wird zwischen
   - *begrenzter* oder *temporärer* Wanderung (etwa der Saisonarbeiter) und
   - *dauerhafter* oder *permanenter* Wanderung (der Aus- bzw. Einwanderung bzw. Niederlassung) unterschieden.

3. Bezüglich der *Wanderungsentscheidung* oder der *Wanderungsursache* unterscheidet man
   - *freiwillige* Wanderung (Arbeitsmigration) von der
   - *erzwungenen* Wanderung (Fluchtmigration, Vertreibung).

Diese Unterscheidung ist besonders umstritten, da die Motive der Wandernden immer wieder Gegenstand politischer, juristischer und moralischer Urteile sind.

„Wer freiwillig und aus wirtschaftlichen Gründen geht, ist ein Einwanderer, und wer unfreiwillig und aus politischen Gründen geht, ist ein Flüchtling. Diese Begriffsbildung ist jedoch in vieler Hinsicht problematisch" (Suhrke/Zolberg 1992: 39).

Handelt es sich bei den Bürgerinnen und Bürger Albaniens, die 1996/97 ihre Heimat verließen und hofften, in Italien unterzukommen, 'nur' um Arbeitsmigrantinnen und Arbeitsmigranten, die auf bessere Arbeitsbedingungen und höhere Löhne hoffen, oder um Flüchtlinge, die sich aufgrund der perspektivlosen Lage in der Herkunftsgesellschaft zur Wanderung gezwungen sehen?

4. Unter dem Aspekt des *Umfanges* der Migration wird zwischen
   - *Einzel-* bzw. *Individual*wanderung,
   - *Gruppen-* oder *Kollektiv*wanderung und
   - *Massen*wanderung unterschieden.

Auch hier sind die Übergänge fließend: In der Wanderungsstatistik tauchen viele Wanderinnen und Wanderer als Einzelwandernde auf, obwohl sie Bestandteil der sog. Kettenwanderung einer Gruppe von Verwandten oder Bekannten sind, die nach und nach die Herkunftsregion verlassen und sich in der Zielregion den früher Gewanderten wieder anschließen bzw. anschließen wollen.

Der heutigen Wanderungsrealität nicht mehr angemessen sind die zwei folgenden, klassischen Unterscheidungen:

Zum einen wird die *Unterscheidung zwischen klassischer Einwanderung und Arbeitsmigration* problematisch. Auch die 'Einwanderung' in die USA blieb in vielen Fällen temporär (vgl. Kap. 2.2), und aus dem vorübergehenden Aufenthalt vieler 'Arbeitsmigranten' ist die dauerhafte Niederlassung bzw. faktische Einwanderung geworden.

Zum anderen ist die *Unterscheidung zwischen Arbeitsmigration und Fluchtmigration* nur noch bedingt hilfreich. Menschen fliehen aus ihrer Heimat, weil sie politisch verfolgt, gedemütigt, gefoltert, drangsaliert und diskriminiert werden. Sie fliehen, um ihr Leben zu retten und um dem Hungertod zu entgehen. Es wird direkter Zwang auf sie ausgeübt, oder sie sehen sich zur Flucht gezwungen. Zwang und Freiwilligkeit mischen sich immer mehr:

> „In der gegenwärtigen Weltwirtschaftsordnung nimmt die sozioökonomische und politische Ungleichheit immer größere Ausmaße an. Immer mehr Menschen werden gezwungen, ihre Herkunftsländer zu verlassen" (Hiller/Schunter-Kleemann 1992: 107).

Die beiden Hauptursachen von Migration sind die *Suche nach Arbeit* und der *Schutz vor Verfolgung*. Migration schließt also Formen der Arbeitsmigration wie auch der Fluchtmigration ein. Die Einengung auf die mehr oder weniger *freiwillige Migration*, wie ich sie selbst in der Erstauflage dieses Buches vorgenommen habe, erscheint angesichts der neueren Entwicklungen nicht mehr sinnvoll. Der Migrationsbegriff soll außerdem zwischen den oben angeführten allgemeinen Charakterisierungen und den räumlichen bzw. zeitlichen Differenzierungen von Wanderungen eine Verbindung herstellen. Deshalb wird hier ein weiter Migrationsbegriff zugrunde gelegt:

Migration ist der auf Dauer angelegte bzw. dauerhaft werdende Wechsel in eine andere Gesellschaft bzw. in eine andere Region von einzelnen oder mehreren Menschen. So verstandene Migration setzt erwerbs-, familienbedingte, politische oder biographisch bedingte Wanderungsmotive und einen relativ dauerhaften Aufenthalt in der neuen Region oder Gesellschaft voraus; er schließt den mehr oder weniger kurzfristigen Aufenthalt zu touristischen Zwecken aus.

Diese Begriffsbestimmung umfaßt, wie die folgenden Beispiele zeigen, ein breites Migrationsspektrum. Zur Gruppe der Migranten und Migrantinnen gehören:

- die Norwegerin, die 1880 ihre Heimat Richtung USA verlassen hat, um dort als Dienstmädchen zu arbeiten und sich eine berufliche wie private Existenz aufzubauen ('ein neues Leben anzufangen');

- der spanische Gastarbeiter, der sich 1960 von der Bundesrepublik anwerben ließ, um dort für einige Zeit zu arbeiten - mit dem Ziel, sein Auskommen und das seiner Familie im Herkunftsland zu sichern;

- die Familie aus Bosnien, die während des Krieges im ehemaligen Jugoslawien in Österreich Zuflucht sucht;

- der algerische Journalist, der 1993 nach Frankreich flüchtet und seither dort auf ein Ende der Massaker in seiner Heimat hofft.

In der jüngeren Migrationsforschung besteht Konsens darüber, daß die Begriffe Einwanderung, Gastarbeit und Flucht, die ursprünglich geprägt wurden, um Wanderungsformen voneinander abgrenzen zu können, Hilfskonstruktionen mit fließenden Übergängen sind. M.E. entbindet dies jedoch nicht von der Notwendigkeit, die ursprünglichen, spezifischen Ansätze zu kennen - und zwar nicht aus Selbstzweck oder aus rein wissenschaftsgeschichtlichem Interesse. Vielmehr zeigt sich, daß Erkenntnisse eines klassischen Ansatzes erstaunliche Aktualität auch für neuere Migrationsprozesse besitzen können. Aus diesem Grund sind drei Kapitel dieses Buches entsprechend der *Trias von Einwanderung, Gastarbeit und Flucht* strukturiert. Diese idealtypische Trennung wird jedoch dann (vgl. Kap. 7) zugunsten einer übergreifenden Perspektive aufgehoben.

Die Migrationsforschung hat sich mit Ursachen, Verlauf und Folgen von Migration beschäftigt. Als soziologische Einführung konzentriert sich dieses Buch auf folgende Fragestellungen:

- Welche Umstände veranlassen Menschen zur Wanderung?

- Wie reagieren die zugewanderten Individuen oder Gruppen auf die neue Umgebung?

- Welche Bedeutung hat die Orientierung an der 'alten' Umgebung bzw. Gesellschaft?

- Welche Konzepte hat die soziologische Migrationsforschung für die Situationen der Einwanderung, der Gastarbeit und der Flucht entwickelt?

- Wie brauchbar ist das klassische Assimilationskonzept?

- Wie verläuft der Eingliederungsprozeß? Welche Rolle spielen der Spracherwerb, die Wohn- und Arbeitssituation und die sozialen Kontakte (Assimilations-Dimensionen) in diesem Prozeß?

- Welche Mechanismen der Vereinnahmung oder der Abwehr entwickelt die Aufnahmegesellschaft im Umgang mit den Zugewanderten?

- Welche Rolle spielt das Merkmal der ethnischen Herkunft bzw. des ethnischen Zugehörigkeits-Gefühls bei dem Verhältnis zwischen einheimischer Mehrheit und zugewanderten Minderheiten?

- Welche generellen Aussagen lassen sich mit Blick auf den Umgang mit Zugewanderten über moderne Gesellschaften machen?

Das Buch ist folgendermaßen aufgebaut:

Die Diskussion über Ursachen und Verlauf von Wanderungen wird in *Kapitel 2* im Überblick dargestellt.

Kapitel 3 behandelt die politisch-normativen Konzepte, die seit Anfang des 19. Jahrhunderts im Umgang mit Zu- und Eingewanderten entwickelt wurden und bis heute - wenn auch in modifizierter Form - nachwirken.

Kapitel 4 stellt die Begründung des klassischen Assimilations-Begriffes durch die nordamerikanische Soziologie der 1920er Jahre und seine Weiterentwicklungen dar. Es wird die Brauchbarkeit dieser Konzepte für die Situation der Einwanderung zur damaligen und zur heutigen Zeit diskutiert.

Kapitel 5 untersucht die Situation der Gastarbeiter und Gastarbeiterinnen in Westeuropa. Es geht um das Verständnis, das die Aufnahmegesellschaft von diesen Arbeitskräften hatte und hat, um das Selbstverständnis der Zugewanderten, den Verlauf des Eingliederungsprozesses und die Unterschiede zwischen der ersten Generation und den Folgegenerationen bezüglich verschiedener Eingliederungs-Dimensionen (Sprache, berufliche Stellung, Kontakte etc.).

Kapitel 6 behandelt eine Thematik, die in die Soziologie erst allmählich Eingang findet, die Fluchtmigration.

Kapitel 7 versucht, die Befunde zur Einwanderung, Gastarbeit und Flucht miteinander zu verbinden. Im Mittelpunkt stehen dabei die Gruppenbeziehung zwischen Einheimischen und Zugewanderten und die Bedeutung von Ethnizität.

Im zusammenfassenden *Kapitel 8* werden die Wandernden als Prototypen der Moderne mit den Strukturprinzipien moderner Gesellschaften kontrastiert.

Die Zusammenstellung von Institutionen, die für Fragen der Migrationsforschung und Migrationspolitik relevant sind, in *Kapitel 9* und das Literaturverzeichnis sollen die Leserinnen und Leser ermuntern, sich selbst mit dem Thema Migration auseinanderzusetzen und ihnen hierfür hilfreiche Informationen geben.

2. Ursachen und Verlauf von Migrationen: Beispiele aus Geschichte und Gegenwart

„Die Amerikaner behandelten alle Frauen, alte wie junge, häßliche wie schöne, als seien sie Königinnen und Prinzessinnen, und hegten und pflegten sie wie Perlen und Diamanten. Die Frauen brauchten niemals schwere und schmutzige Arbeiten zu verrichten. Es sei nicht wie in Schweden. Sie könnten tagelang saubere, weiße und gewaschene Hände haben. Eine Magd in Amerika sei ebenso reinlich und gesittet wir ihre Herrin. (...) Es sei streng verboten, eine einfache Frau zu verhöhnen oder zu beschimpfen, wenn sie einen Hut trüge wie die herrschaftlichen Frauen. Es sei nicht wie hier. Übrigens gebe es da nicht einfache und herrschaftliche Frauen, sondern alle seien gleichgestellt" (Moberg 1982, Bd. 1: 277).

Diese Passage stammt aus den 1949 und 1952 erstmals erschienenen Romanen des schwedischen Schriftstellers Vilhelm Moberg, in denen dieser sehr eindrücklich die Geschichte einer sechzehnköpfigen Gruppe von Smaländern erzählt, die Mitte der 19. Jahrhunderts nach Amerika auswandern. Kurz vor der Einschiffung erzählt der junge Robert, einer der Initiatoren, dem Mädchen Elin, was er über die Vereinigten Staaten gelesen hatte. Die Schilderung erfaßt eines der zentralen Motive für Migration - im 19. Jahrhundert und auch heute: Die Sehnsucht nach einem besseren Leben mit mehr Selbstbestimmung und Gleichberechtigung.

2.1 Binnenmigration: Land-Stadt-Wanderung im United Kingdom des 19. Jahrhunderts

Vor über 100 Jahren, in den achtziger Jahren des 19. Jahrhunderts, hielt der Demograph und Kartograph Ernest George Ravenstein vor der *Royal Statistical Society* seinen Vortrag über die „Gesetze der Wanderung" (*The Laws of Migration*). Dieser Vortrag, den die Gesellschaft in zwei Folgen in ihrem Journal abdruckte (vgl. Ravenstein 1885/1889; deutsche Übersetzung siehe Ravenstein 1972), gilt als Beginn der Migrationsforschung. Seine Typologien geben einen systematischen Aufschluß über den Verlauf und die Ströme von Wanderungen in der 'Hoch-Zeit' der britischen Industrialisierung und Verstädterung. Die Bevölkerung Großbritanniens, die im 18. und 19. Jahrhundert explosionsartig anwuchs, konzentrierte sich immer mehr auf die Grafschaften mit industriellen

Standorten und die Städte: „Der Anteil der Stadtbevölkerung ... stieg von 15% 1750 über 25% 1801 auf 60% 1850" (Niedhart 1987: 20).

Auf der Grundlage der 1881er Volkszählung untersuchte Ravenstein die Land-Stadt-Wanderungen im *United Kingdom* (England, Wales, Schottland, Irland), die für das 19. Jahrhundert charakteristisch waren. In den expandierenden Industrie- und Handelszentren des UK konnte die Nachfrage nach Arbeitskräften durch die Einheimischen - trotz des Bevölkerungswachstums - nicht gedeckt werden. Umgekehrt begann 1818 mit der Erfindung der Dampfboote die irische Migration nach Großbritannien, die durch die dortigen Hungersnöte in den vierziger Jahren (Mißernten infolge Kartoffelfäule) noch verstärkt wurde.

„Irlands Bevölkerung war 1841 auf 8 222 664 Personen angewachsen, 1851 auf 6 623 985 zusammengeschmolzen, 1861 auf 5 850 309, 1866 auf 51/2 Million (sic), ungefähr auf ihr Niveau von 1801. Die Abnahme begann mit dem Hungerjahr 1846, so daß Irland in weniger als 20 Jahren mehr als 5/16 seiner Volksmenge verlor. Seine Gesamtemigration von Mai 1851 bis Juli 1865 zählte 1 591 487 Personen, die Emigration während der letzten 5 Jahre 1861-1865 mehr als eine halbe Million. Die Zahl der bewohnten Häuser verminderte sich von 1851-1861 um 52 990" (Marx 1962: 726).

In den 1880er Jahren lebten zwei Drittel der in Irland geborenen Personen nicht in Irland, sie waren nach USA, Kanada und Australien, oder auch 'nur' nach England, Schottland oder Wales emigriert. Im 19. Jahrhundert waren die Iren die stärkste Einwanderergruppe in Großbritannien (vgl. Jackson 1986: 47f.; 59 und Redford 1964).

Ravenstein untersuchte die Wanderungen nach a) den Motiven der Migrantinnen und Migranten, b) den Entfernungen, die die Wandernden zwischen sich und ihren Geburtsort legen, c) nach den Umverteilungen, die sie zwischen den einzelnen Regionen bewirken und d) nach dem Unterschieden im Wanderungsverhalten von Frauen und Männern. Seine Untersuchung zu den Ursachen und dem Verlauf von Migrationen faßte er in den *Gesetzen der Wanderung* zusammen.

In seiner Klassifikation der Wanderer unterschied Ravenstein

1. den lokalen Wanderer (*local migrant*), der in derselben Stadt oder Grafschaft bleibt, in der er oder sie geboren ist. Erfaßt sind diese Migranten vom damaligen Census nur für London, vermutet aber auch für Mancester und andere Städte;

2. den Nahwanderer (*short-journey migrant*), der - nur über eine kurze Strecke - in die nächste Grafschaft wandert. Diese Wanderer stellen nach Ravenstein den Haupttyp dar;

3. die Etappenwanderer (*migration in stages*), die - wie das Paradebeispiel der Iren - 'irgendwann' in London ankommen;

4. die Fernwanderer (*long-journey migrants*), die in weiter entfernte Gebiete wandern (etwa nach USA) - nach Ravenstein maximal ein Viertel der Wanderer;

5. die temporären Wanderer (*temporary migrants*), eine wichtige, aber uneinheitliche Sondergruppe, deren Aufenthalt aufgrund ihrer Beschäftigung als Saisonarbeiter, Seefahrer, Studenten, Urlauber oder Gefängnisinsassen (!) zeitlich begrenzt ist.

Bezüglich der räumlichen Verteilung stellte Ravenstein fest, daß die Wanderungsprozesse die Grafschaften in unterschiedlichem Ausmaß treffen: Manche Grafschaften nehmen primär Wanderer auf (Grafschaften der *Absorption*) und erzielen dadurch einen Bevölkerungszuwachs, andere verlieren Wanderer durch deren Abwanderung (Grafschaften der *Dispersion*). Der Absorptionsprozeß selbst findet a) vom Umland der Städte in die Städte und b) aus entfernteren Regionen ins Umland der Städte statt.

Entgegen des Klischees, wonach ausschließlich Männer wandern, stellte Ravenstein fest, daß Frauen sogar häufiger wanderten als Männer: „Die Werkstatt steht in harter Konkurrenz zur Küche" (Ravenstein 1972: 49). Die Frauen wanderten in die Städte, um einerseits als Hausangestellte, und andererseits, um in Werkstätten und Manufakturen zu arbeiten. Allerdings fragten manche Städte ausschließlich Männer für die Arbeit in Eisen- und Kohlenbergwerken nach; weibliche Arbeitskräfte in der Industrie wurden - wie auch bei der Anwerbung von Gastarbeiterinnen in der Bundesrepublik - vor allem von der Textilindustrie nachgefragt.

In den *Gesetzen der Wanderung* faßte Ravenstein thesenhaft zusammen (vgl. 1972: 83-86), „wie der Bedarf an Arbeitskräften in einem Teil des Landes von anderen Teilen mit Überfluß an Bevölkerung gedeckt wird" (a.a.O.: 51).

1. Die Wanderungsbewegung verläuft Schritt für Schritt, von Provinz zu Provinz.

2. Gewandert wird über eine kurze Distanz.

3. Wanderungsströme erzeugen Gegenströme, jedoch von geringerem Ausmaß; die Verluste, die durch Abwanderung entstehen, werden nicht vollständig ausgeglichen.

4. Die Städte wachsen auf Kosten der ländlichen Regionen: 50% der Einwohner der Großstädte sind nicht in diesen geboren.

5. Bei kurzer Distanz wandern mehr Frauen als Männer.

6. Wanderungen werden mit der Industrialisierung noch zunehmen. „Wanderung ist Leben und Fortschritt - Seßhaftigkeit ist Stagnation" (a.a.O.: 86).

Unter *Gegenstrom* wird gelegentlich auch nur die Rückkehr der Migranten zum Herkunftsort verstanden, so von Everett S. Lee, der davon ausgeht, daß ein Teil der Migranten die Bedingungen am Herkunftsort nach der Abwanderung positiver bewertet und dorthin zurückkehrt. Auch nach diesem Verständnis gibt es für jeden Strom einen Gegenstrom (vgl. Lee 1972: 124-126). In der Regel ist mit Gegenstrom jedoch der Austausch von unterschiedlichen Wanderern gemeint, wobei eine 'abgebende' Region im Lauf der Zeit selbst wieder Zuwanderer benötigt. Dies gilt möglicherweise in Zukunft auch für die Türkei, ein klassisches Herkunftsland von Migranten. Im Sommer 1997 äußerte sich Staatspräsident Demirel folgendermaßen:

„Die rasch fortschreitende Industrialisierung wird dazu führen, daß innerhalb der nächsten zehn Jahre diejenigen Staaten, die aus der Türkei Arbeitskräfte anwerben möchten, keine Gastarbeiter mehr bekommen werden. Der türkische Arbeitsmarkt wird im Gegenteil aufgrund seiner Überschußnachfrage Arbeiter aus dem Ausland benötigen" (zit. nach *die tageszeitung* vom 5.8.1997).

In modifizierter Form ist Ravensteins Untersuchung der bedeutsamste theoretische Beitrag zu den Grundmustern der Migration geblieben; auf seinem Modell beruht die Grundannahme von *push-* und *pull-Faktoren* zur Erklärung von Wanderungsströmen (vgl. Jackson 1986: 15; vgl. Abschnitt 2.4). Fluchtmigration ist bei diesen Modelldiskussionen jedoch meist ausgeklammert.

Die von Ravenstein untersuchte Binnenwanderung in und zwischen den Grafschaften (*counties*) des United Kingdom stellt die *erste* Form der Arbeitsmigration in der modernen, industrialisierten Gesellschaft dar. Sie war mehrheitlich eine Wanderung über kurze Distanz (dies bestätigt auch eine Untersuchung zur englischen Arbeitsmigration bereits in der ersten Hälfte des 19. Jahrhunderts; vgl. Redford 1964). Die *zweite*, spektakulärere Form ist die interkontinentale Massenmigration, die ebenfalls im 19. Jahrhundert und zu Anfang des 20. Jahrhunderts stattfand.

2.2 Interkontinentale Wanderung: Einwanderung in die USA im 19. und 20. Jahrhundert

Die Einwanderung in die Vereinigten Staaten gilt ihrem Umfang nach als beispiellos: Seit der Besiedelung von Jamestown im Jahre 1607 sind über 45 Millionen Menschen in die USA eingewandert. In den 50er Jahren des 20. Jahrhunderts wanderten drei Millionen und in den 60er und 70er Jahren jeweils vier Millionen ein. Die Einwanderung hält immer noch an, was die Rede von den USA als dem klassischen Einwanderungsland rechtfertigt:

„Zu keiner Zeit immigrierten mehr Menschen in die Vereinigten Staaten als in den 90er Jahren dieses Jahrhunderts. Der bisherige Höchststand von 8,8 Millionen zwischen 1901 und 1910 wird in der Dekade von 1991 bis 2000 weit übertroffen werden" (Santel 1998: 15).

Die nationale Zusammensetzung hat sich sehr verändert: Während bis in die 60er Jahre des 20. Jahrhunderts 82% der Einwanderinnen und Einwanderer aus Europa stammten, wandern seit den 80er Jahren 84% aus Lateinamerika und Asien ein.[2]

In Relation zu der Masseneinwanderung im 19. Jahrhundert sind die Einwanderungswellen der Gegenwart jedoch als gering einzustufen. Marcus Lee Hansen (1893-1938), der „Vater der Einwanderungsgeschichte" (Mann 1974: 39), rekapitulierte für das 19. Jahrhundert *drei Bevölkerungsbewegungen*:

1. die Landflucht („Der Auswanderer war ein Sohn des Bodens"; Hansen 1948: 14),

2. die Einwanderung nach Lateinamerika, z.b. 1820 aus Europa nach Brasilien und

3. die Einwanderung in die britischen Kolonien.

Hansen (1948) beschäftigte sich primär mit der dritten Bevölkerungsbewegung und stellte zur quantitativen Dimension fest:

> „Von der Gesamtzahl von fünfzig Millionen europäischer Auswanderer während des (19.; A.T.) Jahrhunderts wandten sich fünfunddreißig Millionen nach den Vereinigten Staaten. Von den restlichen fünfzehn Millionen ließen sich nahezu zehn Millionen in Kanada, Südafrika, Australien und Neuseeland nieder" (a.a.O.: 16).

Die Massenwanderungen des 19. Jahrhunderts werden als Ausdruck wachsender weltweiter Verflechtungen verstanden. Die Staaten und Regionen der Erde rücken durch Kommunikationssysteme, Transportmittel (z.B. den Ausbau von Schiffahrtslinien), Industrialisierung, Technisierung, wachsende Mobilität sowie durch ökonomische und politische Liberalisierung näher zusammen (vgl. Ravenstein 1972, Park 1950b, Hansen 1948). In der europäischen Massenemigration in die Vereinigten Staaten kumulierten diese Faktoren; Massenauswanderung und wirtschaftliche Entwicklung stimulierten sich gegenseitig, wie Hansen für den Ausbau der Schiffahrtslinien feststellte: „Erst durch die Tausende bescheidener Passagiere, die sich im Zwischendeck drängten, und deren einziger Wunsch war, die andere Seite des Atlantiks zu erreichen, wurden Profite erzielt und Dividenden geschaffen" (Hansen 1948: 4).

---

2 Wie sich die Zusammensetzung verändert hat, zeigt das Beispiel des Bundesstaates New Mexico: „In New Mexico ist schon vor der Jahrtausendwende erreicht, was die Demographen für das gesamte Land erst zum Jahr 2050 voraussagen: den Verlust der absoluten Mehrheit der Anglo-Amerikaner. (...) In dem, nach dem Spitzenreiter Kalifornien am schnellsten wachsenden Staat, gibt es unter 1,7 Millionen Einwohnern nur knapp zwei Prozent Schwarze. (...) Die größte Minderheit sind nach den jüngsten Schätzungen der Zensusbehörde mit 39 Prozent die 'Hispanics' ... Ihnen folgen mit nahezu zehn Prozent die Indianer, ... Die kleinste Minderheit bilden mit einem Prozent asiatisch-pazifische Amerikaner" (*Frankfurter Allgemeine Zeitung* vom 23.8.97).

Seit 1817 spricht man in den USA von *immigrants*, seit 1819 gibt es eine Einwanderungsstatistik. Die Mitte des 19. Jahrhunderts vorherrschende Einwanderung von Iren, Deutschen und Skandinaviern wurde im nachhinein als *old immigration*,[3] die Einwanderung aus Süd- und Osteuropa als *new immigration* bezeichnet.

Für die Auswanderungsforschung steht mittlerweile fest, daß nicht so sehr politische, sondern primär wirtschaftlich-soziale Motive für den Auswanderungsentschluß ausschlaggebend waren.[4] Die Notsituation in den Heimatländern (vereinfacht gesprochen: „Land war zu teuer, Arbeitskraft zu billig"; Helbich 1988: 40) korrespondierte mit dem Interesse an Arbeitskräften in den USA. Im Gegensatz zum Anwerbeverfahren in der Bundesrepublik (s. Abschnitt 3.2) erfolgten Anwerbungen in den Vereinigten Staaten nicht auf nationaler Ebene, sondern beschränkten sich auf die (An-)Werbe-Initiativen einzelner Bundesstaaten und die Rekrutierung von Facharbeitern durch nordamerikanische Unternehmer in der zweiten Hälfte des 19. Jahrhunderts: „aus der agrarisch orientierten Siedlungswanderung (ca. 6 Mio) wurde ... eine Arbeitswanderung (ca. 25 Mio)" (Knauf 1988: 86). *Einwandererfarmer* wurden durch *Arbeiterimmigranten* abgelöst (vgl. Heckmann 1981).

Es ist wichtig festzuhalten, daß die Einwanderung für die Betroffenen keineswegs immer endgültig war. Trotz der beschwerlichen Überfahrt, der jahrelangen Verdingung als Vertragsarbeiter (um die Kosten für die Überfahrt bezahlen zu können),[5] gab es immer auch beträchtliche *Rückwanderungen*. Der Historiker Easterlin geht - auf der Grundlage von Schätzungen, da die Rückwanderungs-Quoten nie konsequent erhoben wurden[6] - von einer Netto-Einwanderung von 38 Millionen aus (vgl. Easterlin 1985: 25). Danach hätten sieben Millionen 'Einwanderer' die Vereinigten Staaten wieder verlassen. Über die Motive, die im einzelnen zur Rückwanderung geführt haben, gibt es keine systematischen Untersuchungen. Man kann jedoch davon ausgehen, daß unerfüllte Erwartungen im weitesten Sinne (bezüglich ökonomischer Sicherheit, sozialem Aufstieg), unüberwindbare Fremdheit ('Heimweh') und starke persönliche (familiäre) Verflechtungen mit dem Herkunftsland die Rückkehr begünstigten. Außerdem betrachteten viele ihre 'Einwanderung' als vorläufig, verstanden sich als temporäre Wanderer: „Zahlreiche Arbeitsmigranten wählten den Weg in die USA nur, um die Mittel zu verdienen, die nötig waren, um nach der Rückkehr den ererbten Landbesitz zu vergrößern oder durch Aufbau einer unabhängigen Handwerker- oder Ladeninhaberexistenz in den unteren Mittelstand aufzusteigen" (Hoerder 1984: 424).

---

3 Vgl. die Dokumente, die Edith Abbott (1926) zu allen Aspekten der sog. old immigration (Ursachen, ökonomische Situation, soziale Probleme, öffentliche Meinung) in ihrer über 800-seitigen Sammlung veröffentlicht hat.
4 Für die deutschen Amerika-Auswanderer siehe Helbich 1988: 36ff.
5 Dieses System wird Redemptioner-System (*redemption* bedeutet so viel wie Freikauf) genannt (vgl. Bade 1992: 137ff.).
6 Die USA hatte offensichtlich kein Interesse an einer Erhebung der Rückwanderung (vgl. Hoerder 1988: 12f.); Auswanderungs- bzw. Ausreisestatistiken gibt es erst seit 1908 (vgl. Hoerder 1984: 423).

Außerdem wurden in der nordamerikanischen Öffentlichkeit immer wieder Vorbehalte und Einwände gegen die Einwanderung bzw. gegen bestimmte Gruppen von Einwanderern laut. Alt- bzw. längeransässige Gruppen setzten sich gegen Neuankömmlinge zur Wehr; die Bezeichnung der später Eingewanderten als *new immigrants* kann man als Symptom dieser Abwehr verstehen. Heute wird die Unterscheidung zwischen *old* und *new immigrants* als Diskriminierung der letzteren begriffen und deshalb zurückgewiesen (vgl. Heckmann 1981: 37). Von den später Eingewanderten kehrte ein beträchtlicher Teil zurück: „Die 'neuen Einwanderer' waren (mit Ausnahme der Juden) stärker rückkehrorientiert als die vorangegangenen Einwanderergruppen (über 60% der zwischen 1900 und 1912 eingewanderten Italiener und fast 50% der Griechen sind in ihre Herkunftsregionen zurückgekehrt)" (Elschenbroich 1986: 31).

Der Rückblick auf Ausschnitte der europäischen und transatlantischen Migrationsgeschichte macht auf ein durchgängiges Erklärungsmuster aufmerksam. Wie Ravenstein betonte, liegen jeder Wanderung hauptsächlich eine strukturellökonomische Ursache und ein damit korrespondierendes Motiv der Wandernden zugrunde:

„Ich zweifle nicht einen Augenblick daran, daß der wichtigste, wenn auch nicht der einzige, Grund für Wanderung in der Überbevölkerung eines Landesteils zu suchen ist, während anderswo unentwickelte Ressourcen vorhanden sind, die größere Hoffnungen auf einträgliche Arbeit erwarten lassen. Es liegt auf der Hand, daß das nicht der alleinige Grund ist. Schlechte oder unterdrückende Gesetze, hohe Besteuerung, unangenehmes Klima, geringe soziale Übereinstimmung oder sogar Zwang (Sklavenhandel, Verschleppung), all das verursachte und verursacht immer noch Wanderungsströmungen. Aber keine von diesen Strömungen kann an Bedeutung verglichen werden mit derjenigen, die dem in den meisten Menschen vorhandenen Verlangen entspringt, sich selbst in materieller Hinsicht zu 'verbessern'" (Ravenstein 1972: 82f.).

Migration wird danach prinzipiell als Arbeitsmigration verstanden; sie folgt „dem Muster von Entwicklungsgefällen" (Ronzani 1980: 8) zwischen Regionen bzw. Gesellschaften. Menschen wandern ab/aus, weil sie an einem 'neuen Ort' für sich und/oder ihre Familie eine bessere Lebensgrundlage erwirtschaften können, bzw. glauben, dies zu können. Der 'alte Ort', die Herkunftsregion kann jedoch der Bezugspunkt für eine längerfristige Perspektive und Lebensplanung der Wandernden bleiben. Diese hoffen, daß es 'irgendwann' - mit Ersparnissen bzw. bei verbesserten ökonomischen und sozialen Bedingungen in der Herkunftsregion - eine relativ sicherere Existenzgrundlage im Herkunftsland geben wird, die ihnen die Rückkehr ermöglicht. Migration wäre nach diesem Verständnis überflüssig, wenn sich der „Modernisierungsgrad der betreffenden Gesellschaften" (Ronzani 1980: 12) - oder Regionen (denn ungleiche Entwicklung gibt es sowohl zwischen als auch innerhalb von Gesellschaften) - angeglichen hätte.

2.3 Kontinentale Wanderung: Zuwanderung von Aussiedlern und Spätaussiedlern nach Deutschland

Aussiedler sind ein deutsches Spezifikum: Nach Art. 116 GG gelten *Aussiedler* als deutsche Staatsangehörige. Sie hatten ihren Wohnsitz vor dem 8. Mai 1945 in den ehemaligen deutschen Ostgebieten, in Albanien, Bulgarien, Danzig, Estland, Jugoslawien, Lettland, Litauen, Polen, Rumänien, der Sowjetunion, der Tscheslowakei oder Ungarn. Aussiedler sind „deutsche Volkszugehörige", die als „Deutsche unter Deutschen" leben wollen. „Deutscher Volkszugehöriger" ist, „wer sich in seiner Heimat zum deutschen Volkstum bekannt hat, sofern dieses Bekenntnis durch bestimmte Merkmale wie Abstammung, Sprache, Erziehung, Kultur bestätigt wird" (Bundesvertriebenengesetz 1953). Sie haben einen Rechtsanspruch auf die deutsche Staatsangehörigkeit (sog. Anspruchseinbürgerung). Kein anderes Staatsbürgerschaftsrecht sieht die Kategorie der *Volkszugehörigkeit* vor.

Unter den genannten Ländern sind Polen, Rumänien und die Nachfolgestaaten der Sowjetunion die Hauptherkunftsländer der Aussiedler. Im Zeitraum von 1950 bis 1992 kamen 2,8 Mill. Aussiedler in die Bundesrepublik, davon alleine 1,5 Mill. zwischen 1987 und 1992, im Kontext von Perestrojka und Wiedervereinigung. Seit Ende der 80er Jahre haben sich die Relationen verschoben (vgl. Abb. 3): Stellten 1989 noch die Polen mit 250.340 Personen das Gros der Aussiedler, so sind bereits 1990 die sog. rußlanddeutschen Aussiedler die größte Zuwanderergruppe in Deutschland. 1996 kamen 172.181 Aussiedler aus den GUS-Staaten. Davon waren zwei Drittel aus Kasachstan und den mittelasiatischen Staaten (Kirgistan, Usbekistan, Tadschikistan); ein Drittel aus der Ukraine und aus Rußland. D.h., die sog. Rußlanddeutschen kommen zum großen Teil nicht aus Rußland, sondern aus anderen Staaten der GUS.

Abbildung 3: Aussiedlerzuwanderung in den Jahren 1988-1996 (in Tausend)

Jahr	Polen	Rumänien	(vormalige) Sowjetunion	sonstige	insgesamt
1988	140.226	12.902	47.572	1.945	202.654
1989	250.340	23.387	98.134	5.175	377.036
1990	133.872	111.150	147.950	4.103	397.075
1991	40.129	32.178	147.320	2.347	221.974
1992	17.742	16.146	195.576	1.101	230.565
1993	5.431	5.811	207.347	299	218.888
1994	2.440	6.615	213.214	322	222.591
1995	1.667	6.519	209.409	293	217.898
1996	1.175	4.284	172.181	111	177.751

Quelle: Dietz 1997: 11

Wie kamen die Rußlanddeutschen ursprünglich nach Rußland und dann nach Kasachstan oder Kirgisien? Ursachen und Verlauf der aktuellen Situation sind nur zu begreifen, wenn man der geschichtlichen Entwicklung Rechnung trägt. In detaillierter Form ist dies hier nicht zu leisten; im Rückgriff auf die einschlägige Studie von Heinz Ingenhorst über „Die Rußlanddeutschen" (1997) möchte ich jedoch wenigstens skizzieren, worin die Besonderheiten des Typus 'Aussiedlermigration' bestehen. Vorweg sei betont, daß die Informationslage immer noch lückenhaft ist, da die Aussiedlerforschung erst allmählich in Gang kommt (vgl. für einen Überblick Graudenz/Römhild 1996). Überdies ist dieser Bereich der Migrationsforschung mit der Schwierigkeit konfrontiert, mit Begriffen wie *deutsch*, *russisch* oder eben *rußlanddeutsch* zu hantieren. Was heißt aber eigentlich 'deutsch' oder 'russisch'? Diese Kategorien sind mit den Nationalstaaten des 18. und 19. Jahrhunderts entstanden, sind historisch gesehen also noch recht jung und weniger definitiv, als es gemäß des Alltagssprachgebrauchs zu sein scheint. Nationale Zugehörigkeiten, 'Abstammung' und ethnische Identität (siehe auch Kap. 7) sind Teil der historischen Entwicklung und der damit einhergehenden Grenzziehungen, sie sind nichts Natürliches (vgl. Anderson 1998). Im Prozeß der Nationbildung haben diese Fremd- und Selbstzuschreibungen Eingang in das Selbst- und Fremdbild von Menschen gefunden.

Die Wanderungen, von denen im folgenden die Rede ist, sind Teil der Modernisierung von Agrargesellschaften. Nationale Identität spielte eine (noch) untergeordnete Rolle; das sog. russische Reich war Ende des 19. Jahrhunderts eine Agglomeration von vielen Völkern, unter denen die Russen zwar 43,5% ausmachten, zu dem jedoch auch Ukrainer, Weißrussen, Kirgisen, Tataren, Turkmenen und viele andere Völker gehörten (vgl. Mark 1992). Ein Zusammengehörigkeitsgefühl war ebenso wenig vorhanden und eine Verständigung ebensowenig möglich wie zwischen einem Friesen und einem Bayern.

Der Beginn einer beträchtlichen Wanderung von 'Deutschen' nach Rußland liegt im 18. Jahrhundert, wenn auch die Anfänge 'deutscher' Siedlungen im Osten bis ins 10. Jahrhundert zurückreichen. Der Migrationsschub im 18. Jahrhundert wurde durch die Anwerbemaßnahmen im zaristischen Rußland ausgelöst. Katharina II. und Alexander I. holten Familien aus Hessen, Baden oder der Pfalz als Kolonisatoren, von denen man sich eine höhere landwirtschaftliche Produktivität versprach (vgl. Torke 1995: 241), an die Wolga. Auch wenn bei dieser Form nicht - wie bei der interkontinentalen Wanderung von Europa nach USA (vgl. 2.2) - der Atlantik überquert werden mußte, so stellte die ca. 3000 km lange Reiseroute zum damaligen Zeitpunkt eine riskante und strapaziöse Unternehmung dar. Gleichwohl empfanden Tausende von Familien die von der russischen Zarin in Aussicht gestellten Privilegien (freie Religionsausübung, Befreiung von Steuern, Zöllen und Militärpflicht, Kredite) und relative Autonomie als Chance, ihre als unbefriedigend empfundene Lebenssituation (kleine Grundstücke, hohe Abgabenlast) zu verbessern.[7]

„Um etwa 1820 war die Zeit der großen Auswanderungen nach Rußland beendet. An die Wolga und nach Neurußland sowie in kleinere Kolonien bei St. Petersburg, in den Südkaukasus und in viele andere Teile des zaristischen Rußland waren etwa 100.000 Kolonisten aus politischen, religiösen und wirtschaftlichen Gründen ausgewandert. Bis 1862 hatten die Siedler mehr als 3.000 Kolonien gegründet. Bei der Gründung der Kolonien stand die konfessionelle Zugehörigkeit für die Zusammensetzung der Siedler im Vordergrund. Die einzelnen Kolonien waren alle in sich konfessionell homogen, es gab nur rein lutherische, katholische, mennonitische oder anders gläubige Kolonien. Nach der regionalen Herkunft der Auswanderer waren die Kolonien in der Regel gemischt" (Ingenhorst 1997: 26f.).

Unter Förderung durch die Zaren und die von ihnen eingesetzten Behörden entstanden so seit den 1760er Jahren relativ autonome deutsche Siedlungsgebiete in Rußland, die mit der länger ansässigen russischen, weißrussischen oder ukrainischen Bevölkerung kaum etwas zu tun hatten, Deutsch sprachen, untereinander heirateten und sich räumlich zerstreut, aber jeweils als eine ökonomisch recht erfolgreiche, zurückgezogen lebenden „sozio-religiöse Gemeinschaft" (Ingenhorst 1997: 47) in einigermaßen friedlicher Ko-Existenz etablieren konnten. Eine Assimilation, d.h. Angleichung an die Umgebung (vgl. Kap. 4) fand nicht statt. Dies zog so lange keine ernsthaften Krisen nach sich, solange die Rußlanddeutschen - die nie Deutsch-Russen wurden, wie Ingenhorst betont (11) - für sich und nicht in Bezug auf ein deutsches Staatsgebilde betrachtet wurden. Mit der Reichsgründung von 1871 änderte sich die Situation. Von dem Moment an, als es 'die deutsche Nation' gab, wurden die Rußlanddeutschen immer wieder zum Spielball des russisch-deutschen Verhältnisses.

Waren die Beziehungen zwischen Rußland und Deutschland angespannt oder gar feindselig, so wurden die Deutschen im eigenen Land (die sog. 'inneren Deutschen'!) skeptisch beobachtet, ihre Loyalität wurde (ähnlich wie die der deutschen 'Bindestrich-Amerikaner' im Ersten Weltkrieg; vgl. 3.1) bezweifelt. Dabei wurde der Druck auf die Rußlanddeutschen, sich zu assimilieren, erhöht - vor allem durch das Verbot, außerhalb der Familie Deutsch zu sprechen. Ingenhorst nennt die deutsche Reichsgründung, den Ersten Weltkrieg und Stalins Politik als die drei Kontexte, die sich erschwerend auf die Lebensbedingungen und die Möglichkeiten der Rußlanddeutschen, sich als eigenständige Kolonien zu behaupten, auswirkten. Diese ersten drei Krisen reichten jedoch nicht an die

---

[7] Details zu den Manifesten der Zarin Katharina II., die im übrigen aus einem deutschen Fürstenhaus stammte, der Jahre 1762 und 1763 finden sich bei Brandes (1992) und Ph. Schütz (1989). Schütz gibt im Anhang seines Buches den Wortlaut des „Manifestes Katharina II. vom 22. Juli 1763 über die Berufung ausländischer Kolonisten nach Rußland" wieder (Ph. Schütz 1989: 231-236), das mit Hilfe von Zeitungen, Handzetteln und Agenten in Umlauf gebracht wurde.

Auswirkungen der vierten, schwersten Krise heran, die für die Betroffenen katastrophale Folgen hatte, welche bis heute nachwirken.

Mit dem Angriff Hitlers auf die Sowjetunion und im weiteren Verlauf des Zweiten Weltkrieges wurde die Situation prekär. Die Rußlanddeutschen wurden von den russischen Machthabern vertrieben, von den deutschen Invasoren umgesiedelt, dann wieder vertrieben. Von der deutschen Wehrmacht wurden sie sowohl vereinnahmt als auch drangsaliert, und Stalin veranlaßte die Zerstreuung der Siedlungen, deren Schwerpunkt bis dahin diesseits des Ural lag, weit nach Osten, weit jenseits des Ural. Die Rußlanddeutschen wurden von 1941 an nach Sibirien, Kirgisien, Tadschikistan und Kasachstan deportiert. Die 1924 gegründete Autonome Wolgarepublik wurde am 7.9.1941 aufgelöst.

„Durch die Zerstreuung in der Diaspora wird es immer schwerer, auf die Dauer fast unmöglich, deutsches Brauchtum, Sprache und Traditionen zu erhalten. Die meisten Familien sind nach dem Krieg zerrissen, die Männer von ihren Frauen getrennt und ohne Kontakt untereinander. Viele leben in Ungewißheit über den Verbleib ihrer Angehörigen, wissen nicht ob sie im Krieg, in der Verbannung oder Haft umgekommen sind, oder ob sie den deutschen oder russischen Terror überlebt haben. Die Rußlanddeutschen verlieren ihre einst prägende Rolle und Präsenz in der Sowjetunion. Der Zweite Weltkrieg bedeutet und markiert den Anfang des Endes der Existenz als geschlossene Volksgruppe, als sichtbare Minderheit. Diese Krise ist ein weiterer und entscheidender Schritt in die dauerhafte Marginalisierung" (Ingenhorst 1997: 57).

Die hier erwähnte „prägende Rolle" spielten allerdings vor allem diejenigen Rußlanddeutschen, die zum städtischen Bürgertum, etwa in St. Petersburg, gehörten und unter den Handwerkern, Lehrern, Staatsbediensteten und Unternehmern überproportional vertreten waren (vgl. Brandes 1992: 88).

Die Zuwanderungen von Aussiedlern und Spätaussiedlern in die Bundesrepublik Deutschland sind eine Folge des Zweiten Weltkrieges und der schwierigen Situation der deutschen Siedlungen in Osteuropa und in der ehemaligen UdSSR. Im Laufe des Krieges und danach wurden die Rußlanddeutschen, Rumäniendeutschen und die Mitglieder anderer deutscher Kolonien verfolgt, diskriminiert, ihre soziale und räumliche Mobilität wurde eingeschränkt. So wollten die nach Kasachstan deportierten Rußlanddeutschen nach dem Krieg zunächst nicht nach Deutschland, sondern an ihre ehemaligen Wohnorte, z.B. in der Ukraine, zurück - was ihnen jedoch untersagt wurde. Deshalb stellten sie Anträge für die Ausreise nach Deutschland, was häufig zu weiteren Schikanen führte.

Es waren also stets politische Umbrüche, die die Zuwanderung von Aussiedlern nach Deutschland stimuliert haben. Die großen Wanderungsbewegungen fanden nach 1945 und dann erst wieder von 1990 bis 1992 statt. Durchschnittlich 40.000 Aussiedler pro Jahr kamen in den 30 Jahren von 1950 bis 1980 in die

Bundesrepublik, insgesamt gut eine Million. In den 50er Jahren waren es 439.714, in den 60er Jahren 221.516 und in den 70er Jahren 355.381 Personen.

Neben den Aussiedlern zogen in den zehn Jahren von 1951 und 1961 (also vor dem Mauerbau) 3,5 Mill. Menschen von der DDR in die Bundesrepublik zu. Diese Gruppe wird als *Übersiedler* bzw. DDR-Flüchtlinge bezeichnet; ca. 700.000 von ihnen waren zuvor bereits *Vertriebene*.[8] Sie erhielten ab 1950 in der DDR keine staatlichen Integrationshilfen mehr. Zwischen 1950 und 1980 wanderten insgesamt 4,5 Mill. Aus- und Übersiedler in das Bundesgebiet zu. Während und nach der Öffnung des 'Eisernen Vorhangs' setzte eine neue Wanderungsbewegung von Ost nach West ein. Von 1989 bis 1995 kamen 1,7 Mill. Menschen aus der DDR bzw. (nach 1990) aus den neuen Bundesländern in die BRD bzw. alten Bundesländer. Zur selben Zeit zogen Hunderttausende von 'Deutschstämmigen' aus Rußland, Kasachstan, Rumänien oder Polen in die Bundesrepublik. Alleine im Jahr 1990 wanderten 397.000 Aussiedler zu. Angesichts dieser Entwicklung wurde die Aussiedlerpolitik mehrfach modifiziert und die Zuwanderung nach Deutschland auch für diese Gruppe erschwert (vgl. Abb. 4).

Abbildung 4: Aussiedler-Gesetzgebung in Deutschland

1952	Lastenausgleichsgesetz
1953	Bundesvertriebenengesetz (BVFG) (Aussiedler erhalten mit der Zuwanderung in die Bundesrepublik die deutsche Staatsbürgerschaft)
1969	Auflösung des Bundesvertriebenenministeriums
1989	Eingliederungsanpassungsgesetz
1990	Aussiedleraufnahmegesetz (Aufnahmeantrag muß in den Herkunftsländern gestellt werden)
1992	Kriegsfolgenbereinigungsgesetz (KfbG) (neuer Rechtsstatus *Spätaussiedler* für die vor dem 1.1.1993 Geborenen; Vertreibungsdruck muß - außer von den Deutschen aus der ehemaligen UdSSR - individuell nachgewiesen werden; Quotierung auf 225.000 Personen pro Jahr)
1996	Gesetz über die Festlegung eines vorläufigen Wohnortes für Spätaussiedler

Zunächst wurde die Zuwanderung von Aussiedlern quotiert: Seit 1993 werden jährlich ca. 220.000 'Deutschstämmige' aus Osteuropa und den GUS-Staaten

---

8 Am Ende des Zweiten Weltkrieges wurden ca. 12 Mill. Menschen aus Ostdeutschland und den deutschen Siedlungsgebieten Osteuropas (Ostpreußen, Schlesien, Sudetenland) vertrieben. Genaugenommen handelt es sich bei der ersten Gruppe um *Flüchtlinge*, bei der zweiten um *Vertriebene*. „Im allgemeinen, aber auch im wissenschaftlichen Sprachgebrauch werden die Begriffe 'Vertriebene' und 'Flüchtlinge' meist synonym verwendet. Historisch gesehen haben aber viele das doppelte Schicksal von Flucht und Vertreibung erlitten, und zwar in wechselnder Reihenfolge. Für viele folgte der Flucht aus Ostpreußen nach Pommern wenig später die Vertreibung von dort - vielleicht in die sowjetische Besatzungszone, die später in erneuter Flucht westwärts verlassen wurde" (Benz 1992: 374).

aufgenommen. Das *Kriegsfolgenbereinigungsgesetz* nimmt eine Umkehrung der Beweislast für die 'Deutschstämmigen' in Osteuropa (dies gilt nicht für diejenigen in den Nachfolgestaaten der UdSSR) vor: Diese müssen individuell glaubhaft machen, daß sie Diskriminierungen ausgesetzt sind. Bei den Zuzügen aus dem Ausland von Deutschen (insgesamt 281.132) stammten im Jahr 1993 die größten Gruppen aus Kasachstan (85.501) und der Russischen Föderation (56.362). Seit Juli 1996 können auch die deutschen Vertretungen in der ehemaligen UdSSR nach einem Urteil des Bundesverwaltungsgerichts die Aussiedler nach ihren Deutschkenntnissen 'sortieren' und ggf. zurückweisen. D.h., die bisher relativ günstigen Bedingungen für diejenigen Aussiedler, die aus den Staaten der ehemaligen Sowjetunion kommen wollten (bei denen man eine Verfolgungssituation grundsätzlich unterstellte), wurden sukzessive eingeschränkt.

Für die Zuwanderung von Aussiedlern gibt es einen von der Bundesregierung festgelegten Verteilerschlüssel für die Bundesländer, der - angesichts des Drangs in die alten Bundesländer - jedoch nur bedingt funktioniert. „Dem Land Sachsen wurden im vergangenen Jahr 15.000 Neuzuwanderer zugewiesen, aber nur 9.700 sind geblieben. Thüringen nimmt laut Quote 7.400 Aussiedler auf, 60 Prozent von ihnen ziehen aber wieder weg" (*die tageszeitung* vom 3.4.96). Gegen diese fortgesetzte Migration wurde Ende März 1996 ein neues Wohnortzuordnungsgesetz verabschiedet, das die Aussiedler zwei Jahre an einem Ort halten soll, da sie ansonsten ihre Ansprüche auf Eingliederungshilfe verlieren. Allerdings wurde die Eingliederungshilfe, die zuvor aus Darlehen für Haus- oder Wohnungskauf und Entschädigungen bestand, seit 1992 auf einen sechsmonatigen Sprachkurs reduziert. Die Aussiedlerpolitik der 90er Jahre läßt sich charakterisieren durch eine „schrittweise Einschränkung des umfangreichen Entschädigungs- und Eingliederungsinstrumentariums" (Puskeppeleit 1995: 84), das ursprünglich für die Abmilderung von Kriegsfolgen (Umsiedlung, Vertreibung, Deportation) entwickelt worden war. So erklärt sich die Bezeichnung „Kriegsfolgenbereinigungsgesetz".

Welches sind die Wanderungsmotive der heutigen Spätaussiedler? In der Forschung werden eher die Aufenthaltsbedingungen in Deutschland als die früheren Lebensbedingungen der Aussiedler in den GUS-Staaten, Rumänien oder Polen thematisiert. Einhellig wird jedoch festgestellt, daß vor allem die Lebenslage der Rußlanddeutschen dem sowjetischen Durchschnitt entsprach, häufig sogar besser war (vgl. Ingenhorst 1997: 161ff.; Westphal 1997: 92) und mit der Perestroijka seit Mitte der 80er Jahre auch die Diskriminierungen zurückgingen. Die Mehrheit der Spätaussiedler nennt ethnisch-religiöse Gründe und die Familienzusammenführung. Eine offene Thematisierung wirtschaftlicher Motive wäre jedoch auch kaum opportun gewesen:

„Gleichwohl ist zu bedenken, daß andere Ausreisegründe, wie z.B. wirtschaftliche, weder von sowjetischer noch von bundesdeutscher Seite akzeptiert worden wären. Beide Seiten verlang(t)en vielmehr einen Beweis der spezifisch 'rußlanddeutschen Identität'" (Westphal 1997: 96).

Erschwerend kommt hinzu, daß nach dem Ende der Sowjetunion die 'russische Identität' und die russische Sprache an Bedeutung verlieren. In den meisten Nachfolgestaaten der UdSSR ist nun nicht mehr Russisch, sondern eine der sog. Titularsprachen (Kasachisch, Kirgisch, Lettisch u.a.) die Hauptsprache, und die Angehörigen ethnischer Minderheiten (Deutsche, aber eben auch Russen) haben einen schwierigeren Stand.

„Die Deutschen in Kasachstan sehen beispielsweise seit der Staatsgründung eine Reihe rechtlicher und sozialer Ungewißheiten auf sich zukommen. Die Einführung des Kasachischen als Staatssprache bedingt, daß Arbeitskräfte in staatlichen und Leitungspositionen Kasachisch beherrschen müssen. Im Alltag, in der Schule und der Universität soll Kasachisch langsam die russische Sprache ersetzen. Die Besetzung wichtiger Positionen erfolgt inzwischen weitgehend durch Kasachen" (Dietz 1997: 21).

Dornis (1996) weist darauf hin, daß Rußland in den 90er Jahren selbst zur Zuwanderungsregion wurde. Für die Zuwanderung *nach* Rußland durch ethnische Russen aus Lettland oder Kasachstan wäre eine Mischung aus ethnischen und wirtschaftlichen Motiven ausschlaggebend (vgl. Dornis 1996: 343). Genau dieses Ursachenbündel trifft auch auf die ethnischen Deutschen zu, die die frühere Sowjetunion verlassen (haben). Die Rußlanddeutschen wollen 'als Deutsche unter Deutschen' leben und ihren Kinder eine verläßlichere Zukunft sichern, als sie sie in Kasachstan gewährleistet sehen. Gleichzeitig tragen sie durch ihren Weggang möglicherweise zur Auflösung ihrer Gruppe bei:

„Mag die Aussiedlung von jedem einzelnen als Gewinn angesehen werden, für die Gruppe ist jeder Aussiedler ein Verlust. (...) Die Verödung der verbliebenen noch zusammenhängenden Siedlungsgebiete und Siedlungen wird auch die letzten noch zum Gehen bewegen, da es ihnen dann unmöglich gemacht worden ist, in der ehemaligen Sowjetunion als 'Rußlanddeutscher' zu leben" (Ingenhorst 1997: 68).

Betrachtet man die Aussiedler, so heterogen sie auch sind, als Gruppe, so fällt besonders ihre Alterszusammensetzung auf. Verglichen mit der einheimischen Bevölkerung und den anderen Zuwanderergruppen sind Aussiedler sehr jung (vgl. Dietz 1997; Koller 1993). Auf diese Weise ist es besonders diese Zuwanderergruppe, die für einen Ausgleich des Bevölkerungsrückgangs in Deutschland sorgt. Der Anteil der unter 20jährigen unter den zugewanderten Aussiedlern ist noch gestiegen: 1988 betrug er 32,9%, 1995 37,8%. Den Jugendlichen, von denen viele lieber in den GUS-Staaten geblieben wären, gilt die besondere Aufmerksamkeit von Betreuungsorganisationen (*Caritas, Arbeiterwohlfahrt* u.a.), Politikern und Wissenschaftlern: „In einem Alter, in dem sie selbst noch wenig gefestigt sind, müssen sie einen schwierigen Balanceakt bewältigen: Orientieren sie sich zu sehr an den Anforderungen der Familie, werden sie zu

Außenseitern in der neuen Umgebung; passen sie sich den Verhaltensweisen und dem Konsumstil der jungen Einheimischen an, laufen sie Gefahr, den Rückhalt der Familie zu verlieren" (Koller 1993: 16). Hieran wird deutlich, daß die jugendlichen Aussiedler sich mit Problemen konfrontiert sehen, wie sie für alle jugendlichen Migranten gelten (vgl. die Abschnitte 4.2, 5.3 und 7.2).

Die berufliche Eingliederung der Erwachsenen gestaltet sich unterschiedlich: Handwerklich-technisch qualifizierte Aussiedler (meist Männer) haben relativ gute Chancen, Personen mit Sozial- und Erziehungsberufen (meist Frauen) dagegen deutlich schlechtere Chancen auf dem deutschen Arbeitsmarkt. Insgesamt gilt für die Aussiedler wie für die meisten anderen Zuwanderergruppen, daß ihre berufliche Position im Aufnahmeland nicht ihrer ursprünglichen Qualifikation entspricht. In der allmählich in Gang kommenden Forschung zu dieser Gruppe wird betont,

„daß Aussiedler im Vergleich zu Migranten/Einwanderern unter einem *besonderen* Assimilationsdruck stehen. (...) Sie begreifen sich als Deutsche, erleben im Aufnahmeland allerdings ständig, daß sie Fremde sind. Sie werden als fremde Deutsche ausgegrenzt und müssen diese Differenzerfahrungen zwischen ihrer ursprünglichen Selbstdefinition und dem hier erfahrenen Fremdbild dauerhaft verarbeiten" (Herwartz-Emden 1997: 4; Hervorh. im Original).

Zur Fremdheitserfahrung (s. auch Abschnitt 4.3) trägt auch die starke religiöse Bindung vieler Aussiedler bei, die viele Einheimische als altmodisch empfinden.

Die Geschichte der Rußlanddeutschen zeigt, wie vielschichtig und gegensätzlich das Schicksal bereits *einer* Migrantengruppe sein kann: Die Anfänge vor über 200 Jahren sind als freiwillige Migration zu begreifen, und auch der heutige Entschluß zur Aussiedlung bzw. Rückwanderung nach Deutschland erfolgt nicht unter Zwang. Dazwischen liegen jedoch Phasen der Deportation, Umsiedlung und Vertreibung. Die Zwangserfahrungen haben die 'Identität der Rußlanddeutschen' geprägt, ihr Zusammengehörigkeitsgefühl gestärkt (vgl. 7.4). und haben zu Skepsis gegenüber der Verläßlichkeit von politischen Entwicklungen geführt. Ein Geflecht von religiösen Orientierungen, politischen Entwicklungen und historischen Erfahrungen setzt so Wanderungsbewegungen in Gang, die aus einer rein zeitgenössischen Perspektive kaum verständlich sind.

2.4 Modelle zu den Ursachen von Migration

Bisher wurde davon ausgegangen, daß die Wandernden bestrebt sind, ihre Situation zu verbessern und nach dem Prinzip eines „ökonomischen Rationalismus" (Ewers 1931: 39) handeln (vgl. auch Langenheder 1968, H. Esser 1980, Feithen 1985). Untersuchungen, die sich mit den Ursachen von Wanderungen beschäftigen, greifen - auch noch *nach* Ravenstein - vor allem auf ökonomische und demographische Faktoren (Arbeitsmarktsituation, Lohnniveau, Bevölkerungsentwicklung etc.) zurück. Das Zusammenwirken dieser Faktoren in der Herkunftsregion mit denen der Zielregion wird als *Push-Pull-Modell* bezeichnet. Danach gibt es Faktoren der 'Vertreibung' (*push*) und Anziehung (*pull*), die Menschen zur (Aus-)Wanderung veranlassen. In der Literatur gilt Everett S. Lees Aufsatz „Eine Theorie der Wanderung" (vgl. Lee 1972) als Begründung dieses Ansatzes. Lee selbst gibt jedoch neben ökonomischen und demographischen Faktoren noch weitere Ursachen für Migration an (s. unten).

Zentraler *Push-* wie *Pull-Faktor* ist die Situation auf dem Arbeitsmarkt, die in der Heimatregion des oder der Wandernden unzureichend und in der Zielregion attraktiver ist. Unterschiede bestehen *erstens* bezüglich der Beschäftigungssituation (Arbeitslosigkeit bzw. Unterbeschäftigung in der Herkunftsregion; geringere oder keine Arbeitslosigkeit, Arbeitsplatzangebote in der Zielregion) und *zweitens* bezüglich der Einkommenssituation (höhere Löhne in der Zielregion). Diese Annahmen werden als Beschäftigungshypothese (*job-vacancy-Hypothese*) und als Einkommenshypothese (*income-differentials-Hypothese*) bezeichnet. Sie sind die beiden ersten Hypothesen des *Push-Pull-Modells*. Bis dahin sind es primär „Arbeitsmarktungleichgewichte" (Künne 1979: 66) zwischen verschiedenen Regionen oder Gesellschaften, die Menschen zur Wanderung in Gebiete, die in dieser Hinsicht 'günstiger' sind.

Hinzu kommt noch ein *dritter* Faktor, die Informationshypothese (*migrant-stock*-Variable). Sie besagt, daß die persönlichen Beziehungen und 'Informationskanäle' zwischen denen, die bereits gewandert sind und denen, die u.U. wandern wollen, entscheidend zum Wanderungsentschluß beitragen. Upton Sinclair beschrieb diesen Anstoß zur Wanderung für die litauischen Heldinnen und Helden seines 1906 erstmals erschienenen Romans *Der Dschungel*:

> „Der Hof war nun verkauft und die ganze Familie dadurch aus der Bahn geworfen - denn alles, was sie auf dieser Welt besaßen, waren etwa siebenhundert Rubel, was in Dollar halb soviel ist. (...) Ona hätte nun heiraten und die Familie verlassen können, aber das wollte sie nicht, denn sie hing an Teta Elzbieta. Den Ausweg fand Jonas, der vorschlug, sie sollten alle nach Amerika gehen: ein Freund von ihm sei dort reich geworden. Er für sein Teil würde arbeiten gehen, und die Frauen würden arbeiten gehen, und gewiß auch ein paar von den Kindern - irgendwie würden sie schon durchkommen. Jurgis hatte auch schon von Amerika gehört. In jenem Land, so hieß es, könne ein Mann drei Rubel am Tag verdienen; und Jurgis rechnete sich aus, was drei Rubel am Tag bedeuten würden, gemessen an den Preisen, wie sie bei ihm zu Hause üblich waren. Er beschloß, unverzüglich nach Amerika auszuwandern, zu heiraten und obendrein noch ein reicher Mann zu werden" (Sinclair 1980: 34).

Die Informationshypothese, der Faktor der persönlichen Beziehungen, stellt die erste Erweiterung des *Push-Pull-Modells* dar.

Auf der Seite der Zielregion ziehen, so die Modellannahme, mehrere Faktoren die Wanderer an (*pull-Faktoren*). Für einige Autoren wirken diese sogar stärker als die *push-Faktoren* des Herkunftslandes:

– Eher als die sozio-ökonomische Situation in der Herkunftsregion determiniert der Wirtschaftszyklus des Einwanderungslandes die Einwanderung (vgl. Petersen 1972: 98).

– Aus dem sozialen Aufstieg der einheimischen Arbeitskräfte und den längeren Ausbildungswegen der Jugendlichen in den industriellen Zentren ergibt sich ein (wachsender) Bedarf nach ungelernten Arbeitskräften. Für die europäische Arbeitsmigration nach dem Zweiten Weltkrieg waren die Interessen der Arbeitgeber der primär wirksame pull-Faktor (vgl. Hamilton 1985: 32), und auch insgesamt habe die Situation in den Aufnahmeländern in dem „komplexen Geflecht von Druck- und Zugfaktoren" (a.a.O.: 27) das größere Gewicht.

Nach Rosemarie Feithen, die die Arbeitskräftewanderungen in der *Europäischen Gemeinschaft* (vgl. Feithen 1985) untersucht hat, muß das *Push-Pull-Modell* noch zusätzlich erweitert werden. Neben Beschäftigungs-, Einkommens- und Informationsmöglichkeiten seien der Wunsch nach beruflicher und sozialer Statusverbesserung, Distanzfaktoren und Merkmale der wandernden Personen für die Wanderungsentscheidung relevant (vgl. a.a.O.: 61). Der letztgenannte Faktor weist darauf hin, daß es nicht nur ökonomisch-rationale Entscheidungen sind, die zu Wanderungen führen - ansonsten wäre nicht zu erklären, weshalb so viele Menschen, die in derselben sozio-ökonomischen Lage sind wie die Wanderinnen und Wanderer, selbst *nicht* wandern. Auch Feithen, die mit ihrer Untersuchung den „hohen Erklärungsanteil der ökonomischen Variablen" (a.a.O.: 115), also die Grundannahmen des *Push-Pull-Modells* für die europäische Arbeitsmigration letztendlich bestätigen kann, hatte einleitend eingeschränkt, daß „Wanderungsprozesse, die das Ergebnis komplexen menschlichen Verhaltens in sehr unterschiedlichen Entscheidungssituationen sind, kaum in einem allgemeingültigen Modell erklärt werden" (a.a.O.: 55) können.

Ökonomische Faktoren (Unterbeschäftigung/Arbeitslosigkeit) reichen also nicht aus, um zu erklären, warum Menschen wandern. Persönliche Beziehungen zu Verwandten oder Bekannten, die schon gewandert sind, und Informationen über die Zielregion sind wichtige zusätzliche Stimuli. Diese Informationen sind nicht immer realistisch. Wunschvorstellungen von einem besseren Leben (s. das Motto zu Beginn dieses Kapitels) verbinden sich mit den Berichten der bereits Gewanderten, die sich zum Nachweis ihres Erfolges genötigt sehen. So korrespondiert der *Mythos USA* des 19. Jahrhunderts mit dem *Mythos Bundesrepublik* in den 70er Jahren des 20. Jahrhunderts. Für die türkische Arbeitsmigration in die Bundesrepublik faßte Hanne Straube (1987) zusammen:

"In den ersten Jahren der Arbeitsmigration waren die Erfahrungen der Türken in Deutschland *überwiegend positiv*. Deutschland forderte die Arbeitskräfte aus der Türkei an; Türken wurden bei uns gebraucht und gewollt, was man sie spüren ließ. Als die Auswanderung (sic!) erst einmal in Gang gekommen war, entwickelte sie eine Eigendynamik. Auch wenn ursprünglich die wirtschaftliche Notwendigkeit die grundlegende Rolle spielte, prägte doch entscheidend der Mythos Deutschland die *Ausreisebereitschaft*. Die ersten Erzählungen über das Leben in Deutschland waren weitaus optimistischer als heute" (a.a.O.: 218; Hervorh. im Original).

Nach den Ergebnissen der jüngeren Migrationsforschung ist die Bedeutung der Beziehungs-*Netzwerke* als so groß anzusehen, daß die anderen Faktoren bzw. Hypothesen dagegen 'verblassen' (vgl. zunächst Portes/Rumbaut 1990). Faist (1997) beschäftigt sich im Kontext der Ursachen von Migration mit der interessanten Frage, weshalb eigentlich so viele Menschen *nicht* wandern und diskutiert dabei vor allem die starken bzw. schwachen sozialen Bindungen in den Verwandtschafts-Netzwerken der (potentiellen) Migranten. Eine eindrückliche Studie, die die Relevanz und konkrete Auswirkung solcher Netzwerke vor und nach der Migration illustriert, ist die Untersuchung von Hillmann (1996) über Migrantinnen aus Peru, den Philippinen und Somalia in Italien. Netzwerke können unterstützend, aber auch einschränkend sein:

"Unter den interviewten Migrantinnen waren viele ohne Aufenthaltsgenehmigung. Aus der Beschreibung ihrer Migrationsentscheidung und der Darstellung ihres Familienhintergrundes ließ sich erkennen, daß sie sich bei ihrer Einreise nach Italien meist auf sich bereits im Land aufhaltende Verwandte stützen konnten. War dies nicht der Fall, dann standen sie von seiten der Herkunftslandes und der Lebenssituation der Familie dort unter extremen Handlungsdruck" (a.a.O.: 253).

Der Entschluß zu wandern hängt von einem ganzen Bündel von Faktoren ab, und insbesondere das Ziel der Wanderung wird durch bestehende Kontakte stark beeinflußt. Auch Fluchtbewegungen sind in dieser Weise 'gerichtet' (vgl. Kap. 6). Es sind also „nicht so sehr die tatsächlichen Faktoren am Herkunftsort und am Bestimmungsort ..., sondern die Perzeption dieser Faktoren, die Wanderung hervorruft" (Lee 1972: 120): „Deshalb ist die Entscheidung zu wandern niemals völlig rational" (ebd.; vgl. auch Jackson 1986: 38f.).

Nach der klassischen Studie von Shmuel Noah Eisenstadt über „The Absorption of Immigrants" (1954) (vgl. Abschnitt 4.2) findet Migration dann statt, wenn eine Gesellschaft nicht in der Lage ist, die Erwartungen ihrer Mitglieder zu erfüllen. Die erste Stufe der Migrationsbewegung ist die Motivation (*initial motivation*), die in den Lebensbedingungen der Herkunftsgesellschaft begründet ist. Eisenstadt unterschied vier gesellschaftliche Hauptbereiche, in denen Frustration und Unzufriedenheit (*feeling of frustration and inadequacy; lack of gratification*; Eisenstadt 1954: 2) Anlaß zur Wanderung geben können:

1. die physische Existenz des Wanderers und seiner Familie ist nicht mehr gesichert;
2. die institutionelle Struktur kann die materiellen, insbesondere ökonomischen Ziele nicht mehr gewährleisten (besonders häufig, z.B. bei der Überseeauswanderung);
3. der politisch-ideologische Bereich (mangelnde Identifikation und Solidarität mit den Werten bzw. Mitgliedern der Gesellschaft; Flüchtlinge und Emigranten);
4. Lebensvorstellungen können nicht verwirklicht werden (wie bei den frühen puritanischen Wanderern).

Der Bereich, auf den sich diese anfängliche Motivation bezieht, beeinflußt den weiteren Migrationsprozeß, er bestimmt die Orientierung und die Bereitschaft, Veränderungen zu akzeptieren. Er bestimmt auch das 'Bild', das sich die Wandernden vom 'neuen Land' machen. Ist die Wanderung beispielsweise primär ökonomisch motiviert (Bereich 2), so orientieren sich die Wandernden in der Zielregion vor allem an ökonomischen Möglichkeiten. Je mehr Menschen in einer Gesellschaft innerhalb dieser Bereiche (Wirtschaft, Institutionen, Politik, Werte) unzufrieden sind, desto instabiler wird diese, und desto stärker wird die Notwendigkeit sozialen Wandels. So wurde der innergesellschaftliche Druck, den die Massenflucht/-emigration aus der DDR ausübte, 1989 selbst für den verkrusteten Partei- und Regierungsapparat der SED zu stark.

Beim Wanderungsprozeß sind also nicht nur die Wandernden selbst, sondern immer auch zwei Gesellschaften betroffen: „The migrant is a vehicle of change encapsulating the experience of two societies" (Jackson 1986: 48). Nach diesem Verständnis personifiziert der Wandernde sozialen Wandel; implizit spielt hier eine *anthropologische Grundsatzdiskussion* mit hinein, die seit Herbert Spencer (1820-1903) kontrovers, aber eher verdeckt geführt wird. Sie betrifft das Menschenbild, das hinter den Migrationstheorien steht.

Spencer ging davon aus, daß in uns eine „von den nomadischen Vorfahren geerbte Unruhe" (1876: 578) schlummert. Diese Auffassung zieht sich - allerdings bei einer Minderheit der Migrationsforscher - bis heute durch. So ist Böhning davon überzeugt, daß Wanderung „ein nicht zu unterdrückender innerer Drang des Menschen" (1984b: 12) sei (vgl. auch Hoffmann-Nowotny 1988).

Demgegenüber gehen die meisten Migrationsforscher und insbesondere diejenigen, die dem *Push-Pull-Modell* anhängen, ganz im Gegenteil von einer „natürlichen Trägheit" (Lee 1972: 119f.) aus, die erst durch das Zusammentreffen vieler Faktoren überwunden werden könne. Die Überwindung des „natürlichen Zustandes der ... Seßhaftigkeit" (Hansen 1948: 9) wurde zunächst als positiv angesehen. Wanderung sei ein Kennzeichen der modernen Welt, sie bringe einen „Hauch von Abenteuer" (Park 1950b: 147) und eine Vielfalt neuer sozialer Beziehungen mit sich. Die Anfänge der Arbeitsmigration ließen auch euphorische Töne zu: „Wanderung ist Leben und Fortschritt - Seßhaftigkeit ist Stagnation" (Ravenstein 1972: 86). Diese Euphorie, die sich bei den interkontinentalen Wanderungen des 19. Jahrhunderts mit Pionier- und Besiedlungsmythen verband, hat sich heute ins Gegenteil verkehrt. Viele Staaten der Welt, insbesondere die westeuropäischen Länder, die USA und Japan haben im Lauf der 90er Jahre restriktivere Gesetze für bzw. gegen die Zuwanderung verabschiedet.

'Vom Auswanderungsland zum Einwanderungsland' - dieser Prozeß, der für Deutschland detailliert beschrieben wurde (vgl. Bade 1983), trifft für immer mehr Länder zu, in Europa insbesondere für Spanien und Italien (vgl. Krings 1995; Losi 1996). Es hat ein Umschichtungsprozeß stattgefunden, der in Relationen betrachtet werden muß: Länder wie Italien sind nicht nur wohlhabender geworden und damit für Zuwanderer attraktiver als früher, sondern die verstärkte Zuwanderung ist ein 'Ausweichmanöver'. Je mehr sich die etablierten Zuwanderungsregionen abschotten, desto mehr verlagern sich die Wanderungsbewegungen in andere, (noch) offene Regionen. Der allmähliche Aufbau von Netzwerken von Migrantinnen und Migranten fördert dann zudem die weitere Zuwanderung.

Trotz der allgegenwärtigen 'Normalität' von Bewegung, Ortsveränderung und Migration halte ich es, anthropologisch gesehen, für plausibel, von einer Tendenz zur Seßhaftigkeit auszugehen. Menschen werden ihrer vertrauten Umgebung den Vorzug geben, wenn auf sie nicht der Druck materieller und sozialer Not oder politischer Verfolgung ausgeübt wird oder sie in den Sog einer Massenwanderung (die das Gefühl produziert, zu kurz zu kommen oder alleine übrigzubleiben)[9] geraten.

2.5 Zusammenfassung

Am Ende dieses Abschnitts ist festzuhalten: Es sind „nicht nur die Bruttosozialproduktunterschiede" (H. Esser 1989: 65), die zu Wanderungen führen. Auch die sog. *Arbeits*migration ist meist nicht nur ökonomisch motiviert, sondern das Ergebnis „sozialer Vergleichssituationen" (Ronzani 1980: 51). Das Individuum fühlt sich gegenüber „realen oder imaginären Vergleichsgruppen" (ebd.) in der Herkunfts- oder in der Zielregion zurückgesetzt (depriviert). Auch die sog. *Flucht*migration ist meist nicht nur politisch oder militärisch oder ethnisch oder religiös begründet, sondern auf ein Bündel von Ursachen, Beweggründen und Konstellationen zurückzuführen. Die spezifisch deutsche Migration von Aussiedlern und Spätaussiedlern vereint Aspekte von Flucht- und Arbeitsmigration in sich und steht darüberhinaus idealtypisch für die Bedeutung historischer Ereignisse und Prozesse, die sich auch Jahrzehnte oder gar Jahrhunderte später immer noch oder erneut auswirken.

---

9 „'Keiner will der letzte sein und in der DDR das Licht ausmachen', beschreibt ein Hamburger Neubürger die Stimmung in der anderen Republik" (*Der Spiegel* vom 19.2.90: 32).

Einzelwanderung, Gruppenwanderung, Kettenwanderung und die anderen Formen von Wanderung, wie sie in Kapitel 1 abgegrenzt wurden, greifen im tatsächlichen Wanderungsgeschehen ineinander über. So wandern Frauen nicht nur als Ketten- oder Familienmigrantinnen, sondern auch als 'einzelne' Arbeitsmigrantinnen (vgl. die US-Einwanderinnen aus Irland und Skandinavien im 19. Jahrhundert). Letztlich gibt es keine Dichotomie von Familien- und Arbeitsmigration: Die Überlappung von Familie und Arbeit ist im Leben beider Geschlechter zu groß, als daß ein Aspekt separiert werden könnte (vgl. Morokvasic 1987; Schöttes/Treibel 1997; Stalker 1994).

Jeder Wanderungsstrom hat unterschiedliche Phasen mit einer jeweils heterogenen Zusammensetzung der Wandernden und er gewinnt eine *Eigendynamik*. Dies trifft auch auf die durch Anwerbeverfahren scheinbar 'gesteuerte' europäische Arbeitsmigration der 60er und 70er Jahre zu:

„Sobald die Wanderung in Gang gekommen war, entwickelte sie ihre eigene Dynamik, so daß die aktive Rolle der Arbeitgeber und die unterstützenden Maßnahmen der Regierungen an Bedeutung verloren. Die Initiative ging stärker auf auswanderungswillige individuelle Arbeitnehmer über. Dabei spielten Mundpropaganda und idealisierende Vorstellungen von den Verhältnissen in den Aufnahmeländern eine wichtige Rolle. Gleichzeitig weitete sich die Migration auf Arbeitnehmer mit geringer schulischer und fachlicher Bildung in ärmeren, ländlichen Regionen aus" (Just/Groth 1985: 192).

Ein weiteres Beispiel dafür, wie Migrationsbewegungen sich ausdifferenzieren, sind die neuen Bundesländer. Ende der 90er Jahre stellt sich die Situation anders dar als zu Beginn der 90er Jahre, als der Haupt-'Strom' von Ost nach West ging. Heute geben die neuen Bundesländer keineswegs nur Migranten ab, sondern sind das Ziel temporärer wie permanenter Migration. So kommen die Studierenden an der *Europa Universität Viadrina* in Frankfurt/Oder zur Hälfte aus Polen (vgl. *die tageszeitung* vom 21.4.98, S.13); außerdem gibt es einen verstärkten Zuzug aus den alten Bundesländern:

„Im Jahr 1991 gingen die Zuzüge aus den neuen in die alten Bundesländer gegenüber 1990 deutlich zurück: ein Drittel weniger als 1990 nämlich 250 Tsd. verlegten ihren Wohnsitz in das frühere Bundesgebiet. Der Rückgang der Ost-West-Wanderungen setzte sich bis 1994 fort; 1995 nahm die Ost-West-Wanderung wieder geringfügig zu. Im Gegenzug haben gleichzeitig die West-Ost-Wanderungen deutlich zugenommen. (...) Zwischen 1990 (36 Tsd.) und 1995 (143 Tsd.) haben sich die Fortzüge von den alten in die neuen Länder etwa vervierfacht" (Zimmermann 1998: 523f.).

Gleichwohl hat die Ost-West-Bewegung nicht völlig aufgehört. Manche Bürgerinnen und Bürger der früheren DDR gehen jedoch noch weiter westlich als nur in die frühere BRD. Sie nehmen eine klassische Wanderungsroute wieder auf, wie die Dokumentation von Andreas Lehmann (1998) zeigt - die nach USA.

3. Schmelztiegel oder multikulturelle Gesellschaft? Vom öffentlichen und rechtlichen Umgang mit Migration

„Die berühmten Worte von Emma Lazarus auf dem Sockel der Freiheitsstatue lauten: 'gebt mir eure müden, eure armen, eure geknechteten Massen, die sich danach sehnen, frei zu atmen.' Bis zum Jahre 1921 spiegelten diese Worte unsere Gesellschaftsform getreulich wider. Nach dem geltenden Recht könnte man hinzufügen: '... solange sie aus Nordeuropa stammen und nicht gar zu müde oder gar zu arm oder ein bißchen krank sind, niemals einen Laib Brot gestohlen haben, nie fragwürdigen Organisationen beigetreten sind und ihr gesamtes Tun der vorangegangenen zwei Jahre belegen können.'" (Kennedy 1965: 89f.).

In den *Vereinigten Staaten* hat es seit Anfang des 19. Jahrhunderts - trotz oder vielleicht auch wegen zunächst unlimitierter Einwanderung - heftige Auseinandersetzungen um die Einwanderung und die Einwanderer bzw. bestimmte Einwanderergruppen gegeben. Diese schlugen sich in unterschiedlichen Ideologien (*melting pot*, *anglo-conformity*, *cultural pluralism*) nieder, die noch heute die öffentliche Diskussion in und über die USA mitbestimmen, selbst wenn die Etikettierungen heute andere sind.

Die Diskussionen in der *Bundesrepublik Deutschland* nahmen seit den 60er Jahren einen anderen Verlauf. Ende des 20. Jahrhunderts ist die faktisch beantwortete Frage, ob Deutschland als Einwanderungsland zu verstehen sei, politisch immer noch umstritten. Wenn diesbezüglich auch kein Konsens zwischen großen Teilen der Wissenschaft oder der Kirchen auf der einen Seite und den politischen und rechtlichen Institutionen auf der anderen Seite besteht,[10] so findet Zu- und Einwanderung doch seit Jahrzehnten statt: In den 90er Jahren ist Deutschland neben den USA das Hauptzuwanderungsland der Erde (s. Einleitung). Die Zuwanderung wird von konzeptionellen Debatten über das Zusam-

---

10 Zunehmend verlaufen die Trennlinien nicht mehr entlang, sondern durch die Parteien, wie die Diskussion um das Staatsangehörigkeitsrecht 1997/98 zeigt. Grundsätzlich ist die Ausländerpolitik jedoch exemplarisch für die Unterscheidung bzw. Unterscheidbarkeit von 'rechts' und 'links'. Als 'rechts' kann sich eine Partei dann inszenieren, wenn sie offensiv ausländerfeindlich argumentiert, wie die *Front National* in Frankreich, die *FPÖ* in Österreich, die *DVU* in Deutschland oder die *One-Nation*-Partei in Australien.

menleben von Einheimischen und Zuwanderern begleitet, die einige Parallelen zur US-Diskussion aufweisen.

Im Zuge der europäischen Einigung und der Folgen der Wiedervereinigung der beiden deutschen Staaten haben die Diskussionen auf der Ebene der *Europäischen Union* an Umfang und Bedeutung zugenommen. Durch die permanente Erweiterung der EU wächst die Komplexität und die Notwendigkeit, Zielsetzungen und Instrumente der Politik der beteiligten Staaten aufeinander abzustimmen. Hierbei stellt die Zuwanderungspolitik eines der zentralen Politikfelder dar, in dem die Staaten EU sich einerseits aneinander annähern und sich andererseits nach außen abgrenzen.

3.1 Die Vereinigten Staaten: Ein Schmelztiegel?

Seit den 30er Jahren des 19. Jahrhunderts gab es in den Vereinigten Staaten sog. nativistische, d.h. fremdenfeindliche Bewegungen. Am bekanntesten wurden die sog. *Know Nothings*[11], die mit militantem Antikatholizismus auf die deutsch-irische Einwanderungswelle (1825-1855) reagierten.

> „Die Iren waren die ersten, die von den schon heimischen 'Amerikanern' Hohn und Diskriminierung zu spüren bekamen, wie nach ihnen, zumindest in gewissem Umfang, jede weitere Einwanderungswelle. In Sprache und Kleidung wirkten sie fremd. Sie waren arm und hatten nichts gelernt. Und zudem kamen sie in großer Zahl. Die Iren waren wohl die einzigen, die in unserer Geschichte für sich in Anspruch nehmen können, daß gegen sie eine politische Partei, die der 'Nichtswisser', gegründet wurde" (Kennedy 1965: 40f.).

In den Jahren nach 1850 konnten die *Know Nothings* als *American Party* spektakuläre Wahlerfolge erzielen. Hinzu kamen Vorbehalte von gewerkschaftlicher Seite ebenfalls gegen die als politisch aufrührerisch geltenden Iren und gegen die als lohndrückend geltenden Chinesen. 1887 wurde zur Abwehr der 'neuen Einwanderer' die *American Protective Association* gegründet.

Die Vorstellung, die USA-Gesellschaft sei das Produkt eines Völkergemischs, gehört zu den Standard-Klischees über die USA. Der *melting pot* (Schmelztiegel) ist zwar im Lauf der 80er Jahre aus den in der Bundesrepublik verwendeten Englisch-Schulbüchern verschwunden, aber als Klischee ist er in der hiesigen Medienberichterstattung über die USA nach wie vor gegenwärtig.

---

11 Dieser Spitzname bezieht sich darauf, daß die *Know Nothings* so taten, als 'wüßten sie nichts', wenn sie nach den Zielen ihrer Bewegung gefragt wurden.

Abbildung 5: Gesetzgebung und staatliche Maßnahmen zur Zuwanderung in den USA

1800-1875	„open-door immigration policy" (Gordon 1964: 116)
1875	Einwanderungsverbot für Prostituierte und Kriminelle (Erweiterung der *Gruppe unerwünschter Personen* 1882, 1891, 1903, 1907)
1882	Einwanderungsverbot für Chinesen (*Chinese Exclusion Act*)
1906	Einbürgerungsgesetz (*Naturalization Law*); Voraussetzung zur Einbürgerung: englische Sprachkenntnisse
1907	Vereinbarung mit Japan (Gentlemen's Agreement): eingeschränkte Einwanderung aus Japan
1917	Einwanderungsverbot für Analphabeten
1921	Nationale Quoten für die europäische Einwanderung (Berechungsgrundlage: jeweiliger Bevölkerungsanteil im Jahr 1910)
1924	Quotensystem, neue Regelung (*Johnson-Reed Act*) (Berechnungsgrundlage: jeweiliger Bevölkerungsanteil im Jahr 1890; davon 2 %)
1924	*Oriental Exclusion Act* (wurde 1943 bzgl. der Chinesen aufgehoben)
1952	*McCarran - Walter Immigration and Naturalization Act*
1964	*Affirmative Action* (Maßnahmen zur gezielten Bevorzugung benachteiligter Gruppen) wird in Artikel 7 der Bürgerrechtsgesetze festgeschrieben
1965	*Immigration and Nationality Act Amendments (Hart-Cellar-Act)* Abschaffung des Quotensystems von 1924; stattdessen Qualifikationskriterien, berufliche Auswahl; *family preference system*
1980	Flüchtlingsgesetz
1986	*Immigration Reform and Control Act* (Einwanderungsreform- und -kontrollgesetz); Amnestiebestimmungen
1987	Amnestiegesetz; Legalisierung illegaler Einwanderer, insbes. aus Mexiko (2 Mill.)
1987	Neues Einwanderungsgesetz
1990	*Refugee Act*: Erhöhung von 17.400 auf 50.000 (aber restriktive Haltung gegenüber Lateinamerika)
1994	Referendum *Proposition 187* in Kalifornien befürwortet (Verweigerung von Sozialleistungen gegenüber illegalen Einwanderern; von den Gerichten wegen Verfassungswidrigkeit jedoch auf Eis gelegt)
1994	Im Oktober wird an der Südwestgrenze mit der *Operation Gatekeeper* begonnen; Verlängerung, Ausbau, starke Bewachung der Grenzbefestigungen zu Mexiko
1996	Das Repräsentenhaus verabschiedet ein Gesetz zur Beschränkung der illegalen Einwanderung
1996	Der Senat votiert gegen eine Reduzierung der Einwanderungs-Quoten, hält an der Pro-Einwanderungs-Politik fest
1996	Das neue Fürsorgegesetz (*Welfare Bill*) streicht die Sozialleistungen für Neuankömmlinge und Einwanderer
1996	Einbürgerungswelle unter den Einwanderern (1,2 Mill.)
1997	Diskussion in Kalifornien um das Referendum *Proposition 209* (Abkehr von *Affirmative Action*)
1997	Im April tritt ein neues Einwanderungsgesetz in Kraft; Erleichterung der Ausweisungsbefugnisse bei illegalen Einwanderern, Aufstockung der *Border Patrol*
1998	Die Diskussion in Kalifornien um die Abkehr von Affirmative-Action-Programmen und Mehrsprachigkeit hält an (Referendum *Proposition 227*)

Die Metapher vom *melting pot* hat eine lange Vorgeschichte.[12] Bereits im 18. Jahrhundert vertrat Michel-Guillaume Jean de Crevecoeur (1735-1813), ein amerikanischer Schriftsteller französischer Abstammung, die Auffassung, daß durch Heiraten zwischen Menschen unterschiedlicher Nationen der Amerikaner entstehen würde, die Nationen zu einer neuen Rasse verschmelzen würden. Im 19. Jahrhundert argumentierte Ralph Waldo Emerson (1803-1882), ein neu-englischer Essayist, mit dem Schmelztiegel-Konzept gegen die *Know-Nothings*, die er für „Neidhammel" hielt. Der amerikanische Kontinent sei ein Asyl aller Nationen, die eine neue Rasse, eine neue Religion, einen neuen Staat und eine neue Literatur schaffen: Die Natur liebe Kreuzungen ...

Mit dem gleichnamigen Drama des englischen Schriftstellers und Zionisten Israel Zangwill (1864-1926) fand *The Melting Pot* Eingang in die Alltagssprache. In diesem 1909 veröffentlichten und mehrfach aufgeführten Schauspiel, „einem literarisch zweit- oder drittklassigen Vierakter" (Adams 1984: 312), dessen schwülstige Sprache und Ideologie heute kaum noch erträglich sind, formulierte David, ein aus Rußland emigrierter Komponist, Zangwills Glauben an den amerikanischen Schmelztiegel. Er komponiere eine amerikanische Symphonie, die durch das Sieden des Schmelztiegels, den Gott geschaffen habe, inspiriert sei. In diesem würden alle europäischen (!) Rassen schmelzen: „The real American has not yet arrived. He is only in the Crucible (Schmelztiegel; A.T.), I tell you - he will be the fusion of all races, the coming superman" (Zangwill 1925: 38).

In ihrem berühmten Buch *Beyond the Melting Pot* unterzogen die Sozialwissenschaftler Glazer und Moynihan Zangwills Drama einer vernichtenden Kritik und reduzierten den *melting pot* auf das, was er letztlich ist - Ideologie. „Die Vorstellung vom Schmelztiegel ist so alt wie die Republik", aber: „Die Sache mit dem Schmelztiegel ist die, daß er nicht stattfindet" (Glazer/Moynihan 1963: 288; 290). Die ethnischen Muster, die immer noch bzw. wieder gesellschaftlich bedeutsam seien, sprächen gegen eine 'Verschmelzung'.

Neben dem Konzept des *melting pot*, das am bekanntesten ist, gehörten und gehören noch zwei weitere Konzepte zur politisch-programmatischen Einwanderungs-Diskussion in den USA: Die *anglo-conformity* und der *cultural pluralism*.

Anglo-Konformität

Das Konzept der *Anglo-Konformität* geht auf die koloniale und nachrevolutionäre Mentalität der weißen Bevölkerung Nordamerikas zurück. Sie erwartete von jedem Einwanderer den vollständigen Verzicht auf seine Herkunftskultur zugunsten einer Anpassung an die Werte und an das Verhalten der angelsächsischen Kerngruppe (vgl. Gordon 1964: 85). Die an England orientierten sprach-

---

12 Die folgende Darstellung ist angelehnt an Mann 1974: 172ff; vgl. auch Gordon 1964: Kap. 5 (*Theories of Assimilation: Part II. The Melting Pot*), S. 115-131 und Adams 1984.

lichen und kulturellen Muster galten als Standard, man bevorzugte die nord- und westeuropäischen Einwanderer: *They are more like us.* Anglo-Konformität war die, wenn auch damals nicht so bezeichnete Ideologie der oben erwähnten nativistischen Bewegungen des 19. Jahrhunderts. Die 'Hoch'-Zeit der *anglo-conformity* war die Zeit des Ersten Weltkrieges. Mit dem Kriegs-Eintritt der USA 1917 ergriff die USA ein Amerikanisierungs-Fieber (vgl. hierzu Gordon 1964: 98ff.), in dem nur noch nach der (politischen) Loyalität gefragt wurde. Drastisch kommt diese Auffassung in den Überlegungen Theodore Roosevelts zu befürchteten Loyalitäts-Konflikten von Einwanderern bei Kriegsbeginn zum Ausdruck: „There is no room in this country for hyphenated (Bindestrich-; A.T.) Americanism. ... a hyphenated American is not an American at all. ... Americanism is a matter of the spirit and of the soul" (zit. nach Mann 1974: 180). Roosevelt forderte unbedingte Loyalität gegenüber den Vereinigten Staaten, gleichgültig, wo man geboren sei; wer nicht absolut loyal sei, solle zurückkehren - je eher, desto besser. Die Ideologie der Anglo-Konformität richtete sich insbesondere gegen die asiatischen Einwanderer, deren Zuzug reglementiert (vgl. Abb. 5) und deren Erwerb der US-Staatsbürgerschaft erschwert wurde. Kam noch Kriegsgegnerschaft mit einer Nation hinzu, so konnte die Situation äußerst kritisch werden. So wurden Japaner und Amerikaner japanischer Abstammung (wie auch die anderen 'Kriegsgegner', Italiener und Deutsche) während des Zweiten Weltkriegs interniert:[13]

„Nach der Kriegserklärung an Japan vom 8. Dezember 1941 wurden unverzüglich japanische Schulen und Kulturzentren geschlossen, Polizei und FBI verhafteten viele tausend Personen und führten sie zur Befragung ab; 17 000 wurden in Internierungslager eingewiesen. Wenig später begann ein grosses Umsiedlungsprogramm, von dem 110 000 Personen - vom Säugling bis zum Greis - betroffen waren. Manche der Zwangsevakuierten mussten anfänglich in Zelten, Ställen, Scheunen hausen, teilweise in der Wüste bei über 40 Grad Hitze. Im Gegensatz zu den Umsiedlungen und Internierungen von Italienern machte die Furcht vor der 'gelben Gefahr' auch nicht vor amerikanischen Staatsbürgern japanischer Abstammung halt. Die Massnahme hatte also einen klar rassistischen Einschlag, der sich in der berüchtigten Aussage eines der verantwortlichen Generäle manifestierte: ' A Jap is a Jap.'" (*Neue Zürcher Zeitung* v. 28.2./1.3.98, S. 7).

Die Debatte über anglo-konformes Verhalten in der Tradition der Nativisten des 19. Jahrhunderts spielt heute keine Rolle mehr. *Anglo-conformity* schlägt sich heute in der Abkürzung für diejenigen nieder, die die nordamerikanische Kultur, Politik und Ideologie immer noch dominieren, nämlich die Gruppe der *WASPM*s (White-Anglo-Saxon-Protestant-Male-Group).

---

13 Auf eindrückliche Weise literarisch dargestellt ist diese lange Zeit tabuisierte Phase der US-amerikanischen Geschichte in dem Roman von David Guterson „Schnee, der auf Zedern fällt" (Guterson 1995).

Kultureller Pluralismus (I.)

Als historisch spätestes Konzept trat Anfang des 20. Jahrhunderts die Idee vom *kulturellen Pluralismus* auf. (Faktum war der kulturelle Pluralismus durch die ethnischen Gemeinschaften von Deutschen, Skandinaviern, Iren u.a. aber schon im 19. Jahrhundert; vgl. Gordon 1964: 132-135.) Dieses Konzept wurde nicht nur von den Einwanderern selbst vertreten, die sich damit sowohl gegen den *melting pot* als auch gegen die *anglo-conformity* zur Wehr setzten. Eine frühe Verfechterin war Emily Greene Balch (1867-1961), Volkswirtschaftlerin und Pazifistin neuenglischer Herkunft, die 1946 den Friedensnobelpreis erhielt. In ihrem 1910 erschienenen Buch *Our Slavic Fellow Citizens* vertrat sie - durch den Mund eines polnischen Priesters - die Auffassung,[14] daß 'Amerika' keine Nation, sondern lediglich ein Land mit einer Regierung und unterschiedlichen Nationalitäten unter seinen Einwohnern sei. Die Anglo-Amerikaner seien keineswegs die einzig wahren Amerikaner. Balch forderte eine menschliche Behandlung für 'diese Fremden in unserer Mitte'; letztlich sollten diese in die Arbeit für Gerechtigkeit, Freiheit etc. miteinbezogen werden. Balch hält es für ein Gebot humaner Politik, Unterschiede zuzulassen (z.B. durch Mehrsprachigkeit) - nur dadurch könne eine höhere (nationale) Einigkeit erreicht werden.

Fast gleichlautend argumentierte der mit seinem Konzept des *cultural pluralism* bekannt gewordene Horace M. Kallen. In dem Aufsatz *Democracy vs. the Melting Pot* übte er harte Kritik sowohl an Zangwill als auch an den Anglo-Saxon als der „economic upper class" (Kallen 1970: 89). Wie Balch hielt auch er 'Amerika' für ein Phantom: „Amerika is a word: as a historic fact, or as a democratic ideal of life, it is not realized at all" (a.a.O.: 95). Nach Kallens Auffassung wird es eine 'amerikanische Rasse' nie geben; stattdessen hätten sich eigenständige Einwandererkulturen mit einer ethnischen Identität - die er als 'psycho-physikalische Erbschaft' definiert - herauskristallisiert. Denn: „Men [man beachte die androzentrische Gleichsetzung von Mann und Mensch! A.T.] may change their clothes, their politics, their wives, their religions, their philosophies, to a greater or lesser extent: they cannot change their grandfathers" (a.a.O.: 122).

Die unveräußerlichen Eigenschaften und Rechte der ethnischen Gruppen könnten, so Kallen, am besten in einer Föderation nach dem Vorbild der Schweiz gefördert und aufrechterhalten werden: Den *melting pot* hält er für undemokratisch. Kultureller Pluralismus sei die unvermeidliche Konsequenz der bisher nicht eingelösten demokratischen Prinzipien Amerikas. Sein Ideal war, wie bei Balch, die 'Vielfalt in der Einheit'. Die Gesellschaft stellte er sich als Orchester vor, in dem die ethnischen Gruppen unverwechselbare Instrumente spielen. Die „symphonie of civilization" (a.a.O.: 125) entstehe jedoch erst beim Spielen ...

Nach dem Zweiten Weltkrieg fand der Begriff des *kulturellen Pluralismus* immer mehr Eingang in das Selbstverständnis der *ethnic communities* (vgl. Gordon 1964: 157 und Abschnitt 7.2 dieser Arbeit).

---

14 Im folgenden zitiert nach Mann 1974: 175-179.

Kultureller Pluralismus II: ethnic revival und political correctness

Die Hoffnungen von Politikern und die Prognosen von Sozialwissenschaftlern, daß sich das Problem der Angleichung (*assimilation*; s. Kap. 4) von Einwanderern an die wie auch immer definierte amerikanische Mehrheits-Gesellschaft mit der Zeit, d.h. von Generation zu Generation, von selbst 'erledigen' würde, haben sich nicht erfüllt. Stattdessen bekam das lange Zeit völlig vernachlässigte Konzept des *kulturellen Pluralismus* Ende der 60er Jahre eine neue, vorher nicht gekannte Bedeutung.

Im *ethnic revival* kamen die Auswirkungen der Bürgerrechtsbewegung der sechziger Jahre (*black consciousness*), das selbstbewußte Auftreten und die Einforderung bilingualer Erziehung durch die Amerikaner mexikanischer Abstammung (*Chicanos*) und die Rückbesinnung eines Teils der europäischen Einwanderer auf die italienische, slowakische, griechische oder polnische Sprache und Kultur zusammen.[15] Elschenbroich hält das *ethnic revival* weißer Einwanderergruppen u.a. für eine Reaktion auf „eine Ausgrenzung diesmal unter liberalem Vorzeichen"; sie zitiert Andrew Greeley, einen Protagonisten des *ethnic revival*: 'Für Schwarze und Chicanos und amerikanische Indianer ist ethnisches Bewußtsein eine anerkannte Sache, aber für andere amerikanische ethnische Gruppen ist es anscheinend ... unmoralisch ' (zit. nach Elschenbroich 1986: 133f.).

Das *ethnic revival* war mit einer unüberschaubaren Zahl an Forschungsprojekten, Veröffentlichungen und kulturellen Veranstaltungen von den bzw. über die verschiedenen ethnischen Gruppen in den USA verbunden. In der Bildungs- und Kulturpolitik waren die siebziger Jahre die Zeit der institutionalisierten Zweisprachigkeit (*bilingualism*). Heute ist die Aufregung um das *ethnic revival*, das zeitweilig den Charakter einer Modeerscheinung hatte, abgeklungen. Die Berufung auf ethnische Zugehörigkeit ist zum Bestandteil des nordamerikanischen Alltags geworden. Nach Gans (1979) und Smith (1981: 157) ist die *neo-ethnicity* vieler Nachkommen weißer Einwanderer auch und gerade in der dritten und vierten Generation im wesentlichen eine symbolische Identifikation mit deutlich nostalgischen und konservativen Zügen (vgl. Abschnitt 7.2 dieser Arbeit). In dieser Form wird Ethnizität heute gesellschaftlich akzeptiert. Der *melting pot* hat durch die *salad bowl* Konkurrenz bekommen: „Das Bild der 'Salatschüssel' ersetzt häufig den vielfach kritisierten Begriff des 'Schmelztiegels' ... für die Vermischung der verschiedenen Einwanderergruppen in USA, weil im gemischten Salat jeder Bestandteil noch identifizierbar ist" (Redling 1989: 151).

---

15 Helbich weist darauf hin, daß die Deutschamerikaner meist nicht als *ethnics* gelten: In den meisten Werken über ethnische Gruppen in den Vereinigten Staaten enthalte „noch nicht einmal das Register das Stichwort 'Germans'" (Helbich 1988: 171). Ein Gegenbeispiel ist die fünfbändige, von Susan Auerbach (1994) herausgegebene Enzyklopädie Multikulturalismus, in der die *German Americans* in Band 3 (S. 763-766) - u.a. mit einem Foto von Albert Einstein als prominentem Vertreter dieser Gruppe - dargestellt werden. Allerdings hat diese Enzyklopädie ein Verständnis von Multikultur, das sehr weit gespannt ist und z.B. auch Schwule und Lesben umfaßt.

Eine stärkere Akzeptanz ethnischer Identifikationen sagt jedoch noch nichts über eine 'multi-ethnische Chancengleichheit' aus. Die Auseinandersetzungen über Sinn und Zweck des Bilingualismus werden immer wieder neu geführt. Einerseits ist der Weg zu sozialem und wirtschaftlichem Aufstieg zweifellos an 'das' Amerikanische geknüpft, andererseits garantiert englischer Monolingualismus diesen Aufstieg keineswegs - wie das Beispiel der Schwarzen und vieler *hispanics* zeigt (vgl. Elschenbroich 1986: 183f.). Zwar gibt es mittlerweile eine schwarze Mittel- und Oberschicht, gleichwohl entspricht die Lebenssituation vieler Schwarzen eher einem Entwicklungsland als einer reichen Industriegesellschaft. Besonders auffällig unter den *Black Americans* ist der hohe Anteil alleinerziehender, z.T. sehr junger Mütter (vgl. Hahn, B. 1996).

Seit Ende der 80er Jahre wird der *kulturelle Pluralismus* begrifflich auf einer anderen Ebene verhandelt, wobei es inhaltlich nach wie vor um Identifikationsmöglichkeiten und Chancengleichheit von Minderheiten geht, die nun jedoch nicht mehr nur ethnisch definiert werden. Die Rede ist nicht mehr von *ethnic revival*, sondern von *political correctness*. Diese Bewegung nahm auf dem Campus einiger Universitäten ihren Ausgang und versammelte den Widerstand gegen unterschiedliche Formen der Diskriminierung - ethnische, rassistische und sexistische. Hier trafen sich also *ethnic revival* und die Frauenbewegung. *Politisch korrekt* bedeutet, sich in der Literaturwissenschaft oder Soziologie nicht mehr (nur) mit den Werken 'toter, weißer Männer' zu beschäftigen, sondern bislang nicht berücksichtigte weibliche und/oder nicht-weiße Autoren in den Kanon aufzunehmen[16] und auch bei mündlichen Äußerungen darauf zu achten, daß niemand ausgegrenzt und diskriminiert würde. Die Auseinandersetzung darüber, ob eine Äußerung 'pc' (die geläufige Abkürzung für *political correct*) sei, wurde z.T. rigoros geführt. Gegen Ende der 90er Jahre scheint die pc-Bewegung im Abklingen begriffen (vgl. Gumbrecht 1998; Rorty 1998a). Es gibt sogar Anzeichen für eine Gegenbewegung zum kulturellen Pluralismus, wie die Infragestellung der 1965 verabschiedeten *Affirmative Action* durch mehrere Referenden in Kalifornien zeigt (vgl. Abb. 5).

3.2 Die Bundesrepublik Deutschland: Eine multikulturelle Gesellschaft?

Migration in die Bundesrepublik bzw. nach Deutschland ist kein neues Phänomen. Auf die historischen Zusammenhänge gehe ich hier jedoch nicht ein. Hier wären vor allem die Bedingungen und Begleitumstände des Einsatzes von Saisonarbeitern und Zwangsarbeitern in der deutschen Landwirtschaft und Indu-

---

16 In dem von Charles Lemert herausgegebenen Reader „Social Theory. The Multicultural and Classic Readings" (Lemert 1993) stehen nicht nur Georg Simmel, sondern auch die Schriftstellerin und Frauenrechtlerin Charlotte Perkins Gilman (1860-1935) für die moderne Klassik der Sozialwissenschaften, und die Postmoderne und ihre Diskussion wird nicht nur durch Michel Foucault, sondern auch durch die afroamerikanische Feministin Patricia Hill Collins (geb. 1948) repräsentiert.

strie zu nennen (siehe hierzu Dohse 1985; Kleßmann 1978; Herbert 1986). Im folgenden geht es primär um die Anwerbung von 'Gastarbeitern' seit Mitte der 50er bis Anfang der 70er Jahre und um die Formen der Ausländerbeschäftigung Ende der 90er Jahre.

Rotation

Vor 43 Jahren kamen die ersten Gastarbeiterinnen und Gastarbeiter in die Bundesrepublik: 1955 schloß die *Bundesanstalt für Arbeit* im Auftrag der Bundesregierung den ersten Anwerbevertrag mit Italien ab. Davor waren einige hundert italienische Landarbeiter von baden-württembergischen Bauern, denen aufgrund der Flucht aus der arbeitsintensiven Landwirtschaft der Nachwuchs 'ausgegangen' war, in Eigeninitiative angeworben worden (vgl. Meier-Braun 1986). In den Anfängen der Arbeitsmigration in die Bundesrepublik war der pull-Faktor stärker als der push-Faktor. Unternehmerische, lohn- und arbeitsmarktpolitische Erwägungen waren dafür ausschlaggebend, in großem Maßstab Arbeitskräfte aus der europäischen Peripherie anzuwerben. Diese sollten die Engpässe, die sich in den 50er Jahren trotz einer hohen Arbeitslosigkeit (1955: 1,1 Mill. bzw. 7% Arbeitslose) abzuzeichnen schienen, beheben. Vollbeschäftigung war und ist im Grunde kein wirtschaftspolitisches Ziel, sondern aus 'Angst' vor möglichem Lohndruck durch die Gewerkschaften gilt es sie eher zu vermeiden: „Durch die Ausweitung des Arbeitskräfteangebots konnte dieser Entwicklung entgegengesteuert werden" (Herbert 1986: 191).

Die Bundesrepublik trat bei der Anwerbung von ausländischen Arbeitskräften in Konkurrenz zu anderen Staaten, insbesondere zu Frankreich und den Beneluxländern (vgl. Hamilton 1985: 30); bis zum Jahr 1974 wurden auf gesamteuropäischer Ebene 34 Anwerbeabkommen abgeschlossen (vgl. Just/Groth 1985, Bd.1: 191).

Die Beschäftigung von Ausländern sollte, so war zumindest die offizielle Leitlinie, eine vorübergehende Erscheinung sein. Die politische Ideologie der 'Gastarbeiter'-Beschäftigung, für die es in den USA und anderen Einwanderungsländern keine Parallele gibt, war das Rotations-Konzept; offen wurde dieses jedoch nur von Teilen der Wirtschaft und der CDU/CSU vertreten. Es sah „den rotierenden Ex- und Import jeweils 'junger, frischer' Gastarbeiter (Filbinger)" (Thränhardt 1984: 123) vor. Die anwerbenden Staaten und Unternehmen und die Angeworbenen selbst gingen davon aus, daß sie einige Zeit im Anwerbeland blieben, um Geld für eine selbständige Existenz oder für längerfristige Anschaffungen anzusparen und über kurz oder lang (eher: 'über kurz') zurückzukehren.

Als nach dem Mauerbau von 1961 die Zuwanderung aus der DDR abbrach und zum gleichen Zeitpunkt tatsächlich Vollbeschäftigung erreicht war, wurden weitere Anwerbeverträge abgeschlossen (s. Abb. 6a). Mit der Rezession von 1966/67 und steigenden Arbeitslosenzahlen ging die Zahl ausländischer Arbeitnehmer, teilweise mit Hilfe finanzieller Rückkehranreize, wieder zurück. Während der Rezession, Mitte der 70er Jahre und von 1982 bis 1984 überwogen die Fortzüge.

„Diese prompte Reaktion bestärkte insbesondere die deutsche Arbeitsverwaltung in der Meinung, mit den ausländischen Gastarbeitern eine handhabbare Arbeitskraftreserve zur Verfügung zu haben. Man hatte Arbeitskräfte als Gäste auf Zeit gerufen, die auch - relativ freiwillig - wieder nach Hause gingen, als nicht mehr genug Arbeit vorhanden war" (H. Korte 1983: 16).

Zwischen 1960 und 1990 zogen 16 Mill. Ausländer in die Bundesrepublik zu, aber im selben Zeitraum verließen auch 12 Mill. die Bundesrepublik (vgl. Meier-Braun 1995: 22). Bezüglich der gebliebenen 4 Mill. Gastarbeiter, ihrer Familienangehörigen, Nachkommen und nachgezogenen Familienangehörigen muß man von einer faktischen Einwanderung ausgehen. Mit Aufenthaltszeiten von bis zu 30 Jahren sind heute (1998) die Zuwanderer aus der Türkei und dem ehemaligen Jugoslawien die beiden größten Gruppen. Überproportional viele Rückkehrer fanden und finden sich unter den Migranten aus Spanien, Portugal und Griechenland.

Die Vorstellung einer Rotation von Arbeitskräften war die modernisierte Variante des alten Konzeptes der Saisonarbeit, das in Deutschland mit dem Einsatz von polnischen Landarbeitern von 1880 an ‚funktioniert' hatte (vgl. Herbert 1986). In den 60er Jahren konnte das Rotations-Konzept alleine wegen der Struktur der ‚Gastarbeiter'-Beschäftigung nicht funktionieren. Die angeworbenen Arbeitskräfte wurden ausschließlich in denjenigen Branchen des sekundären Sektors eingesetzt, die für einheimische Arbeiter und Arbeiterinnen immer unattraktiver wurden (Bergbau, Baugewerbe, Eisen- und Metallindustrie, Textilindustrie). Diese ‚Lückenfüllung' war keineswegs vorläufig: Es wurde mit einem langfristigen Bedarf an ungelernten Arbeitskräften für schmutzige und/ oder schlecht entlohnte Arbeit kalkuliert. Ein ebenso hoher Bedarf bestand - und besteht - im tertiären Sektor, vor allem im Gesundheitswesen und in der Gastronomie. Gastarbeiter sind somit funktional für den Strukturwandel des bundesdeutschen Beschäftigungssystems, da sie den Aufstieg der einheimischen Arbeitskräfte ermöglich(t)en. „Für die Mehrheit der ausländischen Arbeiter aber wurde im Ausländerrecht das Konzept des vorübergehenden Aufenthalts zur Rechtsvorschrift, die ihr Leben in Deutschland wesentlich prägte" (Herbert 1986: 199) - auch dann, als die Anwerbungs- und Rotationsphase mit dem Anwerbestopp von 1973 zu Ende war.

Abbildung 6: Ausländerpolitik in der Bundesrepublik Deutschland
a) Anwerbeverträge[17]

1955	Italien
1960	Spanien, Griechenland
1961	Türkei
1963	Marokko
1964	Portugal
1965	Tunesien
1968	Jugoslawien

17 Der Text der Anwerbeverträge ist abgedruckt in Kanein (1966).

b) Ausländerpolitische Entscheidungen

1965	*Ausländergesetz*: Gleichstellung von Arbeitskräften aus EWG-Ländern (Italienern) mit einheimischen Arbeitnehmern, für die übrigen: Konzept des vorübergehenden Aufenthalts
1973	*Anwerbestopp*: keine weitere Anwerbung von Arbeitnehmern aus Nicht-EG-Staaten
1975	*Kindergeldregelung*: starke Erhöhung des Kindergeldes für Kinder, die im Bundesgebiet leben; Beginn des Familiennachzuges
1975-1977	*Zuzugssperren* für Ballungsgebiete
1977	Vorschläge der Bund-Länder-Kommission zur Fortentwicklung einer umfassenden Konzeption der Ausländerbeschäftigungspolitik
1977	Einbürgerungsrichtlinien (zuletzt geändert 1989)
1978	Änderung der Allgemeinen Verwaltungsvorschriften zur Ausführung des Ausländergesetzes (unbefristete Aufenthaltserlaubnis nach fünf, Aufenthaltsberechtigung nach acht Jahren)
1979	*Kühn-Memorandum* (Integrationspolitik) (vgl. Kühn 1979)
1980	Beschlüsse der Bundesregierung zur Weiterentwicklung der Ausländerpolitik (insbesondere im Hinblick auf die *zweite Generation*) Ankündigung einer Novelle des Ausländergesetzes
1980	Gesetz über Einreise und Aufenthalt von Staatsangehörigen der Mitgliedstaaten der Europäischen Wirtschaftsgemeinschaft (*Aufenthaltsgesetz/EWG*) (zuletzt geändert 1993)
1982	Bundesrats-Initiative zur „Konsolidierung des Zuzugs und zur Förderung der Rückkehrbereitschaft von Ausländern"
1982	Ausländerpolitische Grundpositionen der Bundesregierung
1983	Gesetz zur Förderung der Rückkehrbereitschaft von Ausländern;'Schubladen-Entwurf' (Meier-Braun 1988: 39) des Bundesinnenministeriums zum neuen Ausländergesetz
1990	Gesetz zur Neuregelung des Ausländerrechts (vgl. Bundesrat 1990)
1990	Kommunales Wahlrecht für Ausländer wird (mehrfach) für verfassungswidrig erklärt
1990	*Anwerbestoppausnahme-Verordnung*
1990	Neues *Ausländergesetz* (löst das Gesetz von 1965 ab) (differenzierte Aufenthaltsregelungen: befristete bzw. unbefristete Aufenthaltserlaubnis und -berechtigung, Aufenthaltsbewilligung, Aufenthaltsbefugnis; erleichterte Einbürgerung für Jugendliche)
1992	sog. *Asylkompromiß* zwischen der Regierungskoalition und der SPD-Opposition, bestehend aus a) Gesetz zur Änderung von Artikel 16 des Grundgesetzes und b) Gesetz zur Änderung asylverfahrens-, ausländer- und staatsangehörigkeitsrechtlicher Vorschriften
1993	*Asylverfahrensgesetz*
1993	*Asylbewerberleistungsgesetz*
1994	*Ausländerzentralregistergesetz*
1995	Abkommen über die Rückführung vietnamesischer Staatsbürger (bis zum Jahr 2000 müssen 40.000 ehemalige Vertragsarbeiter zurückkehren)
1996	Neuregelungen im Ausländerrecht
1996	Grundsatzteile des *Bundesverfassungsgerichts* zum Asylrecht (Drittstaatenregelung): Beschränkungen durch das Asylrecht sind verfassungskonform
1997	Novellierung des Ausländerrechts (Verschärfung der Ausweisungstatbestände; Ausweitung der Visumspflicht)
1997	*Verordnung zur Visums- und Aufenthaltsgenehmigungspflicht für Minderjährige aus Nicht-EU-Staaten*
1998	Bundestag lehnt Oppositionsentwurf zur Reform des *Staatsbürgerschaftsrechts* ab
1998	Bundesratsinitiative zur Verschärfung des *Asylbewerberleistungsgesetzes*

Von *Rotation* ist seit Ende der 70er Jahre nicht mehr die Rede (offiziell und offen war sie sowieso nie praktiziert worden; vgl. Reimann 1980): 'Verbrauchte' ausländische Arbeitskräfte sollten nicht mehr gegen neue ausgetauscht werden, sondern man propagierte die endgültige Rückkehr der ursprünglich Angeworbenen in ihre Heimatländer. Auf diese Weise soll nicht nur die Zahl der ausländischen Beschäftigten, sondern die Zahl der Ausländerinnen und Ausländer insgesamt drastisch reduziert werden.

Dieses schien jedoch ein primär politisches Ziel zu sein, hinter dem sich die Angst (die publizistisch häufig als 'Besorgnis' deklariert wird) vor den integrations- und haushaltspolitischen Folgen einer gleichbleibend hohen Anzahl ausländischer Beschäftigter bzw. Arbeitsloser verbarg. Nationalistisch zugespitzt konnte Jürgen Schilling, der ehemalige Generalsekretär des Deutschen Roten Kreuzes, einer Reduzierung der ausländischen Beschäftigten auf dem Kongress der CDU „Ausländer in Deutschland - Für eine gemeinsame Zukunft" (vgl. Geissler 1982, 1983) das Wort reden. Entgegen des Tagungs-Mottos forderte er unmißverständlich die „Repatriierung" arbeitsloser Ausländer, „dieses nicht mehr benötigten Personenkreises" (Schilling 1983: 123). Die Deutschen seien ein „Staatsvolk mit einer ausgeprägten eigenen Identität" (a.a.O.: 125). Würde die Bundesrepublik multikulturell, so sei eine Wiedervereinigung mit der monokulturellen DDR verbaut...!

Auf betriebs- und volkswirtschaftlicher Seite wurde und wird der Anwerbestopp mit illegalen bzw. Saisonarbeitskräften in der Gastronomie und in der Landwirtschaft immer wieder unterlaufen. Anfang 1989 machte die *Wirtschaftswoche* sogar mit dem Titel „Einwanderer gesucht" auf. Im Sommer und Herbst 1989 wurde in den Aufnahmelagern für DDR-Flüchtlinge Pflegepersonal, Handwerker und Facharbeiter nicht nur angeworben, sondern direkt 'angeheuert'. Die erleichterte Ausreise für deutschstämmige Rumänen und Polen und der Fall der Mauer machen die Suche nach Einwanderern aus der europäischen Peripherie scheinbar überflüssig: 1989 kamen 350.000 Aussiedler und 340.000 Übersiedler in die Bundesrepublik, im Jahr 1994 betrug die Netto-Zuwanderung insgesamt 330.000 Personen. Der Einwanderungsbedarf scheint damit aber nicht gestillt - trotz Massenarbeitslosigkeit fehlen in manchen Branchen Arbeitskräfte.

„Baden-Württemberg braucht eine 'Einwanderung' von jährlich 25 000 jungen, gutausgebildeten Menschen, wenn es trotz alternden und schrumpfenden deutschen Bevölkerung seine Stellung als eine der wirtschaftlich stärksten Regionen in Europa halten will. Zu dieser Erkenntnis kommt der Innovationsbeirat der Landesregierung Baden-Württemberg in dem Entwurf eines Leitbilds ..." (*Süddeutsche Zeitung* vom 19.3.98).

Die Entwicklung der Ausländerbeschäftigung in den 90er Jahren zeigt, daß Rotation nach wie vor bzw. sogar wieder verstärkt praktiziert wird. Das Spektrum zeitlich begrenzter Erwerbstätigkeit von Ausländern reicht von der Werkvertragsarbeit über die Saisonarbeit bis zur Pendelmigration, die zur Dauerhaftigkeit tendiert. Im Jahresdurchschnitt 1996 waren 50.000 ausländische Werkvertragsarbeitnehmer in Deutschland tätig, die vor allem aus Polen, Ungarn, Kroatien, Tschechien und der Türkei kamen. Die *Anwerbestoppausnahme-Verordnung* von 1990 ist ein Beleg dafür, daß der Arbeitskräftebedarf in der Gastronomie („Spezialitätenköche"), in der medizinischen Versorgung, im Schaustellergewerbe, in der Haushaltspflege und Kinderbetreuung eher noch zunimmt. In der Öffentlichkeit besonders diskutiert wird die Situation im Baugewerbe und in der Landwirtschaft.

„5,85 Mark brutto die Stunde verdienen Erntehelfer in Brandenburg. Das ist der Tarif - für polnische oder tschechische Arbeitskräfte ein Anreiz, für deutsche kaum. Selbst wenn das Arbeitsamt 25 Mark Arbeitnehmerhilfe zuschießt, gehen ungeübte Hilfskräfte mit kaum mehr als 1300 Mark im Monat nach Hause - das ist kläglich wenig für körperlich harte Arbeit mit langen Anfahrtswegen, aber immerhin deutlich mehr als die durchschnittliche Arbeitslosenhilfe in Brandenburg von 820 Mark (...) Spargelstechen ist Knochenarbeit, vor allem bei glühender Hitze, wenn die edlen Stangen am besten wachsen" (*Die Zeit* Nr. 22 vom 23.5.97, S. 17).[18]

Die äußerst ungleichen Einkommensverhältnisse und der ungleiche Lebensstandard in west- und osteuropäischen Ländern führen dazu, daß viele gutqualifizierte Osteuropäer in Deutschland gering qualifizierten Arbeiten nachgehen, für die sie ein Vielfaches von dem verdienen, was sie zuhause in Polen oder der Ukraine verdienen würden. Die Ärztin aus Warschau, die in Berlin als Putzfrau arbeitet, ist keine Ausnahme, sondern charakteristisch für die gegenwärtige *Pendelmigration*.

Integration

Mit dem Anwerbestopp vom 23. November 1973 im Kontext der ökonomischen Krise begann eine neue Phase der westdeutschen Ausländerpolitik, die sich *Konsolidierung* nannte und bis Ende der 70er Jahre sowohl zahlreiche Begrenzungs- als auch Anpassungsmaßnahmen umfaßte. In Verbindung mit der *Stichtagsregelung* von 1974, der *Kindergeldregelung* und der *Zuzugssperre* von

---

18 Im Mai 1998 ist aufgrund der geänderten Bestimmungen der Bundesregierung, wonach vorzugsweise einheimische Arbeitslose und nicht mehr in dem bisher genehmigtem Umfang ausländische Erntehelfer eingesetzt werden sollen, eine richtiggehende 'Spargel-Debatte' losgebrochen: „Bis Mitte Juni wird Spargel geerntet, noch gibt es keine offiziellen Zahlen, doch eines dürfte stimmen: Kaum einer der im Frühjahr angeforderten Arbeitslosen sticht noch auf dem Feld Spargel, ob in Hessen, Baden oder in Bayern. Damit wäre die neue Verordnung des Bonner Arbeitsministeriums gescheitert, nach der zehn Prozent der Saisonarbeiter Inländer sein sollen, bevorzugt werden deutsche und hier gemeldete ausländische Arbeitslose. (...) Selbst wenn keine der zugewiesenen Kräfte ausfielen, die Bonner Regelung paßte den Bauern nicht. Die Ernte von Saisongemüse lohnt sich für sie nur mit allzeit bereiten, billigen Saisonarbeitern, die durch das Ost-West-Lohngefälle verfügbar sind. Seit 1990 bekommen sie eine befristete Arbeitserlaubnis, seitdem vergrößern die Bauern ihre Spargelfelder, weil sie mit den billigen Arbeitskräften wieder wettbewerbsfähig gegen die ausländische Konkurrenz sind" (*Süddeutsche Zeitung* vom 25.5.98, S. 3).

1975 (s. Abb. 6b) bewirkte der Anwerbestopp allenfalls eine 'Konsolidierung' (im Sinne der gewünschen Reduzierung) der Zahl der ausländischen Beschäftigten. Diese ging von 2,6 Mill. 1973, dem Jahr des Höchststandes, um eine Million (!) auf 1,6 Mill. im Jahr 1984 zurück. 1995 waren 2,0 Mill. Ausländer in Deutschland (ehemaliges Bundesgebiet) sozialversicherungspflichtig beschäftigt.

Abbildung 7: Ausländerbeschäftigung in der Bundesrepublik Deutschland 1955-1995

(Sozialversicherungspflichtig beschäftige ausländische Arbeitnehmer nach ausgewählten Staatsangehörigkeiten in den alten Ländern der Bundesrepublik Deutschland von 1954 bis 1996)

Jahr	Italien	Griechenland	Spanien	Türkei	Portugal	Jugoslawien
1955	7.481	637	486			2.085
1960	121.685	13.005	9.454	2.495	261	8.800
1965	359.773	181.658	180.572	121.121	10.509	64.060
1970	374.981	229.379	165.854	327.985	40.222	388.953
1975	297.079	203.629	129.817	553.217	70.520	418.745
1980	309.226	132.980	86.547	590.623	58.780	357.427
1985	202.392	102.936	67.407	499.322	35.425	293.483
1990	175.148	105.448	61.300	594.586	41.897	312.974
1995	204.646	116.745	50.141	600.434	51.057	418.668

Quelle: Lederer 1997: Tabelle 1.6.2 (ausgewählte Jahre)

Die ausländerpolitischen Entscheidungen der Konsolidierungs-Phase lösten eine 'Konsolidierung' ganz anderer, nicht beabsichtigter Art aus, nämlich einen Prozeß, der als *Niederlassung* ausländischer Arbeitnehmerinnen und Arbeitnehmer und ihrer Familien in der Bundesrepublik bezeichnet wurde (vgl. H. Korte 1983: 21). 1979 war die ausländische Wohnbevölkerung auf 4,1 Mill. angewachsen, die Zahl ausländischer Beschäftigter jedoch auf 1,9 Mill. zurückgegangen. Von da an war „praktisch nur noch von Integration die Rede. Seitdem ist dieser Begriff, je nach wissenschaftlicher und/oder politisch-ideologischer Zielsetzung, tausendfach definiert oder mißbraucht worden" (Bayaz/Weber 1984: 158f.). Eine Integrationspolitik, die Konsequenzen aus der Einsicht in die Niederlassung bzw. faktische Einwanderung gezogen hätte, wurde nur in Ansätzen, nicht jedoch in Form eines überfälligen Einwanderungsgesetzes entwickelt. Dennoch war und ist der *Integrations-Begriff* das zentrale Schlagwort in Politik und Wissenschaft bezüglich der Migranten in der Bundesrepublik (s. Abschnitt 5.3 dieser Arbeit). Die folgenden Abschnitte beleuchten die Auffassungen und Konzeptionen von Integration, wie sie die verschiedenen gesellschaftlichen Trägergruppen verwenden.

Staatliche und bürokratische Stellen verstanden unter Integration die Förderung der *Eingliederung* der ausländischen Familien durch politisch-administrative Maßnahmen, z.B. die Maßnahmen zur beruflichen und sozialen Eingliederung

(MBSE). Motor dieser und anderer Maßnahmen war das 1979 veröffentlichte Memorandum zu „Stand und Weiterentwicklung der Integration ausländischer Arbeitnehmer und ihrer Familien in der Bundesrepublik Deutschland" (Kühn 1979). Mit den Instrumenten einer Integrationspolitik sollten die befürchteten gesellschaftlichen und individuellen Konflikte (insbesondere der ausländischen Jugendlichen) verhindert werden. In den letzten beiden Berichten von Cornelia Schmalz-Jacobsen, der Ausländerbeauftragten der Bundesregierung von 1995 bzw. 1997, fungiert Integration unverändert als „grundlegender Schlüsselbegriff" (*Beauftragte der Bundesregierung für die Belange der Ausländer* 1995: 14), wobei im jüngsten Bericht eine neue Tendenz sichtbar wird: Das abschließende Kapitel „Anstöße zum Thema Integration II" behandelt nämlich ausschließlich das „Verhältnis von Integration und Segregation" (*Beauftragte der Bundesregierung für Ausländerfragen* 1997: 147ff.).[19]

Die mit den ausländischen Familien befaßten *Kirchen, Verbände und Initiativen* verstehen unter Integration die *Gleichberechtigung* der Eingewanderten mit den Einheimischen. „Für das Leben der Ausländer in der Bundesrepublik soll die Devise gelten: 'Verschiedene Kulturen - Gleiche Rechte!'" (Lüderwaldt 1984: 179; s. auch den folgenden Abschnitt über *multikulturelle Gesellschaft*). In diesem Kontext entstand auch der Begriff des *ausländischen Mitbürgers*, der, so Thränhardt (1984), „eher integrativ-humanitär gemeint war, gleichwohl in seiner Anwendung euphemistisch (beschönigend; A.T.) benutzt wurde und zugleich erneut das ausländische Anderssein hervorhob" (a.a.O.: 116).[20]

In *politischen Verlautbarungen* und in den *Medien* war und ist mit Integration ausschließlich die *Anpassungsleistung* der Zugewanderten gemeint. Die einzel-

---

19 Alleine die ständige Veränderung der Amtsbezeichnung weist schon darauf hin, wie aufmerksam in diesem Kontext Begriffe reflektiert und problematisiert werden. Die Vorgängerin von Schmalz-Jacobsen, Liselotte Funcke, war noch *Beauftragte der Bundesregierung für die Integration der ausländischen Arbeitnehmer und ihrer Familien*. Im Grunde müßte dieses Amt heute etwa „Beauftragte der Bundesregierung für die Belange von *Migranten*" heißen, führt die heutige Amtsinhaberin doch selbst aus: „Aber neben all den Unterschieden, die bei der Beschreibung der Lage der ausländischen Bevölkerung beachtet sein müssen, haben Migranten eine grundsätzliche Gemeinsamkeit: Sie sind irgendwann einmal selbst gewandert oder zumindest unmittelbar von der Tatsache betroffen, daß die Eltern oder andere nahe Verwandte ihr ursprüngliches Herkunftsland verlassen haben. Aufgrund dieses gemeinsamen Nenners soll hier von Migrantinnen und Migranten und nicht von Ausländerinnen und Ausländern die Rede sein. Auch wenn die Bezeichnung Migrant nicht immer richtig sein mag, von all den falschen ist sie noch die korrekteste" (Beauftragte der Bundesregierung für *Ausländer*fragen 1997: 15; Hervorh. A.T.)
20 Ebenso euphemistisch ist der Begriff des *Neubürgers* für die Aus- und Übersiedler, wie er im Nachrichtenmagazin *Der Spiegel* benutzt wurde (vgl. Ausgabe vom 23.10.89). Neben seiner beschönigenden Funktion hat dieser Begriff jedoch auch die Aufgabe, unterschiedliche Klassen von Ausländern oder Fremden zu schaffen. Die einen sind nur die *Mitbürger* (aber eben keine vollwertigen Bürger) und die anderen die *Neubürger*, die wegen dieses Merkmals zwar ausgegrenzt werden (vgl. zur Bedeutung des soziologischen Alters von Gruppen Abschnitt 7.4), aber irgendwann zu vollwertigen Bürgern werden können.

nen Ausländerinnen und Ausländer beurteilt man nach ihrer individuellen Integrations*bereitschaft* und die verschiedenen Nationalitäten nach ihrer kulturellherkunftsbedingten Integrations*fähigkeit*. Zweifel an dieser Bereitschaft und Fähigkeit wurden lange Zeit und werden Ende der 90er Jahre wieder verstärkt bezüglich der türkischen Bevölkerung geäußert und auch die Wahrnehmung wird auf diese verengt, wie die Ausländerbeauftragte kritisch vermerkt (vgl. *Beauftragte der Bundesregierung für Ausländerfragen* 1997: 15). Interessant ist in jüngerer Zeit die Frage nach der Integration der Aussiedler und Spätaussiedler. Auf der einen Seite wird die Integration der Jugendlichen problematisiert:

„Diejenigen, die heute kommen, sind in einer völlig anderen Lage als ihre Vorgänger, die bis zum Ende der achtziger Jahre vor allem aus Polen und Rumänien eingereist sind. Dank ihrer größeren Sprach- und Kulturkenntnisse und der günstigeren Startbedingungen in der Bundesrepublik konnten diese schnell und unauffällig ihren Platz in der Gesellschaft finden. Die Aussiedlerjugendlichen von heute haben dagegen sehr viel schlechtere Chancen. Ihr deutscher Paß privilegiert sie zwar unter den Zuwanderern, ist aber *kein Garantieschein mehr für eine erfolgreiche Integration*" (*die tageszeitung* vom 8.7.97; Hervorh. A.T.).

Auf der anderen Seite werden von Regierungsseite für viele Rußlanddeutsche zwar bessere Deutschkenntnisse angemahnt, es wird jedoch die bisher gelungene Integration als Modell und Erfolgsrezept beschworen:

„Kanther wandte sich gegen 'gehässige Stimmen, die die Tür für Aussiedler zuknallen wollen'. Die Rußlanddeutschen hätten am meisten unter den Kriegsfolgen gelitten. Ihnen die Einreise nach Deutschland zu ermöglichen, sei 'nationale Aufgabe'. Die *Integration* der zwei Millionen Aussiedler, die in den vergangenen zehn Jahren nach Deutschland gekommen sind, sei *'im großen und ganzen gelungen'"* (*Frankfurter Allgemeine Zeitung* vom 18.2.98; Hervorh. A.T.).

Zwischen den genannten unterschiedlichen Auffassungen gab es auch Überschneidungen: Manche sozial-liberale Politiker schlossen sich der Auffassung der Kirchen und Verbände an. So erklärte Bundes-Innenminister Gerhart Baum (FDP) 1982:

„Für die Ausländer, die sich für den Verbleib auf Dauer entscheiden, müssen die Integrationsbemühungen verstärkt werden. Unter Integration verstehe ich die Herstellung der Gleichberechtigung der Ausländer in den Bereichen Wohnen, Schule und Beruf" (zit. nach Brumlik 1984: 78f.).

Aber auch hier werden Integrationsmaßnahmen von einer 'Vorleistung' der Ausländer abhängig gemacht. Diese müssen sich (endlich und endgültig! - so der Unterton) für die Bundesrepublik entscheiden. Erst dann kommen sie in den Genuß der vollständigen Integration, der *Einbürgerung*. Diese Endstufe der Integration entspricht den *Assimilations*konzepten der Einwanderungsländer.

Die Gesetzesvorlagen der 80er und 90er Jahre machten deutlich, daß es sich bei der 'Integrationsphase' nur um ein Intermezzo handelte. Die Ausländerpolitik wurde danach noch restriktiver. So legten mehrere Bundesländer am 11. März 1982 den Entwurf eines *Ausländerkonsolidierungsgesetzes* („Konsolidierung des Zuzugs und zur Förderung der Rückkehrbereitschaft von Ausländern") vor (s. Abb. 6b). In Anlehnung an diese Bundesrats-Initiative verabschiedete der Bundestag 1983 das „Gesetz zur Förderung der Rückkehrbereitschaft von Ausländern", das vor allem an türkische Arbeitnehmer und Arbeitnehmerinnen adressiert war, die man für integrationsunfähig hielt. Das Gesetz sah - während der Laufzeit von einem halben Jahr - die Zahlung einer Rückkehrhilfe für einen begrenzten Kreis von arbeitslosen Ausländern, die vorzeitige Erstattung der Arbeitnehmerbeiträge aus der Rentenversicherung und eine kostenlose Beratung der Rückkehrwilligen vor. 250.000 (ausschließlich türkische) Arbeitnehmerinnen und Arbeitnehmer und ihre Familien machten von dem Gesetz Gebrauch, was die Bundesregierung als Erfolg verbuchte; gleichwohl wurde die Maßnahme nicht verlängert.

Im Rückblick gilt die Aktion der sog. *Rückkehrhilfe* als eine „symbolische Maßnahme" (Meier-Braun 1988: 69), die den türkischen Familien ihre Unerwünschtheit und der deutschen Bevölkerung politische Aktivität für eine Reduzierung der Ausländerzahl signalisieren sollte. Sie setzte die Betroffenen einmal mehr unter Druck: „Wer - wie manche Politiker - die Ausländer vor die Alternative Verbleib oder Rückkehr stellt, übersieht die Auswirkungen der Arbeitsmigration für die Entsendeländer und die Auswirkungen der eigenen Politik des 'Hüh und Hott' auf die Haltung der Ausländer und ihre Lebensplanung" (Meier-Braun 1984: 70). Eine ausländerrechtliche Maßnahme mit ähnlicher Wirkung auf die Betroffenen stellt die am 14.1.1997 verabschiedete *Visumpflicht* für Kinder aus Nicht-EU-Staaten dar. Danach benötigen Ausländer unter 16 Jahren ein Visum, wenn sie aus der Türkei, dem ehemaligen Jugoslawien, Marokko oder Tunesien kommen und allein nach Deutschland einreisen wollen. Vor allem müssen jedoch hunderttausende, bereits in Deutschland lebende Kinder von Eltern aus diesen Staaten nachträglich eine Aufenthaltsgenehmigung beantragen.

„SPD und Bündnis 90/Die Grünen sprachen am Freitag in einer Aktuellen Stunde von einem 'Schlag gegen die Integration'. Dagegen verteidigte Kanther die seit dem 15. Januar geltende Maßnahme mit dem Hinweis auf Schlepperbanden, die immer mehr alleinreisende Kinder in die Bundesrepublik brächten" (*Süddeutsche Zeitung* vom 18./19.1.97).

Jüngstes Beispiel einer forcierten Integrationspolitik mit unverhohlen bevormundender Tonlage gegenüber den Zugewanderten stellen die Verlautbarungen des Berliner Innensenators Jörg Schönbohm (CDU) im Frühjahr 1998 dar, die bundesweit für Aufsehen sorgten. Bereits 1997 hatte Schönbohm seine Auffassung in einem Zeitschriftenartikel dargelegt:

„Ausländische Bevölkerungsgruppen dürfen sich nicht dauerhaft als Fremdkörper etablieren und ein isoliertes Eigenleben führen. Wichtig ist daher eine umsichtige Integrationspolitik mit dem Ziel des *Einfügens* in die rechtlichen, sozialen, kulturellen und wirtschaftlichen Bedingungen unseres Landes. Integration kann jedoch nur gelingen, wenn sie von gegenseitiger Toleranz und Achtung getragen wird. Integration ist keine Einbahnstraße, sie fordert vielmehr Beiträge von allen Bürgern. Die freiwillig zugewanderten Ausländer müssen hierzu sicherlich den größeren Beitrag leisten. Sie müssen bereit sein, sich auf die hiesigen Verhältnisse positiv einzulassen. So darf der Wille zur Bewahrung der eigenen kulturellen Identität nicht Vorwand sein für selbstisolierende Abschottung gegenüber der deutschen Kultur, den Sitten und Gebräuchen (Schönbohm 1997: 3; Hervorh. A.T.).

Hinter dem Integrations-Begriff der verschiedenen gesellschaftlichen Gruppierungen steht also kein einheitliches Konzept, sondern ein ganzes Bündel von Verhaltenserwartungen einerseits und politischer Programmatik andererseits. In der Soziologie gibt es Alternativen zu diesem Begriff (s. Kap. 5) - und in der Öffentlichkeit auch, allerdings in Form eines weiteren Konzepts, das neue Probleme zeitigt. Bereits während der kurzen Boom-Phase der Integrationskonzepte 1979/80 wurden diese als Zwang zur Germanisierung kritisiert (vgl. Leggewie 1980; Hamburger u.a. 1983; Bayaz u.a. 1984). Es wurde nach einem „dritten Weg" (Richter 1983) für die Ausländerpolitik zwischen Rotation/Rückwanderung auf der einen und Integration/Germanisierung auf der anderen Seite gesucht. In der Pädagogik war zum damaligen Zeitpunkt schon von einem Konzept die Rede, das Ende der 80er Jahre einen publizistischen Boom erlebte, der *multikulturellen Gesellschaft*.

Multikulturelle Gesellschaft

Der Begriff *multikulturell* ist keine bundesdeutsche Erfindung. Er entstammt der kanadischen Diskussion um die Rechte derjenigen, die sich weder zur englischsprachigen Mehrheit noch zur frankokanadischen Minderheit rechneten (vgl. Mintzel 1997: 22ff.). Das Schlagwort vom *multikulturellen Kanada* hatte 1964 der Senator Paul Yuzyk, ukrainischer Herkunft, in Umlauf gebracht. 1971 betitelte Premier Pierre Trudeau das Programm seiner Regierung als „Politik des Multikulturalismus innerhalb eines zweisprachigen Rahmens" (vgl. Anweiler 1982: 149). Diese Politik wurde 1988 mit dem *Canadian Multiculturalism Act* Gesetz:

> „Sie setzt sich von der Ideologie des 'Schmelztiegels' in den USA ab und akzeptiert die kulturellen Werte der Ethnien im Land. Damit wird dem einzelnen eine allmähliche Integration in die für ihn neue Gesellschaft ermöglicht, ohne seine Identität aufzugeben. Diese Politik hat sehr dazu beigetragen, daß Kanada weitgehend von ethnischen Diskriminierungen und Konflikten verschont blieb. Allerdings bleibt das Verhältnis zwischen den dominanten Gruppen [den Anglo- und den Frankokanadiern; A.T.] problematisch und harrt noch einer Lösung" (Lenz, K. 1996: 240).

In der Bundesrepublik wurde das Konzept einer *multikulturellen Gesellschaft* zunächst von der politischen Linken und in pädagogischen Diskussionen propagiert. 1980 erschien die Zeitschrift *Kursbuch* mit dem programmatischprovozierenden Titel „Vielvölkerstaat Bundesrepublik". Hier wurde mit Fallstudien das Leben unterschiedlicher ethnischer Minoritäten in der Bundesrepublik (Japanern in Düsseldorf, Türken in Berlin, Koreanern im Ruhrgebiet und Exilkroaten in München) dargestellt und implizit davon ausgegangen, daß verschiedene, auch gegensätzliche kulturelle Identitäten zugelassen werden sollten. Die Konzepte der *Rotation* und der *Integration* wurden verworfen, da die Ausländerinnen und Ausländer in beiden Fällen einem bundesdeutschen Politik-Kalkül unterworfen seien. Der Integrationsgedanke sei gut gemeint, „was aber stört, ist die schreckliche Vereinfachung, die dahintersteckt, und der intellektuell-fürsorgerische Drang, sich gegenüber einer ausländischen Klientel als Helfer und Befreier zu bewähren" (Leggewie 1980: 124).

Ende der 80er Jahre fand das Konzept der multikulturellen Gesellschaft - im Zuge der west- und immer mehr auch der osteuropäischen 'Integration' - wachsende Zustimmung.

„Die geläufigen Integrationskonzepte sind bislang - und die Erprobungszeit war lang genug - entweder nicht gelungen oder gescheitert. (...) Das alternativlose Pochen auf Integration, gleichgültig ob man sie nun als eine vorwiegende Pflicht der Zugewanderten oder als eine doppelseitige einheimisch-ausländische Angleichung versteht, ist zudem in einer Zeit nahezu tragikomisch, in der mit beträchtlichem politischen Aufwand ein 'Europa der Vaterländer' propagiert wird, also ein übergreifender politischer Rahmen, in dem die Vielfalt der Völker- und Gruppenstimmen erhalten und nicht auf überwiegende Monotonie umgestimmt werden soll" (Ruhloff 1989: 11).

Während Jörg Ruhloff das Integrations-Konzept durch ein Konzept des produktiven Widerstreits ersetzen will, versprechen sich die meisten Befürworter einer multikulturellen Gesellschaft ausschließlich eine Bereicherung der menschlich und kulturell als verstockt-langweilig empfundenen Bundesrepublik durch die Ausländerinnen und Ausländer; man denke etwa an die Sprüche auf Demonstrations-Plakaten gegen Fremdenfeindlichkeit in den Jahren 1992 und 1993: 'Laßt uns mit diesen Deutschen nicht allein'. Für die Mehrheit der Bevölkerung bedeutet Multikultur vor allem *multikultureller Konsum*, der mittlerweile zum Alltagshandeln gehört: Essen 'beim Italiener' oder 'beim Inder' gilt teils als schick und aufgeklärt, Gemüsekaufen oder Döner-Essen 'beim Türken' als günstig und praktisch:

„Die bundesweit jährlich verzehrten rund 720 Millionen Dönerkebap-Sandwiches beweisen: Deutschland ist auf den Döner gekommen. Laut Statistik ißt jeder Bundesbürger ein Kilogramm Döner im Jahr. Ein dichtes Netz von geschätzten 10 000 Dönerverkaufsstellen macht die Deutschen zu den führenden 'Orientalisten' der westlichen Hemisphäre" (Seidel-Pielen 1996: 13).

In der öffentlichen Diskussion hat das Schlagwort von der Multikulturalität häufig politische Entschlußlosigkeit überdeckt und interethnische Konflikte harmonisiert (vgl. auch Bommes/Scherr 1991). Deshalb hat sich ein Teil der früheren Befürworter der multikulturellen Gesellschaft von diesem Konzept inzwischen wieder distanziert. Multikultur sei eine ähnliche Modeerscheinung wie zuvor das Integrationskonzept, mit einem neuen Etikett für dieselben Inhalte: Das *Dezernat für multikulturelle Angelegenheiten* in Frankfurt mache auch nichts anderes als Integrations-Politik (vgl. Leggewie 1989).[21]

Im Lauf der 90er Jahre wird dem Begriff der *Interkulturalität* den Vorzug vor dem der Multikulturalität gegeben, da dieses Konzept auf die gegenseitige Beziehung, auf das zu gestaltende Zusammenleben abhebt und die Vorstellung eines 'multikulturellen Nebeneinanderherlebens' für unzureichend hält (vgl. Robertson-Wensauer 1993). Hinweise auf diese Entwicklung sind die regelmäßige doppelseitige Rubrik *Interkulturelles* in der *tageszeitung* oder die *Stelle für interkulturelle Zusammenarbeit*, die in München im März 1998 durch Umstrukturierung geschaffen wurde (vgl. *Süddeutsche Zeitung* vom 19.3.98).

Vorreiterin in der Debatte über Interkulturalität ist die Pädagogik, in der schon seit Anfang der 80er Jahre die sog. Ausländerpädagogik verworfen und über Konzepte interkultureller Erziehung debattiert wird. Das anregende Buch von Annedore Prengel über „Pädagogik der Vielfalt" (1995) resümiert diese Debatte und stellt die interkulturelle Pädagogik in den allgemeinen Kontext des Umgehens mit Unterschieden (Mädchen - Jungen, Behinderte - Nicht-Behinderte, Einheimische - Zugewanderte). Prengel plädiert für einen Ansatz der gegenseitigen Anerkennung, der durchaus engagiert sein kann, jedoch immer reflektiert erfolgen sollte:

„Akzeptanz als grundsätzlich gleichwertig erfordert nicht Neutralität. Parteinahme aber kann sich ihrer eigenen kulturell bedingten Wurzeln bewußt sein. Ein solche Begründung für Parteilichkeit könnte lauten: Ich nehme Partei für ein junges Mädchen aus einer patriarchalischen Familie, wenn es meine Hilfe wünscht. Mir ist klar, daß ich das tue, weil es meiner kulturellen Identität als Feministin im ausgehenden 20. Jahrhundert entspricht und weil ich als Angehörige der Mehrheitskultur Einfluß habe. Die Gewinnseiten des Helfens wären mitzubedenken. Ungebetene Hilfe, Stellvertreterdenken und bevormundende Fürsorge sollten darum keinen Platz in der Interkulturellen Pädagogik haben" (a.a.O.: 92)

Der Ansatz von Prengel ist auch mit Blick auf gesellschaftstheoretische Überlegungen hilfreich: Er relativiert die Bedeutung der ethnischen Kultur und verweist auf weitere Zugehörigkeiten, die die Ethnie durchaus überlagern können (vgl. auch Nohl 1998; s. Kap. 7 dieser Arbeit).

Cem Özdemir, Bundestagsabgeordneter für *Bündnis 90/Die Grünen* distanziert sich in seinen biographischen Äußerungen von den wohlmeinenden Multikulturalisten (nicht zuletzt auch in den eigenen Reihen), die häufig gerade besonders stark auf nationalen und ethnischen Kategorien beharren:

---

21 Für Stimmungsmache ist der Begriff jedoch offensichtlich immer noch tauglich, wenn etwa *Der Spiegel* (Nr. 16 vom 14.4.97) titelt „Ausländer und Deutsche: Gefährlich fremd. Das Scheitern der multikulturellen Gesellschaft".

„Ich bin deutscher Staatsbürger türkischer Herkunft. Das Schwäbische ist mir noch näher als das Deutsche, und mit der türkischen Herkunft ist es ebenfalls so einfach nicht. Auch 'Einwanderer', die nach dem Wörterbuch der fortschrittlichsten Multikulturalisten vermeintlich korrekte Bezeichnung, trifft den Kern nicht. Ich bin zwar gut zu Fuß, aber ich bin nie eingewandert, sondern hier geboren" (Özdemir 1997: 6; vgl. auch Radtke 1996).

Für die Umsetzung der *doppelten Staatsbürgerschaft*, die konsequente Umsetzung des Multikultur-Konzepts auf politisch-juristischer Ebene, gab es in den 80er Jahren nur eine kleine Lobby. Diese ist innerhalb der 90er Jahre zwar größer geworden, aber die Mehrheit der Bundesdeutschen in Politik und Öffentlichkeit lehnt die Option einer doppelten Staatsbürgerschaft bisher ab (vgl. Noelle-Neumann/Köcher 1997: 633). Man hält an dem etablierten Druckmittel auf Arbeitsmigrantinnen und Arbeitsmigranten fest, sich für 'Integration oder Rückkehr' entscheiden zu müssen. Am Thema doppelte Staatsbürgerschaft läßt sich allerdings auch ablesen, daß die politischen und rechtlichen Folgeprobleme der jahrzehntelangen Zuwanderung längst nicht mehr nur rein programmatisch, sondern praktisch verhandelt werden - und nicht mehr nur unter Experten, sondern in einer größeren Öffentlichkeit. Hätte die Regierungskoalition im Frühjahr 1998 dem Oppositionsentwurf zur Reform des Staatsbürgerschaftsrechts zugestimmt, so hätte sie sich damit von der Beschwörungsformel, die vor allem in der CDU/CSU lautstark vertreten wird, daß Deutschland kein Einwanderungsland sei, verabschieden müssen. Ob eine Zulassung von doppelter Staatsbürgerschaft die Akzeptanz und die Partizipation von Migranten in Deutschland verbessern würde, muß nun offen bleiben, als Signal wäre eine solche Entscheidung jedoch begrüßenswert gewesen. Hätte man damit doch der Tatsache Rechnung getragen, daß Mehrstaatigkeit auch in Deutschland schon tausendfach praktiziert wird[22] - von der großzügigen Praxis gegenüber den Eliten aus Sport, Kultur, Wissenschaft und Wirtschaft ganz abgesehen. Der Politikwissenschaftler Dietrich Thränhardt weist in seiner Analyse der Einbürgerungspraxis in Deutschland darauf hin, wie widersinnig die Bestimmung ist, daß man die Entlassung aus der alten Staatsbürgerschaft vorweisen muß, und welche Auswege die Betroffenen finden:

„Die Überprüfung der Entlassung findet allerdings wegen des hohen Aufwandes nicht in allen Fällen statt. Außerdem scheint es für die große Gruppe der Türken kein Problem zu sein, schon kurz nach ihrer Entlassung die türkische Staatsangehörigkeit erneut zu erlangen, denn nach türkischem Staatsangehörigkeitsrecht ist die doppelte Staatsbürgerschaft inzwischen möglich. Der deutsche Kontrollaufwand läuft also leer" (Thränhardt 1995b: 90).

---

22 87% der Einbürgerungen von Personen mit afghanischer Staatsangehörigkeit und 83% der Einbürgerungen von Personen aus Bosnien-Herzegowina wurden im Jahr 1995 unter der Hinnahme von Mehrstaatigkeit vorgenommen (vgl. *Beauftragte der Bundesregierung für Ausländerfragen* 1997: Tab. 14). Die Angabe von 34% bei Personen mit türkischer Staatsangehörigkeit gilt noch als zu hoch gegriffen (vgl. ebd.: Fußnote 1).

3.3 Europa: Eine Union von Bürgern?

Wenn im folgenden von *Europa* die Rede ist, so ist damit nicht der europäische Teil des Kontinents Eurasien gemeint, sondern die politische Konfiguration, deren ursprüngliches Zentrum die westeuropäischen Staaten (vgl. Abb. 8) darstellen. Mittlerweile gehören zur *Europäischen Union* (*EU*), der Nachfolgerin der Europäischen Wirtschaftsgemeinschaft (EWG), auch die südeuropäischen und nordeuropäischen Staaten. Die baltischen und osteuropäischen Staaten haben Aufnahmeanträge gestellt: Im Frühjahr 1998 wurden mit Estland, Ungarn, Polen, Slowenien, Tschechien und Zypern die Beitrittsverhandlungen eröffnet.[23] Die Bemühungen um mehr Durchlässigkeit und Kooperation innerhalb Europas sind vor allem ökonomisch motiviert und haben sich in zahlreichen Vertragswerken und Übereinkommen niedergeschlagen (Binnenmarkt, Euro), deren Konsequenzen zum gegenwärtigen Zeitpunkt noch gar nicht abzusehen sind. Demgegenüber hat die europäische Migrationspolitik mittlerweile deutliche Konturen. Für ihre Entstehung und Entwicklung hat sich das Schengener Abkommen als wegweisend erwiesen.

Abbildung 8: Europa-Karte (aus: Fischer Weltalmanach '98: 960)

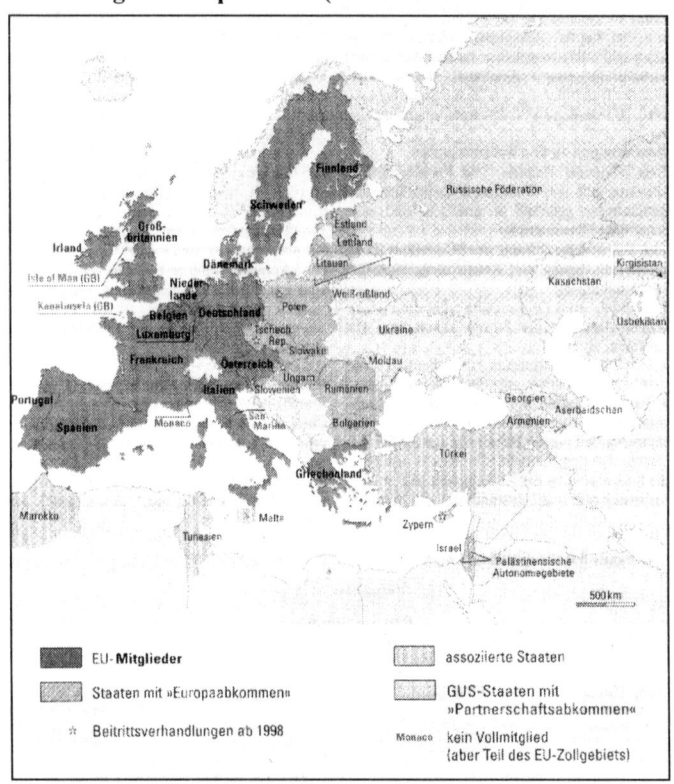

---

23 Mit der Türkei besteht ein Assoziierungsabkommen. Dem Beitrittsgesuch wurde bisher nicht stattgegeben (vgl. Bahadir 1997).

Schengener Abkommen und europäische Einigung

Das *Schengener Abkommen*, benannt nach dem kleinen Ort Schengen in Luxemburg, dem Konferenzort, wurde 1985 von fünf Staaten, nämlich den Benelux-Staaten (Belgien, Luxemburg, Niederlande), Frankreich und der Bundesrepublik Deutschland unterzeichnet. Die Benelux-Staaten hatten bereits 1960 ein Übereinkommen zur *Paßunion* geschlossen, womit gemeint ist, daß die Kontrollen an den zwischen ihren Ländern verlaufenden Grenzen abgeschafft werden. Zielsetzung des Schengener Abkommens war es, schrittweise die Grenzkontrollen zwischen den Unterzeichnerstaaten abzubauen:

„Im Personenverkehr streben die Vertragsparteien den Abbau der Kontrollen an den gemeinsamen Grenzen und deren Verlegung an ihre Außengrenzen an. Zu diesem Zweck bemühen sie sich zuvor, soweit notwendig, die den Kontrollen zugrundeliegenden Gesetze und Vorschriften hinsichtlich der Verbote und Beschränkungen zu harmonisieren und ergänzende Maßnahmen zum Schutz der inneren Sicherheit sowie zur Verhinderung der unerlaubten Einreise von Personen, die nicht Angehörige von Mitgliedschaften der Europäischen Gemeinschaften sind, zu ergreifen" (*Schengener Übereinkommen von 1985*, Art. 17; zit. nach Taschner 1997: 57).

Das Durchführungsübereinkommenvon 1990 (sog. *Schengen II*) verschaffte dem Regierungsübereinkommen von 1985 (sog. *Schengen I*) (s. für die weitere Entwicklung Abb. 9) seine weitreichende politische und juristische Bedeutung. Verglichen mit dem ersten Vertragswerk sieht das Übereinkommen von 1990 zusätzlich vor, die Vergabe von Visa zu vereinheitlichen und die polizeiliche und gerichtliche Zusammenarbeit zu verstärken. Die im folgenden zitierte Analyse des Machtgefüges in Europa, die sich an die Zivilisationstheorie von Norbert Elias anlehnt, bezog sich auf Schengen I. Für die sich daran anschließende Entwicklung hat sie noch an Plausibilität gewonnen:

„Die zwingende Kraft ist ... keine übergeordnete Instanz, sondern die bei allen Beteiligten in hohem Maße vorhandene Erwartung, daß sich dann, wenn ein Land eine Zusage nicht einhält, weil das eigene Interesse nicht direkt berührt ist, ein anderes Land ebenso verhält mit der möglichen Folge, daß dies wiederum dem Interesse des ersten Landes schadet. Mit anderen Worten, die Länder dienen jeweils den anderen als 'Geisel', und zwar infolge der starken Verflechtung ihrer Interessen und - nicht zu vergessen - weil sie sich dieser Verflechtung auch bewußt sind. Hierin ist die zentripetale [zum Mittelpunkt hinstrebende; A.T.] Kraft zu sehen, die die Länder zueinander zwingt, wenn ihre Interdependenzen so stark geworden sind. Dann geht es nicht länger um Kontrolle von oben, sondern um eine wechselseitig erwartete Selbstkontrolle, die auf gegenseitigem Vertrauen und auf der gegenseitigen Verletzbarkeit basiert" (Kapteyn 1993: 116).

Seit Schengen II hat der hier beschriebene Verflechtungsgrad noch zugenommen. Die Tätigkeit jeder Polizeidienststelle, jeder Strafverfolgungsbehörde oder jeden Grenzpostens hat potentiell eine europäische Dimension. Das Prinzip der Gegenseitigkeit entlastet und belastet zugleich: Die Kollegen aus anderen Ländern unterstützen die eigene Arbeit, fordern ihrerseits jedoch auch dann Unterstützung ein, wenn eigene Interessen nicht unmittelbar berührt sind.

Abbildung 9: Europäische Vereinbarungen und Verträge

1985	*Schengener Regierungsübereinkommen* (Schengen I): Übereinkommen zwischen den Regierungen der Staaten der Benelux-Wirtschaftsunion, der Bundesrepublik Deutschland und der Französischen Republik betreffend den schrittweisen Abbau der Kontrollen an den Gemeinsamen Grenzen
1990	*Schengener Durchführungsübereinkommen* (Schengen II): Übereinkommen zur Durchführung des Übereinkommens von Schengen vom 14. Juni 1985 zwischen den Regierungen der Staaten der BENELUX-Wirtschaftsunion, der Bundesrepublik Deutschland und der Französischen Republik betreffend den schrittweisen Abbau der Kontrollen an den gemeinsamen Grenzen vom 19. Juni 1990 einschließlich der Erklärungen zur Nacheile gemäß Artikel 41 Abs. 9 des Übereinkommens
1990	*Übereinkommen von Dublin über die Bestimmung des zuständigen Staates für die Prüfung eines in einem Mitgliedstaat der Europäischen Gemeinschaften gestellten Asylantrages*
1992	*Vertrag über die Europäische Union* (in der Schlußakte Erklärung zur Asylfrage mit dem Ziel einer Harmonisierung der Asylpolitik)
1993	*Vertrag von Maastricht* (darin sog. 3. Pfeiler Inneres und Justiz: Asylpolitik gilt als Angelegenheit gemeinsamen Interesses)
1993	Einrichtung von ZIRA (Informations-, Reflexions- und Austauschzentrum für Asylfragen)
1993	*Abkommen zwischen der Regierung der Bundesrepublik Deutschland und der Regierung der Republik Polen über die Zusammenarbeit hinsichtlich der Auswirkungen von Wanderungsbewegungen*
1995	Vereinbarung einer Zollunion zwischen der Türkei und der EU (zollfreier Warenverkehr)
1997	*Europäisches Jahr gegen Rassismus, Fremdenfeindlichkeit und Antisemitismus*
1997	Abkommen des Europarates zur Erleichterung der doppelten Staatsbürgerschaft (von Deutschland bisher nicht unterzeichnet)
1997	Dubliner Übereinkommen tritt in Kraft
1997	*Vertrag von Amsterdam* (Revision des Maastrichter Vertrages; Schengener Übereinkommen wird in den Vertrag aufgenommen; Grenzkontrollen weiterhin in Großbritannien, Irland und Dänemark; erstmalige Verankerung einer 'Unionsbürgerschaft')
1997	Treffen der Staats- und Regierungschefs der EU in Luxemburg; Beschluß, die Türkei nicht mit anderen Beitrittskandidaten gleichzustellen
1998	Deutscher Bundestag stimmt dem Amsterdamer Vertrag zu
1998	(März) Entscheidung der EU-Kommission über die „Agenda 2000"

Die Änderung des deutschen Asylrechts (vgl. Abb. 6b) und hierbei insbesondere die sog. Drittstaatenregelung[24] wäre ohne die seit 1990 einsetzende Abstimmung der westeuropäischen Staaten in Sachen Asylpolitik nicht möglich gewesen. Umgekehrt war die Bundesrepublik, die gerade zu dieser Zeit Ziel von Hunderttausenden von Zuwanderern war, primär im eigenen Interesse Vorreiterin einer restriktiven Politik.[25]

Im Laufe der 90er Jahre traten weitere Staaten dem Schengener Übereinkommen bei: Italien (1990), Spanien (1991), Portugal (1991), Griechenland (1992), Österreich (1995), Dänemark, Finnland und Schweden (jeweils 1996). Anfang 1998 haben innerhalb des 'Europas der 15' (Mitglieder der Europäischen Union) nur zwei Mitglieder der EU, nämlich Großbritannien/Nordirland und Irland das Schengener Übereinkommen *nicht* unterzeichnet, da sie die Durchlässigkeit der Grenzen nicht befürworten.

Bei der Betrachtung der politischen und rechtlichen Entwicklung in Europa seit Schengen I darf ein entscheidendes Datum nicht vergessen werden: Zwischen Schengen I (1985) und Schengen II (1990) liegt das revolutionäre Jahr 1989, in dem der 'Eiserne Vorhang' fiel. Diese Entwicklung und die 1990 erfolgte Wiedervereinigung der beiden deutschen Staaten, deren Grenze bis dahin das Nachkriegseuropa in zwei Blöcke geteilt hatte, stellen ein welthistorisches Ereignis dar, dessen Folgen zum gegenwärtigen Zeitpunkt noch nicht überschaut werden können. Die europäische Integration schritt seither weiter voran und umfaßt neben den westeuropäischen auch die nordeuropäischen Staaten und aller Voraussicht nach zukünftig die Staaten Osteuropas und des Baltikums.[26]

Inwieweit man jemals für alle Menschen in diesem neuen großen Gebilde von einer gemeinsamen, einer *europäischen Identität* wird sprechen können, ist fraglich und noch völlig offen. Die politischen und juristischen Festlegungen sind jedoch schon erfolgt. In bezug auf Migration betrifft der erste wichtige

---

24 Nach der Grundgesetzänderung lautet Artikel 16a des Grundgesetzes wie folgt: „(1) Politisch Verfolgte genießen Asylrecht. (2) Auf Absatz 1 kann sich nicht berufen, wer aus einem Mitgliedstaat der Europäischen Gemeinschaften oder aus einem anderen Drittstaat einreist, in dem die Anwendung des Abkommens über die Rechtsstellung der Flüchtlinge und der Konvention zum Schutze der Menschenrechte und Grundfreiheiten sichergestellt ist ...".
25 Die politische Durchsetzung der Grundgesetzänderung im Hinblick auf Asyl in dem 1992 erzielten *Asylkompromiß*, die Bestimmungen des *Asylverfahrensgesetzes* von 1993 und die weitere Entwicklung können hier nicht thematisiert werden (vgl. hierzu den komprimierten, informativen Artikel von Ursula Münch (1994) und Teil II „Ausländer- und Asylpolitik in Deutschland" in Nuscheler 1995). Die von vielen Verbänden wiederholt vorgetragene Kritik am Asylkompromiß findet sich gebündelt in der im Mai 1998 von *PRO ASYL* herausgegebenen Broschüre mit den „Mindestanforderungen an ein neues Asylrecht".
26 Ein Dokument dieser neuen Konstellation ist die im Fischer Taschenbuch Verlag erscheinende, groß aufgezogene Reihe *Europäische Geschichte* (hg. von Wolfgang Benz).

Komplex die interne Migration in der EU von Bürgern der EU-Staaten (Freizügigkeit der Unionsbürger) und der zweite die Migration nach oder in Europa durch Nicht-EU-Bürger (Drittausländer).

Freizügigkeit

Für Staatsangehörige der EU besteht *Freizügigkeit*. Was bedeutet dies konkret? EU-Bürger benötigen kein Visum bzw. eine Aufenthaltsgenehmigung, um in einem anderen Land der EU zu leben und zu arbeiten; sie erhalten auf Antrag eine unbefristete Aufenthaltserlaubnis, die sog. *Aufenthaltserlaubnis-EG* (vgl. „Gesetz über Einreise und Aufenthalt von Staatsangehörigen der Mitgliedstaaten der Europäischen Wirtschaftsgemeinschaft" vom 22.7.1969, zuletzt geändert am 24.1.1997). Z.B. kann eine Italienerin, die seit 20 Jahren in Deutschland lebt, nach eigenem Gutdünken einen Teil des Jahres in München, den anderen Teil in Palermo verbringen, für sie gilt Freizügigkeit, d.h. Niederlassungsfreiheit. Für ihre mehr oder weniger langfristigen Ortsveränderungen benötigt sie keine Visa. Die Bestimmungen zur Freizügigkeit, die ursprünglich nur für Arbeitnehmer und Selbständige galten, wurden im Laufe der letzten Jahre immer mehr ausgeweitet:

> „Die Bedeutung der Garantie der Freizügigkeit in der Europäischen Union hat sich im Laufe der Zeit insofern gewandelt, als nicht mehr wirtschaftliche Gesichtspunkte im Mittelpunkt stehen, sondern die Erweiterung des Rechtskreises der betroffenen Bürger. Irrelevant ist es dabei, dass diese Rechte weniger häufig in Anspruch genommen werden, als zunächst erwartet wurde; die blosse Möglichkeit der Berufung auf die Freizügigkeitsrechte ist massgebend. Vor diesem Hintergrund dürfte die tatsächliche Verwirklichung der Freizügigkeit in der Europäischen Union - die heute als (weitgehend) abgeschlossen betrachtet werden kann - eine wichtige Rolle für die Entwicklung zu einem 'Europa der Bürger' spielen" (Epiney 1998).

Für eine Türkin als Nicht-EU-Bürgerin gilt diese Regelungen jedoch nicht. Ihre Kinder, die in Deutschland geboren sind und zur Schule gehen, benötigen z.B. für einen Skiaufenthalt in Frankreich ein Visum.

Unionsbürger und Drittausländer

Seit dem Schengener Übereinkommen bestimmt eine zentrale Unterscheidung die Europa-Politik und die nationalen Politiken: Die Unterscheidung zwischen *Unionsbürgern* und *Drittausländern*, Zugehörigen und Nicht-Zugehörigen. Zugehörige sind die Bürgerinnen und Bürger der Mitgliedsstaaten der EU; sie werden seit dem 1997 ratifizierten Vertrag von Amsterdam auch als *Unionsbürger* bezeichnet. Nicht-Zugehörige sind diejenigen, die aus Nicht-EU-Staaten kommen, in der Sprache der europäischen Vertragswerke sog. *Drittausländer*. Aus der Sicht Deutschlands sind etwa Personen mit französischem Paß zwar Ausländer, aber quasi verwandte Ausländer, da Frankreich - wie Deutschland -

zur EU gehört. Frankreich könnte man nach dieser Sprachregelung als einen 'Zweitstaat' bezeichnen. 'Richtige' Ausländer sind diejenige aus den sog. Drittstaaten, die nicht zur EU gehören, eben Drittausländer.

Die Grenzen zwischen den Unterzeichner-Staaten werden zu *Binnengrenzen*, an denen die Kontrollen völlig abgebaut oder stark reduziert werden, auch für Drittausländer. So ist etwa der Grenzübertritt zwischen Deutschland und den Niederlanden, Frankreich oder Österreich grundsätzlich erleichtert. Aufrechterhalten bzw. ausgebaut werden die Kontrollen an den *Außengrenzen* der Schengener Vertragsparteien, also etwa zwischen Deutschland und Polen, Italien und Albanien oder zwischen Griechenland und der Türkei. An diesen Grenzen werden bei Unionsbürgern nur Identitätskontrollen vorgenommen; bei Drittausländern werden die Einreisevoraussetzungen (Visum) bzw. Ausreisevoraussetzungen kontrolliert, ggf. Fahndungslisten abgeglichen. Kapitel 3 im Durchführungsübereinkommen (Schengen II) regelt die sog. *Sichtvermerke*, zeitlich befristete Aufenthaltserlaubnisse für Drittstaatsangehörige. Artikel 11 enthält die wesentlichen Bestimmungen:

„(1) Der in Artikel 10 eingeführte Sichtvermerk kann sein:

a) Ein für eine oder mehrere Einreisen gültiger Sichtvermerk, wobei weder die Dauer eines ununterbrochenen Aufenthalts noch die Gesamtdauer der aufeinander folgenden Aufenthalte vom Datum der ersten Einreise an gerechnet mehr als drei Monate pro Halbjahr betragen dürfen;

(b) ein Durchreisesichtvermerk, der seinen Inhaber berechtigt, ein, zwei oder ausnahmsweise mehrere Male durch das Hoheitsgebiet der Vertragsparteien zu reisen, um sich in das Hoheitsgebiet eines Drittstaates zu begeben, wobei die Dauer einer Durchreise fünf Tage nicht überschreiten darf.

(2) Absatz 1 hindert eine Vertragspartei nicht, im Bedarfsfall innerhalb des betreffenden Halbjahres einen weiteren Sichtvermerk zu erteilen, der räumlich auf ihr Hoheitsgebiet beschränkt ist." (Schengener Durchführungsabkommen vom 19. Juni 1990; vgl. Taschner 1997: 67f.).

Für Zugehörige, so kann man resümieren, werden die Wanderungsmöglichkeiten vereinheitlicht und erleichtert, für Nicht-Zugehörige erschwert. Die gegenwärtige Rechtslage in der EU führt dazu, daß es immer weniger legale Zuwanderungsmöglichkeiten gibt. Die Kehrseite des Abbaus von Grenzkontrollen nach innen (ursprünglicher Impuls der Initiatoren von Schengen I) ist der Aufbau von Grenzkontrollen nach außen. Kann man deshalb, wie zahlreiche Kritiker schon seit Ende der 80er Jahre konstatieren (vgl. Althaler/Hohenwarter 1992), von der „Festung Europa" sprechen, die von außen nicht mehr einnehmbar ist? Eine jüngst erschienene Reportage folgt diesem Bild:

„Durch das Schengener Abkommen ist die Anreise in ein europäisches Land für Angehörige aussereuropäischer Länder immer schwieriger geworden.

Wer nicht glaubhaft politische Verfolgung geltend machen kann oder zur Familie eines bereits Eingewanderten gehört, hat keine Chance. So kommt, wer nicht legal hineindarf, oft illegal. An allen Aussenlinien Europas versuchen Menschen, die Festungsmauern aus Infrarotfühlern, seismischen Sensoren, automatischen Kameras und Richtungsmeldern zu durchbrechen. Sie gelangen über den Kanal von Otranto an die Küste Apuliens, sie warten vor der spanischen Enklave Ceuta in Nordafrika auf einen günstigen Moment und bestechen einen der marokkanischen Uniformierten. Sie sind die feuerroten Punkte auf den Nachtsichtgeräten der Grenzwächter an der Oder" (Wottreng 1998).

Festung Europa?

Für die Kritiker der europäischen Migrationspolitik werden die positiven Gehalte der Schengener Übereinkommen, ihre offizielle Zielsetzung („Abbau der Personenkontrollen an den Binnengrenzen von EU-Staaten"), von den negativen Gehalten, der Auseinanderdividierung von 'guten' Ausländern (EU) und 'schlechten' Ausländern (Nicht-EU), also einer Abschottungspolitik überlagert. Indizien hier für sind, daß nach innen Grenzziehungen (nicht die Grenzen als solche!) aufgehoben worden sind und nach außen neue Grenzen geschaffen bzw. bestehende schärfer gezogen wurden. Viele Flüchtlinge werden von einem EU-Staat zum anderen geschoben, zurückgewiesen, abgeschoben - „Refugees-in-orbit", wie die Kritiker sie nennen. Diese Politik stünde in Widerspruch zur wiederholten Proklamierung von Menschenrechten (vgl. Chardon/Roth 1996). Während eines Tribunals zum Asylrecht in Europa 1994 in Berlin wurden die europäischen Regierungen scharf attackiert. Die neuen Vertragswerke seien ein „Verrat an den Asylsuchenden" (Basso-Sekretariat Berlin 1995: 32): „Indem sie Visaanforderungen einführen, aber keine Visa erteilen, haben die westeuropäischen Staaten Flüchtlinge zu illegalen Migranten gemacht" (a.a.O.: 34).

Die Bundesregierung betrachtet das Asylverfahrensgesetz als 'durchschlagenden' Erfolg, sind doch die Asylbewerberzahlen seither (1993) dramatisch gesunken. 1997 beantragten 104.353 Menschen Asyl, mehr als zehn Prozent weniger als 1996; 1992 war das Jahr des Höchststandes mit 438.000 Asylanträgen. Die Anerkennungsquoten in Europa insgesamt betrugen im Zeitraum 1991 bis 1995 lediglich elf Prozent, wie das UNCHR vermerkt, und für viele Flüchtlinge war es kaum noch möglich, überhaupt einen Asylantrag zu stellen:

„In einigen Ländern wurden Neuankömmlinge darin gehindert, das Flugzeug oder Schiff zu verlassen, und umgehend in ihr Herkunftsland oder ein anderes Land zurückgeschickt. Bestimmte Staaten haben auf internationalen Flughäfen Internierungszonen für Asylsuchende eingerichtet und vertreten im Widerspruch zum Völkerrecht den Standpunkt, daß die dort Untergebrachten nicht eingereist seien. Verbreitet ist auch die Einführung von beschleunigten Asylverfahren mit beschränkten oder gar keinen Einspruchsmöglichkeiten. Sie sollen die schnelle Abschiebung von Personen mit vorgeblich 'mißbräuchlichen' oder 'offensichtlich unbegründeten' Asylanträgen erleichtern" (UNHCR-Bericht 1997-98: 201).

Zwar ist etwa in Deutschland auch nach der Grundgesetzänderung das Grundrecht auf Asyl nicht abgeschafft; zwar nimmt die EU weiter Flüchtlinge auf und orientiert sich an der international verbindlichen Bestimmung, der Genfer Flüchtlingskonvention. Genau hierin liegt jedoch eines der zentralen Probleme, daß nämlich ausschließlich *staatliche* Verfolgung als anerkannter Asylgrund gilt. Viele Flüchtlinge (z.B. diejenigen aus Algerien) werden jedoch von nichtstaatlichen Akteuren verfolgt und sehen sich aus ganz verschiedenen Gründen, die nicht zu den gesetzlich erfaßten zählen, zur Flucht gezwungen (vgl. Kap. 6). Darüberhinaus greifen viele Asylbewerber auf - häufig von Schlepperorganisationen eingerichtete und durch diese 'betreute' - Fluchtrouten zurück, die den Asylantrag hinfällig machen, wenn Flüchtlinge etwa an der deutsch-polnischen Grenze aufgegriffen werden. Im Grunde bleibt, wie Kritiker die Konsequenz des neuen Asylrechts zuspitzen, nur der Absprung mit dem Fallschirm, da Flüchtlingen ansonsten bei jeder Route (ob zu Fuß oder mit einer Fluglinie) immer mindestens einen 'sicheren Drittstaat' passieren müssen, um nach Deutschland zu kommen.

Die Möglichkeit von Flüchtlingen, in Europa Asyl zu erhalten, sind in den 90er Jahren erschwert worden (vgl. im Überblick Joly 1995). Mit der Einrichtung der Abschiebehaft, der Gefängnisverwahrung von sog. *Schüblingen*, also nicht anerkannten und nicht geduldeten Asylbewerbern, die abgeschoben werden sollen, wird signalisiert, daß Migranten, die durch die weiter gewordenen Maschen des Ausländer- und Asylrechts fallen, als Kriminelle gelten. Das politische und rechtliche Instrumentarium ist so eindeutig auf Abwehr eingestellt worden, daß man teilweise von einer Festung Europa sprechen kann - vor allem in Richtung Süden.

Die Initiatoren des Schengener Abkommens mußten und konnten Mitte der 80er Jahre davon ausgehen, daß die Grenzen nach Osten geschlossen sein würden. In diesem Zusammenhang wird unter *Festung Europa* gelegentlich auch die Abschottung von Westeuropa gegen *Osteuropa* verstanden, quasi ein Wiederaufbau des Eisernen Vorhangs mit anderen Mitteln (vgl. Stölting 1991). Eine Abschottung schien in der Folge von 1989 dringlich, da man Millionen von Zuwanderern aus den Nachfolgestaaten der UdSSR, und aus Polen, Rumänien, Bulgarien nach Westeuropa strömen sah. Hier überwiegt mittlerweile jedoch eine etwas entspanntere Haltung, da man erkannt hat, daß erstens nur eine Minderheit diese Absicht hegt, sich zweitens eine neue Form der Migration einspielt, etwa das Pendeln zwischen Polen und Deutschland, und drittens die größten Wanderungen innerhalb der ehemaligen UdSSR stattfinden (vgl. Dornis 1996; *Newsletter 2*, 1998). Die Wanderungen aus dem Osten und diejenigen aus dem Süden unterscheiden sich, so Withol de Wenden (1994), vor allem dadurch, daß der Westen bzw. Norden unterschiedliche Einstellungen gegenüber diesen beiden Wanderungsströmen entwickelt habe. Osteuropäische Migranten werden gegenüber außereuropäischen Migranten bevorzugt.[27]

In Zukunft werden auch die Bürger der osteuropäischen Staaten Unionsbürger sein (wenn sich die derzeitige Panik etwa der CSU gegenüber der Freizügigkeit der Bürger Osteuropas nicht durchsetzt) - der Festungscharakter besteht dann gegenüber den Migranten aus dem Süden. Diese werden, was sich Ende der 90er Jahre bereits abzeichnet, über osteuropäische Grenzen einzureisen versuchen, um auf diesem Wege in westeuropäische Staaten zu gelangen. Diese Staaten wiederum werden Druck auf die osteuropäischen 'Partner' ausüben, ihre Grenzen - im Sinne Gesamt-Europas - zu sichern, u.U. mit Kameras, Hundepatrouillen und neuen Zäunen.

Zuwanderungsmöglichkeiten in die EU

Gegenwärtig ist das Bild nicht eindeutig. Gegen die Kritik, Europa schotte sich ab, spricht die beträchtliche Anzahl der Personen mit ausländischer Staatsangehörigkeit, die sich in den Ländern der EU aufhalten. 1994 hielten sich schätzungsweise 17 Mill. Ausländer in den Ländern der EU auf, von denen 4 Mill. EU-Bürger und 13 Mill. Drittausländer sind (vgl. Abb. 1 in der Einleitung). In der Studie des *Europäischen Migrationszentrums* (Lederer 1997) werden die Relationen der ausländischen Bevölkerung in der EU zusammengefaßt:

„In absoluten Zahlen betrachtet, leben in der Bundesrepublik Deutschland die meisten Ausländer aller europäischen Staaten. Setzt man die Zahl der Ausländer ins Verhältnis zur Gesamtbevölkerung des jeweiligen Staates (Ausländeranteil), so zeigt sich, daß in den kleineren EU-Staaten Luxemburg, Belgien und Österreich relativ mehr Ausländer als in der Bundesrepublik leben. In Deutschland und in Frankreich halten sich die meisten Drittausländer mit mehr als 5 bzw. mehr als 2 Millionen auf; mit 5,5% an der Gesamtbevölkerung ist der Drittausländeranteil in der Bundesrepublik der höchste innerhalb der Europäischen Union. Bezieht man die EU-Ausländer auf die Gesamtbevölkerung, so zeigt sich, daß sich in Luxemburg und Belgien die meisten EU-Ausländer aufhalten; in Luxemburg ist beinahe jeder dritte Einwohner Staatsangehöriger eines anderen EU-Staates" (a.a.O.: 39).

Die statistische Erfassung der Zuwanderung wird dadurch verkompliziert, daß nicht überall dasselbe unter dem Begriff *Ausländer* verstanden wird. So haben in Großbritannien Zuwanderer aus früheren Kolonien die britische Staatsbürgerschaft; sie werden häufig sozial, jedoch nicht juristisch als Ausländer ver-

---

27 Eine Besonderheit stellen die Spätaussiedler dar, die in Folge der veränderten politischen und ökonomischen Situation nach 1989 zu Hunderttausenden nach Deutschland kamen (vgl. Abschnitt 2.3).

standen. Von zentraler juristischer Bedeutung ist die Frage, ob ein Staat nach dem Orts- oder dem Abstammungsprinzip verfährt.

„Der Ausländeranteil eines Landes hängt auch vom jeweiligen Staatsangehörigkeitsrecht ab. Ein Land, in dem die *Staatsangehörigkeit* kraft Geburt erworben wird (ius soli) oder in dem Einbürgerungen erleichtert sind, hat per se einen geringeren Ausländeranteil als Staaten, in denen im Land geborene ausländische Kinder Ausländer bleiben (ius sanguinis)" (a.a.O.: 35).

Die EU hat seit den 80er Jahren in wachsendem Maße die legalen Zugangsmöglichkeiten für Nicht-EU-Mitglieder verringert. Am Beispiel Deutschlands zeigt die folgende Abbildung die Möglichkeiten, die für Zuwanderung bestehen, für Unionsbürger und für Drittausländer (bis auf die Kategorie 'Aufnahme als Spätaussiedler' entspricht das skizzierte Spektrum der Praxis in den anderen EU-Staaten).

Abbildung 10: Möglichkeiten der Zuwanderung nach Deutschland

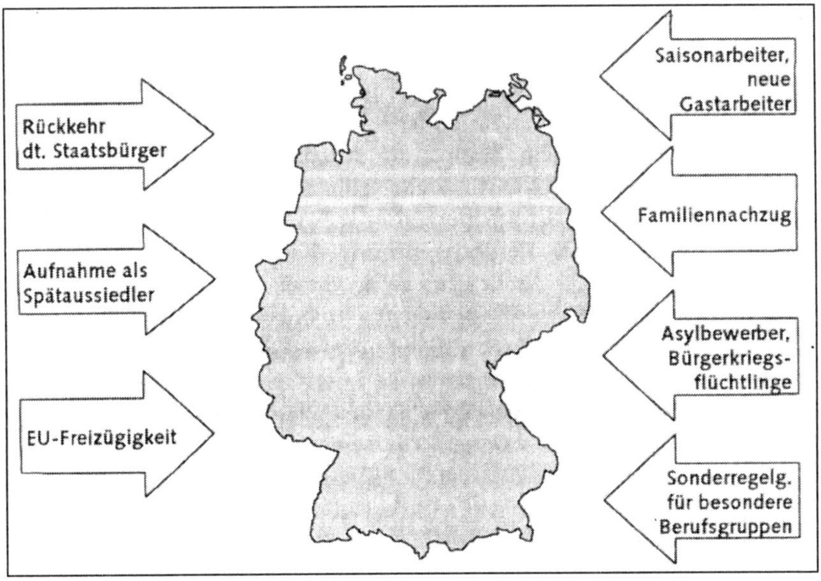

Quelle: Münz u.a. 1997: 172

Nach Deutschland können Kinder und Jugendliche bis zum Alter von 16 Jahren zu ihren Angehörigen nachziehen.[28] Über die Bestimmungen zum Familiennachzug besteht die Tendenz, daß sich Personen einer bestimmten nationalen Herkunft in bestimmten Ländern konzentrieren.

---

28 Es werden jedoch immer wieder Forderungen (z.B. aus der CSU) erhoben, die Altersgrenze auf 10 Jahre zu senken, oder überhaupt keinen Nachzug mehr zuzulassen (Republikaner, DVU).

„Bei Betrachtung der jeweiligen nationalen Herkunft der ausländischen Bevölkerung kann auch auf die Migrationswege und -traditionen in den betreffenden Ländern geschlossen werden. Beispielsweise wohnen viele Maghrebiner in Frankreich, während in der Bundesrepublik Deutschland und in den Niederlanden die Türken die Mehrheit in den ausländischen Populationen stellen" (a.a.O.: 39).

Da man die familiären Bindungen von längeransässigen Migranten nicht kappen will, richten sich die Bestimmungen des Schengener Übereinkommens gegen potentielle neue Migrantengruppen aus Albanien, aus den nordafrikanischen Staaten oder aus dem ehemaligen Jugoslawien.

Die skizzierte Entwicklung zeigt, daß Europa nicht durchgängig als Festung zu sehen ist, die Grenzen nicht völlig geschlossen sind. Hinter der politischen Losung 'Europa - eine Union von Bürgern' verbirgt sich jedoch eine neue Grenzziehung, die zwischen Unionsbürgern und Drittausländern. Nicht alle in Europa Ansässigen gehören dieser Union an, sondern sie sind als sog. Drittausländer Bürger zweiter und dritter Klasse. Insofern ist diese Bezeichnung schönfärberisch und irreführend.

3.4 Zusammenfassung

In diesem Kapitel ging es um die politisch engagierte und weniger um die distanziert-wissenschaftliche Seite von Migration (s. das Einleitungs-Kapitel), nämlich um die politischen, juristischen und öffentlichen Aspekte von Zuwanderung in den USA, in der Bundesrepublik und in Europa. Sie wurden hier breit skizziert, weil Politik, Rechtsprechung und öffentliche Meinung den Kontext darstellen, in den 'hinein' Migration stattfindet und der die individuellen und gesellschaftlichen Folgen, die in den nächsten Kapiteln behandelt werden, verständlich macht.

Vergleicht man die Konzepte eines alten, klassischen Einwanderungslandes wie der USA mit denen eines neuen de-facto-Einwanderungslandes wie Deutschland, so kristallisieren sich Parallelen, aber auch Unterschiede heraus. Parallelen bestehen in der emotionalen und moralischen Aufladung des Themas, wobei festzustellen ist, daß gesellschaftliche Gruppen vor allem etwas über sich selbst äußern, wenn sie generelle Aussagen über 'die Einwanderer' oder 'die Ausländer' machen.

Zum Abschluß dieses Kapitels möchte ich auf einen zentralen Unterschied, nämlich das jeweilige Selbstverständnis der USA bzw. der Bundesrepublik Deutschland hinweisen. Die USA sieht und inszeniert sich selbst als Einwanderungsland, was selbst in den jüngeren Anti-Einwanderungs-Diskussionen durchgeschlagen und weitere Restriktionen verhindert hat. So scheiterte 1996 eine Initiative, nicht nur die illegale, sondern Zuwanderung überhaupt zu erschweren (s. Abb. 5).[29] Einwanderung wird nach wie vor gewollt, allerdings primär im Rahmen der Familienzusammenführung und mit Blick auf qualifizierte Arbeitskräfte. Darüber hinaus verlost die US-Einwanderungsbehörde pro Jahr 55.000 Erlaubnisse für die dauerhafte Einreise, die *Green Cards*:

„Sechs Millionen Menschen haben sich weltweit im letzten Jahr um eine US-amerikanische 'Green Card' beworben. Die amerikanische Einwanderungsbehörde hatte allerdings lediglich 55 000 Exemplare der begehrten Arbeitserlaubnis verlost. Dabei war genau festgelegt, welche Kontinente wieviele 'Green Cards' bekamen: Nach Europa gingen 24 000, nach Afrika 20 000, nach Asien 7000. Der Rest war für Südamerika und Ozeanien bestimmt" (*Süddeutsche Zeitung* vom 23.12.97).

Aus der Quotierung geht das Interesse der US-Regierung hervor, die Migration aus Europa zu stimulieren, ebenso die Migration aus afrikanischen Staaten, während die Zuwanderung aus Asien über das Losverfahren nicht weiter verstärkt werden soll, da von dort generell die Mehrheit der Zuwanderer kommt - ein Trend, der über die Familienzusammenführung unvermindert anhält. Das Losverfahren ist also nicht nur eine Geste der Großzügigkeit und voller Symbolik ('jeder kann sein Glück im Land der unbegrenzten Möglichkeiten versuchen'), sondern auch ein Instrumentarium, um die nationale Zusammensetzung der Einwandererpopulationen zu beeinflussen und im Sinne der *old immigration* (s. Abschnitt 3.1) zu korrigieren.

Bei jedem Besuch der USA zu touristischen Zwecken erhält man angesichts der Fragenbatterie (Zweck, Dauer, Umstände der Reise, sonstige Absichten und Kontakte) eine Vorstellung von der Kontrollapparatur gegenüber potentiellen Einwanderern, die sich vor allem (noch aus der Zeit des Kalten Krieges stammend) gegen politisch Mißliebige (Kommunisten) richtet. Ungeachtet dessen gibt es einen gesellschaftlichen Basis-Konsens, für den 'amerikanische Identität' und Einwanderung zusammengehören. Symbol dieses Selbstverständnisses ist das Einwanderermuseum auf Ellis Island vor New York City. Über Ellis Island sind ungefähr 16 Mill. Menschen in die USA eingewandert, mehr als drei Viertel davon in der Zeit von 1892 und 1914. In diesen Jahren kamen täglich mehr als 6000 Personen.[30] Diese wurden einer eingehenden

---

29 „Einer Koalition, die von Bill Gates, der damit drohte, Produktionskapazitäten ins Ausland zu verlegen, falls der Kongreß die Anwerbung von Einwanderern erschwert, über die Kirchen bis hin zu Flüchtlingsorganisatonen reichte, gelang es, genügend Parlamentarier zu mobilisieren, um die Kürzungspläne zu Fall zu bringen" (Santel 1998: 20).

30 Vgl. hierzu den Bild- und Dokumentationsband von Perec/Bober „Geschichten von Ellis Island oder Wie man Amerikaner macht" (1997). Dort wird auch nochmals darauf hingewiesen, daß nicht alle Einwanderer über Ellis Island einreisen mußten: „Wer genügend Geld hatte, um erster oder zweiter Klasse zu reisen, wurde an Bord rasch von einem Arzt und einem Standesbeamten in Augenschein genommen und konnte daraufhin problemlos das Schiff verlassen. Die Bundesregierung war der An-

Kontrolle unterzogen, die drei bis fünf Stunden dauerte, dann jedoch für die überwiegende Mehrheit mit der Einreiseerlaubnis endete, 2% (250 000 Personen) wurden abgeschoben. Lange Zeit Ruine, ist Ellis Island heute ein nationales Denkmal, Ausdruck des Selbstbewußtseins einer *Nation von Einwanderern*.

In der Bundesrepublik Deutschland, gegenwärtig neben den USA das begehrteste Zuwanderungsland der Welt, wird nach wie vor an dem Selbstverständnis eines *Nicht-Einwanderungslandes* festgehalten. Zwar wurde im neuen Ausländergesetz von 1990 (vgl. die Textsammlung *Deutsches Ausländerrecht* 1996) die Einbürgerung für in Deutschland geborene Jugendliche ausländischer Herkunft erleichtert, und es wurden die Regelungen für den verfestigten Aufenthalt ausdifferenziert, aber der Tenor des Ausländer-Gesetzes von 1965 wurde nicht geändert: Dauerhafte Einwanderung ist unerwünscht, vorübergehender Aufenthalt wird - unter bestimmten Voraussetzungen - geduldet. Gerade dieses Gesetz und seine Ausführungsbestimmungen dokumentieren das Bestreben, stattgefundene Einwanderungen zu dementieren. Dabei existiert über den Familiennachzug eine legale und breit praktizierte Möglichkeit der de-facto-Einwanderung:

„Auch in Deutschland [wie in den USA; A.T.] ist Familienzusammenführung ein zentraler Einwanderungsmodus. Insbesondere seit dem Anwerbestopp von 1973 sind auf diese Weise Hunderttausende von ausländischen Ehefrauen, Ehemännern und Kindern ins Land gekommen. Anders als in den Vereinigten Staaten werden Familienangehörige statistisch jedoch nicht gesondert erfaßt, so daß sich keine exakte Zahl angeben läßt. Trotz ihrer quantitativen Bedeutung vollzieht sich Familienmigration in Deutschland weitgehend in einem politikfreien Raum. Obwohl die Zuwanderung von Ehepartnern und Kindern der deutlichste Ausdruck einer auf Dauer angelegten Niederlassung ist und damit stärker als alle anderen Wanderungsformen in klarem Widerspruch zur offiziellen These: 'Deutschland ist kein Einwanderungsland' steht, hat sie nicht jene Politisierung erfahren, die etwa die Diskussion um die Asylbewerber kennzeichnet" (Santel 1998: 16).

Ein anderer Bereich, in dem ebenfalls - ohne daß sie als solche benannt würde - Einwanderungspolitik gemacht wird, ist die Zuwanderung von Aussiedlern. Nach dem *Kriegsfolgenbereinigungsgesetz* von 1992 (s. Abb. 4) wurden Kontingente festgelegt, Sprachtests in den Heimatländern angesetzt - aber der betroffenen Gruppe dennoch signalisiert, daß es kalkulierbare Wege für die Einwanderung nach Deutschland gibt. Solche Signale an potentielle andere Einwanderer, die nicht Aussiedler sind, fehlen bisher in der deutschen Zuwanderungspolitik. Stattdessen wird an der bisherigen Ausländerpolitik und an einem Staats-

---

sicht, diese Einwanderer hätten die nötigen Mittel, um selbst für ihren Unterhalt aufzukommen, so daß keine Gefahr bestünde, sie könnten dem Staat zur Last fallen" (a.a.O.: 11).

bürgerschaftsrecht festgehalten, das den Status der Nicht-Zugehörigkeit zementiert. In Deutschland geborene Angehörige der dritten 'Gastarbeiter'-Generation, die automatisch die deutsche Staatsangehörigkeit erhielten, wären auch statistisch nicht mehr als Ausländer nachweisbar und würden sich damit für Argumentationen gegen einen zu hohen 'Ausländeranteil' nicht mehr verwenden lassen. Möglicherweise stehen derartige, strategische Überlegungen hinter dem Widerstand gegen eine Abkehr vom sog. *ius sanguinis*, der Vorstellung von Staatsbürgerschaft nach dem Abstammungsprinzip.

4. Assimilation oder Marginalität? Erklärungsmodelle zur Einwanderung

„In der Stadt sind fremde Gesichter das Normale, nur die bekannten fallen auf. Auf dem Dorf ist es umgekehrt. Auf den Strassen einer Stadt bewegt sich jeder, auch der Einheimische, als ein Fremder unter Fremden. Insofern hat die Kritik an der Kälte des Grossstadtlebens recht, nur sind Fremdheit und Anonymität zugleich auch Voraussetzungen für die Hoffnungen, die sich von jeher mit der grossen Stadt verknüpft haben" (Siebel 1998).

Die Unterschiede der politischen Perspektiven, wie sie im dritten Kapitel skizziert wurden, spiegeln sich in der soziologischen Forschung: *Assimilation* ist als zentrales Konzept der Einwanderungsforschung und *Eingliederung* als zentrales Konzept der Gastarbeiterforschung diskutiert worden. Unter diesen Gesichtspunkten behandele ich die Situation der Einwanderinnen und Einwanderer bzw. die der Gastarbeiterinnen und Gastarbeiter zunächst in zwei getrennten Kapiteln (Kap. 4 und 5). In Kapitel 6 werden die Ansätze zur Fluchtmigration vorgestellt. Die Kapitel 7 und 8 versuchen, die Befunde zu den Folgen von Einwanderung mit denen zur Gastarbeits-Situation und zur Fluchtmigration zu verbinden. Dort sind dann nicht mehr so sehr die verschiedenen Typen von Wanderung, sondern allgemein der Umgang mit Zuwanderinnen und Zuwanderern von Interesse.

In diesem vierten Kapitel liegt der Schwerpunkt auf der Erläuterung des klassischen Assimilations-Begriffs und den Konzeptionen, die im Anschluß daran von der nordamerikanischen, australischen und israelischen Einwanderungsforschung entwickelt wurden. Da viele der relevanten Untersuchungen nicht in deutscher Übersetzung vorliegen und ein großer Teil schwierig zugänglich ist, werden die Begriffe und Konzeptionen der verschiedenen Autoren relativ textnah wiedergegeben.[31] Deshalb komme ich auch nicht umhin, im Verlauf dieses Kapitels unterschiedliche Begriffe von Assimilation und verwandte Begriffe wie z.B. Absorption vorzustellen und zu verwenden. Chicago, Ziel der Einwanderung von Hunderttausenden von Europäern und zugleich 'Geburtshaus' der US-Soziologie, dient als Ausgangspunkt.

---

31 Die Übersetzungen von Textauszügen stammen, wenn nicht anders angegeben, von der Verfasserin.

4.1 Das klassische Assimilations-Konzept: Vollständige Assimilation

Stadtexpansion Chicago

Die Wanderungen des 19. Jahrhunderts setzten eine Expansion der Städte in Gang, die immer noch anhält. Heute wachsen manche Zentren der südlichen Hemisphäre in unvorstellbarem Ausmaß. Sao Paulo, Mexico City, Shanghai oder Jakarta nehmen jährlich Hunderttausende von neuen Arbeitsmigranten und (Armuts-)Flüchtlingen auf - zusätzlich zu ihrem 'natürlichen' Zuwachs durch Geburten.[32] Diese großen Wanderungsströme der Gegenwart sind - wie in der Frühphase der westeuropäischen Industrialisierung - primär Nah- bzw. Binnenwanderungen. In der zweiten Hälfte des 19. Jahrhunderts hatten New York und Chicago eine jährliche Zuwanderung von Zehntausenden von Fernwanderern aus Europa. In den Vereinigten Staaten wurden mit den dramatischen Veränderungen der Städte, ihrer Siedlungsstruktur und der ethnischen Zusammensetzung ihrer Viertel auch die Anpassungsprozesse der Einwanderer zum wissenschaftlichen Untersuchungsgegenstand: „In der Aufbauphase der amerikanischen Soziologie handelte es sich bei der Untersuchung von Städten größtenteils um Untersuchungen über Einwanderer" (Waldinger 1989: 211). Soziologie war also zunächst weitgehend gleichzusetzen mit Migrationssoziologie.

Mit der Institutionalisierung der nordamerikanischen Soziologie ist die *Chicagoer Schule* untrennbar verbunden. Diese wurde von Robert Ezra Park (1864-1944) und William I. Thomas (1863-1947) begründet; zusammen mit ihren Mitarbeitern und Schülern Burgess, Znaniecki und Wirth entwickelten sie eine Soziologie, die sozialphilosophische Spekulation durch empirische Sozialforschung ersetzen sollte. Sie griffen dabei aber durchaus auch auf wissenschaftliche Arbeiten zurück, die im sozialreformerischen Kontext entstanden waren, vor allem auf die sog. Hull-House Maps and Papers. Das 1889 gegründete *Hull-House* befand sich an der Chicagoer West-Side und gehörte zum sog. *Settlement Movement*, einer Vorform heutiger Sozialarbeit. Seine wichtigsten Mitglieder waren Edith Abbott, Sophonisba Breckinridge und Grace Abbott. Edith Abbott gab eine über 800-seitige Dokumentation über historische Aspekte der Einwanderung heraus (Abbott 1926). Aus Untersuchungen über den 'führenden Kopf' von Hull-House, die Soziologin Jane Addams (1860-1935), geht hervor, wie ambivalent das Verhältnis 'der Männer' der frühen

---

32 Die Rangliste der sog. *Megastädte* mit mehr als 5 Mill. Einwohnern hat sich während der zweiten Hälfte des 20. Jahrhunderts völlig verändert. 1950 waren New York mit 12,3 Mill. und London mit 8,7 Mill. Einwohnern die größten Städte. Im Jahr 2000 wird Tokio mit 27,9 Mill. die größte Stadt der Welt sein. Mit deutlichem Abstand, aber gleichwohl unvorstellbar groß folgen Mumbai [Bombay; A.T.] und Sao Paulo: Die Megastädte der Zukunft liegen ... nicht mehr in den Industrie-, sondern zunehmend in den Entwicklungsländern. Die brasilianische Industriestadt Sao Paulo, die 1950 noch kleiner als Neapel war, wird im Jahr 2000 voraussichtlich ... mit etwa 18 Millionen Einwohnern die drittgrößte Stadt der Welt sein. Damit hätte Sao Paulo doppelt so viele Einwohner wie Schweden heute" (Leisinger/Siebold 1997: 125).

Chicagoer Schule zur sozialreformerisch orientierten Soziologie war (vgl. Deegan 1988; Ross 1998). Neben den Sozialreformbewegungen gab es ein zweites Praxisfeld, das die Chicagoer Schule und über sie die US-Soziologie geprägt hat: Den Journalismus. Soziologen sollten sich die Entdeckerfreude des Journalisten zu eigen machen, ihre Schreibtische verlassen und 'herumschnüffeln':

> „'Go into the district', 'get the feeling', 'become aquainted with people' - die von Studenten überlieferten Anweisungen von Park wirken auf den ersten Blick trivial, können aber nur vor dem Hintergrund der 'Bibliotheks-Soziologie' angemessen verstanden werden. Sie zielen auf Beobachtung aus erster Hand ..." (Lindner 1990: 118).

Die heute bekanntesten Untersuchungen der frühen Chicagoer Schule sind die fünfbändige Sammlung biographischer Äußerungen von polnischen Auswanderern („The Polish Peasant in Europe and America") durch Thomas und Znaniecki (1974; Erstveröffentlichung 1918-1921) und der stadtsoziologische und sozialökologische Klassiker von Park, Burgess und McKenzie, „The City" (Park et al. 1925).

Beide Untersuchungen beschäftigten sich mit den Folgen der Migration. Die Bände von William Isaac Thomas und Florian Znaniecki dokumentierten „die entgegengesetzten Welten des Wanderers - den Verlust der einen und die allmähliche Annahme und das allmähliche Verstehen der anderen" (Jackson 1969: 2). Rückblickend waren Thomas/Znaniecki der erste Beitrag zu einem Konzept, das heute als Kulturkontrast bzw. Kulturschock bezeichnet wird. Danach hat Migration einen Zustand der individuellen Orientierungslosigkeit und sozialen Desorganisation zur Folge (vgl. hierzu Abschnitt 4.3).

In „The City" ging es demgegenüber um die Bedeutung der Zuwanderung bzw. Einwanderung für die Entwicklung nordamerikanischer Großstädte. Burgess entwickelte das Modell der konzentrischen Kreise, um die Verteilung der Bevölkerung auf einzelne Stadtregionen 'idealtypisch' darzustellen und zu generalisieren. Als empirische Vorlage diente Chicago, das von 30 000 Einwohnern im Jahr 1850 auf 3 337 000 Einwohner im Jahr 1930 anwuchs, dessen Bevölkerung sich also in achtzig Jahren verhundertfachte(!). Chicago konnte aufgrund der Kumulation dreier Faktoren (1892 erster soziologischer Lehrstuhl; hohes Bevölkerungswachstum mit gravierenden sozialen und ökonomischen Konflikten; Existenz von Zensusdaten von 1920 an) lange Zeit als die „am besten untersuchte Stadt" (Friedrichs 1981: 29f.) gelten. 1910 wohnten 2,1 Mill. Menschen in Chicago, davon waren ein Viertel deutsche, vorwiegend norddeutsche Einwanderer. Von 1850 bis 1910 „waren die Deutschen die größte ethnische Bevölkerungsgruppe der mittelwestlichen Metropole" (Keil 1984: 382). Burgess schematisierte die Bevölkerungsentwicklung und -ansiedelung in folgendem Modell der Stadtexpansion:

Abbildung 11: Stadtgebiete Chicagos im Modell von Burgess

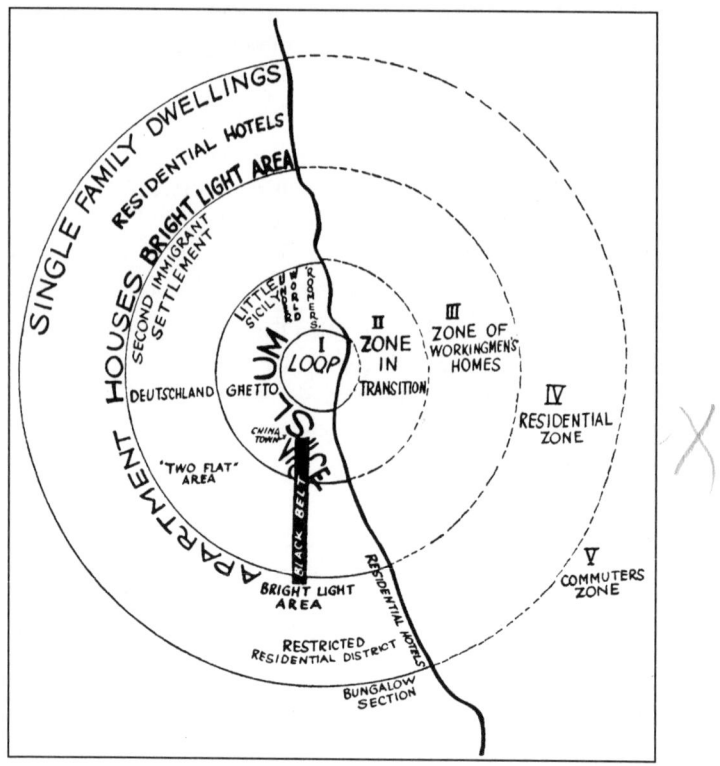

CHART II. Urban Areas

(Quelle: Burgess 1925: 55)

Um das innerstädtische Geschäftsviertel (*loop*) gruppierten sich diejenigen Gebiete, in denen die sozial Deklassierten, die 'Unterwelt' und einige Einwanderer-Kolonien angesiedelt waren (*slums*). In Little Sicily, Greektown, Chinatown und im jüdischen Ghetto hatten sich die erste Einwanderer-Generation und die Neuankömmlinge aus Italien, Griechenland, China und Deutschland niedergelassen (*first immigration settlement*). Diesen Ring bezeichnete Burgess als Übergangs-Zone (*zone in transition*). Daran schließt sich als drittes Gebiet der Ring der Facharbeiter und des sog. Deutschlands an. Damit waren die Wohngebiete der aufstiegsorientierten Einwanderer gemeint, die es 'geschafft' hatten, das Ghetto zu verlassen. Meist handelte es sich dabei um Angehörige der zweiten Generation (*second immigrant settlement*). Vom ersten bis in den vierten Ring erstreckte sich der schwarze Gürtel. Der vierte bzw. fünfte Ring bestand aus den mittelständischen Eigenheimvierteln und den Vororten.

Burgess stellte fest, daß der unterschiedliche ökonomische Status der Einwohner Chicagos (als schwarze Portiers, irische Polizisten oder als Beschäftigte in chinesischen Wäschereien)³³ sich in der regionalen Konzentration und in den subkulturellen Orientierungen niederschlug (vgl. a.a.O.: 57). Die Tendenz gehe dahin, von den inneren in die äußeren Ringe zu wandern. Allerdings würden die 'schlechten Viertel' auch als reizvoll und anregend erlebt: „Das Gebiet der Verschlechterung [die *slums* der Zone II; A.T.] ist im wesentlichen ein Gebiet des Zerfalls, der Stagnation oder des Rückgangs der Bevölkerung; gleichzeitig ist es ein Gebiet der Regenerierung, wie die Mission, das settlement, die Künstlerkolonie, die Zentren der Radikalen bezeugen - alle besessen von Visionen einer neuen und besseren Welt" (a.a.O.: 56).

Jürgen Hoffmeyer-Zlotnik faßte in seiner stadtsoziologischen Untersuchung der 70er Jahre über Berlin-Kreuzberg die Situation in Chicagos ethnischen Kolonien wie folgt zusammen und erläuterte dabei den *Kolonie*-Begriff:

„Bis das angestrebte Ziel des beruflichen und damit auch des sozialen Aufstiegs erreicht ist, siedeln sehr viele der Immigranten mit ihren Landsleuten zusammen in 'Kolonien'. Nach den vorliegenden Untersuchungen zu schließen, dominieren jede der zahlenmäßig starken nationalen Einwanderergruppen in etwa zwei größeren Wohngebieten - Kolonien - im Chicago von 1910 ... Diese liegen zumeist in der 'zone in transition' oder um Zentren der Industrie (Schlachthöfe-, Stahlwerke-Distrikt) und weisen eine, den nationalen Bedürfnissen der Bewohner entsprechende Infrastruktur auf. D.h., hier haben die Immigranten ihre Kirche und ihre Schule, eigene Läden und Lokale etc. und demonstrieren ihre Kultur" (Hoffmeyer-Zlotnik 1977: 36f.)

Die Ambivalenz in der Bewertung bestimmter Viertel, die man durch ihre vielfältige ethnische und kulturelle Zusammensetzung einerseits als 'bunt' und faszinierend, andererseits sozial und politisch als problematisch oder gefährlich einstufte, spiegelte sich in der Gesamteinschätzung metropolitanen Lebens: „Die Großstadt ... war zum Gebiet mit dem höchsten Grad an Abenteuer und Gefahr, Aufregung und Nervenkitzel geworden" (Burgess 1925: 58). Burgess ging davon aus, daß der sukzessive soziale Aufstieg der verschiedenen Bevölkerungs- und Einwanderungsgruppen unvermeidlich und mit einer gleichmäßigeren Verteilung dieser Gruppen im Stadtgebiet zwangsläufig verbunden sei.

Vom Interaktionsmodell zum race relations cycle

Ihre soziologischen Grundannahmen stellten Park und Burgess in ihrem 1921 erstmals erschienenen Buch „Introduction to the Science of Sociology" dar.³⁴

---

33 Die Deutschen waren „als Bäcker, Fleischer, Zigarrenmacher, Brauer, Schreiner und Polsterer führend, und sie organisierten ihre Berufe in 'deutschen' Gewerkschaften, während sie in anderen Berufen ihre ethnischen locals neben denen anderer Einwanderergruppen gründeten" (Keil 1984: 398). Zur deutschen *community* s. auch Harzig 1989.

34 Dieses Lehrbuch gilt wegen der grünen Farbe seines Einbandes und aufgrund seines Volumens von 1040 Seiten als *green bible* der nordamerikanischen Soziologie. Selbst dieser Klassiker ist bisher nicht ins Deutsche übersetzt.

Für Park und Burgess setzt sich die menschliche Gemeinschaft (*community*) wie die Pflanzen- oder Tiergemeinschaft aus räumlich getrennten Einheiten zusammen, deren Beziehungen durch wechselseitige Konkurrenz und wechselseitige Abhängigkeit bestimmt sind. Jedes einzelne Mitglied findet in der Gemeinschaft als Ganzem eine seinen Lebensbedingungen angepaßte Umgebung (ökologische Nische) oder eine Umgebung, der er sich durch Merkmalsänderungen anpassen kann - und anpassen wird (vgl. Park/Burgess 1921: 26). Diese theoretischen Grundannahmen werden als *Sozialökologie* bezeichnet. Park und Burgess gingen davon aus, daß sich die Stadt als Lebensraum des Menschen zwar durch Zuwanderung ungeplant ausdehne, aber dennoch eine Strukturierung gemäß der Lebensbedingungen einzelner Gruppen entstehe: „Die Analyse der Wohnviertel wird hier also zum Spiegel von Assimilations- und Mobilitätsprozessen, damit auch der Schichtung der Einwanderergruppen; da diese gleichzeitig gemeinsamer nationaler Herkunft sind, zeigt das Prestige der Wohnviertel gleichzeitig die Schichtung der verschiedenen Einwanderernationalitäten" (Heckmann 1981: 45).

Die bestimmmende, universelle und elementare Form zwischenmenschlicher Interaktion war für Park/Burgess in Anlehnung an Darwin, Spencer und Smith das Konkurrenzprinzip, der *Wettbewerb*. Park und Burgess gingen von einer durch Wettbewerb geschaffenen arbeitsteiligen Gesellschaft aus. Wettbewerb rufe weltweite Bevölkerungsbewegungen hervor, er bilde eine bestimmte wirtschaftliche Organisationsform aus. Die Beziehungen, die in seinem Kontext stattfinden, bleiben rein äußerlich: „Wettbewerb ist ein Kampf zwischen Individuen oder Gruppen von Individuen, die sich nicht notwendigerweise in Kontakt und Kommunikation miteinander befinden" (Park/Burgess 1921: 574). Wettbewerb findet für Park/Burgess also ohne sozialen Kontakt statt (dennoch ist er die zentrale Form der Interaktion); findet er mit Kontakt statt, so führt er unvermeidlich zu *Konflikt*. Konflikt ist die persönliche und bewußte Form des Wettbewerbs, der bei den sog. race relations besonders heftige Formen annimmt. Park/Burgess 'erklärten' dies mit der Heftigkeit, mit der Menschen auf andere Hautfarben reagierten. Fremde würde man einerseits als faszinierend, andererseits als furchteinflößend empfinden. 'Rassische Merkmale' würden mit moralischen Merkmalen verknüpft. Menschen treten in Wettbewerb miteinander, um eine bestimmte Position in der wirtschaftlichen Ordnung zu erlangen; bei Konflikten geht es dagegen um den Status innerhalb der sozialen Ordnung.

Auf den Konflikt folgt ein langwieriger Prozeß der Anpassung, dessen erste Stufe die *Akkommodation* ist. Diese läuft bewußt und über sekundäre Kontakte ab. Menschen passen sich nicht nur an die äußere Umwelt - wie bei der adaptiven Anpassung von Pflanzen und Tieren -, sondern auch an sozial überlieferte Traditionen an. Dabei entsteht eine Form organisierter, wechselseitiger Beziehungen, eine soziale Organisation, die dadurch ermöglicht wird, daß sich eine, meist die machtunterlegene Gruppe, in bestimmte berufliche Nischen und segregierte (Wohn-) Viertel zurückzieht und diese unteren (Schichtungs-)Positionen widerspruchslos hinnimmt. Durch Konsens wird ein ökonomisches und soziales Gleichgewicht hergestellt. Die Erziehung gehört für Park/Burgess zu dieser ersten Stufe der Anpassung. Akkommodation ist der quasi äußerliche, strukturelle Teil des Anpassungsprozesses, der soziale Organisationen erst ermöglicht.

Die *Assimilation*, der vierte Bereich des Interaktions-Modells, geht noch einen Schritt weiter. Hierbei handelt es sich nicht nur um eine Anpassung, sondern um eine Angleichung an kulturelle Traditionen; dieser Prozeß ist besonders langwierig, er erfordert Persönlichkeitsveränderungen und Modifikationen des kulturellen Erbes. Assimilation wird nicht als Gesinnungsgleichheit (*likemindedness*) der Einwanderer mit den Einheimischen verstanden, sondern als Verfügung über und Einbindung in ein gemeinsames kulturelles Leben: „Assimilation in ein Prozeß der Interpenetration und Verschmelzung, in dem Personen und Gruppen die Erinnerungen, Gefühle und Haltungen anderer Personen oder Gruppen erlangen und dadurch, daß sie deren Erfahrungen und Geschichte teilen, mit diesen in ein gemeinsames kulturelles Leben inkorporiert werden" (Park/Burgess 1921: 735).

Die Definition macht bis in die Wortwahl (*Verschmelzung*; vgl. Zangwill 1925) deutlich, daß es sich um einen sehr weitgehenden Angleichungsprozeß handelt: Das 'Postulat' gleicher Erinnerungen ist nur bei Menschen denkbar, die dieselbe Geschichte haben. Und über eben diese verfügen die länger Ansässigen bzw. Einheimischen auf der einen Seite und die Zugewanderten auf der anderen Seite nicht.

Park und Burgess räumen ein, daß die assimilative Stufe der Anpassung erst von der zweiten und dritten Generation der Einwanderer erreicht werde. Die Assimilation wird hier durch zunehmende Primärkontakte unterstützt: Einwanderer und Einheimische haben nicht mehr nur formelle, sondern auch freundschaftliche oder gar familiäre und verwandtschaftliche Beziehungen. In der zweiten und dritten Generation findet Assimilation selbst dann statt, so Park und Burgess, wenn die Einwanderer dies nicht wollen. Zentrale Voraussetzung von Assimilation sei eine gemeinsame Sprache. Dies ist im phonetischen wie im übertragenen, sozialen Sinne gemeint: „Das Phänomen, 'daß jede Gruppe ihre eigene Sprache hat', ihr eigentümliches 'Diskursuniversum' und ihre kulturellen Symbole, bezeugt die Wechselbeziehung von Kommunikation und Assimilation" (a.a.O.: 737). Die (noch) nicht assimilierte erste Generation weiche in Bezug auf ihre Kultur, ihre Erinnerungen und Gefühle von den Einheimischen ab; nach Park und Burgess sollen sie diese in die neue Umgebung mit einbringen. Auf lange Sicht würde jedoch die kulturelle Vielfalt aufgrund gemeinsamer Erlebnisse, Erfahrungen und Heirat durch eine gemeinsame Kultur abgelöst.

Dezidierter als in der mit Burgess verfaßten Einführung hat sich Park in dem zusammen mit Herbert Miller verfaßten, ebenfalls 1921 erschienenen Buch „Old-World Traits Transplanted" (Park/Miller 1969) zur politischen Notwendigkeit von Assimilation geäußert. Der Weg der USA zu einer demokratischen

Gesellschaft sei durch das Unruhepotential der Einwanderer zusätzlich erschwert. Wenn das Assimilationsproblem nicht gelöst werde, „verlieren wir den Charakter unserer Kultur" (a.a.O.: 264). Park/Miller plädieren für eine „weise Assimilationspolitik", die den meisten Einwanderern zeitlichen Freiraum lasse, alte Gewohnheiten mit neuen zu verbinden; diese Nachsicht gilt für das „kulturell nicht entwickelte Material" (sic!) der Schwarzen, Indianer, Mexikaner und der Slumbewohner in den USA jedoch nicht (a.a.O.: 263f.). Grundsätzlich sei Assimilation jedoch „ebenso unvermeidlich wie wünschenswert" (a.a.O.: 282), die Einwanderer könnten nicht dauernd unter sich bleiben. Nach einer Phase der Anpassung (*adjustment*) würden sie sich mit der Aufnahmegesellschaft identifizieren: „Wir können diese Entwicklung verzögern oder beschleunigen. Anhalten können wir sie nicht" (ebd.).

Die im Interaktionsmodell nur implizit berücksichtigte starke Bedeutung von (Primär- bzw. Sekundär-) Kontakten wurde in den späteren Texten von Park, in denen er sich mit den sog. *race* und *ethnic relations* beschäftigte, aufgewertet und das Interaktionsmodell modifiziert. Sozialer Kontakt steht dort am Anfang von ethnischen Interaktionen, Assimilation am Ende. Die Phasen von Wettbewerb und Konflikt werden zusammengezogen, da bei sozialem Kontakt Wettbewerb immer zu Konflikt führt (s.o.). Im Anschluß an Charles Horton Cooleys (1864-1929) berühmte Kategorie der *Primärgruppe*[35] unterschieden Park und Burgess zwischen primären und sekundären Kontakten (vgl. Park/Burgess 1921: 284ff.). *Primäre Kontakte* haben unterschiedliche Grade von Verbindlichkeit, sind aber immer persönlicher Natur: Sowohl intime Beziehungen als auch Bekanntschaften gehören dazu. *Sekundäre Kontakte* sind unpersönlich, unverbindlicher und anonymer. Als soziale Umgebungen stehen das Dorf für primäre und die Stadt für sekundäre Kontakte. Im Dorf seien die Verhaltensstandards absolut, die soziale Kontrolle allgegenwärtig und der Platz (*status*) von Familien und Individuum streng festgelegt (a.a.O.: 285). Entsprechend seien Primärgruppen beständiger als Sekundärgruppen.

1926 veröffentlichte Park seinen Aufsatz „Our Racial Frontier on the Pacific" (Park 1950b), der durch die Einschränkungen der asiatischen Einwanderung (*Johnson-Reed Act* und *Oriental Exclusion Act* von 1924; vgl. Abb. 5 in Abschnitt 3.1) motiviert war. Park ging davon aus, daß der Ausbau der weltweiten Kommunikationsnetze neue Formen des Kontaktes nach sich zöge. Dieser Kontakt sei in erster Linie „second-hand-communication" (Park 1950b: 149),

---

35 Auch Cooley greift auf das Bild der Verschmelzung zurück: „Unter Primärgruppen verstehe ich Gruppen, die durch eine sehr enge unmittelbare persönliche Verbindung (face-to-face-association) und Kooperation gekennzeichnet sind. Sie sind primär in verschiedener Hinsicht, aber hauptsächlich in derjenigen, daß sie fundamental an der Herausbildung der Sozialnatur und der sozialen Ideale der Individuen beteiligt sind. Das Ergebnis dieser sehr engen Verbindung ist - psychologisch betrachtet - eine gewisse Verschmelzung (fusion) von Individualitäten in einem gemeinsamen Ganzen, so daß das eigene Selbst zumindest für viele Zwecke identisch ist mit dem gemeinsamen Leben und dem Ziel der Gruppe" (Cooley 1909: 23; Übersetzung von Bernhard Schäfers [Schäfers 1994: 98]).

da er auf anonymen Informationsquellen (Fernsehen, Kino, Radio) basiere. Sobald die 'Rassengrenzen' etwa zwischen Japan und Amerika aufgelöst würden, würden aus den indirekten direkte Kontakte (soweit die Gesetzgebung die Pazifik-Küste nicht zur 'rassischen Grenze' machte). So erhielten auch die Interaktionsformen des Wettbewerbs und des Konfliktes internationale Dimensionen: „das stille Drama besteht nun darin, die großen Massen von Menschen, die sich nur indirekt und aus zweiter Hand gekannt hatten, einander näherzubringen - von Angesicht zu Angesicht" (ebd.). Diese Probleme sind für Park Bestandteil eines gesetzmäßigen Prozesses, den er den *race relations cycle* nannte. Er selbst und andere wandten ihn auch auf andere ethnische Beziehungen an (vgl. Price 1969: 214); man könnte ihn deshalb als *ethnic relations cycle* bezeichnen. Danach muß man sich interethnische Beziehungen als eine fortschreitende und nicht umkehrbare Abfolge von vier Interaktionsformen vorstellen. Der *race* bzw. *ethnic relations cycle* führt über Kontakt, Wettbewerb/Konflikt und Akkommodation zur Assimilation (vgl. Park 1950b: 150):

Abbildung 12: Der *race-relations-cycle* (Park)

1. Stufe:	**Kontakt**
	friedlich und informationshalber
2. Stufe:	**Wettbewerb/Konflikt**
	– Wettbewerb um Berufspositionen, Wohnungen etc.
	– langwieriger Prozeß der Anpassung
	– Aufgabe einseitiger Ansprüche
	– räumliche Segregation
	– Beschäftigungsnischen auf der unteren Hierarchiestufe
	– Unruhen, Diskriminierung
3. Stufe:	**Akkommodation**
	– Akzeptanz der Strukturen aus 2.
	– ethnische Arbeitsteilung
	– differentielle Benachteiligung
	– Segregation, Diskriminierung
4. Stufe:	**Assimilation**
	– Vermischung der ethnischen Gruppierungen mit der Mehrheitsgesellschaft
	– Auflösung der ethnischen Dimension, der ethnischen Identifikation

Quelle: nach Park 1950b: 150

Park stellte fest, daß Assimilation auch durch 'Rassenausschluß'-Gesetze nicht aufzuhalten sei - ebensowenig die Tendenz zu weltweit immer kürzer werdenden Distanzen. Langfristig würde nicht mehr nur die USA, sondern die ganze Welt zum *melting pot*, Rassen und Kulturen würden verschwinden.

Abschließend sei der Assimilations-Begriff Parks zusammengefaßt: Assimilation ist die unvermeidliche Endstufe einer Abfolge von Interaktionen zwischen Aufnahmegesellschaft und 'rassischen' bzw. ethnischen Gruppen, in deren Verlauf sich ausschließlich diese Gruppen verändern. Der *race relations cycle* ist ein „Modell kollektiver Anpassung" (Esser 1980: 35). Diese Anpassung kann zwar langwierig sein, führt dann aber zum 'Verschwinden' ethnischer Minderheiten als solcher. Die ethnische Dimension löst sich auf, die Einwanderer assimilieren sich, werden (in der Parkschen Perspektive) Amerikaner. Die europäische oder asiatische Herkunft ihrer Eltern oder Großeltern wird belanglos. Die Einwanderer identifizieren sich mit der Kultur des Aufnahmelandes, sie passen sich nicht nur an, sondern sie gleichen sich an. Dieses Begriffsverständnis zieht sich bis heute durch. In Endruweit/Trommsdorffs „Wörterbuch der Soziologie" wird Assimilation als „*Bewußtseins*-, Gefühls-, Wert- und Chancenangleichung von Individuen, Gruppen oder Gesellschaften an andere, aufnehmende (Einwanderungs- oder Gastländer) oder überlagernde, expansive Gruppen oder Gesellschaften" (Hettlage 1989; Hervorh. im Original) definiert.

Das Assimilations-Konzept wurde zu dem sozialwissenschaftlichen Amerikanisierungs-Konzept schlechthin. 'Ganz von alleine' würden die Einwanderer Bestandteil eines gemeinsamen kulturellen Lebens werden, im Laufe von zwei oder drei Generationen hätten die Zugewanderten ihre Persönlichkeit so verändert, ihr kulturelles Erbe soweit aufgegeben bzw. modifiziert, daß das Merkmal 'Ethnizität' irrelevant würde - diese Vorstellung paßte in idealer Weise zur melting pot-Ideologie. In Abgrenzung vom Amerikanisierungs-Zwang etwa eines Theodore Roosevelt (vgl. Abschnitt 3.1) appellierten die Soziologen der Chicagoer Schule zwar an die Politiker, „Toleranz statt Unterdrückung" (Park/Miller 1969: 280) zu üben. Aber politische Maßnahmen sollten doch nur den Weg zu dem Endzustand erleichtern, der unvermeidlich sei - der Assimilation.[36]

Parks Ansatz gilt wegen seiner Verbindung von soziologischer Begriffsbildung mit politischen Postulaten und anthropologischen Grundannahmen heute mehr als programmatisches, denn als wissenschaftliches Konzept. Gerade bei den sog. race relations, Parks zentralem Untersuchungsgegenstand, sind die Machtunterschiede zwischen den beteiligten Gruppen anhaltend groß, die Weißen lassen die Assimilation der Schwarzen gar nicht zu. Viele interethnische Beziehungen sind als solche bedeutsam geblieben, Ethnizität ist gerade nicht irrelevant geworden (ethnic revival; vgl. die Abschnitte 3.2 und 6.2). Esser faßt die Kritik am klassischen Assimilations-Begriff zusammen: „Auch längerfristig gesehen können die Vorgänge nämlich durchaus auch in ein Kasten-System, in dauernden Konflikt oder auch in dauerhafte Unterordnung einer Gruppe mün-

---

[36] In späteren Texten gestand Park indirekt zu, daß sein Konzept einer vollständigen Assimilation nicht haltbar sei, indem er Formen der 'kulturellen' bzw. der 'sozialen' Assimilation davon abgrenzte (vgl. Gordon 1964: 62f.).

den. Kurz: Assimilation ist alles andere als 'unvermeidlich'" (Esser 1980: 48; vgl. auch Shibutani/Kwan 1965).

Statt (vollständiger) Assimilation wäre dann *Akkommodation*, bei Park nur eine Anpassungs-Vorstufe (bzw. die dritte von vier Stufen des *race relations cycle*), bereits die Endstufe; hier wird der Ausbruch latent vorhandener Konflikte durch Organisation verhindert. Beispielhaft für diese Stufe sind das Ghetto bzw. die von einer ethnischen Gruppe dominierten Wohnviertel (*Kolonien*). Zwischen der Mehrheit der Einheimischen und der Minderheit der Ghetto- oder Koloniebewohner findet absolut kein gemeinsames Leben statt. Die beiden Gruppen leben nebeneinander her, wobei jede ihre eigene Identität zu wahren sucht. Louis Wirth, der zur Chicagoer Schule gehörte und die Begrifflichkeit des race-relations-cycle übernahm, bezeichnete diese Strukturen folgerichtig als *Akkommodation* (vgl. Wirth 1928). Die physikalische Entfernung zwischen Minderheit und Mehrheit ist nach Wirth zugleich ein Gradmesser für die *soziale Distanz* und ein Mittel zur Distanzerhaltung. Wirth spricht dem Ghetto - entgegen dem Alltagsverständnis - eine positive Funktion zu: Es verstärke den Gruppenzusammenhalt, biete seinen Bewohnern Schutz vor Konflikten mit der Außenwelt und ermögliche ihnen, 'sie selbst' zu bleiben. Wirth setzt die Ghettosituation sogar mit einer angeblich jüdischen Identität gleich: Das jüdische Ghetto sei Ausdruck eines jüdischen Charakters und damit einer moralischen Isolation.

Ein weniger 'spektakuläres' Beispiel für eine *Akkommodation* stellt nach der Untersuchung von Jerzy Zubrzycki (1956) der Anpassungsprozeß der polnischen Einwanderer in Großbritannien dar. Zubrzycki ging von dem Assimilations-Konzept der Chicagoer Schule aus, fand aber eine vollzogene Angleichung und Identifikation mit der Aufnahmegesellschaft nur für eine Minderheit der polnischen Einwanderinnen und Einwanderer bestätigt. Die Mehrheit lebe von den Einheimischen segregiert und kulturell getrennt.

Im Anschluß an Park wurden noch weitere Ansätze eines *race relations cycle* entwickelt. So erweiterte Bogardus das vierstufige Modell Parks auf ein siebenstufiges Modell (vgl. Bogardus 1929/30):

1. Neugierde der Einheimischen auf die Neuankömmlinge
2. ökonomische Eingliederung des Neuankömmlings (*economic welcome*)
3. wirtschaftliche und soziale Antagonismen zwischen Einheimischen und Neuankömmlingen
4. gesetzliche Antagonismen, z.B. Einwanderungsbeschränkungen
5. humanitäre Gegenbewegung (*fair-play tendencies*)
6. Beruhigung
7. Schwierigkeiten der zweiten Generation.

Stärker als Park weist Bogardus darauf hin, daß der Assimilationsprozeß von der Mitwirkung und dem Engagement der Einheimischen abhänge (in seinem

Fall der Amerikaner für die Einwanderer aus China und Japan, später für die von den Philippinen und aus Mexiko). Dieser Ansatz galt jedoch als zu speziell; er wurde deshalb kaum verwendet (vgl. Price 1969: 217). Einflußreicher wurden die Stufenmodelle der australischen (Sozial-)Psychologen Richardson (1957) bzw. Taft (1957).

Stufenmodelle der Assimilation

Alain Richardson (1957) untersuchte den Assimilations-Prozeß der Briten, die seit Ende des Zweiten Weltkrieges nach Australien eingewandert waren (insgesamt eine halbe Million). *Assimilation* versteht er als Anpassung einer zugewanderten Minderheit an die Mehrheit, deren Werte und Verhaltensweisen die Minderheit nach und nach übernehme. Diese Verhaltensänderung sei vor allem von der Motivation der Einwanderer abhängig; allerdings seien auch Verhaltensänderungen der Mehrheit notwendig. Richardson machte drei Stufen der Assimilation aus:

1. *Isolation* (Festhalten an der Herkunftskultur; Unzufriedenheit)
2. *Akkommodation* (äußerliche Anpassung; Zufriedenheit)
3. *Identifikation* (zunehmende Partizipation, nicht nur im Arbeitsleben; Zugehörigkeits- und 'Wir'-Gefühl).

Für Richardson stand fest, daß mit steigender Aufenthaltsdauer die Assimilation unvermeidlich sei: Bereits nach elf Monaten würden sich das Vokabular und die Normen der Einwanderer an die der Aufnahmegesellschaft angleichen. Er betonte jedoch, daß von diesen Angleichungssymptomen bis zur vollständigen Assimilation ein längerer Weg sei, der keineswegs binnen Jahresfrist zurückgelegt werde. Damit widersprachen Richardsons Ergebnisse der landläufigen Meinung, wonach die geringe sprachliche und kulturelle Distanz zwischen den britischen Einwanderern und der - nach Verdrängung und Ermordung der *aborigines* - britisch dominierten australischen Aufnahmegesellschaft eine beschleunigte Assimilation erwarten ließ (vgl. Richardson 1957: 165).

Ein stärker ausdifferenziertes Stufenmodell stammt von Ronald Taft (1957). Sein Ansatz ist weiterführend, weil er - im Gegensatz zu anderen, die die Tragweite kultureller Unterschiede überbetonen - die allgemeine Problematik eines Gruppenwechsels umfaßt. Für seinen Assimilations-Begriff ist die Frage der *Gruppenmitgliedschaft* zentral. Demnach ist *Assimilation* nicht auf Einwanderungs-Situationen beschränkt, sondern betrifft verschiedene menschliche Grundsituationen im Zusammenhang sozialer und/oder räumlicher Mobilität (vgl. auch Kap. 1 dieser Arbeit) wie „soziale Mobilität, Übertritte zu einer anderen Religion, Inhaftierung, Internierung und Rehabilitierung, Einberufung zum Militär, Einweisung in industrielle Arbeitsformen, Anschluß an eine soziale Gruppe oder eine Nachbarschaftsgruppe, Heirat (in manchen Fällen) und Eintritt in eine neue Schule" (Taft 1957: 141).

Soziale Assimilation versteht Taft als denjenigen Prozeß, in dem eine Person ihre Mitgliedschaft von einer Gruppe zu einer anderen (zweiten) transferiert, deren Normen mit denen der ersten Gruppe nicht übereinstimmen. Die Voraussetzungen für die Mitgliedschaft in einer neuen Gruppe sind:

- beiderseitige Kommunikationsbereitschaft,
- Normen- und Werte-Konsens,
- Akzeptanz von Rollenanforderungen und
- Identifikation mit der Gruppe.

Taft unterscheidet zwischen monistischen, pluralistischen und interaktionistischen Assimilations-Vorstellungen (a.a.O.: 154). Der erste Assmilations-Typ entspricht dem Parkschen Konzept: Im Falle der *monistischen* Assimilation geht das Individuum vollständig in der neuen Gruppe auf und gibt die Zugehörigkeit zur Herkunftsgruppe auf. Das Konzept der *interaktionistischen* Assimilation geht davon aus, daß beide Gruppen sich aneinander angleichen, so daß die Einwanderer einen Teil ihrer 'Herkunftsidentität' behalten können - was in der Realität nur in Ausnahmefällen geschieht. Die *pluralistische* Assimilation entspricht dem (politischen) Konzept des kulturellen Pluralismus. Die beiden letzteren Konzepte haben sich weit von dem klassischen Assimilations-Begriff entfernt. Taft stellt den idealtypischen Verlauf der (monistischen) Assimilation in sieben Stufen dar (s. Abb. 13).

Abbildung 13: Stufen der Assimilation nach Taft

1. kulturelles Lernen (Kenntnisse über die Aufnahmegruppe, Sprachkenntnisse; nicht von Kontakten abhängig)
2. positive Einstellung zur Aufnahmegruppe; Interaktionen, aber auch Gefahr von Mißverständnissen
3. eher ablehnende Einstellung zur Herkunftsgruppe, Rückzug vom Gruppenleben durch Annäherung an die Aufnahmegruppe (Unverträglichkeit der Normen)
4. Akkommodation (äußerliche Anpassung); Rollenübernahme, aber keine Identifikation; Gefahr der Überanpassung
5. soziale Akzeptanz durch die Aufnahmegruppe; bestimmter Grad an Vertrautheit
6. Identifikation (Mitgliedschaft in der Aufnahmegruppe)
7. Übereinstimmung der Normen (des neuen Gruppenmitglieds mit denen der Aufnahmegruppe).

Quelle: Nach Taft 1957: 142-152

Mit der siebten Stufe sind die ehemals entgegengesetzten bzw. unterschiedlichen Normen der beiden Gruppen in Übereinstimmung gebracht. Taft betont, daß er seine Sequenz nur als Anhaltspunkt, nicht als starres Modell versteht. Die Stufen 1, 4 und 7 entsprechen, so Taft, der kulturellen Assimilation, und die Stufen 5 und 6 der sozialen Assimilation. Die optimale Assimilations-

Sequenz für einen Einwanderer in einer Demokratie wäre diejenige, die mit der Akkommodation an die Verhaltensanforderungen des Gastlandes beginnt und mit Identifikation und Normenkonvergenz endet (a.a.O.: 152). Taft weist jedoch darauf hin, daß es innerhalb der Aufnahmegruppe auch Abweichungen von der Gruppennorm, die nur scheinbar fest fixiert ist, gibt. Außerdem fände häufig nur die *kulturelle* Assimilation statt; die *soziale* Assimilation bliebe dann aus. Auch für Taft ist also das Durchlaufen aller Assimilations-(Vor-)Stufen die Ausnahme, Assimilation ist keineswegs unvermeidlich. Die vollständige Assimilation wird durch Merkmale in der Persönlichkeit des (potentiell) neuen Gruppenmitgliedes (etwa mangelnde Motivation) und durch Vorbehalte seitens der Aufnahmegruppe oder einzelne ihrer Mitglieder verhindert.

Die Tatsache, daß so viele Sozialwissenschaftler sich mit dem Ansatz von Park beschäftigt haben, weist auf die Bedeutung dieses klassischen Assimilations-Konzeptes hin. Der race relations cycle wird zum Ausgangspunkt genommen und dann zwar weiter differenziert und modifiziert. Am Assimilationsbegriff selbst wird jedoch festgehalten.

4.2 Weiterentwicklungen: Formen partieller Assimilation

Die Chicagoer Schule, insbesondere Park, hielt Assimilation aus politischer und sozialer Sicht für wünschenswert und aus sozialwissenschaftlicher Sicht für unvermeidlich und ging so weit, daraus ein 'gesetzmäßiges' Zyklusmodell wie den race relations cycle abzuleiten. Dieses Modell hat trotz der innovativen Feldstudien der langfristigen Überprüfung nicht standgehalten. Spätere Autoren, die stärker den faktischen Verlauf von Anpassungsprozessen untersuchten, relativierten die programmatische Position von Park. Ihnen galt (vollständige) Assimilation der Eingewanderten an die Aufnahmegesellschaften zwar auch als wünschenswert, aber keineswegs als unvermeidlich. Assimilation war nur möglich, wenn die Wandernden und die Aufnahmegesellschaft bestimmte Bedingungen erfüllten. Darauf hat u.a. Eisenstadt (1954) hingewiesen; er verwandte den Begriff der *Absorption* statt den der Assimilation.

Bedingungen der Absorption

Der 1923 in Warschau geborene israelische Soziologe Shmuel N. Eisenstadt untersuchte Ende der 40er, Anfang der 50er Jahre die jüdische Einwanderung nach Palästina (den sog. *Jischuw*) und in den Staat Israel. Für den Prozeß der vollständigen Angleichung der Einwanderer an die Aufnahmegesellschaft verwandte er den Begriff der Absorption (vgl. Eisenstadt 1954). Die *Absorption* (wörtlich: Aufsaugung) der Einwanderer in die Aufnahmegesellschaft sei dann erreicht, wenn diese die Werte ihrer Gruppe (Primärgruppe) transformiert und ihre ethnische Identität aufgegeben hätten. Gleichzeitig müsse sich die Sozialstruktur der Aufnahmegesellschaft ändern, damit die Einwanderer sich vollständig in das Statussystem eingliedern und an den Institutionen der Aufnahmegesellschaft partizipieren könnten.

Der Übergang von der Migrationsentscheidung (s. Abschnitt 2.3 dieser Arbeit) zur Absorption gelinge nur dann, wenn die Wandernden sich von den Werten der alten Bezugsgruppe distanzierten (*Desozialisation*) und ihre Werte und (Rollen-) Erwartungen an denen der neuen Bezugsgruppe(n) orientierten (*Resozialisation*). In den Gruppenbeziehungen der Wandernden müsse ein Umbruch stattfinden. Unterschiedliche Probleme auf Seiten der Wandernden wie auf Seiten der Aufnahmegesellschaft erschwerten die Loslösung von der ethnischen Gruppe und die Anpassung an die Aufnahmegesellschaft: Die unstrukturierte Situation während der Desozialisation führten zu Unsicherheit und Angst, die Auflösung der Primärgruppe zu persönlicher Desorganisation. Außerdem stimmten die Anforderungen der 'absorbierenden' Sozialstruktur und die Erwartungen der Wandernden meist nicht oder nicht von Anfang an überein.

Die vollständige Angleichung, die Absorption, ist für Eisenstadt der Ausnahmefall. Die Regel sei eine pluralistische Struktur (*pluralistic setting*), die von der Aufnahmegesellschaft jedoch erst akzeptiert werden müsse (Eisenstadt 1954: 19). Ethnische Gruppierungen lösten sich nicht auf, sie seien aufgrund ihrer unterschiedlichen Wanderungsgeschichte bzw. ihres sozialen Status untereinander jedoch keineswegs homogen (vgl. a.a.O.: 260ff.). Wie uneinheitlich die Sozialstruktur Israels die Einwanderer absorbiert hat, geht aus einer jüngeren Untersuchung Eisenstadts hervor (vgl. Eisenstadt 1987). Die europäischen und nordamerikanischen Einwanderer der Jischuw-Periode hätten sich - dank einer effizienten Eingliederungsbürokratie bis Ende der 50er Jahre (a.a.O.: 446ff.) - schnell integriert. Demgegenüber bestehe zu den orientalischen Neu-Einwanderern, die nach der Staatsgründung eingewandert waren, eine große soziale Distanz. Bedingung für eine *erfolgreiche Integration* seien zum einen ein starker Familienzusammenhalt und zum anderen eine positive 'Rückbeeinflussung' durch schulische, militärische und berufliche Institutionen.

Trotz der Besonderheit Israels als eines Einwanderungslandes mit einem überdurchschnittlichen nationalen Interesse an der Eingliederung (der 'Sammlung der Zerstreuten'; a.a.O.: 453)[37] lassen sich Eisenstadts Schlußfolgerungen für Anpassungsprozesse durch Zuwanderung verallgemeinern.

---

37 Anläßlich des 100jährigen Jubiläums des Zionistischen Kongresses 1997 und der Feiern zum 50. Jahrestag der Gründung des Staates Israel 1998 fand das Bild vom *melting pot* mehrfach Verwendung. Angesichts der schwierigen Situation für Neu-Einwanderer und der wachsenden Segmentierung der israelischen Gesellschaft schien es sich dabei eher um eine Beschwörungsformel denn um eine Beschreibung zu handeln. „Nun soll der Slogan vom Gemeinschaftsgeist und Bruderliebe demnächst auch überall im Land auf Plakaten prangen, die für rund eine Million Dollar vom Jubiläumsausschuß bei einer Tel Aviver Werbeagentur in Auftrag gegeben wurden. Hier wird von drei jüdischen Jungen - einem äthiopischen, einem russischen und einem einheimischen - Nationalstolz demonstriert. Daß die beiden Jungen aus der Diaspora zu dem größeren Sabrajungen, der wie ein Schutzpatron den Arm um die legt, auf-

Entscheidend für die Anpassung und Eingliederung der Zugewanderten an die Aufnahmegesellschaft sind das pluralistische Potential der absorbierenden Gesellschaft und das Transformationspotential der Gruppe der Eingewanderten. Beides zusammen ergibt einen langfristigen Institutionalisierungs-Prozeß. Mit *Institutionalisierung* ist jede Form einer dauerhaften sozialen Beziehung gemeint. Nach Eisenstadts Idealvorstellung sind die Einwanderergruppen institutionell in der Aufnahmegesellschaft verteilt.

Selbst bei einer langfristigen Betrachtung kann man, so Eisenstadt, nicht davon ausgehen, daß der Institutionalisierungs-Prozeß gelingt. Dies träfe auch auf die nordamerikanische Gesellschaft zu: „Der Prozeß der Gruppentransformation zwischen unterschiedlichen ethnischen Gruppen in den Vereinigten Staaten ist jedoch nicht einheitlich und stabil, und es gibt viele Möglichkeiten einer erfolglosen Institutionalisierung" (Eisenstadt 1954: 252). Die Erfolglosigkeit manifestiere sich in Formen abweichenden Verhaltens der Einwanderer (Selbstmord, Kriminalität u.a.). Insgesamt sei die Struktur der Vereinigten Staaten jedoch pluralistisch genug: Instrumentelle und leistungsbezogene Orientierungen förderten den Institutionalisierungs-Prozeß insbesondere derjenigen Einwanderer, die diese Orientierungen teilten.

Eisenstadt ging von dauerhaften Einwanderungen aus, die einen umfassenden Transformations-Prozeß nach sich zögen. In den Begriffen der *Desozialisation* und *Resozialisation* kommt zum Ausdruck, wie stark der Druck der Umstellung auf die Eingewanderten ist. Diesen Druck spüren jedoch alle Migrantinnen und Migranten - unabhängig davon, ob sie 'endgültige' Einwanderer wie die israelischen Einwanderer, Flüchtlinge oder abhängig oder akademisch beschäftigte Arbeitsmigranten sind:

> „'Hier wird alles zum Problem: Wohnen, Sprechen, Kinder zu haben, Angst vor Ausweisung ...' sagt der türkische Maler Hanefi Yeter, der den Alltag der Arbeitsemigranten in der BRD eindringlich auf der Leinwand dokumentiert. Daß hier zumindest *alles* zum Problem werden kann, ist im Grunde genommen sehr einsichtig, denn die nach der Emigration erforderliche Neuorientierung an den Normen und Interessen einer fremden Gesellschaft kommt einer zweiten Sozialisation gleich, mit der der Emigrant sich auf eine neue Umwelt einstellen und viele sehr alltägliche Dinge einfach neu lernen muß" (Asseburg/Hurtado Artozón 1983: 80; Hervorh. im Original).

Der Begriff einer *zweiten Sozialisation* scheint mir angemessener als der einer Resozialisation, einer Wiederholung des Sozialisationsprozesses, der eine Desozialisation (Eisenstadt) vorausgehen muß. Die zweite Sozialisation bringt

---

blicken, entspricht veralteten zionistischen Stereotypen. Kommentatoren nennen es 'Kitsch vom jüdischen Schmelztiegel'. Auch fragen sich viele Israelis, wo denn die Mädchen geblieben seien. Es stellt sich dann heraus, daß man die Gefühle ultraorthodoxer Juden um der 'nationalen Einheit' willen nicht verletzten wollte, indem man Mädchen in Gesellschaft von Jungen zeigte" (*Frankfurter Allgemeine Zeitung* vom 28.3.98; vgl. auch *Le Monde Diplomatique*, Nov. 1997, S. 9).

zum Ausdruck, daß die erste Sozialisation nicht einfach abgelegt und gegen eine 'neue' ausgetauscht werden kann. Entsprechend der Ergebnisse der Sozialisationsforschung geht man von einem lebenslangen Sozialisationsprozeß (in Familie, Schule, Freundeskreis, Beruf) aus (vgl. Hurrelmann 1986). Dieser wird durch die Migration nicht abgebrochen oder unterbrochen, sondern 'lediglich' noch komplexer.

Eisenstadts Absorptions-Begriff entspricht dem Assimilationsbegriff insoweit, als er davon ausgeht, daß das Individuum seine Primärgruppen-Werte bzw. seine Primärgruppenbeziehungen grundlegend transformieren muß, um sich an die Aufnahmegesellschaft angleichen zu können. Damit sich dieser Prozeß institutionalisieren und verfestigen kann, bedarf es einer absorbierenden Sozialstruktur. Eisenstadt betont also, daß auch auf der Seite der Aufnahmegesellschaft bestimmte Bedingungen erfüllt sein müssen, damit es zu dauerhaften sozialen Beziehungen zwischen Einwanderern und Aufnahmegesellschaft kommt.

Kulturelle und strukturelle Assimilation:
Die zentrale Rolle der Primärkontakte

Zehn Jahre nach Eisenstadts Studie erschien eine weitere Untersuchung, die heute als klassisch gilt: 1964 veröffentlichte der nordamerikanische Soziologe Milton M. Gordon „Assimilation in American Life" (Gordon 1964). Dieses Buch stellt eine kritische Bilanz der Assimilations-'Leistung' nicht so sehr der Einwanderer, als der US-Gesellschaft dar. Er kontrastierte die Selbstbilder der amerikanischen Gesellschaft (*melting pot* bzw. *cultural pluralism*) mit der tatsächlichen Situation der schwarzen und ethnischen Minderheiten in den USA.[38] Darüber hinaus ging es ihm um die Natur des Gruppenlebens an sich, wie es sich in industrialisierten und urbanisierten Nationen mit einer heterogenen Bevölkerung (also allen Gegenwartsgesellschaften) darstelle. Unter *Natur des Gruppenlebens* versteht Gordon „die soziale Struktur unserer rassischen, religiösen und nationalen Gruppen und ihrer verschiedenen Wechselbeziehungen" (a.a.O.: 4).

Die Mitglieder einer ethnischen Gruppe fühlen sich zusammengehörig und miteinander verbunden. Ihre ethnische Identität bezieht sich nicht lediglich auf die nationale Herkunft, sondern auf ein umfassendes „Gefühl einer unauflösbaren

---

38 Zur gleichen Zeit (1963) erschien auch Nathan Glazers und Daniel P. Moynihan berühmtes Buch „Beyond the Melting Pot", in dem die Situation der Schwarzen, Puerto Ricaner, Juden, Italiener und Iren in New York City untersucht und verglichen wurde. Die optimistische Diagnose und Prognose der ersten Auflage (daß etwa die Einkommensunterschiede zwischen Schwarzen und Weißen geringer würden, ethnische Gruppierungen entweder verschwunden seien oder noch verschwinden würden, Assimilation damit möglich sei) wurde in der zweiten Auflage (1970) revidiert. - Gordons Analyse war somit von vornherein realistischer. - Nach einer mündlichen Aussage des US-Migrationsforschers Richard Alba stellen diese beiden Bücher, Gordon und Glazer/Moynihan, die Klassiker dar, auf die - explizit und implizit - auch Ende der 90er Jahre immer noch zurückgegriffen würde.

und vertrauten Identität" (a.a.O.: 29). In modernen Gesellschaften gelte Ethnizität als traditionalistisches, rückwärtsgewandtes Element; die Mitglieder dieser Gesellschaften sollten sich mit übergeordneten nationalen Einheiten oder gar der Weltgesellschaft identifizieren. Gordon kommt jedoch zu dem Ergebnis, daß Ethnizität 'überlebt' habe. Für ihn ist nicht entscheidend, ob Ethnizität wünschenswert sei oder nicht, denn sie kehre - gewollt oder ungewollt - immer wieder zurück. Amerika sei eine Gesellschaft von Subgesellschaften, die auf ethnischer Identität basierten (a.a.O.: 37). Ihre Subkulturen rangierten zwischen National- und Gruppenkultur. Die ethnische Gruppe sei der Bezugspunkt der geschichtlichen Identifikation und die sog. *etchlass* (s.u.) der Bezugspunkt für die teilnehmende Identifikation (a.a.O.: 53).

Die Stabilität der ethnischen Orientierungen, die der Amerikanisierungs-Ideologie des Schmelztiegel und dem Parkschen Assimilations-Konzept zuwiderlaufen, erklärt Gordon mit der Entwicklung der Beziehungen zwischen den Gruppen (*intergroup relations*):

1. Die ethnische Identität gehe mit der Klassenidentität eine Symbiose ein, Klassen- und Ethnizitätssegmente verbinden sich zur *etchlass*. Die *etchlass* stelle ein Klassensegment innerhalb einer ethnischen Gruppe dar. Die *etchlass* einer Person bedeute, weißer Protestant der oberen Mittelklasse oder irischer Katholike der unteren Mittelklasse zu sein (a.a.O.: 51). Gordon geht davon aus, daß wir nur mit Menschen derselben *etchlass* ein wirkliches Zusammengehörigkeitsgefühl empfinden, uns nur in deren Gegenwart wirklich 'entspannen' können.

2. Entscheidend für die Assimilation der ethnischen Gruppen in die amerikanische Gesellschaft sei das Ausmaß an interethnischen Primärkontakten. Eben diese gäbe es nur in geringem Umfang, denn freundschaftliche oder Liebesbeziehungen finden kaum über ethnische Grenzen hinweg statt. Die Primärbeziehungen seien strukturell separiert: „Auf der Ebene der Primärgruppe war eine [ethnisch gesehen; A.T.] neutrale amerikanische Gesellschaftsstruktur ein Mythos" (a.a.O.: 113).

3. Die *strukturelle Assimilation*, der Eintritt in Cliquen, Vereine und Institutionen der Aufnahmegesellschaft auf der Basis von Primärgruppenbeziehungen, habe in großem Umfang bisher nicht stattgefunden. Die strukturelle Assimilation nehme die Schlüsselstellung im Assimilationsprozeß ein (a.a.O.: 81).

4. Die Einwanderer hätten sich bisher allenfalls an die kulturellen Verhaltensmuster der Aufnahmegesellschaft angeglichen. Häufig verharre der Anpassungsprozeß auf dieser Stufe der kulturellen Assimilation, was einem Zustand der alleinigen *Akkulturation* entspricht (a.a.O.: 77).

Ist kulturelle Assimilation erfolgt, und diese ist häufig der erste Schritt, so folgen darauf nicht zwangsläufig die anderen Stufen der Assimilation. Die strukturelle Assimilation jedoch zieht die anderen Assimilations-Stadien (wie Akkulturation, Heirat, identifikative Assmilation) zwangsläufig nach sich (s. Abb. 14). Gordon schränkt die automatische Gültigkeit dieses Ablaufmodells allerdings dadurch ein, daß er auf Machtunterschiede hinweist. Diese sind besonders groß zwischen neuangekommenen Zuwanderern und der langansässigen, mächtigen Kerngruppe (*core group*), die in den USA mit den *WASP(M)s* (*White-Anglo-Saxon-Protestant-Male*) gleichgesetzt werden kann.

Abbildung 14: Variablen der Assimilation nach Gordon

Subprozeß bzw. Bedingung	Typ bzw. Stadium der Assimilation	spezielle Benennung
Wandel der kulturellen Verhaltensmuster in Richtung auf Angleichung mit dem Aufnahmesystem	kulturelle oder verhaltensmäßige Assimilation	Akkulturation
allgemeiner Eintritt in Cliquen, Vereine und Institutionen des Aufnahmesystems auf der Basis von Primärbeziehungen	strukturelle Assimilation	—
Entstehen interethnischer Heiratsmuster auf allgemeiner Ebene	„marital assimilation"	Amalgamation
Entwicklung eines Zugehörigkeitsgefühls zur Aufnahmegesellschaft in ausschließlicher Weise	identifikationale Assimilation	—
Fehlen von Vorurteilen	„attitude receptional assimilation"	—
Fehlen von Diskriminierungen	„behaviour receptional assimilation"	—
Fehlen von Wertkonflikten und Machtkämpfen	zivile Assimilation	—

Quelle: H. Esser 1980: 69 (Übersetzung von Gordon 1964: 71)

Ähnlich wie Eisenstadt betont Gordon also die zentrale Rolle der Partizipation der Zuwanderer an den Institutionen und Gruppenbeziehungen der Aufnahmegesellschaft; Eisenstadts institutionelle Verteilung entspricht Gordons struktureller Assimilation. In beiden Fällen würden - entsprechend der Park/Burgess'schen Assimilation - die ethnischen Gruppen 'verschwinden'.

Aus seiner Analyse eines erschwerten Assimilations-Prozesses zieht Gordon die politische Schlußfolgerung, daß ein modifiziertes kulturell-pluralistisches Konzept der Anpassung (*adjustment*) zugelassen und gefördert werden müsse. Jeder sollte seine Beziehungen selbst bestimmen können, ob sie nun innerhalb oder außerhalb der eigenen ethnischen Gruppe stattfinden. Man könne allerdings nicht zugleich für die Abgeschlossenheit von *ethnic communities* und für volle Gleichberechtigung sein. Die Vertreter der Anglo-Konformität bzw. des Schmelztiegel fordert er auf, „sich von der Feindseligkeit zu lösen, die viele

Amerikaner gegenüber Minoriäten haben, die sich in ihren Augen nicht 'assimilieren' oder nicht 'verschmelzen' - die, mit anderen Worten, nicht Teil der weißen und protestantischen Bevölkerung werden" (Gordon 1964: 240).

4.3 Alternative Modelle zur Assimilation: Entwurzelung, Fremdheit und Marginalität

Im Wandernden begegnen sich zwei Gesellschaften, die Herkunfts- und die Aufnahmegesellschaft. In der Redewendung vom *Wanderer zwischen den Welten*[39] kommt die Unsicherheit zum Ausdruck, die bei der Zuordnung der Wandernden entsteht - und zwar sowohl bei der Zuordnung durch den Wandernden selbst als auch bei der durch die neue Umgebung des Wandernden. Die Frage nach der Gruppenzugehörigkeit hat bei der Selbst- und bei der Fremdeinschätzung von Zugewanderten einen sehr hohen Stellenwert.

Die soziologischen und sozialpsychologischen Analysen zu diesem Thema unterscheiden sich vor allem dadurch, wie sie die genannte Zwischenposition (zwischen zwei Welten) bewerten: Beeinträchtigt sie die psychische Stabilität des Migranten und/oder die soziale Stabilität der Aufnahmegesellschaft? Ist eine 'Zwischenposition' überhaupt denkbar? Unterscheiden sich die Selbst- und die Fremdeinschätzung, d.h., wird ein Individuum anders zugeordnet, als es sich selbst zuordnet?

Entwurzelung

Die für den Migranten oder die Migrantin 'radikalste' Folge der Wanderung stellt die sog. *Entwurzelung* dar. Dieser Begriff wurde 1951 von dem nordamerikanischen Historiker Oscar Handlin (1951) geprägt: Die Wanderer des 19. Jahrhunderts seien Entwurzelte (*The Uprooted*, so auch der Titel des Buches), sie seien ihrer kulturellen und normativen Orientierungen beraubt. Ihre in der Heimat aufgebauten Deutungsmuster funktionierten in der neuen Umgebung nicht mehr. Diese Umbruchsituation führe zu psychischer Instabilität, Desorientierung und Heimatlosigkeit (vgl. auch Thomas/Znaniecki 1974).

Mit dem Entwurzelungs-Konzept werden die Folgen des Wanderungsprozesses als menschlich dramatisch, nahezu gewaltsam gegriffen. Die wandernde Person fällt den 'erschlagenden' Eindrücken ihrer neuen Umgebung, die in keiner Weise zu denen ihrer alten Umgebung passen, zum Opfer. Nach Handlin stand und steht vor allem die erste Generation unter dem Schock der Entfremdung (Handlin 1951: Kap. X): Zum einen ist ihre neue 'Heimat' nicht ihre wirkliche Heimat (in der sie geboren sind), und zum andern wird ihnen die 'wirkliche' Heimat immer fremder. Die Kontakte zu Freunden und Verwandten im Her-

---

39 Dieses geflügelte Wort geht auf das Buch von Walter Flex (1887-1917) mit dem Titel „Der Wanderer zwischen beiden Welten. Ein Kriegserlebnis" (München 1917) zurück. 1939 betrug die Auflage mehr als eine halbe Million.

kunftsland werden mißverständlich und schwierig: „Die zurückgebliebenen Freunde und Verwandten konnten sich nicht von der Vorstellung lösen, daß die Straßen in Amerika mit Gold gepflastert seien" (a.a.O.: 261). Mit der Entwurzelung der Wanderer ist also auch eine wachsende Entfremdung von der Herkunftsgesellschaft gemeint. Der oder die Entwurzelte gehört weder der Herkunfts- noch der Aufnahmegesellschaft an.

Handlins Diagnose konnte allerdings nur deshalb so 'dramatisch' ausfallen, weil er die Bedeutung der Gruppen- bzw. Kettenwanderungen übersah. Auch die erste Generation (etwa der mittel- oder nordeuropäischen US-Einwanderer) waren in der Regel keine isolierten Einzelwanderer: Sie waren nicht entwurzelt, sondern eher verpflanzt. „Sie waren vielmehr tief verwurzelt in einer ethnischen Gemeinschaft und soweit angepaßt, um sich sicher zu fühlen, aber abgeschirmt von der direkten und harten Konfrontation mit der Aufnahmegesellschaft" (Kamphoefner 1984: 348f.). Die (Kultur-)Schocksituation der ersten Generation wird durch die *ethnic communities* also gemildert (vgl. ausführlich Abschnitt 7.2 dieser Arbeit). Möglicherweise ist der Schock bzw. die Krise für die zweite Generation, die sich selbst nicht zur Wanderung entschieden, diese nicht bewußt geplant bzw. durchgeführt hat, sogar größer (s. *Marginalität*).[40]

Als theoretisch ausgereift kann das Konzept der Entwurzelung nicht gelten. In vielen Zusammenhängen wird es als Bild verwandt, das die Folgen von Migration, die dramatisch und tragisch sein können, anschaulich macht. Unter diesem Blickwinkel überrascht es nicht, daß eine Untersuchung zur *Fluchtmigration* der jüngeren Zeit sich dieses Ansatzes wieder bedient, nämlich der von dem Schweden Göran Rystad herausgegebene Sammelband, der den Handlinschen Titel „The Uprooted" gleichlautend übernimmt (Rystad 1990).

Fremdheit

Der deutsche Soziologe Georg Simmel (1858-1918) wurde in der nordamerikanischen Soziologie mit einem kurzen Text bekannt. Dieser Text gehört zu Simmels 1908 erschienener großer „Soziologie" und trägt den Titel „Exkurs über den Fremden". Burgess und Park (letzter hatte zeitweilig in Berlin und Straßburg bei Simmel Soziologie gehört und war von diesem stark beeinflußt) gaben den „Exkurs" in ihrem Einführungslehrwerk im Kapitel über die „Pri-

---

40 Die These einer höheren Kriminalitätsrate bei den (entwurzelten) Angehörigen der zweiten Generation in den USA ist allerdings umstritten (vgl. Hollander 1955: 178ff.). Für die Bundesrepublik vgl. die Untersuchungen von Mansel (1988) und R. Geißler (1995). Gerade im Wahlkampf-Jahr 1998 wird das Argument einer vermeintlichen bzw. tatsächlich höheren Kriminalität von Ausländern stark strapaziert. Das Ergebnis der Analyse von Mansel (1988) ist heute, zehn Jahre später, immer noch zutreffend. Dieser stellte fest, daß die tatsächliche Kriminalitätsbelastung bei den ausländischen Jugendlichen verglichen mit den jungen Deutschen, „die in einer ähnlichen sozialen Lage leben" (a.a.O.: 360), sogar geringer ist. Allerdings sei die Bereitschaft, etwa von Seiten der Polizei, Ausländer überhaupt als kriminell wahrzunehmen und alleine dadurch zu kriminalisieren, größer als gegenüber Deutschen.

mär- und Sekundärkontakte" in englischer Übersetzung wieder (vgl. Park/Burgess 1921: 322-327). Für sein 1928 entwickeltes Marginalitäts-Konzept griff Park ebenfalls auf Simmels „Exkurs über den Fremden" zurück (vgl. Park 1950c; s. unten).

Der Fremde ist für Simmel durch eine eigentümliche Zwischenposition charakterisiert. Er schließt sich einer Gruppe an, die sich von seiner Herkunftsgruppe unterscheidet. Die neue Gruppe betrachtet er quasi von außen, gleichzeitig gehört er ihr selbst auch an. Er wandert zwar nicht weiter, aber die Vorstellung, dies zu können, macht ihn weniger abhängig: „Es ist hier also der Fremde nicht in dem bisher vielfach berührten Sinn gemeint, als der Wandernde, der heute kommt und morgen geht, sondern als der, der heute kommt und morgen bleibt - sozusagen der potenziell Wandernde, der, obgleich er nicht weitergezogen ist, die Gelöstheit des Kommens und Gehens nicht ganz überwunden hat" (Simmel 1908: 509).

Simmel hatte bei seinem sozialen Typus des Fremden nicht den Ein- oder Zuwanderer moderner Gesellschaften, sondern den jüdischen Händler mittelalterlicher Gesellschaften vor Augen, der eine andere Gesellschaft oder Gruppe quasi 'im Vorübergehen' erlebt. Somit ist der Fremde eine Spezialform des Wanderers. Der Fremde fühlt sich nicht im alltagssprachlichen Sinne fremd, d.h. unbehaglich bzw. unvertraut und nicht dazugehörig, sondern er kann aus der größeren sozialen Distanz psychischen Nutzen ziehen. Er ist beweglicher und objektiver: „Weil er nicht von der Wurzel her für die singulären Bestandteile oder die einseitigen Tendenzen der Gruppe festgelegt ist, steht er allen diesen mit der besonderen Attitüde des 'Objektiven' gegenüber, die nicht etwa einen bloßen Abstand und Unbeteiligtheit bedeutet, sondern ein besonderes Gebilde aus Ferne und Nähe, Gleichgültigkeit und Engagiertheit ist" (a.a.O.: 510).

Simmel gesteht zu, daß in der Beziehung zu Fremden auch negative Tendenzen (im Sinne einer Abgrenzung und 'Nicht-Beziehung') möglich sind - in der Regel verläuft diese Beziehung aber positiv. Der Fremde ist immerhin 'nahe' genug, um zur Gruppe zu gehören, denn „mit all seiner unorganischen Angefügtheit ist der Fremde doch ein organisches Mitglied der Gruppe" (a.a.O.: 512). Unterschiede man zwischen Primär- und Sekundärgruppe (Cooley 1909), so würde man die Gruppenmitgliedschaft des Fremden eindeutig dem Bereich sekundärer, eher formeller Kontakte zuordnen. Die Beziehungen des Fremden zur Gruppe sind aufgrund der Distanz relativ lose, wenn auch nicht unverbindlich. Simmel versuchte klarzumachen, „wie problematisch überhaupt die Feststellung einer Gruppenmitgliedschaft ist" (Levine et al. 1981: 56).

Einen anderen Typus des Fremden hat 1944 Alfred Schütz (1899-1959) beschrieben. Im Gegensatz zu Simmel hatte er die typische Situation eines Einwanderers vor Augen, „eines Erwachsenen unserer Zeit und Zivilisation, der von der Gruppe, der er sich nähert, dauerhaft akzeptiert oder zumindest geduldet werden möchte" (A. Schütz 1972: 53). *Fremdheit* ist für Schütz eine Situation der Annäherung: Der Neuankömmling ist der Fremde (umgekehrt ist diesem selbst aber auch die neue Umgebung 'fremd'). Die Konfrontation mit neuen Formen der Primärgruppenbeziehungen, die Schütz *Zivilisationsmuster des Gruppenlebens* nennt, verunsichern den Neuankömmling. Er muß das „Bezugsschema, das er aus der Heimat mitbrachte" (a.a.O.: 61), in der sozialen Interaktion mit den Einheimischen revidieren. Dies führt zu einem Umbruch, zumindest aber zu einer Krisis gewohnter Denkens- und Verhaltensmuster, des 'Denkens - wie - üblich' des Einwanderers. Diese Situation kennzeichnet die Besonderheit der Einwanderung: Bei anderen Formen des Gruppenwechsels muß es nicht unbedingt zur Krise kommen.

„Die Vorstellung von den Zivilisations- und Kulturmustern der Gruppe, welcher er sich nähert, die der Fremde im Auslegungsschema seiner Heimatgruppe vorgefunden hat, entsprang aus seiner Einstellung als eines uninteressierten Beobachters. Der sich annähernde Fremde ist jedoch danach bestrebt, sich selbst vom unbetroffenen Zuschauer zu einem Möchtegernmitglied der Gruppe, der er sich nähert, zu wandeln" (a.a.O.: 60).

Schütz versteht die Fremdheit, die Annäherung an eine neue Kultur, als Vorstufe zur Anpassung: Der Schützsche Fremde könnte sich, anders als der Simmelsche Fremde, 'assimilieren'. Hierzu müßte er die ihm eigene „zweifelhafte Loyalität" (a.a.O.: 68) ablegen und die neuen Kultur- und Zivilisationsmuster nicht nur übernehmen, sondern sich mit ihnen identifizieren (vgl. die siebte und letzte Stufe der Assimilation, die Übereinstimmung der Normen, bei Taft; s. Abb. 13).

Während Simmel den Fremden trotz seiner ambivalenten Zwischenposition aus Nähe und Distanz zur Gruppe der Einheimischen zählt, läßt Schütz ihn in dieser Zwischenposition. Aus der Annäherung, die für Schütz die Fremdheit ausmacht, wird jedoch nach und nach ein Anpassungsprozeß, der mit der Assimilation endet bzw. enden kann. Aus dem „Möchtegernmitglied" wird ein (vollwertiges) Mitglied.

Die Fremdheits-Forschung erlebt in den 90er Jahren eine auffallende Renaissance, insbesondere in Deutschland. Rezipiert und publiziert werden dabei Beiträge aus der Philosophie (Levinas 1984; Waldenfels 1990, 1997), der Soziologie (Bauman 1995; Beck 1995; Hahn 1994; Nassehi 1995; Waldhoff 1995), der Psychologie bzw. Psychoanalyse (Rommelspacher 1997) und der Politikwissenschaft (Münkler 1997). Die von Simmel betonte Thematik der Gruppenzugehörigkeit tritt eine Zeit lang in den Hintergrund. Stattdessen gewinnt der Ansatz der *Konstruktion* an Bedeutung. Danach gibt es nicht den Fremden an sich, sondern die Festlegung dessen, wer als Fremder gilt, ist von bestimmten Konstellationen, Interessen und politischen Bedingungen abhängig. So wandelbar diese Bedingungen sind, so wandelbar ist auch das Bild 'vom Fremden'. Fremdheit liegt nicht fest, sondern wird gemacht, konstruiert. Für ihre Definition sind zwei Begriffe wesentlich - *Vertrautheit* und *Grenze*. In modernen und komplexen Gesellschaften können wir nicht alle Phänomene und alle Personen kennen und nehmen, da unbegrenzte Offenheit schwierig zu verarbeiten ist, immer neue Grenzziehungen vor. Aus dieser Perspektive ist Fremdheit eigentlich normal, da „uns alle Menschen (ja sogar wir uns selbst) nur in Grenzen vertraut sind" (A. Hahn 1994: 142). In der Terminologie von Luhmann hat die Definition von Menschen als zugehörig bzw. als nicht-zugehörig, die *Inklusion* (Einschließung) der ersteren und die *Exklusion* (Ausschließung) der zweiten, wie viele andere Mechanismen in modernen Gesellschaften die Funktion, Komplexität zu reduzieren (vgl. Luhmann 1996).

Ein wichtiger Anwendungsbereich des Fremdheits-Konzepts ist die feministische Migrationsforschung. Sie nutzt diesen Begriff, der auch für viele einheimische Frauen zutrifft (die häufig in der eigenen Gesellschaft fremd sind bzw. sich fremd fühlen), reflektiert und präzisiert ihn im Blick auf die Migrantinnen.[41] Ein Verdienst dieser Forschung, das bisher zu wenig gewürdigt wurde, ist es, auf die Differenzen unter den Migrantinnen aufmerksam zu machen:

> „Arbeitsmigrantinnen in der Bundesrepublik sind eine heterogene Gruppe, die in eben dieser Heterogenität nicht wahrgenommen wird - wie es für Migranten generell gilt. Migrant*innen* werden besonders stereotyp wahrgenommen - wie es für Frauen generell gilt. Es geht weniger darum, daß sie etwas tun, sondern etwas sind. Sie 'sind' fremde Mädchen und Frauen: Partnerin oder Ehefrau von Ausländern, Töchter von Ausländern bzw. in wachsendem Ausmaß Ehefrauen von Deutschen" (Schöttes/Treibel 1997: 107; Hervorh. im Original).

Fremdheit, so stellen Münkler und Ladwig in einem instruktiven Überblick (1997) fest, läßt sich heute nach zwei Dimensionen systematisieren, der sozialen Dimension und der kulturellen Dimension. Mit der sozialen Dimension ist die Gruppenzugehörigkeit angesprochen, mit der kulturellen Dimension die Vertrautheit mit einer Umgebung, mit bestimmten Abläufen. Somit ist die Fremdheitsforschung wieder zu Simmel 'zurückgekehrt', aber sie hat einen Perspektivenwechsel vorgenommen: Nicht mehr die Position und die Empfindungen des Fremden selbst stehen im Mittelpunkt, sondern der Umgang mit dem Fremden, die Konstruktion des Fremden durch die Mehrheitsgesellschaft.

Randständigkeit (Marginalität)

Park berief sich in einem späteren Text auf Simmels Fremden, um die - in seinen Augen - besondere Situation der zweiten und dritten Generation jüdischer Einwanderer in den USA zu charakterisieren: Der Text „Human Migration and the Marginal Man" (Park 1950c; Erstveröffentlichung 1928) gilt als Begründung des Konzeptes der *Marginalität*, d.h. der sozialen Randlage (von Einwanderern und anderen Minderheiten).

Ähnlich Schütz' Fremdem lebt die Randpersönlichkeit - so die Übersetzung des *marginal man* - in einer Krise (Park 1950c: 356). Diese ist aber, wie bei Schütz,

---

41 Vgl. z.B. Schulz (1992) und Heft 42 (1996) der Zeitschrift *beiträge zur feministischen theorie und praxis* „Ent-fremdung. Migration und Dominanzgesellschaft."

nicht nur vorübergehend, sondern relativ dauerhaft. Der Wanderer erlebt in diesem Fall den Wechsel von einer Gruppe in die andere, von einer Gesellschaft in die andere, als Kulturkonflikt, der sich in ihm selbst abspielt. Er leidet unter „seelischer Instabilität, verstärkter Gehemmtheit, Ruhelosigkeit und Unwohlsein" (Park 1950c: 356). Dieser Konflikt bedeutet, daß die betroffene Person weder zur einen noch zur anderen Gruppe bzw. Kultur gehört: Sie steht jeweils am Rande. Der Prototyp des *marginal man* war für Park der kosmopolitische, emanzipierte Jude. Er bezeichnete ihn auch als „kulturellen Mischling" (*cultural hybrid*).

Der Park-Schüler Everett Stonequist (1937) ging in seiner Untersuchung der Randpersönlichkeit, der „immer noch umfangreichsten Arbeit zur Marginalität" (Heckmann 1981: 116), wie Park von einer Dualität von Kulturen aus. Der 'Streit' um die moralische und zivilisatorische Bewertung unterschiedlicher Kulturen, wie ihn etwa die Juden erlebten, habe, so Stonequist, persönliche Konsequenzen. Die ungeklärte Gruppenzugehörigkeit führe zu einer geteilten Persönlichkeit, der Assimilationsprozeß (den Stonequist in Anlehnung an Park als 'natürlich' unterstellt) werde behindert oder gänzlich verhindert. Die Randpersönlichkeit sei verhaltensunsicher, labil und überempfindlich („excessive self-consciousness"; Stonequist 1937: 148). Stonequist führte aber auch positive Aspekte an: Die Randpersönlichkeit reflektiere - aufgrund der psychologischen Krisensituation - ihre Situation stärker als andere, stärker Angepaßte, sie sei empfindsamer und emanzipierter. Seine These einer Dualität von Kulturen wollte er nicht so verstanden wissen, als wären bestimmte Kulturen per se konfliktträchtig: Die Randlage einer Person resultiert aus ihrem unsicheren Status, ihrer ungeklärten Gruppenzugehörigkeit und dem Verhalten der Mehrheitsgesellschaft, das die soziale Distanz (etwa durch Diskriminierung) aufrechterhält. Der Kulturkonflikt ist somit eigentlich ein Gruppenkonflikt.

Die Randpersönlichkeit selbst fühlt sich weder der einen, noch der anderen Gruppe zugehörig; von der Mehrheitsgesellschaft wird sie allerdings der Minorität zugeordnet. Die Zwischenposition wird nur von der Randpersönlichkeit selbst erlebt. Auf diese Weise wird aus dem Kulturkonflikt als Gruppenkonflikt wieder ein persönlicher Konflikt. Die marginale Lage bewirkt also „einen *Kulturkonflikt* in der Person und das Auseinanderfallen von zugeschriebener und angestrebter sozialer Zugehörigkeit, d.h. eine *Referenzgruppensituation*" (Heckmann 1981: 116; Hervorh. im Original). Stonequist verdeutlichte die Eigenständigkeit des Marginalitäts-Ansatzes, dennoch wird auch heute noch der Parksche *marginal man* mit Simmels *Fremdem* verwechselt: „Während Parks ausgeschlossener 'marginal man' an seelischer Instabilität, erhöhter Befangenheit, Rastlosigkeit und Unpäßlichkeit litt, erschien Simmels Fremder wegen seiner genau bestimmten Stellung zur Gruppe als ein erfolgreicher Händler, Richter, Vertrauter und ein persönlich anziehendes menschliches Wesen" (Levine et al. 1981: 57).

Für Gordon, der zwischen Randpersönlichkeit und Randkultur unterschied (vgl. Gordon 1978b), sind weniger die Einwanderer als vielmehr Intellektuelle und Künstler, die einer intellektuellen Subkultur (*intellectual subsociety*) angehören, Prototypen des *marginal man* (Gordon 1964: 228f.).

Zusammengefaßt haben die referierten Ansätze folgende Merkmale:

Entwurzelte Personen fühlen sich keiner Gruppe zugehörig. Als Wanderer sind sie in der neuen Umgebung völlig desorientiert; sie fühlen sich auch von der Herkunftsgesellschaft entfremdet (Handlin).

Im Falle von *Fremdheit* besteht eine Zugehörigkeit zur Gruppe des Aufnahmesystems, sie ist jedoch relativ lose (Simmel); die Mitgliedschaft in der neuen Gruppe ist angestrebt, die Annäherung an diese erlebt der Einwanderer jedoch als Krise (Schütz).

Unter *Randständigkeit* oder *Marginalität* versteht man die relativ dauerhafte, krisenhafte Randlage zwischen zwei Kulturen bzw. Gruppen. Die Gruppenzugehörigkeit ist ungeklärt (Park; Stonequist).

Alle Ansätze argumentieren sehr stark aus einer sozialpsychologischen Perspektive: Sie interessieren sich primär für das Zugehörigkeits- bzw. das Nicht-Zugehörigkeits-Gefühl des Zuwanderers. Die daraus resultierende Beziehung des Zuwanderers zu den beiden beteiligten Gruppen (der Herkunfts- und der Aufnahmegesellschaft) gilt als relativ stabil (außer bei Schütz, der die Situation der Annäherung beschreibt). Die Bedingungen für eine Veränderung der Position des Fremden oder der Randpersönlichkeit werden zu wenig reflektiert. In den Marginalitäts-Ansätzen wird zwar berücksichtigt, daß die Gruppenzugehörigkeit nicht nur eine Frage der Selbsteinschätzung oder Selbsteinstufung, sondern ein Ergebnis von Zuschreibungsprozessen durch Individuen und Gruppen der Aufnahmegesellschaft sein könnte. Aber die als Zustand begriffene Marginalität müßte dann noch stärker als gegenseitiger Prozeß und damit eher als Marginalisierung betrachtet werden. Entsprechend versteht Stephan Gaitanides (1983) in seiner sozialstrukturellen Untersuchung zur ersten und zweiten Ausländer-Generation in der Bundesrepublik deren Situation als konstante Marginalisierung. Er definiert *Marginalisierung* als einen „Prozeß zunehmender psychischer Destabilisierung von Wanderern, kultureller und subkultureller Absonderung, Ausschließung von privaten Kontakten und Beziehungen zu Einheimischen und Verschlechterung der sozialen Lage bzw. Vergrößerung der Benachteiligung gegenüber Inländern" (a.a.O.: 6). Dieser Prozeß hält auch, so stellt Gaitanides fest, bei der zweiten Generation an.

4.4 Zusammenfassung

In den 20er und 30er Jahren dieses Jahrhunderts wurden die Wohnsituation und die allgemeine Lebenssituation der Einwanderer in den nordamerikanischen Städten erstmals untersucht. Man ging davon aus, daß sich die Einwandererkolonien mit der Zeit 'von selbst' auflösen würden. Die deutschen, irischen, polnischen Familien würden sich - spätestens in der dritten Generation - gleichmäßig über das Stadtgebiet verteilen. Die Leitvorstellung für die Annahme, räumliche Segregation und Separierung 'würden verschwinden', war das Assimilations-Konzept. Alle Assimilations-Modelle gingen davon aus, daß Assimilation ein abschließender Prozeß sei. Die Einwanderer, die sich assimiliert hätten, wären als Einwanderer nicht mehr wahrnehmbar.

Nach meiner Auffassung könnte diese Endstufe des Anpassungsprozesses überhaupt nur dann erreicht werden, wenn sowohl die Neuankömmlinge sich an die Einheimischen als auch die Einheimischen an die Neuankömmlinge angepaßt haben (Price 1969: 81; entsprechend auch die interaktionistische Assimilation bei Taft 1957). Assimilation wurde und wird jedoch meist eben nicht als beidseitiger Prozeß verstanden. Die soziologischen Konzeptionen ähneln hier sehr stark der politisch-normativen Diskussion, in der der Anpassungsdruck primär auf die Zu- und Einwanderer ausgeübt wird (Anglo-Konformität in den USA, Integration in der Bundesrepublik). In den Assimilations-Modellen (in den Zyklen von Richardson, Taft und insbesondere von Bogardus) ist das Verhalten von Gruppen der aufnehmenden Gesellschaften zwar berücksichtigt - im klassischen Assimilations-Begriff war diese globale und prozeßhafte Perspektive jedoch ursprünglich nicht verankert. Hier galt und gilt die Vorstellung: Einwanderer werden sich langfristig so sehr an die Aufnahmegesellschaft angeglichen haben, daß das Personenmerkmal 'ethnische Herkunft' bzw. 'ethnische Identität' bedeutungslos wird. Assimilation gilt als umfassender Prozeß, in dem die Zuwanderer sich an das etablierte, längeransässige System angleichen.

Anders ausgedrückt: Assimilation im Verständnis von Park ist die unvermeidliche Endstufe einer Abfolge von Interaktionen zwischen Aufnahmegesellschaft und ethnischen Zuwanderern, in deren Verlauf sich ausschließlich die Zugewanderten verändern. Damit wird auch die Einwanderung selbst irrelevant: Die Wanderer und ihre Nachkommen orientieren sich so umfassend an der neuen Umgebung, daß selbst in ihren Erinnerungen (Park) das Herkunftsland keine Rolle mehr spielt. Es gibt keine *ethnic communities* und selbst keine Bindestrich-Identitäten mehr, da die Einwanderer sich nicht mehr mit dem Herkunfts-, sondern mit dem Aufnahmeland identifizieren. Aus der Sicht der Chicagoer Schule sollte diese Persönlichkeitswandlung keineswegs 'undemokratisch' vor sich gehen. Die erste Generation sollte jeweils 'in Ruhe gelassen werden', aber von den folgenden Generationen erwartete man eine stärkere Bereitschaft, sich sprachlich, politisch und kulturell an die Aufnahmegesellschaft anzupassen und dies auch als Chance einer quasi 'persönlichen Modernisierung' zu begreifen.

Die 'Nach-Parksche' Einwanderungsforschung rückte von der Vorstellung einer vollständigen Assimilation ab (Eisenstadt, Taft, Gordon). Modelle einer partiellen bzw. ungleichzeitigen Assimilation (Price 1969) galten als wirklichkeitsnäher, da die Zugewanderten sich in unterschiedlichen Bereichen (Beruf, Freundeskreis, kulturelle Aktivitäten) in unterschiedlichem Maß und 'Tempo' anpaßten. Der Assimilations-Begriff selbst wurde entsprechend ausdifferenziert. Als vollständig wurde nur die identifikative Assimilation verstanden, in der die Zugewanderten die Werte und Normen der Aufnahmegesellschaft übernommen hätten (Stufe 6 und 7 bei Taft; s. Abb. 13). Dies konnte aber nur erreicht werden, wenn die Berührungspunkte zwischen Zuwanderer und Aufnahmegesellschaft ihren vorwiegend formellen Charakter verlören und informelle Kontakte (Freundschaften, Liebesbeziehungen, Heiraten) hinzukämen. Untersuchungen haben jedoch gerade das Ausbleiben dieser letzten Stufe von Assimilation immer wieder bestätigt. Sekundäre Kontakte ziehen nicht zwangsläufig primäre Kontakte nach sich: Diese Feststellung Gordons für das Einwanderungsland USA (Gordon 1964: 253) ist auf die Gruppenbeziehungen im 'Gastarbeiterland' Bundesrepublik direkt übertragbar. Die - häufig recht guten - Kontakte zwischen einheimischen und ausländischen Arbeitskräften bleiben funktional auf den Arbeitsbereich beschränkt, engere, persönliche Freundschaften kommen nicht zustande: Der Kontakt 'endet am Werkstor', wie eine Studie zur Situation der ausländischen Beschäftigten bei der Ruhrkohle AG ergeben hat:

> „Die Arbeitssituationen unter Tage sind ... 'relativ normal'. Es gibt zwar Konflikte unter den Arbeitskollegen, aber es handelt sich dabei nur um solche Konflikte, die immer dann entstehen, wenn Menschen unter großen Belastungen auf engem Raum zusammenarbeiten müssen. Die Solidarität untereinander endet am Werkstor. Von da an haben beide Gruppen nichts mehr miteinander zu tun. Menschen, die unter sehr schwierigen Bedingungen tausend Meter unter der Erdoberfläche täglich 7-9 Stunden zusammenarbeiten, sehen sich außerhalb des Betriebes fast nie. Der Kontakt wird möglichst gemieden, und zwar von beiden Seiten" (H. Korte 1984a: 275; entsprechend auch schon Taliani 1971: 83).

Assimilation ist also keineswegs unvermeidlich: Die Zuwanderer transformieren ihre Primärgruppenbeziehungen nicht ausreichend, und die Sozialstruktur der Aufnahmegesellschaft ist nicht absorbierend genug. Es kommen keine dauerhaften sozialen Beziehungen zwischen Einwanderern und Aufnahmegesellschaft zustande (Eisenstadt). Die Verbindung von Klassenzugehörigkeit und Ethnizität (*ethclass*) verfestigt diese Struktur.

Unabhängig von der Aufenthaltsdauer ist eher ein Nebeneinanderherleben (Akkommodation) von Zuwanderern und Einheimischen, das relativ konfliktlos sein kann, zu erwarten. Die Einwanderer haben sich allenfalls partiell assimiliert, sie sind der Aufforderung zur 'persönlichen Modernisierung' nicht nachgekommen. Manche Autoren halten den Assimilations-Begriff generell für unbrauchbar, um Migration in modernen Gesellschaften zu analysieren: „Vollständige 'Assimilation' kommt, weder kulturell noch strukturell, in einer Industriegesellschaft in Frage, weil diese selbst ziemlich heterogen, geschichtet und pluralistisch ist" (Richmond 1969: 275).

Die Unbrauchbarkeit des Assimilations-Begriffes mit der Pluralität und Modernität 'moderner' Gesellschaften zu begründen, wie es bei Richmond geschieht, scheint mir nicht ausreichend. Ebensowenig teile ich jedoch die Auffassung der frühen Chicagoer Schule, daß der Angleichungs-Prozeß unvermeidlich sei. Eine vollständige Angleichung der Zuwanderer an die Aufnahmegesellschaft (als idealtypisches Konstrukt oder real) wird im folgenden weiterhin als Assimilation oder genauer als identifikative Assimilation bezeichnet (vgl. hierzu ausführlich Abschnitt 5.3); Teilformen der Assimilation differenziere ich in Anlehnung an Gordon zunächst als kulturelle oder strukturelle Assimilation.

Folgen von Migration, die tatsächlich 'unvermeidlich' sind, sind Formen der *partiellen Assimilation* bzw. der *Nicht-Assimilation* (Fremdheit, Marginalität). Der Marginalitäts-Ansatz geht davon aus, daß die oder der Zugewanderte sich aufgrund unterschiedlicher Wertvorstellungen (z.b. im Arbeitsbereich oder in der Familie) zwischen Herkunfts- und Aufnahmegesellschaft nie völlig angleichen kann: Sie oder er bleibt randständig. Marginalität ist definiert durch einen sog. Kulturkonflikt und die ungeklärte Gruppenzugehörigkeit.

Bezüglich des *Kulturkonfliktes* vertrete ich mit Stonequist (1937) und Hollander (1955) die Auffassung, daß es dabei nicht oder nicht nur um Kultur-, sondern auch um Gruppenkonflikte geht. Der Begriff des Kulturkonfliktes, eine „terminologische Wolke" (Hollander), geht von einer Dualität von Kulturen aus, die in sich homogen sind. Dem steht die faktische Heterogenität von 'Kultur' entgegen:

„In komplexen Kulturen nimmt wohl niemand an der ganzen Kultur teil. Kultur wird in der Hauptsache ausschnittweise erlebt, begrenzt durch Alter, Geschlecht, Religion, Landschaft, Beruf, Klasse verschiedene Teilgruppen, und es bleibt ungewiß, inwieweit die Normen dieser Teilgruppen den angenommenen Kulturkonflikt der Kultur im weiteren Sinne teilen oder durch ihn beeinflußt werden" (Hollander 1955: 176).

Die in der Bundesrepublik etablierten Bezeichnungen der *Ausländerin* oder des *Ausländers* machen deutlich, daß die Aufnahmegesellschaft die Gruppenzugehörigkeit in der Regel nicht in der Schwebe läßt, ihre Zuschreibungen sind unmißverständlich (vgl. auch Thränhardt 1984).[42] In einer bildungspolitischen Studie wurde Anfang der 80er Jahre ausdrücklich zwischen *Sprachausländern* (mit den bekannten 'Ausländer'-, d.h. Sprachproblemen) und *Paßausländern* („die aufgrund ihres hohen Sprachstands und Integrationsgrads kaum eine besondere Belastung des Unterrichts bedeuten"; *Ministerium für Kultus und Sport Baden-Württemberg* 1983: 7) unterschieden. Heute spricht man ganz offiziell von den sog. *Bildungsinländern*; damit sind diejenigen nicht-deutschen Studierenden gemeint, die ihre Hochschulreife in Deutschland erworben haben (vgl.

---

42 Heitmeyer u.a. (1997) merkten in ihrer Studie über den 'Kulturkonflikt' türkischer Jugendlichen an, daß man besser von *Inländern ohne deutsche Staatsangehörigkeit* sprechen sollte (vgl. Heitmeyer u.a. 1997: 53, Anm. 1), Öffentlichkeit und Wissenschaft jedoch ungebrochen am Begriff des *Ausländers* festhalten.

Beauftragte der Bundesregierung für Ausländerfragen 1997: 39ff.). Selbst wenn die Aufnahmegesellschaft ‚die Ausländer' - wie mit dem Begriff des ‚Bildungs*inländers*' - mehr in die Nähe rückt, erinnert sie die Einwanderer immer wieder an ihr 'Anderssein'. Dies gilt auch und gerade im wissenschaftlichen Umfeld:

„Eine Befragungssituation ist immer eine Situation der Selbstaufmerksamkeit, in der nicht die eigene Person insgesamt, sondern durch die Situation hervorgerufene Aspekte des Selbst verstärkt ins Bewußtsein treten ... So können selbst Personen, die im Alltag nicht das Gefühl haben, Ausländer zu sein, durch eine Ausländerbefragung zu ‚Ausländern' werden" (E. Korte 1990: 215; vgl. auch Treibel 1988: 3f.).

Intellektuelle und Künstler, neben den Einwanderern die prototypischen Randpersönlichkeiten (vgl. Gordon 1964), können ihre marginale Lage u.U. kreativ umsetzen, für sie ist die Situation einer permanenten Verunsicherung nicht so dramatisch, sondern produktiv. Diese Minderheit kann es sich quasi leisten, am distanzierten Blick des Fremden (Simmel) festzuhalten (‚Künstlerbonus'); sie suchen die Dramatik und Marginalität geradezu. Auf die ‚durchschnittlichen Arbeitsmigranten' üben jedoch die Umgebung bzw. ihr eigener Anspruch Druck aus - dieser wirkt als Marginalisierung.

Blickt man auf die soziologischen Erklärungen zur Einwanderung zurück, wie sie sich seit den 1920er Jahren entwickelt haben, so fallen bestimmte Rezeptionsmuster auf, die an dieser Stelle skizziert werden sollen.

Konsens besteht alleine in der Ablehnung der Annahme einer vollständigen (identifikativen) Assimilation, mit der die US-amerikanische Forschung ursprünglich begonnen hat.

Eine Rezeptionssperre liegt gegenüber der wichtigen und erhellenden Kategorie der *ethclass* vor, die Gordon 1964 vorlegt, aber dann nicht weiterentwickelt. Sie bietet den Vorteil einer komplexen Perspektive, die verschiedene Zugehörigkeiten zueinander in Beziehung setzt: Ethnie, Religion, Geschlecht, Alter und vor allem Schicht bzw. Klasse. Allerdings würden sich bei dem Versuch, alle *ethclasses* einer Gesellschaft aufzuführen, so viele Brechungen und Gruppierungen ergeben, daß der Begriff als Ordnungskategorie untauglich würde. Ein Begriff, der die gesellschaftliche Komplexität 'nur' abbildet und nicht reduziert, hat vielleicht genau deshalb keine Chance.

In der deutschen Migrationsforschung finden in jüngerer Zeit die *Fremdheits*-Konzeptionen besonderes Interesse. Diese berufen sich zwar auf die Väter der Figur des Fremden, also Simmel und Schütz, haben sich jedoch ziemlich weit von deren Thesen entfernt. Simmels und Schütz' Perspektive war auf die Person des Fremden gerichtet, während die neueren Ansätze stärker von der Mehrheitsgesellschaft ausgehen. Es fällt auf, daß gerade diejenigen Einwanderer unter das Fremdheits-Etikett fallen, die ethnisch gesehen eher ‚nah', nämlich Deutsche sind. So wird für die Aussiedler aus Kasachstan, Kirgisien oder Rumänien (vgl. Abschnitt 2.3) sehr häufig die Bezeichnung „Die fremden Deutschen"[43] verwandt. Fremdheit umfaßt hier sowohl die Selbstwahrnehmung der Aussiedler als auch den Ausgrenzungprozeß durch die bundesrepublikanische Gesellschaft (vgl. Herwartz-Emden 1997: 4). Die Problematik des Fremdheits-Begriffs liegt jedoch darin, daß er aufgrund seiner (sozial-)philosophischen Herkunft für die soziologische Forschung weniger greifbar ist als die klassisch soziologischen Konzepte der Assimilation oder Absorption.

---

43 „Fremde Deutsche" lautete bereits der Titel des 1990 erschienenen Buches von Malchow u.a. 1995 begann das von der *Stiftung Volkswagenwerk*, die bereits in den 70er Jahren zahlreiche Projekte zur damaligen Gastarbeiterforschung finanziert hatte (vgl. H. Korte/Schmidt 1983), geförderte Projekt über rußlanddeutsche Aussiedler unter dem Titel „Die fremden Deutschen. Probleme und Möglichkeiten interkulturellen Verstehens zwischen Aussiedlern und den GUS-Staaten und Bundesbürgern". Dieses Projekt ist am Osteuropa-Institut in München angesiedelt. Aus ihm sind inzwischen mehrere Studien hervorgegangen (vgl. Dietz 1997; Dietz/Roll 1998).

5. Eingliederung oder Ausgrenzung? Erklärungsmodelle zu Gastarbeit und Niederlassung

„Mitte der achtziger Jahre, als die Krise gross war im Land, buchten die Frauen aus Vicente Noble in der Hauptstadt Santo Domingo eine Europareise und blieben dann einfach in Madrid. Dort hatten sich die bessergestellten Spanier inzwischen zwar an die Vorteile der Demokratie gewöhnt, die Annehmlichkeiten häuslichen Dienstpersonals jedoch nicht vergessen. Und weil auch jungen Spanierinnen plötzlich der Sinn nach Besserem stand, herrschte in der Hauptstadt eine grosse Nachfrage nach willigen und billigen ausländischen Hausmädchen. Die ersten Emigrantinnen aus Vicente Noble, die sich als fleissige Arbeiterinnen rasch einen guten Ruf erworben hatten, zogen immer mehr weibliche Verwandte nach" (Leuthold/Schulz 1997).

Dieser kurze Auszug aus einer Reportage der *Neuen Zürcher Zeitung* über Migrantinnen aus der Dominikanischen Republik beinhaltet bereits wichtige Aspekte des heutigen Wanderungsgeschehens: Das beiderseitige Interesse, das Aufnahmegesellschaft und Herkunftsgesellschaft an der Migration haben; die großen Distanzen der Migration und die wachsende Bedeutung der weiblichen Migration.

Im vorangegangenen Kapitel wurde das soziologische Assimilations-Konzept als zu einseitig kritisiert, da es ausschließlich eine Aktivität auf Seiten der Zuwanderer voraussetzt. Die klassische Vorstellung einer vollständigen und vor allem unvermeidlichen Angleichung an die US-amerikanische Gesellschaft, immerhin eine „Nation von Einwanderern" (Kennedy 1965; Elschenbroich 1986), oder andere Einwanderungsgesellschaften erscheint bei näherem Hinsehen als ebenso unangemessen wie das politisch-programmatische Konzept des *melting pot*. Wenn bei der Einwanderung, d.h. bei einer relativ 'endgültigen' Zuwanderung in eine darauf grundsätzlich eingerichtete Gesellschaft, das Ergebnis nicht Assimilation lautet, dann wird es bei temporären Zuwanderern erst recht nicht anders lauten können. Hier sind weder die Zuwanderer - zumindest anfänglich - noch die Aufnahmegesellschaft auf eine dauerhafte Niederlassung eingestellt. Dennoch werden mit der Niederlassung Eingliederungs-Prozesse unumgänglich. Der Begriff der *Eingliederung* dient in der deutschsprachigen Migrationsforschung als umfassende Bezeichnung für unterschiedliche Formen der Integration, Assimilation oder Akkulturation von 'Gastarbeiterinnen' und 'Gastarbeitern' (vgl. hierzu Abschnitt 5.3).

Mit dem Begriff des *Gastarbeiters* wird die Gruppe der Zuwanderer während der ersten Phase der Arbeitsmigration in die Bundesrepublik bezeichnet. Er symbolisiert das Verständnis, das die Aufnahmegesellschaft von den Zuwandernden und diese von dem temporären Charakter ihres Aufenthaltes hatten. Dennoch ist der Gastarbeiter-Begriff aufgrund seiner alltagssprachlichen Besetzungen ambivalent. Dementsprechend stellte Jürgen Hoffmeyer-Zlotnik (1977) fest:

„Der Begriff 'Gastarbeiter' wird hier verwendet, obwohl dieser Begriff ein Unbehagen hervorruft; aber er erscheint mir besser als der von administrativer Seite gebräuchliche Begriff des 'ausländischen Arbeitnehmers', da nur ein gewisser Prozentsatz der ins Land geholten, gekommenen, aber von der Bevölkerung nur geduldeten Ausländer erwerbstätig ist. Im Begriff 'Gastarbeiter' klingt immer noch die ihnen zugedachte Rolle des 'Gastes' durch. 'Ausländische Arbeitskraft' bezeichnet allerdings das, woran dem Aufnahmeland primär gelegen ist" (a.a.O.: 33, Anm. 1).

Im einzelnen werden in diesem Kapitel folgende Themen behandelt:

1. Wie ist Karl Marx' politisch-ökonomische Auffassung der *industriellen Reservearmee* im Zusammenhang der europäischen Arbeitsmigration diskutiert worden? Können die Funktionen und Positionen der Migrantinnen und Migranten im Beschäftigungssystem der 60er Jahre wie auch heute, Ende der 90er Jahre, mit diesem Konzept angemessen beschrieben werden? (5.1) Bei der Darstellung der Beschäftigungssituation (Branchenverteilung, Entlohnung, betriebliche Hierarchie, Aufstiegsmöglichkeiten) lege ich den Schwerpunkt auf die Situation der Migrant*innen*, die meist nicht ihrer Bedeutung gemäß berücksichtigt werden.

2. Wie stellen sich die Lebensbedingungen, insbesondere die Wohnsituation für die *erste Generation* (in der Bundesrepublik diejenigen, die bis zum Anwerbestopp von 1973 einreisten) dar? Welches Selbstverständnis hatten die Migrantinnen und Migranten in dieser ersten Phase der Zuwanderung? (5.2) Das Arbeiten in der Fremde und die Orientierungen der ersten Gastarbeiterinnen und Gastarbeiter werden dabei mit den klassischen Einwanderungskonzepten aus Kapitel 4 verglichen. Kann man die erste Generation als *partiell assimiliert* bezeichnen?

3. Im dritten Abschnitt sollen die theoretischen Ansätze der deutschsprachigen Eingliederungsforschung vorgestellt, verglichen und die Terminologie vereinheitlicht werden. Wie brauchbar ist der Integrations-Begriff? Wie wird der Assimilations-Begriff (in Bezug auf die erste Generation und auf die Folgegenerationen) verwendet? Wie verläuft die *kognitive*, die *strukturelle*, die *soziale* und die *identifikative Assimilation* (Eingliederungsdimensionen nach H. Esser 1980) nach der Niederlassung? Als wie assimiliert kann man

die *zweite Generation* bzw. die *Folgegenerationen* der ehemaligen Gastarbeiter und Gastarbeiterinnen ansehen - oder muß man eher von *Desintegration* ausgehen? (5.3)

5.1 Funktionen und Positionen der Gastarbeiterinnen und Gastarbeiter im Beschäftigungssystem

Im Gegensatz zur Einwanderung in die USA, Kanada oder Australien ging bei der Gastarbeiteranwerbung die Initiative zunächst ausschließlich von den verschiedenen mitteleuropäischen Staaten aus, die mit südeuropäischen und nordafrikanischen Staaten Anwerbevereinbarungen trafen (vgl. Abschnitt 3.2). Die ökonomischen Verflechtungen zwischen Anwerbe- und Herkunftsstaaten oder zwischen den jeweiligen ehemaligen Kolonien und Frankreich, Großbritannien oder den Niederlanden sind enger und direkter als die zwischen Ein- und Auswanderungsländern. Genaugenommen ging der Druck nicht von den Regierungen, sondern von den Unternehmensführungen und Lobbyisten bestimmter Branchen aus (Werften, Baugewerbe, Textilindustrie, Gastronomie). Als das Reservoir einheimischer Arbeitskräfte kleiner zu werden drohte, hielt man nach verfügbaren, mobileren und - was den sozialen Aufstieg *im* Anwerbeland anging - 'anspruchsloseren' Arbeitskräften Ausschau.

Im Ablauf der sog. Gesundheits-Untersuchungen der Anwerbebüros, die im Fall der Bundesrepublik durch die *Bundesanstalt für Arbeit* im Auftrag der interessierten Unternehmen betrieben wurden und die die 'Tauglichkeit' der Bewerber feststellen sollten, kommt das unternehmerische Interesse plastisch zum Ausdruck. Für einen Zeitungsbericht erinnert sich die Türkin Filiz Yüreklik nach 25 Jahren an das Jahr 1964, als sie durch die *Bundesanstalt für Arbeitsvermittlung - Deutsche Verbindungsstelle in der Türkei* im Auftrag von AEG/Telefunken für die Arbeit in der Rundfunk- und Fernsehproduktion angeworben worden war:

> „Bevor sich Filiz Yüreklik ins gelobte Wirtschaftswunderland aufmachen durfte, mußte sie sich einem demütigenden Ausleseverfahren unterziehen. Wie ein Ackergaul wurde sie auf ihre körperliche Verfassung hin untersucht. Die deutsche Industrie, die in den ersten Jahren pro vermittelte ausländische Arbeitskraft 165 DM Gebühr zahlen mußte, verlangte einwandfreie Ware. 'Es war furchtbar. Wir mußten uns bis auf den Schlüpfer ausziehen und wurden von einem deutschen Arzt untersucht. Wir standen in einer Reihe, und er schaute uns wie einem Pferd in den Mund, ob die Zähne gesund sind. Danach mußten wir Blut und Urin abgeben, damit sie feststellen konnten, ob wir schwanger oder zuckerkrank sind" (Seidel-Pielen 1989).

„Die allein durch die Arbeitskräftenachfrage der Unternehmen bestimmte Ausländeranwerbung" (Dohse 1981: 367) legt es nahe, von der Rekrutierung einer *industriellen Reservearmee* zu sprechen. Dieser Ausdruck tauchte um 1840 in England auf, wurde aber erst durch die Schriften von Karl Marx (1818-

1883) bekannt. Marx stellte ihn in Zusammenhang zur kapitalistischen Produktionsweise und der dieser inhärenten Arbeitslosigkeit. Er grenzte sich von der biologistischen Annahme eines 'natürliches' Bevölkerungsüberschusses ab, der laut Thomas R. Malthus (1766-1834) dazu führe, daß Bevölkerungen nicht mehr ernährt werden könnten und deren Wachstum deshalb künstlich (durch Kriege, Enthaltsamkeit etc.) kleingehalten werden müsse.

Marx ging demgegenüber von einer „relativen Übervölkerung" aus, die eher die „relative Überzähligmachung" (Marx 1962: 663) von Arbeitern sei. Das Interesse an einer industriellen Reservearmee sei ein notwendiges Produkt der Akkumulation von Kapital. Die industrielle Reservearmee sei vor allem in Phasen der Hochkonjunktur eine wirkungsvolle Methode, Druck auf die Lohnarbeiter auszuüben; die Arbeiterklasse zerfalle in eine aktive Armee und in die *Reserve-Armee*:

> „Der kapitalistischen Produktion genügt keineswegs das Quantum disponibler Arbeitskraft, welches der natürliche Zuwachs der Bevölkerung liefert. Sie bedarf zu ihrem freien Spiel einer von dieser Naturschranke unabhängigen industriellen Reservearmee" (a.a.O.: 664).

In der Bundesrepublik tauchte der Begriff der *industriellen Reservearmee* als kritische Variante der offiziellen Debatte um den volkswirtschaftlichen Nutzen der Ausländerbeschäftigung und um die Möglichkeit einer flexiblen und mobilen Arbeitskraftreserve auf. Die offiziellen Kommentatoren verteidigten die Ausländerbeschäftigung damit, daß sie den einheimischen Arbeitskräften den Aufstieg ermögliche oder schon ermöglicht habe. Dieses Ergebnis wurde von der polit-ökonomischen Kritik bestätigt. Für die betreffenden Autoren (Cinanni 1970, Geiselberger 1972, Nikolinakos 1973) war dieser 'Vorteil' der Gastarbeiterbeschäftigung einer von vielen, die allesamt dem Anwerbeland nutzten:

> „Keine karitativen Überlegungen regeln den Einwanderungsmechanismus, sondern eine Interessenübereinstimmung sowohl in den Aufnahme- wie auch in den Abgabeländern. Die Lehre aus der Geschichte der Wanderungen bestätigt, daß die Einwanderung das Wachstum der Einwanderungsländer gefördert hat" (Nikolinakos 1973: 130).

Die Gastarbeiter selbst seien die „Nigger Europas" (Klee 1971), die „leben wie Sklaven" (Geiselberger 1972: 13). Sie hätten sich bewußt 'verkauft', planten ihren Aufenthalt nur vorübergehend und seien - mit Blick auf eine angestrebte 'kleinbürgerliche' Existenz im Herkunftsland - sehr stark rückkehrorientiert.

In Fortführung des Marxschen Ansatzes wurde konstatiert: Die Ausländerbeschäftigung stabilisiere die sozio-ökonomische Struktur der Anwerbeländer, führe zu einer (weiteren) Spaltung der Arbeiterklasse und einer Verschleierung des Klassengegensatzes. Hinsichtlich der internationalen Beziehungen war von wirtschaftlicher Ausbeutung der Anwerbeländer die Rede, von einer neuen Form des Imperialismus, der nicht mehr militärische Beherrschung, sondern Abhängigkeit durch politische und wirtschaftliche Beziehungen zum Ziel habe.

Paolo Cinanni fand seine Annahmen in einer zweiten Veröffentlichung Ende der 70er Jahre bestätigt; die Abhängigkeits- und Ausbeutungsstrukturen hätten sich noch verfestigt. „Unterentwicklung, Auswanderung und Imperialismus sind miteinander verbunden: Auswanderung verschärft die Unterentwicklung, Einwanderung verstärkt den Imperialismus" (Cinanni 1979: 214).

In der polit-ökonomischen Kritik Anfang der 70er Jahre wird ein Charakteristikum der Ausländerforschung *zwischen Engagement und Distanzierung*, ihre „doppelte Zielsetzung von Anwendungs- und Grundlagenorientierung" (Treibel 1988: 203) deutlich. In diesem Fall versprachen sich die Kritiker von einer Aufklärung der westdeutschen Öffentlichkeit über die politischen und ökonomischen Interessen, die Regierungen und Unternehmen mit der Ausländerbeschäftigung verfolgten, eine politische Mobilisierung. Damit sollte das, was nach Marx mit der industriellen Reservearmee verfolgt werden sollte, nämlich die Spaltung der Arbeiterklasse, verhindert werden (hier in der Sprache der damaligen Jungsozialisten):

Die „diskriminierten angeworbenen ausländischen Arbeiter ... haben eine wichtige Stellung im Kampf der Arbeiterklasse. Sie können mit ihrer Wanderung zur Internationalisierung des Klassenkampfes beitragen. Deutsche sozialistische Organisationen haben die Aufgabe, den deutschen Arbeitern zu vermitteln, daß sich ihre Lage trotz oberflächlicher Verbesserungen und Vorrechte nicht grundsätzlich von der Lage der ausländischen Kollegen unterscheidet. Nur durch den gemeinsamen Kampf der deutschen und ausländischen Arbeiter gegen das internationalisierte Großkapital wird sich das Los der Arbeiter von der Unterordnung zur Selbstbestimmung verändern lassen" (Geiselberger 1972: 7).

Den westdeutschen Arbeitern sollte klar(-gemacht) werden, daß sie trotz ihres (geringfügigen) sozialen Aufstiegs oder ihres formellen Angestellten-Status' mit den ausländischen Kollegen 'in einem Boot säßen' und dieselben Interessen hätten. Tatsächlich stellte dies jedoch eine weitere Instrumentalisierung der ausländischen Arbeitskräfte dar - wenn auch nicht als industrielle Reservearmee, sondern als Stimulus für die 'Revolutionierung' der westdeutschen Arbeiterschaft.

Als die Revolutionierung der westdeutschen Arbeiterschaft Ende der 70er Jahre immer unwahrscheinlicher geworden war, verschob sich die Argumentationsebene. Nun war nicht mehr das politische Engagement der deutschen, sondern die 'Emanzipation' der ausländischen Arbeitnehmer gefragt. Ähnlich wie in den nordamerikanischen Assimilations-Studien interessierte die Wissenschaftler das Bewußtsein der Zuwanderer. Man fragte nach ihrem kritischen Potential, ihrer Konfliktbereitschaft und gewann den separierten Wohn- und Lebensbedingungen, sogar dem Ghetto, eine positive Perspektive ab, da die Zuwanderer hier politisch mobilisiert würden. Die Arbeitsimmigranten wurden als eine „Klasse im Übergang" (Blaschke/Greussing 1980) betrachtet. Von deren durch die Migration ausgelösten „sozialem Lernprozeß" (a.a.O.: 17) versprach man sich Impulse für gesamtgesellschaftliche Veränderungen.

Wenn ich eine solche Funktionalisierung der ausländischen Arbeiter durch Teile der politischen Linken auch kritisiere, so halte ich die polit-ökonomische Analyse doch für insoweit zutreffend, als sie auf die Nützlichkeit der Ausländerbeschäftigung für die sozioökonomische Struktur der Aufnahmegesellschaften aufmerksam gemacht hat. Die Unternehmen konnten der Gefahr der Voll- oder Überbeschäftigung ausweichen, die sie für Lohnforderungen der Gewerkschaften empfindlich gemacht hätte, konnten die Produktion ausweiten und die Arbeitsplätze, die den Einheimischen in der Bundesrepublik, Frankreich, Belgien oder den Niederlanden nicht mehr attraktiv genug waren, mit angeworbenen Arbeitern besetzen.[44] Ulrich Herbert wies in seiner Untersuchung zur „Geschichte der Ausländerbeschäftigung in Deutschland 1880 bis 1980" (1986) auf die frappierenden Übereinstimmungen zwischen den Kosten-Nutzen-Überlegungen zur Ausländerbeschäftigung in der Weimarer Republik und in der Bundesrepublik hin. Die Überlegungen des späteren ersten Präsidenten der *Reichsanstalt für Arbeitsvermittlung* Friedrich Syrup aus dem Jahr 1918[45] sind für unser heutiges Sprachempfinden etwas derb ('Aufzuchtkosten'), treffen jedoch den Kern des vielfältigen Nutzens, den die Aufnahmegesellschaften aus den ausländischen Arbeitskräften ziehen können:

„Es ist fraglos, daß die deutsche Volkswirtschaft aus der Arbeitskraft der im besten Alter stehenden Ausländer einen hohen Gewinn zieht, wobei das Auswanderungsland die Aufzuchtkosten bis zur Erwerbstätigkeit der Arbeiter übernommen hat. Von noch größerer Bedeutung ist jedoch das Abstoßen oder die verminderte Anwerbung der ausländischen Arbeiter in Zeiten wirtschaftlichen Niederganges. (...) Ist es unvermeidlich, ausländische Arbeiter heranzuziehen, so erscheint es auch sozialpolitisch angezeigt, sie gerade mit den niedrigsten, keine Vorbildung erfordernden und am geringsten entlohnten Arbeiten zu beschäftigen, denn dadurch besteht für die einheimische Arbeiterschaft gleichzeitig der beachtenswerte Vorteil, daß ihr der Aufstieg von der gewöhnlichen, niedrig entlohnten Tagelöhnerarbeit zu der qualifizierten und gut entlohnten Facharbeit wesentlich erleichtert wird" (Syrup 1918: 297; 299).

Zwar ging die Initiative zur Wanderung nach und nach auf die Migranten selbst über, aber an der zentralen Funktion der ausländischen Arbeiter und Arbeiterinnen als einer *Manövriermasse* änderte sich nichts. Diese verhielten sich zu-

---

44 Frankreich hatte bereits in den 50er Jahren mit der Anwerbung italienischer Arbeitskräfte begonnen und schloß insgesamt sechzehn Abkommen ab, meistens mit den früheren Kolonien auf dem afrikanischen Kontinent. Belgien schloß 1961 Anwerbeverträge mit Italien, Spanien und Griechenland, später mit Marokko und der Türkei. Die Niederlande schlossen von 1960 an mit Italien, Spanien, Portugal, der Türkei und Griechenland Anwerbeverträge; 1970 kamen Marokko, Jugoslawien und Tunesien hinzu (vgl. Hamilton 1985).
45 Den Hinweis auf diesen Text verdanke ich Herbert (1986).

nächst auch selbst den Erwartungen gemäß: Nach der - aus Sicht der 90er Jahre unbedeutenden - Rezession von 1966/67 ging die Zahl der ausländischen Beschäftigten kurzfristig zurück (s. Abb. 7 in Abschnitt 3.2).

„Die steigenden Arbeitslosenzahlen führten zu einem fast synchronen Rückgang der Zahl ausländischer Arbeitnehmer, der zum Teil von finanziellen Anreizen unterstützt wurde. Diese prompte Reaktion bestärkte insbesondere die deutsche Arbeitsverwaltung in der Meinung, mit den ausländischen Gastarbeitern eine handhabbare Arbeitskraftreserve zur Verfügung zu haben" (H. Korte 1983: 16).

Zur Beschreibung der ökonomischen Funktion der 'Gastarbeiter' für die Anwerbestaaten halte ich den Begriff der *industriellen Reservearmee* für zutreffend; als theoretisches Gesamtkonzept erscheint der polit-ökonomische Ansatz, von dessen Vertretern der Begriff vor allem verwendet wird, allerdings zu monokausal. Denn die wandernden Individuen oder Gruppen sind nicht nur bloße Opfer der ökonomischen Interessen anderer: „In gewisser Weise sind sie in der Tat eine industrielle Reserverarmee. Aber es ist nicht einfach 'das Kapital', das sie in diese Lage bringt" (Fijalkowski 1984: 399). Die Migranten selbst verbinden bestimmte Interessen und Bedürfnisse mit ihrer Wanderung und sind deshalb auch als Akteure zu betrachten.

Bei der weiteren Darstellung der Beschäftigungssituation lege ich, um eine Wahrnehmungslücke der bisherigen Migrationsforschung zu schließen, den Schwerpunkt auf die Erwerbstätigkeit der Migrant*innen*. In Literatur und Publizistik findet sich stereotyp die Formulierung von den 'Gastarbeitern', die 'ihre Frauen (und Kinder) nachgeholt haben' (vgl. z.B. Mehrländer 1984: 95). Diese Formulierung ist aufschlußreich und problematisch zugleich. Auf der einen Seite führt sie vor Augen, daß Frauen bei der männlichen Form häufig eben doch nicht mitgemeint sind (hier unter dem Begriff des 'Gastarbeiters'), ansonsten wäre ein solcher Satz unsinnig. Auf der anderen Seite verbirgt sie den Tatbestand, daß - auf die gesamte Anwerbezeit (1955-1968) gesehen - von den angeworbenen Arbeitskräften 20% Frauen waren. Die männerzentrierte Perspektive in den Sozialwissenschaften wurde in den 80er Jahren auch hinsichtlich der Migrationsforschung kritisiert:

„Auch die Literatur zur Arbeitsmigration etwa vermittelt ein Bild dieser Prozesse, das vom männlichen oder geschlechtslosen Migranten dominiert ist, Frauen werden allenfalls als abhängige Familienangehörige einbezogen. Selbst in der Frauenforschung sind Arbeitsmigrantinnen insbesondere im Hinblick auf Theoriebildung kein Thema" (Potts 1988: 259; vgl. auch Morokvasic 1983).

Parallel entstanden die Untersuchungen von Elke Esser (1982), Mirjana Morokvasic (1983; 1987) oder Annie Phizacklea (1983), die viele Anknüpfungsmöglichkeiten für die Migrantinnenforschung boten.[46] Während der 90er Jahre erschienen eine ganze Reihe von Studien über Migrantinnen, die sich noch nicht in einer breiteren wissenschaftlichen und publizistischen Diskussion niedergeschlagen haben (vgl. Hillmann 1996; Karrer u.a. 1993, Morokvasic/Rudolph 1994, *Zentrum für Türkeistudien* 1995).

Erwerbstätigkeit von Migrantinnen

Das Ignorieren von Arbeitnehmerinnen ist bei den ausländischen Arbeitskräften noch unangebrachter als bei den deutschen, da die Erwerbsbereitschaft bei den ausländischen Frauen ausgesprochen hoch war und ist. Ihre Erwerbsquote war lange Zeit höher als bei den einheimischen Frauen (dies gilt für alle Aufnahmeländer).[47]

„Vor 1964 und in den Jahren 1974-81 eingereiste Frauen zeigten eine besonders hohe Erwerbsbereitschaft. Es handelt sich bei den vor 1964 Eingereisten um eine Minderheit, die ohne Ehepartner gezielt als Arbeitskräfte in die Bundesrepublik geholt worden waren und später den Ehepartner nachziehen ließen. Neben dem primären finanziellen Interesse wurde auch der Wunsch nach mehr Abwechslung bzw. Kontakten sowie eine größere Selbständigkeit als Grund für die Erwerbsbereitschaft genannt. Aufgegliedert nach ihrer Stellung im Beruf stellt sich heraus, daß 2,7% der erwerbstätigen türkischen Frauen Selbständige, 13% Angestellte und 84,3% Arbeiterinnen sind" (*Zentrum für Türkeistudien* 1995: 18f.).

Der Anteil der Frauen an den ausländischen Arbeitskräften in der Bundesrepublik betrug 1965 23%, 1968 sogar 30%. Am höchsten war der Frauenanteil bei den griechischen, spanischen und jugoslawischen Arbeitskräften. Nach den Untersuchungen von Morokvasic (1983; 1987) waren die Jugoslawinnen, die in den sechziger Jahren nach Schweden, Frankreich oder in die Bundesrepublik gingen, häufig nicht nur gut ausgebildet, sondern - gemessen an ihren Tätigkeiten im Aufnahmeland - überqualifiziert. Teile der einheimischen Belegschaft wurden durch Ausländerinnen ersetzt, etwa bei AEG/Telefunken durch die Anwerbung von Türkinnen. „In unqualifizierten Arbeitsbereichen einiger Branchen im verarbeitenden Gewerbe wie Elektrotechnik, Textil und Bekleidung, in denen die Arbeitsbedingungen sich verschlechtern, substituieren die ausländischen die deutschen Frauen" (Toksöz 1992: 36).

Das heißt, Frauen sind nicht nur 'nachgeholt' worden, sind nicht nur Familien-Migrantinnen, sondern sie wanderten der besseren Arbeits- und Verdienstmöglichkeiten wegen in die Bundesrepublik. Arbeitsmigration ist also kein männli-

---

46 Zum Forschungsstand bis Anfang der 90er Jahre vgl. den Überblicksartikel von Apitzsch (1994).
47 Die folgende Darstellung ist im wesentlichen mit dem Abschnitt über die Beschäftigungssituation und die Erwerbsquote von Migrantinnen in Deutschland in Schöttes/Treibel (1997; hier: S. 104-107) identisch.

ches Privileg. Die Jugoslawinnen, die in den 60er Jahren nach Schweden, Frankreich oder in die Bundesrepublik gingen, waren in der Regel gut ausgebildet, wenn nicht überqualifiziert:

„Anscheinend kam also die Mehrheit jugoslawischer Frauen aus der Masse der relativen Überschußbevölkerung, die sich in ländlichen Gebieten und in einigen Industriezweigen bildet. Sie sind außerordentlich motiviert für die Emigration, weil sie in Jugoslawien keine Arbeit finden können. Ihr einigermaßen hoher Ausbildungsstand scheint allerdings angesichts der ungelernten Arbeiten, die sie wahrscheinlich in den Immigrationsländern erhalten werden, Verschwendung zu sein" (Morokvasic 1987: 68).

Ein Viertel der ausländischen Frauen reiste mit einer eigenen Arbeitserlaubnis in die Bundesrepublik ein. Die meisten anderen kamen im Rahmen der Familienzusammenführung; dies bedeutet, daß ihr Aufenthaltsstatus von dem des Ehemannes abhängig ist (vgl. Potts 1988: 265). Aber auch die im Rahmen der Familienzusammenführung nachgezogenen Frauen waren bzw. wurden zum großen Teil berufstätig. Um Anwerbungskosten zu sparen, umgingen einige westdeutsche Unternehmen in den 60er Jahren das offizielle Verfahren und forderten Ehefrauen oder andere weibliche Verwandte männlicher Gastarbeiter namentlich an.

Infolge der ökonomischen Krisen, des Familiennachzugs, der faktischen Einwanderung und der damit einhergehenden Familiengründungen verschob sich in den 70er Jahren die Relation der ausländischen Wohnbevölkerung zur Anzahl der ausländischen Arbeitnehmerinnen und Arbeitnehmer. Die Zahl der ausländischen Beschäftigten ging von 2,6 Mill. im Jahr 1973, dem Jahr des Höchststandes, um eine Million auf 1,6 Mill. im Jahr 1984 zurück. 1994, zehn Jahre später, waren 2,1 Mill. Ausländerinnen und Ausländer sozialversicherungspflichtig beschäftigt und 400.000 arbeitslos (*Bericht der Beauftragten der Bundesregierung für die Belange der Ausländer* 1995: 137).

„Während in der Anwerbezeit die Erwerbsquoten der Ausländer wesentlich höher lagen als die der Deutschen, hat sich in den letzten Jahrzehnten eine Angleichung ergeben. Bei den Frauen sind die Erwerbsquoten der deutschen Staatsangehörigen inzwischen sogar etwas höher, dies entspricht den Anteilen von Familien ohne Kinder, der unter den Deutschen höher ist" (Thränhardt 1995a: 5).

Mitte der 90er Jahre stellt sich die Situation folgendermaßen dar (s. Abb. 15): Die ausländische Bevölkerung in der Bundesrepublik umfaßt 1994 6,9 Mill. Menschen. Hiervon sind 3,8 Mill. männlich und 3,1 Mill. weiblich. Bei den Erwerbspersonen (das sind Erwerbstätige und Erwerbslose) verschiebt sich dieses Verhältnis weiter zuungunsten der Frauen. Von den genannten 6,9 Mill. sind 3,6 Mill. Erwerbspersonen, und von diesen sind 2,4 Mill. männlich und 1,2 Mill. weiblich.

Abbildung 15: Ausländische Bevölkerung und Erwerbspersonen (d.h. Erwerbstätige und Erwerbslose) sowie Erwerbsquoten im April 1994 nach ausgewählten Staatsangehörigkeiten

Gegenstand der Nachweisung	insgesamt	Staatsangehörigkeit Italien	Griechenland	Ehemal. Jugoslawien	Spanien	Türkei	Österreich	Übrige Staaten
Bevölkerung insgesamt	6 970 000	645 000	367 000	1 034 000	141 000	2 415 000	188 000	2 181 000
männlich	3 855 000	390 000	203 000	552 000	77 000	1 324 000	105 000	1 204 000
weiblich	3 115 000	254 000	164 000	482 000	64 000	1 091 000	83 000	977 000
Erwerbspersonen insgesamt	3 639 000	388 000	219 000	594 000	85 000	1 078 000	124 000	1 152 000
Männer	2 408 000	277 000	135 000	359 000	53 000	751 000	79 000	754 000
Frauen	1 231 000	110 000	84 000	235 000	33 000	326 000	46 000	398 000
Erwerbsquote insgesamt	52,2%	60,1%	59,7%	57,4%	60,4%	44,6%	66,3%	52,8%
männlich	62,5%	71,1%	66,6%	65,0%	68,7%	56,7%	75,0%	62,6%
weiblich	39,5%	43,3%	51,1%	48,8%	50,6%	29,9%	55,1%	40,7%
Erwerbsquote (Erwerbsfähige)	67,1%	74,1%	73,0%	71,8%	69,7%	63,7%	73,0%	64,3%
Männer	79,7%	84,9%	81,0%	81,3%	78,6%	80,7%	83,0%	75,8%
Frauen	51,2%	56,0%	62,9%	61,0%	58,3%	42,9%	60,3%	49,9%

(Quelle: Cornelsen 1996: 149)

Mit 55,1% haben Österreicherinnen die höchste Erwerbsquote und Türkinnen mit 29,9% die niedrigste. In absoluten Ziffern gibt es 326.000 türkische Frauen, die in Deutschland erwerbstätig sind und 46.000 Österreicherinnen - und fast 400.000 aus 'übrigen Staaten'. Unter diese letzte Kategorie fallen „die Niederlande, Portugal und übrige EU-Staaten, die Vereinigten Staaten, die Schweiz, Marokko, die Tschechische Republik, die Slowakei und Tunesien" (Cornelsen 1996: 49, Tabelle 2, Anm. 2).[48]

Aufgrund der ökonomischen Krise, die sich auf die Frauenerwerbstätigkeit insgesamt und die der Migrantinnen im besonderen auswirkt, geht die Erwerbsquote der ausländischen Frauen in Deutschland mittlerweile, wie oben bereits erwähnt, zurück.

---

48 Die Tatsache, daß hier nicht weiter differenziert wird, ist ein Indiz dafür, daß beim Thema „ausländische Bevölkerung und Beschäftigte" die 'Gastarbeiterära' immer noch nachwirkt. Unter migrationstheoretischen und -politischen Gesichtspunkten, bei denen es weniger um die Staatsangehörigkeit als vielmehr um den Zuwanderungsprozeß geht, müßten rußlanddeutsche Zuwanderer und andere Gruppen der Aussiedler ebenfalls hier aufgeführt werden. Da Aussiedler aber in der Regel die deutsche Staatsangehörigkeit besitzen, tauchen sie in Statistiken mit ausländischen Beschäftigten nicht auf. Der Frauenanteil unter den Aussiedlern beträgt ca. 50% (vgl. die Darstellung zur Zuwanderung von Aussiedlern in Abschnitt 2.3). Auch weitere neue Gruppen, wie etwa die polnischen Pendler (vgl. Morokvasic/Rudolph 1994) werden erst allmählich von der Migrationsforschung thematisiert, die ähnlich wie die Öffentlichkeit an den 'gewohnten' Nationalitäten festhält.

„Innerhalb der ausländischen Bevölkerungsgruppe ergeben sich beträchtliche Unterschiede in den Einkommen von Frauen und Männern, die sich in den vergangenen Jahren weiter verschärft haben. Stieg das durchschnittliche Bruttoeinkommen der Männer zwischen 1984 und 1991 von 1 775 auf 2 296 DM, so erreichten die Frauen nur eine Steigerung von 1 097 auf 1 206 DM. Sie fielen damit von 61,8 auf 52,5 Prozent der Männereinkommen zurück. Der strukturelle Grund ist die geringere Einbindung der ausländischen Frauen in die betrieblichen Tarifsysteme und der höhere Anteil ungeschützter Arbeitsverhältnisse, deren Entlohnung mit dem starken Ansteigen der Arbeitslosigkeit seit 1982 prekär geworden ist" (Thränhardt 1995a: 7).

Beschäftigungs- und Entlohnungshierarchien verlaufen demnach nicht nur entlang der Kategorien einheimisch versus ausländisch, sondern auch entlang der Kategorien männlich - weiblich sowie zunehmend der Kategorien legal - illegal. Die Ausbildungs- und/oder die Tätigkeitsfelder von ausländischen Frauen sind noch weniger ausdifferenziert als bei den deutschen Frauen. Die Arbeitsplätze von Migrantinnen konzentrieren sich auf die Textil- und Elektroindustrie, die Gastronomie, Krankenpflege und Raumpflege. Wolfgang Seifert stellt in seiner Analyse der Arbeitssituation von Migrantinnen und Migranten in der Bundesrepublik fest, „daß die Aufwärtsmobilität ausländischer Frauen deutlich geringer ist als die von Ausländern insgesamt" (Seifert 1995: 97).

Niedrige Löhne, Überstunden und Überbeanspruchung sind für Migrantinnen-Arbeitsplätze charakteristisch. Mit zusätzlichen Beschäftigungen versuchten und versuchen die Frauen, die schlechte Bezahlung aufzufangen; dies war und ist charakteristisch für die erste Generation. Die Angehörigen der zweiten (und zunehmend bereits der dritten) Generation sind einerseits überproportional von (Jugend-)Arbeitslosigkeit betroffen, andererseits ist an ihnen die Tertiarisierung (d.h. Anwachsen des dritten Sektors, der Dienstleistungen) der Ausländerbeschäftigung nachzuvollziehen. Junge Frauen arbeiten als Bankangestellte, Friseusen oder als Verkäuferinnen in ausländischen und einheimischen Geschäften. In vielen Bereichen nähert sich der Frauenanteil der Ausländerinnen dem einheimischen Geschlechterverhältnis immer mehr an: So beträgt der Frauenanteil bei den türkischen Studierenden 24% und bei den türkischen Selbständigen 10% (vgl. *Zentrum für Türkeistudien* 1995).

„Seit dem Anwerbestop 1973 können Menschen nur über ein Studienvisum oder einen Asylantrag [und über den Familiennachzug; A.T.] in die Bundesrepublik kommen. Über die Abschaffung des Asylrechts im Juni 1993 und den Abkommen wie dem der Drittstaatenregelung sind die Chancen auf Anerkennung eines Asylantrags in der BRD fast auf Null geschrumpft. Für Frauen wie für Männer gilt ausschließlich eine als 'öffentlich-politisch' definierte Verfolgung. (...) So haben sich spezifische Formen der Migration insbesondere in den 80er und 90er Jahren entwickelt: die Heiratsmigration und die Einstellung von Migrantinnen ohne legalen Status als Kindermädchen, Putzfrauen, in fast-food-Unternehmen für Billiglöhne ohne jegliche soziale Absicherung" (Gutiérrez Rodríguez 1996: 174f.).

Trotz der prekären Aufenthalts- und Arbeitsbedingungen im Aufnahmeland entschließen sich viele Frauen zur Wanderung, um beengten gesellschaftlichen und/oder familiären Verhältnissen zu entkommen (vgl. Hillmann 1996: 222ff.).

Seit der anhaltenden Arbeitslosigkeit unter Zugewanderten und Einheimischen seit Ende der 70er Jahre wird über die Ersetzbarkeit ausländischer durch einheimische Arbeitskräfte diskutiert. Frey/Lubinski (1987) vertraten in den 80er Jahren die Auffassung, angesichts der Dauer- und Massenarbeitslosigkeit würden die Einheimischen selbst wieder zur Reservearmee, wären wieder bereit, schlechter bezahlte und weniger angesehene Arbeiten zu übernehmen (vgl. a.a.O: 77). Die Mehrheit der Forscherinnen und Forscher hielt und hält die von Ausländern besetzten Arbeitsplätze jedoch nicht oder nicht ohne weiteres für ersetzbar (vgl. Fijalkowski 1984). Die Bereitschaft, (wieder) die Position des ungelernten Arbeiters zu übernehmen, sei nach wie vor gering. Indiz für diese These ist der - insgesamt mißlungene - Einsatz von einheimischen Arbeitslosen beim Spargelstechen über den im Frühjahr 1998 in der Presse ausführlich berichtet wurde (vgl. *Süddeutsche Zeitung* vom 25./26.4.98; *die tageszeitung* vom 30./31.5.98). Aus Sicht der Arbeitslosen ist diese Arbeit unattraktiv, da zeitlich befristet, schlecht bezahlt und körperlich hart. Aus Sicht der Spargelbauern hat es sich bewährt, mit polnischen Aushilfskräften zu arbeiten, die in vielen Fällen schon seit Jahren während der Saison persönlich angefordert werden konnten und als routiniert und motiviert gelten. Die bisherige Praxis wurde durch die Bundesregierung erschwert, die die Anzahl der Arbeitserlaubnisse auf 180.000 Personen begrenzen wollte. Im Kontext dieser Auseinandersetzungen wird auch deutlich, daß die Beschäftigung von ausländischen Arbeitskräften in allen Wirtschaftssektoren einkalkuliert wird, nicht nur im sekundären und tertiären, sondern auch (wie in den Anfängen der Anwerbung von Gastarbeitern durch badenwürttembergische Landwirte in den 50er Jahren) wieder im primären Sektor.

Folgende Auflistung illustriert, daß viele Branchen der deutschen Wirtschaft ohne die zugewanderten Arbeitskräfte wohl in ihrer Existenz gefährdet wären:

„Bei folgenden Berufen lag der Anteil der ausländischen Arbeitnehmerinnen und Arbeitnehmer über 20%: Köche (29,5%), Metallerzeuger und -bearbeiter mit 23,3% (darunter Schweißer mit 28,0%), Montierer und Metallberufe (25,4%, darunter Elektromontierer mit 22,8%), Gästebetreuer (24,3%), Hilfsarbeiter (23,9%), Kunststoffverarbeiter (23,9%), Reinigungsberufe (22,8%), Bergleute (20,1%). Erwähnenswert ist der jeweils besonders hohe Frauenanteil bei einer Reihe dieser Berufe: Reinigungsberufe (68%); Köche (45,8%); Montier- und Metallberufe (39,9%, davon Elektromontierer 71,3%); Kunststoffverarbeiter (27,5%). Die Frauenquote an den sozialversicherungspflichtig beschäftigten Ausländern insgesamt lag im Juni 1996 bei 34,2%"

(*Bericht der Beauftragten der Bundesregierung für Ausländerfragen* 1997: 52).

Elisabeth Lichtenbergers Arbeiten machen deutlich, daß diese Situation nicht absolut neu ist und auch nicht nur auf die Bundesrepublik zutrifft. Aus ihrer Untersuchung über jugoslawische Gastarbeiterinnen und Gastarbeiter in Wien in den 70er Jahren zog sie die Schlußfolgerung, daß speziell Ausländer*innen* relativ günstige Erwerbsmöglichkeiten hätten:

„Auf dem dualen Arbeitsmarkt der Gastarbeiter ist überdies durch die Familienzusammenführung dank der Übernahme von traditionellen geschlechtsspezifischen Tätigkeiten in den persönlichen Dienstleistungen, im Gast- und Reinigungsgewerbe durch die Gastarbeiterinnen eine sehr wesentliche existentielle Stabilisierung der Haushalte eingetreten. Sie findet ihre Parallele bei der schwarzen Bevölkerung in Nordamerika, wo ebenfalls die Frauen eher imstande sind, der Arbeitslosigkeit zu entgehen, während im Zuge der Rationalisierungsmaßnahmen bei industriellen Großbetrieben die Männer freigesetzt werden" (Lichtenberger 1984: 507).

Diese Situation ist jedoch nicht nur als persönliche Chance, sondern als spezifische Notwendigkeit der Erwerbstätigkeit von Migrantinnen zu begreifen. In der überdurchschnittlichen Doppelberufstätigkeit eingewanderter Ehepaare wird das ökonomische Grundmuster der Migration in zugespitzter Form deutlich. Die Arbeitslosigkeit widerspricht der primären Migrationsentscheidung, nämlich relativ abgesichert und einträglich erwerbstätig sein zu können. Wird der Partner arbeitslos, erhöht sich der Druck auf die Migrantin noch: „Die Mehrheit der Jugoslawinnen ordnet ... tendenziell ihrer ökonomischen Funktion und dem gemeinsamen ökonomischen Projekt, das sie mit ihren Ehemännern unternommen haben, alles andere unter" (Morokvasic 1987: 121f.). Angesichts dieser Priorität und (Über-)Anpassung ist es für die Migrantinnen umso schmerzhafter, daß sie in der Beschäftigungshierarchie so niedrig plaziert werden: „Wie alle Migrantinnen jedoch tragen jugoslawische Frauen die Stigmatisierung als Ausländerinnen, d.h. sie gelten als ungebildet und unqualifiziert und werden dementsprechend auf niedrige Arbeiten verwiesen, die für diese Frauen *reserviert* sind" (a.a.O.: 122; Hervorh. im Original).

Diese Analyse der Situation von Migrantinnen trifft heute in wachsendem Umfang, und zwar weltweit zu. Manche Migrationsbewegungen, z.B. die von den Philippinen nach Saudi-Arabien oder aus der Dominikanischen Republik nach Spanien, werden *ausschließlich* von Frauen bestritten. Für sie gibt es als Dienstpersonal in Privathaushalten - eine Berufsgruppe, die ausgestorben schien -, im öffentlichen, aber auch im illegalen Dienstleistungsbereich (wie der Prostitution) einen expandierenden Arbeitsmarkt. Außerdem gelten aus Sicht der 'entsendenden' Herkunftsfamilie weibliche Familienangehörige als loyaler, vor allem was die Geldüberweisungen betrifft. In der zu Beginn dieses Kapitels bereits zitierten Reportage über die Migrantinnen aus einem Ort in der Dominikanischen Republik wird konstatiert:

„Es sind die Notabeln von Vicente Noble, einer Bauerngemeinde im Süden der Dominikanischen Republik, die mit dem Spargeld der abwesenden Töchter und Ehefrauen zu Wohlstand gekommen ist. 7000 Frauen von Vicente Noble haben bis heute in Europa Arbeit gefunden als Hausmädchen, Küchenhilfen und Tänzerinnen. Und nur gerade tausend Männer haben das Dorf in den letzten zehn Jahren verlassen. (...) 'Jedes zweistöckige Haus, jede Gitterverzierung, selbst jeder neue Anstrich', sagte der Friedensrichter, 'wurde mit dem Geld der Frauen geschaffen, die in Europa arbeiten'" (Leuthold/Schulz 1997).

Für weibliche Erwerbspersonen wird häufig der Begriff der *stillen Reserve* verwendet. Damit sind Frauen gemeint, die sich in der sog. Familienphase befinden (Kinder versorgen und erziehen, die Reproduktion von Mann oder Partner gewährleisten, den Haushalt führen) und sich häufig auch dann nicht arbeitslos melden, wenn sie (Teilzeit-)Arbeit suchen. Man versteht sie jedoch - wie die ausländischen Arbeitskräfte - als Puffer oder Reserve, auf die man bei Bedarf zurückgreifen kann. Die Verfügbarkeit von Frauen kommt der betrieblichen Personalpolitik entgegen, wie bereits in den 70er Jahren festgestellt wurde:

„da konjunkturelle Schwankungen auch die Nachfrage nach Arbeitskräften schwanken lassen, hat es sich als äußerst günstig herausgestellt, neben einem festen Stamm von Arbeitskräften eine zweite Gruppe flexibel einsetzbarer Arbeitskräfte zur Verfügung zu haben, und hierzu zählen vornehmlich Frauen, die entweder zu bestimmten Tageszeiten (Frauenschichten) oder für eine verringerte Wochenstundenzahl (Teilzeitarbeit) eingestellt werden. Ihre Entlassung ist für die Zeiten weniger starker Auslastung vorprogrammiert" (Epping u.a. 1979: 52).

Ausländische Frauen sind aufgrund ihres unsicheren Aufenthaltsstatus (der dann, wenn der Mann zuerst eingereist war, zusätzlich von diesem abhängig ist) und ihres noch geringeren Organisations- und Konfliktpotentials die Reservearmee par excellence; sie sind noch 'stiller' als die Reserve der einheimischen Frauen. Auf der anderen Seite ist es gerade die schlecht entlohnte Arbeit von Frauen 'hinter den Kulissen', auf welcher der globalisierte Arbeitsmarkt fußt und die zur *Feminisierung von Migration* führt (vgl. Schöttes/Treibel 1997; Wichterich 1998).

Als Zwischenresümee ist festzuhalten, daß die Gastarbeiter und Gastarbeiterinnen dafür angeworben wurden, die untersten Plätze in der Beschäftigungshierarchie zu besetzen, die man bei entsprechend rückgängigem Bedarf auch wieder entlassen (sprich: in die Herkunftsländer zurückschicken) könnten. Hierüber besteht in der Migrationsforschung seltene Einmütigkeit. Auch Autoren, die kein polit-ökonomisches Konzept vertreten, halten es für gerechtfertigt, „von den Gastarbeitern als einem modernen Heer von Arbeitssklaven zu sprechen" (Hoffmann-Nowotny 1987: 64). Die Wanderung von europäischen Arbeitsmigranten und -migrantinnen ist in mehrfacher Hinsicht selektiv: Es kamen die physisch und psychisch[49] 'gesündesten' Personen, die relativ gut qualifiziert waren, unabhängig davon sich jedoch mit niedrig bzw. gering qualifizierten Arbeiten und (verglichen mit den Durchschnittseinkommen der Aufnahmegesellschaften) geringer Entlohnung begnügen mußten. Die 'Selektivität' auf Seiten der Aufnahmegesellschaft wird in den Anwerbeverfahren besonders deutlich.[50] Angesichts des Arbeitskräfteüberschusses in der europäischen Peripherie und des Interesses der Herkunftsländer, den dortigen Arbeitsmarkt zu entlasten, konnte man es sich leisten, 'wählerisch' zu sein.

5.2 Arbeits- und Lebenssituation der ersten Generation

Das ursprünglich kurzfristig angelegte Migrationsprojekt hat sich für die Gastarbeiterinnen und Gastarbeiter als langwieriger erwiesen, als sie selbst es geplant hatten. Aus dem ökonomischen ist ein Lebensprojekt, aus der Saison- oder Gastarbeit ist die Einwanderung, zumindest aber die Niederlassung, geworden. Ende 1996 leben knapp 30% der Zugewanderten schon 20 Jahre und länger in Deutschland. „Fast zwei Drittel aller Türken und Griechen, 71% der Italiener und 82% der Spanier leben schon seit zehn Jahren und länger in der Bundesrepublik Deutschland" (*Bericht der Beauftragten der Bundesregierung für Ausländerfragen* 1997: 21).

Heute bezeichnet man diejenigen, die bis zum Anwerbestopp (1973) in die Bundesrepublik kamen, als *erste Generation*. Dieser Begriff, der zu dem des 'Gastarbeiters' in eklatantem Widerspruch steht (da dieser sich ja nur vorübergehend hier aufhalten würde und man verschiedene 'Generationen' nie würde unterscheiden müssen), wurde aufgegriffen, als sich herausstellte, daß die Gastarbeiter und Gastarbeiterinnen Familienangehörige nachholten, hier eine Familie gründeten oder andere private Beziehungen aufbauten. Die in den Aufnahmegesellschaften geborenen Gastarbeiterkinder bzw. -kindeskinder wurden und werden seither als *zweite* bzw. *dritte Generation* bezeichnet. In den 60er Jahren hatte man es nur mit einer Generation zu tun, die man nur die Gastarbeiter oder Gastarbeiterinnen nannte. Von der *ersten Generation* war erst rückblickend die Rede.

In diesem Abschnitt sollen die Lebens-, insbesondere die *Wohnbedingungen* der ersten Generation skizziert werden. Ich versuche zum einen, das Selbstver-

---

49 Johann Binder und Mario Simoes, die die psychische Situation portugiesischer Migranten in der Schweiz untersuchten, kamen zu dem Schluß, daß es sich bei Migranten „um eine Auswahl von psychisch besonders gesunden und starken Personen handelt" (Binder/Simoes 1980: 272).
50 Interessante Details zur Abwicklung der Anwerbeverfahren finden sich in dem Katalog zur Essener Ausstellung „Fremde Heimat. Eine Geschichte der Einwanderung aus der Türkei" (Eryilmaz/Jamin 1998). Die Dokumente der Anwerbung, die vor allem im Bundesarchiv in Koblenz aufbewahrt sind, sind wegen der üblichen 30jährigen Sperrfrist erst seit wenigen Jahren zugänglich und werden in dem genannten Katalog in einer Auswahl erstmals präsentiert und ausgewertet.

ständnis und insbesondere die Orientierung an der Herkunftsgesellschaft der Migrantinnen und Migranten in dieser Phase der Zuwanderung darzustellen und zum andern die Perspektive der Sozialwissenschaft auf die erste Generation zu erläutern. Dabei kann allerdings nur auf wenige sozialwissenschaftliche Arbeiten zurückgegriffen werden. Bei der empirischen Darstellung folge ich der Darstellung von Ursula Kurz (1965); die theoretische Diskussion der Problematik folgt in Abschnitt 5.3.

1962 wohnten zwei Drittel der neuangeworbenen Gastarbeiter in Gemeinschaftsunterkünften (vgl. Herbert 1986: 202ff.). Die Unternehmen, die diese in der Regel bereitstellten, wollten die Kosten für die Unterbringung niedrig halten, und die Gastarbeiter und Gastarbeiterinnen selbst wollten und konnten in der Anfangsphase nicht noch mehr Geld für Mieten aufbringen (selbst die Miete für die Wohnheimunterbringung, die bei werkseigenen Unterkünften vom Lohn abgezogen wurde, war schon hoch veranschlagt). Beide Seiten hielten die Gastarbeiterbeschäftigung für eine vorübergehende Erscheinung. Die Wohnsituation blieb jedoch auf Jahre hin unbefriedigend. Mirjana Morokvasic wies darauf hin, daß jugoslawische Migrantinnen und Migranten, selbst Ehepaare, auch Anfang und Mitte der 70er Jahre noch sehr häufig in Wohnheimen lebten. Maria Borris stellte 1971 fest, daß von 2000 befragten ausländischen Arbeiterinnen und Arbeitern in Frankfurt noch 49% in Werksunterkünften wohnten (vgl. Borris 1973: 131).

„Weil sie sich vor der Einsamkeit fürchteten und um die Ausgaben zu senken, zogen es die Frauen in den Wohnheimen vor, auf Kosten der Privatsphäre mit einer Zimmergenossin zusammenzuleben. Häufiger jedoch hatten sie gar keine andere Wahl und wurden mit mehreren anderen Frauen in einem Zimmer untergebracht. Sie kamen um ihren dringend benötigten Schlaf, weil die Frauen in unterschiedlichen Schichten arbeiteten: während die eine schlafen wollte, stand eine andere gerade auf, und eine dritte wollte Musik hören oder kochen" (Morokvasic 1987: 103).

In dem von Ursula Kurz Anfang der 60er Jahre untersuchten 'Lager' einer Münchner Baufirma wohnten durchschnittlich acht italienische Gastarbeiter in einem Zimmer (vgl. Kurz 1965). Kurz' Untersuchung mit dem Titel „Partielle Anpassung und Kulturkonflikt" ist eine der wenigen Veröffentlichungen aus der Vorlaufphase (1965-1973) der soziologischen Ausländerforschung in der Bundesrepublik. Aufgrund ihrer exemplarischen und grundsätzlichen Bedeutung stelle ich sie im folgenden näher vor.[51]

---

51 Für eine grundsätzliche und theoretisch weiterführende Betrachtung des Phänomens Migration ist die Arbeit von Kurz hilfreicher als viele Untersuchungen aus späteren Forschungsphasen; ihr Niveau an politischer und emotionaler Distanzierung vom Tagesgeschehen ist relativ hoch, sie übernimmt die öffentliche Problemwahrnehmung nicht (vgl. Treibel 1988: 210f.). Kurz vermittelt einerseits ein anschauliches Bild der Lebensbedingungen in der Phase der Gastarbeiterbeschäftigung, andererseits stellt sie die Verbindung zur klassischen Einwanderungsforschung (vgl. Kap. 4 dieser Arbeit)

Die Studie von Ursula Kurz über „Partielle Anpassung und Kulturkonflikt" (1965)

Kurz befragte im Zeitraum 1962/63 450 italienische Bauarbeiter und führte im Lager und in Süditalien, der Herkunftsregion, vergleichende Beobachtungen durch. In Anlehnung an die Vorstellungen der westdeutschen Ausländerpolitik während der Anwerbungs- und Rotationsphase ging Kurz davon aus, daß sich immer wieder (neue) Gastarbeiter vorübergehend in der Bundesrepublik aufhalten würden. In Abgrenzung zur kurzfristigen Perspektive der Öffentlichkeit stellte sie fest, daß die Gastarbeiterbeschäftigung insgesamt keine vorübergehende Erscheinung sei. Sie prognostizierte eine „langfristige Wanderungsmobilität" (Kurz 1965: 814) ausländischer Arbeiter in der Bundesrepublik und damit die Notwendigkeit, sich auch langfristig mit der Situation dieser Gruppe beschäftigen zu müssen. Sie analysierte die Gruppenstrukturen, die Kontakte und Beziehungen der italienischen Arbeiter innerhalb des Lagers und die Art der Anpassung an die Aufnahmegesellschaft. Sie ging davon aus, daß die Gastarbeiter sich „partiell (nämlich zielgerichtet) und gleichzeitig temporär (nämlich rückkehrorientiert)" an „Gruppierungen der Wirtsgesellschaft" (ebd.) anpaßten, wie sie die Aufnahmegesellschaft in Übernahme der Terminologie von Emerich K. Francis[52] nannte.

90% der von Kurz Befragten gaben wirtschaftliche Wanderungsmotive an (vgl. auch Kremer/Spangenberg 1980):

> „Man wollte im allgemeinen so lange bleiben, bis man 'genügend' Geld gespart hatte - genügend, um das Haus zu renovieren, einen Anbau finanzieren zu können, eine Aussteuer anzuschaffen, den Lebensstandard der Familie zu heben. Selten wurde auf langfristige Ziele gespart: einen Hausbau, eine Schulausbildung, die Eröffnung eines Geschäftes. In vielen Fällen handelte es sich einfach darum, das Existenzminimum für die Familie zu erarbeiten" (Kurz 1965: 820f.).

Kurz vertrat die Auffassung, daß man die klassischen Assimilationskonzepte (vgl. die Abschnitte 4.1 und 4.2 dieser Arbeit) auf die neuartige Situation eines temporären Aufenthalts (Gastarbeiterbeschäftigung) nicht übertragen könne. Nach den Ergebnissen ihrer Studie paßten die Gastarbeiter sich der Aufnahmegesellschaft nur soweit an, wie es für die Realisierung ihrer Ziele notwendig sei:

---

her. Sie versucht, ihre mikrosoziologische Analyse des 'Klein-Systems Gastarbeiterlager' in einen makrosoziologischen (hier: systemtheoretischen) Ansatz zu integrieren.

52 Der Österreicher Emerich K. Francis, der Betreuer von Kurz' Arbeit, hat zahlreiche Veröffentlichungen zur Situation und Theorie von Minderheiten und zu interethnischen Beziehungen vorgelegt (vgl. Francis 1965a; 1976; 1983). Er publizierte in englischer und in deutscher Sprache.

- sie orientierten sich weiterhin ausschließlich an den Werten und Normen ihrer Herkunftsregion (Familialismus);
- Bezugsgruppen ihres Handelns (häufiges Briefeschreiben, ca. drei- bis fünfmal wöchentlich) und ihrer Pläne (Sparen) waren die in der Herkunftsregion verbliebene Familie und Verwandtschaft;
- innerhalb des Lagers lautete die Prämisse, mit jedem auszukommen, eine zu große Nähe und Konflikte zu vermeiden;
- die Gruppenstruktur war lose (*diffus*) und einfach geschichtet: Es gab keine Führerpersönlichkeiten und keine merklichen Status- bzw. Rollendifferenzierungen;
- es fand eine *partielle Anpassung* an bestimmte Werte bzw. Rollensegmente der Aufnahmegesellschaft statt, die ausschließlich den Arbeitssektor betrafen;
- nähere Kontakte zu Deutschen über die Arbeitssituation hinaus galten - außer bei jungen, ledigen Männern - als unerwünscht.

Das Konzept der *Assimilation* von Einwanderern, so Kurz, sei durch das der *partiellen Anpassung* der Gastarbeiter zu ersetzen. Unter partieller Anpassung verstand Kurz „die Anpassung an Rollen und die Erfüllung von Verhaltenserwartungen eines fremdkulturellen Sozialsystems, die der *Erreichung von Zielen* dient, *welche in der Herkunftsgesellschaft liegen* und nicht in der Wirtsgesellschaft, in der die Rolle übernommen wurde" (a.a.O.: 818; Hervorh. A.T.). Die von Kurz untersuchten Arbeiter orientierten sich so eindeutig an der Herkunftsgruppe und -region, daß auch ihre Wohn- und Arbeitsgruppe in der Bundesrepublik nicht anderes „als ein Teilsystem der süditalienischen Gesellschaft" (a.a.O.: 824) sei.

Kurz kam zu dem Ergebnis, daß die Gastarbeiter sich nur *partiell* und *instrumentell*, also auf die Arbeit bezogen an die westdeutsche Gesellschaft anpaßten. Die Verbindungen zur Aufnahmegesellschaft waren so lose und auf das Funktionale beschränkt, daß man zu diesem Zeitpunkt eigentlich noch nicht (wie Kurz es aber tut) von einer „sozial-kulturellen Doppelmitgliedschaft" (a.a.O.: 831) der (italienischen) Gastarbeiter sprechen konnte. Begünstigt durch die relativ geringe räumliche Distanz zwischen Süditalien und Süddeutschland war der Heimatbezug stärker als bei den Auswanderern des 19. und des beginnenden 20. Jahrhunderts: Die Arbeiter fuhren mindestens einmal jährlich nach Hause. Zum Kulturkonflikt kam es - entgegen der Annahme von Kurz - strenggenommen nicht: Dafür war die faktische und gefühlsmäßige Distanz zur Aufnahmegesellschaft noch zu groß. Ein relativ dauerhafter Kulturkonflikt ist dadurch gekennzeichnet, daß die betroffene Person weder zur einen noch zur anderen Gruppe gehört, sondern jeweils am Rande steht (*Marginalität*; vgl. Abschnitt 4.3). Das Problem des Zugehörigkeitsgefühls stellte sich bei den Gastarbeitern und Gastarbeiterinnen in der Anfangsphase ihres Aufenthaltes noch nicht. Sie definierten sich als Angehörige ihrer Herkunftsgesellschaft und nicht als Einwanderinnen oder Einwanderer.

Die ausschließlich instrumentelle Einstellung zur Arbeit in der ersten Phase der Arbeitsmigration gilt für alle Gastarbeiterinnen und Gastarbeiter im Westeuropa der 50er und 60er Jahre. Michael Piore (1983) charakterisiert den Migranten als *homo oeconomicus*. Kurz beschrieb, mit welch' knappem Budget die italienischen Arbeiter ihren Aufenthalt in der Bundesrepublik bestritten: Um das Auskommen der Familie Zuhause zu verbessern, billigten sie sich selbst nicht mehr als das Existenzminimum zu. Die, die mehr als 300 DM monatlich für sich beanspruchten, wurden als 'Verschwender, Taugenichtse, Kriminelle und familienvergessene Verbrecher' beschimpft (Kurz 1965: 830). Auf den Gastarbeitern lastete ein starker finanzieller Druck und die Verpflichtung zur Loyalität.[53]

Partielle Anpassung oder *partielle Assimilation* kann man mit *Akkommodation* gleichsetzen (vgl. Abschnitt 4.4 dieser Arbeit). Allerdings beschreiben beide Begriffe die Situation der ersten Generation m.E. nicht angemessen: Angesichts der relativ losen Verbindung, die die Gastarbeiter der 50er und 60er Jahre zur Aufnahmegesellschaft haben, kann man zunächst nicht von einer partiellen Assimilation sprechen - und ebensowenig von einer Akkommodation im Sinne der Chicagoer Schule oder einer kulturellen oder strukturellen Assimilation im Sinne Gordons. Der Simmelsche und der Schützsche Begriff des *Fremden* (als Form der Nicht-Assimilation; vgl. Abschnitt 4.3) beschreiben die Situation der Gastarbeiter am besten. Fremde haben „die Gelöstheit des Kommens und Gehens nicht ganz überwunden (Simmel 1908: 509) und haben eher formelle Kontakte (hier: Arbeitsbeziehungen) zu den Einheimischen. Eine auch nur partielle Angleichung (Assimilation) kommt zu diesem Zeitpunkt der Ausländerbeschäftigung weder für die Aufnahmegesellschaft noch für die Zuwanderer in Frage. Letztere greifen im Fall drohender Konflikte oder negativer Erfahrungen (Diskriminierungen) zu Mitteln der psychologischen Entlastung; unerwartete Probleme (Entwurzelung, Gefühle der Vereinsamung und Heimatlosigkeit) werden 'weginterpretiert'. Sten Nadolny (1990) gibt diese Einstellung in seinem Roman „Selim oder die Gabe der Rede", in der u.a. die Geschichte einer Gruppe von türkischen Gastarbeitern in der Bundesrepublik erzählt wird, mit der Äußerung wieder: „Na gut, lange bleibe ich sowieso nicht" (a.a.O.: 55).

Erst dann, wenn die Bindungen an die Heimat tatsächlich schwächer werden, was mit der längeren Anwesenheit im Aufnahmeland unvermeidlich ist, und das Zugehörigkeitsgefühl zur Familie, Verwandtschaft und Herkunftsregion brüchig wird, können Empfindungen eines Kulturschocks zu Gefühlen der 'Desorganisation' und 'Entwurzelung' bei den betroffenen Individuen führen.

---

53 Vgl. zur spezifischen Loyalitätserwartung vor allem gegenüber heutigen 'Gastarbeit*erinnen*' Abschnitt 5.1.

Die Folgen dieser konflikthaften Situation werden in der Migrationsforschung häufig mit dem Begriff der *Anomie* belegt (vgl. H. Esser 1990: 74; Hill 1990: 115-121; Heitmeyer 1997a). Für Kurz waren „anomische Tendenzen" (1965: 831) bei den italienischen Arbeitern angesichts des von ihr ja festgestellten „reibungslosen Zusammenlebens der Italiener im Lager" nur „scheinbar" (ebd.): Die Totalfunktion (Kurz) der süditalienischen Familie hatte die persönliche Desorganisation in der Bundesrepublik vorerst verhindert.

Anomie (allg. 'Gesetzlosigkeit') gilt seit Emile Durkheim (1858-1917) als Zustand der gesellschaftlichen Desorganisation, als mangelnde Solidarität und Autorität in der arbeitsteiligen Gesellschaft (vgl. Durkheim 1988: 437f.). Durch Industrialisierung und sozialen Wandel wird das System der gesamtgesellschaftlich verbindlichen Normen und Übereinkünfte gefährdet. Gesellschaftlich hoch bewertete Ziele (etwa zu Wohlstand zu gelangen) und die Möglichkeiten, diese zu erreichen, klaffen auseinander: Diejenigen, denen diese Möglichkeiten nicht zugänglich sind, 'müssen' sich - wollen sie an den Zielen gleichwohl festhalten - abweichend verhalten, z.B. kriminell werden (vgl. Merton 1968).[54] Mit *Anomie* ist im allgemeinen ein gesellschaftlicher Zustand der Desorganisation gemeint; in der Migrationsforschung wird er jedoch ausschließlich für die individuelle Desorganisation der Migrantinnen und Migranten verwandt. Hoffmann-Nowotny (1973) hat mit dem Begriff der *anomischen* Spannungen (für das Verhältnis zwischen Einheimischen und Zuwanderern) den wichtigen Versuch unternommen, gesellschaftlich-strukturelle mit individuell-psychologischen Aspekten der 'Normlosigkeit' zu verbinden (vgl. hierzu Abschnitt 6.1 dieser Arbeit). Für die erste Generation stellte er fest, „daß das Nähren einer 'Heimkehrillusion' einer der Mechanismen ist, die es möglich machen, die marginale Situation und die damit verbundene Anomie zu ertragen" (a.a.O.: 176).

Die Betroffenen selbst setzten sich gegenüber Benachteiligungen und Diskriminierungen kaum zur Wehr. Die Wohnsituation, die „bis in die späten 70er Jahre das von außen sichtbarste Zeichen ihrer Unterprivilegierung und Benachteiligung" (Herbert 1986: 204) blieb, sensibilisierte jedoch seit Anfang der 60er Jahre einen kleinen Teil der bundesdeutschen Öffentlichkeit (Presse, Gewerkschaften, Wohlfahrtsverbände). Anfang der 70er Jahre begann die Forschung über die Gastarbeiter, Gastarbeiterinnen und ihre Familien in der Bundesrepublik - als Auftragsforschung einerseits und als kritisch-informative Aufklärung andererseits. Ein Beispiel für die Auftragsforschung war die 1971 vom Magistrat der Stadt Frankfurt am Main[55] in Auftrag gegebene Untersu-

---

54 Zum Vergleich und zur Kritik der Anomie-Begriffe von Durkheim und Merton siehe Elias/Scotson 1990: Exkurs 2 („Notiz über die Begriffe 'soziale Struktur' und 'Anomie'). Neuerdings findet der Anomie-Begriff wieder verstärkt Beachtung; vgl. hierzu Heitmeyer (1997a).
55 In Frankfurt am Main kam Anfang der 70er Jahre ein ausländischer auf einen deutschen Arbeiter (vgl. Borris 1973: 129). Im Jahr 1994 ist Frankfurt am Main die deutsche Stadt mit dem höchsten Ausländeranteil von 29,2%, gefolgt von Stuttgart

chung, die in einem Sofortprogramm zur infrastrukturellen Versorgung der ausländischen Familien in Frankfurt mündete (vgl. Borris 1973). Ebenfalls 1971 erschien der informative und aufklärende Sammelband von Mitarbeitern des *Sozialwissenschaftlichen Instituts der Evangelischen Kirchen* über „Gastarbeiter = Mitbürger" (Leudesdorff/Zillessen 1971). In beiden Untersuchungen wurde für eine Politik der Integration plädiert, und es wurde mehr Aufmerksamkeit für die zweite Generation, für die Kinder der ausländischen Arbeitnehmer[56], gefordert (vgl. hierzu den folgenden Abschnitt 5.3).

Die später so bezeichnete *erste Generation der Gastarbeiterinnen und Gastarbeiter* war in der Anfangsphase ihres jeweiligen Aufenthalts weder integriert noch partiell assimiliert. Meines Erachtens wird das Anpassungsniveau der *Akkommodation* (vgl. den *race* oder *ethnic relations cycle*) erst mit dem Beginn der Niederlassung erreicht. Erst mit dem 'Nachholen' der Familien, wofür sich viele Arbeiter und Arbeiterinnen relativ schnell entscheiden, oder mit der Aufnahme privater Beziehungen zu Einheimischen oder anderen Zugewanderten setzt ein Anpassungsprozeß ein, der über die rein funktionale Anpassung im Arbeitsbereich hinausgeht. Und selbst dann bleibt der 'Erfolg' der Integration zweifelhaft. Detlev Ipsen (1977) hat aus einer Mitte der 70er Jahre durchgeführten Befragung von griechischen, türkischen, italienischen und deutschen Arbeitern in Mannheim den Schluß gezogen, daß auch nach zehn und mehr Jahren Aufenthalt weder von einer materiellen noch von einer ideologischen Integration gesprochen werden könne: „Mäßige materielle Verhältnisse [d.h. relativ schlechte Wohn- und Arbeitsbedingungen; A.T.] führen ... zu einer resignativen Anpassung an schlechte Verhältnisse" (Ipsen 1977: 423).

Für diesen relativ stabilen Zustand ist der Begriff der *Akkommodation* zutreffend: Nach Konflikten mit den Einheimischen ziehen sich die Einwanderer auf untere Positionen zurück. Eine Angleichung findet nur insofern statt, als das Nebeneinanderherleben dann relativ konfliktlos sein kann - solange die Zuwanderer sich mit ihrer schlechteren Position begnügen. Es stellt sich die Frage, was auf die Akkommodation folgt: Nach dem Stufenmodell von Taft (1957) wäre die optimale Assimilations-Sequenz diejenige, die mit der Akkommodation an die Verhaltensanforderungen des Gastlandes beginnt und mit Identifikation und Normenkonvergenz endet (a.a.O.: 152; vgl. Abschnitt 4.1 dieser Arbeit). Die Angemessenheit dieser Modell-Annahme für die Situation der 'Gastarbeiterinnen' und 'Gastarbeiter' nach der Niederlassung wird im folgenden Abschnitt diskutiert.

(24,0%), München (22,9%) und Köln (19,4%). Zum Vergleich: 12,6% der Bevölkerung Berlins und 2,1% der Bevölkerung Dresdens sind Nicht-Deutsche (vgl. *Bericht der Beauftragten der Bundesregierung für Ausländerfragen* 1997: Anhang, Tab. 11).

56 „Die 'Bundesanstalt für Arbeit' verwendet seit 1970 die bereits 1966 vom Präsidenten der 'Bundesvereinigung der Arbeitgeberverbände' vorgeschlagene Bezeichnung ausländische Arbeitnehmer" (Essinger 1977: 61).

5.3 Dimensionen der Eingliederung nach der Niederlassung

In diesem Abschnitt geht es um die Situation der Gastarbeiter und Gastarbeiterinnen als de-facto-Einwanderer und Einwanderinnen, zu denen sie im Lauf der Jahre geworden sind.[57] Es sollen

- das politisch-normative Konzept der *Integration* (vgl. Abschnitt 3.2) mit den soziologischen Integrations-Begriffen verglichen,
- die Konzepte einer Eingliederungsforschung (die *integrative, akkulturative* und *assimilative* Prozesse umfaßt) dargestellt und begrifflich vereinheitlicht,
- die heutige Situation der ausländischen Bevölkerung anhand verschiedener *Eingliederungs-Dimensionen* analysiert
- und die jüngsten Analysen, die nicht (mehr) Eingliederung, sondern *Ausgrenzung* thematisieren, skizziert.

In Abschnitt 3.2 wurde die Entstehung und Weiterentwicklung des politisch-normativen Integrations-Konzeptes skizziert. Die politische Phase, in der unter *Integration* nicht nur die Anpassung der Ausländerinnen und Ausländer an die bundesrepublikanische Gesellschaft, sondern auch die Herstellung von Gleichberechtigung durch die Mitglieder, die gesetzgeberischen Instanzen und die Institutionen der Aufnahmegesellschaft verstanden wurde, war nur von kurzer Dauer. Ganz im Gegenteil fand man mit der sog. *Rückkehrförderung* (die von 250.000 Personen in Anspruch genommen wurde) als Instrument der Reduzierung der ausländischen Wohnbevölkerung und der ausländischen Beschäftigten zu Beginn der 80er Jahre das Pendant zur Anwerbepolitik der 50er und 60er Jahre. Bis zum gegenwärtigen Zeitpunkt, Ende der 90er Jahre, weichen die Regierungsparteien in der Bundesrepublik nicht von der Prämisse eines 'Nicht-Einwanderungslandes' ab, begrenzen die Zuwanderung und erhöhen den Druck auf die Zugewanderten (vgl. beispielhaft Schönbohm 1997).

So wurde der Integrations-Begriff wieder Bestandteil jenes Politik-Verständnisses, das nur die Alternative *Integration* (verstanden als Einfügung der Zuwanderer in die bundesdeutsche Gesellschaft) oder *Rückkehr* kennt. Mit diesem Kalkül ist implizit die Annahme verbunden, daß Spannungen zwischen Einheimischen und Zuwanderern primär von den Zuwanderern verursacht werden und nur dadurch abgebaut werden können, daß die Zuwanderer unauffälliger werden oder in ihre Herkunftsländer oder die ihrer Eltern zurückkehren.

In der Soziologie ist mit dem Integrations-Begriff etwas völlig anderes gemeint als in der Politik. Aber auch der soziologische Integrationsbegriff ist nicht einheitlich. Herbert Spencer (1820-1903) und vor allem der Begründer des Struk-

---

57 Von den 14 Mill. Gastarbeitern, die zwischen 1955 und 1973 in die Bundesrepublik gekommen waren, kehrten 11 Mill. wieder zurück (vgl. Nuscheler 1995: 115), d.h., 3 Mill. waren de facto eingewandert.

turfunktionalismus, Talcott Parsons (1902-1979), bezogen Integration auf ein gesellschaftliches Gesamtsystem. *Integration* ist für sie die (Wieder-)Herstellung eines Ganzen, die Vereinigung einer Vielheit zu einer Ganzheit. Für Parsons sind nur integrierte Systeme stabile Systeme; insofern dient Integration dem Erhalt des Systems. In solcher Art von Systemen stimmen Werte, Normen und die Möglichkeiten, diese zu erreichen, weitgehend überein. Integration ist das Gegenteil von Desorganisation oder *Anomie*. Zusammen mit den Begriffen der Funktionalität, Stabilität und des Konsens' gehört Integration zu den Grundbegriffen der strukturfunktionalistischen Theorie (vgl. Parsons 1964). In einem neueren Artikel definiert Richard Münch, der in der Tradition von Parsons steht, *soziale Integration* als den „Zustand der Gesellschaft, in dem alle ihre Teile fest miteinander verbunden sind und eine nach außen abgegrenzte Einheit bilden" (Münch 1997: 66).

Die Migrationssoziologie, für die *Integration* lange Zeit der zentrale Begriff war, hat sich seiner politisch-normativen Verwendung insoweit angeschlossen, als sie Integration ausschließlich als Anpassung der Zuwanderer verstand, wenn man auch bestimmte Bedingungen auf Seiten der Aufnahmegesellschaft für einen erfolgreichen Integrationsprozeß voraussetzte. Der anglo-amerikanische Begriff der *Assimilation* wurde nach und nach in diese Konzepte ‚integriert' und entsprechend der Gastarbeiter-Situation, die man von der Einwanderungs-Situation abgesetzt sehen wollte, modifiziert.

Der Züricher Soziologe Hans-Joachim Hoffmann-Nowotny beispielsweise unterscheidet zwischen *Integration* als Teilhabe der Zuwanderer an der Statusstruktur (bezüglich beruflicher Stellung, Einkommen, Bildung, rechtlicher Stellung, Wohnen) und *Assimilation* als Angleichung an die Kultur der Aufnahmegesellschaft (bezüglich Sprache und Wertorientierung) (vgl. Hoffmann-Nowotny 1973: 171ff.). Im Gegensatz zur politisch-normativen Diskussion, welche die Integrationsbereitschaft als Problem bzw. Erfordernis der Einwanderer betrachtet, weist Hoffmann-Nowotny auf die notwendigen ‚Vorleistungen' der Aufnahmegesellschaft hin. Assimilation setze Integration voraus:

„Wenn also von den Gastarbeitern verlangt wird, sie sollten sich als erstes den Bräuchen, Gewohnheiten und Sitten des Einwanderungslandes anpassen, ehe man weitersehen könne ..., so ist dagegen aus soziologischer Sicht einzuwenden, daß *Assimilationsbereitschaft* und Assimilation der Gastarbeiter primär eine *Funktion der Integrationsbereitschaft* des aufnehmenden Landes sind. Wenn aber ... die Gastarbeiter in den Einwanderungsländern am Rande der Gesellschaft fixiert werden, dann ist auch nicht zu erwarten, daß sie besondere Anstrengungen zur *Teilhabe an der Kultur* des Einwanderungslandes auf sich nehmen" (Hoffmann-Nowotny 1987: 61f.; Hervorh. im Original).

In seiner grundlegenden Arbeit „Aspekte der Wanderungssoziologie" (1980) hat dann Hartmut Esser eine umfassende Theorie zur „Assimilation und Integration von Wanderern, ethnischen Gruppen und Minderheiten", so der Untertitel, vorgelegt. Stärker als andere Ansätze, die bis dahin zudem eher problemorientiert, bereichsspezifisch (also etwa auf die Wohn- oder auf die Schulsituation bezogen) und deskriptiv denn theoretisch weiterführend waren, versuchte er, die anglo-amerikanischen Konzepte (s. Kap. 4 dieser Arbeit) in der deutschsprachigen Diskussion zu verankern.

Für H. Esser sind die Gemeinsamkeiten in den Anpassungsverläufen von Einwanderern bzw. Gastarbeitern entscheidender als die Unterschiede; deshalb spricht er auch von *Wanderungssoziologie* und nicht etwa von *Ausländerforschung*. Die Aufnahme des Assimilations-Begriffes in der westdeutschen Migranten- und Migrationsforschung geht auf ihn zurück. Zwar ließen sich die politischen Bedenken gegen den Assimilations-Begriff wegen der Konnotationen der *Amerikanisierung* bzw. *Germanisierung* nie ganz ausräumen (vgl. Bayaz/ Weber 1984; H. Esser 1990: 73), aber auf der anderen Seite hat sich die wissenschaftliche Fruchtbarkeit des Esserschen Ansatzes doch in vielen Studien, auf die im weiteren Text noch näher eingegangen wird, bewährt.

Bezüglich des Verhältnisses von zugewanderter Minderheit und einheimischer Mehrheit unterscheidet Esser drei Formen (vgl. 1980: 20-25):

1. Unter *Akkulturation* versteht er den Prozeß der Angleichung, der als Lernen kulturell üblicher Verhaltensweisen und Orientierungen zu verstehen ist;

2. *Assimilation* sei der Zustand der Ähnlichkeit des Wanderers in Handlungsweisen, Orientierungen und interaktiver Verflechtung zum Aufnahmesystem;

3. *Integration* definiert er als einen personalen oder relationalen Gleichgewichtszustand.[58]

Akkulturation und Assimilation beziehen sich beide auf die Angleichung (bisher: Assimilation) der Zuwanderer an die Aufnahmegesellschaft, wobei mit Akkulturation der Prozeß und mit Assimilation das 'Ergebnis' (Zustand) der Angleichung gemeint sind. Paul Bernhard Hill, der Essers Ansatz für seine Untersuchung über Determinanten der Eingliederung von Arbeitsmigranten (1984) verwandte, betonte, daß es keine festgelegten Verbindungen (Verknüpfungsregeln) zwischen Akkulturation, Assimilation und Integration und auch keine 'Automatismen' innerhalb dieser Dimensionen gibt: „Betrachtet man den Fall eines Wanderers, der in einer ethnischen Kolonie nahezu vollständig von dem Aufnahmesystem isoliert lebt, so gilt er absolut als integriert, wenn er in einen persönlichen Gleichgewicht verweilt; da er jedoch keinerlei interethnische Beziehungen unterhält, kann er nicht als relational integriert gelten" (Hill 1984: 39).

---

58 Esser verlagert das oben skizzierte klassisch soziologische Verständnis von Integration von der System- oder Gesellschaftsebene auf die Ebene von Personen (*personale* Integration; z.B. Zufriedenheit) oder Gruppen (*relationale* Integration).

Im Mittelpunkt des Esserschen Ansatzes stehen die sog. *assimilativen Handlungen* der Wanderer. Esser unterscheidet verschiedene Dimensionen der Assimilation (s. Abbildung 16).

Abbildung 16: Einzeldimensionen der Assimilation

allgemeine Variablen	*spezifische Variablen*
kognitive Assimilation	Sprache
	Fertigkeiten
	Verhaltenssicherheit
	Regelkompetenz für Gestik und Gebräuche
	Normenkenntnis
	Situationserkennung
identifikative Assimilation	Rückkehrabsicht
	Naturalisierungsabsicht
	ethnische Zugehörigkeitsdefinition
	Beibehaltung ethnischer Gebräuche
	politisches Verhalten
soziale Assimilation	formelle und informelle interethnische Kontakte
	De-Segregation
	Partizipation an Einrichtungen des Aufnahmesystems
strukturelle Assimilation	Einkommen
	Berufsprestige
	Positionsbesetzung
	vertikale Mobilität
	De-Segregation

(Quelle: nach H. Esser 1980: 221)

Aus den Variablen, die Esser der *strukturellen Assimilation* zuordnet, geht hervor, daß er darunter etwas anderes versteht als Gordon. Für Gordon (1964; vgl. Abschnitt 4.2 dieser Arbeit) ist die strukturelle Assimilation Schaltstelle und Endpunkt des Angleichungsprozesses, an dem die Zuwanderinnen und Zuwanderer auch Primärkontakte zu Gruppen der Einheimischen haben und über diese Kontakte Zugang zu Gruppen und Institutionen der Aufnahmegesellschaft erhalten. Entsprechend faßte Eisenstadt (1954) seinen Begriff der *institutionellen Verteilung*. Da aber interethnische Kontakte auch nach Generationen nur in geringem Ausmaß zu verzeichnen seien, hielten Gordon (für die USA) und Eisenstadt (für Israel) diesen Ideal- bzw. Endzustand für nicht erreicht. Esser bezeichnete die Kontakt-Dimension des Assimilations-Prozesses als *soziale Assimilation*. In der Vorstellung eines modellhaften Ablaufes lehnte sich Esser stärker an Taft (1957) und Richardson (1957) an, bei denen die *identifikative Assimilation* oder *Identifikation* ebenfalls den Endpunkt bildeten.

Der Gordonsche Begriff der *strukturellen* Assimilation wurde *nicht* für den Bereich der Primärkontakte und die daraus folgende Angleichung an Gruppen und Institutionen des Aufnahmelandes verwendet, sondern (verständlicherweise!) als die Angleichung an die institutionelle und vor allem berufliche Positionsstruktur rezipiert. Gordons *strukturelle Assimilation* wurde so mit Hoffmann-Nowotnys *Integration* gleichgesetzt. Für Esser sind *assimilative Handlungen* der Wanderer um so wahrscheinlicher, je positiver die Variablen der Person und je geringer mögliche persönliche Widerstände bzw. Hindernisse der Umgebung sind. Diese Handlungen werden aufgrund bestimmter Zielerwartungen ausgewählt (vgl. H. Esser 1980: 209-235).

Die folgenden begrifflichen Festlegungen dienen der Vereinheitlichung für die weitere Argumentation:

1. Als *Sammelbezeichnung* für die Untersuchungen verschiedener Autorinnen und Autoren zur Assimilation, Integration oder Akkulturation (mit ihrer jeweils uneinheitlichen Terminologie) wird im folgenden der Begriff der *Eingliederung* bzw. *Eingliederungsforschung* verwandt.

2. Während der *Assimilationsbegriff* von Anfang an mit der Einwanderungs- und Minoritätenforschung eng verbunden war (vgl. Abschnitt 4.1), führt *Integration* als „eine allgegenwärtige Kategorie" (Ikonomu 1989: 282) der Soziologie einerseits und als politisch-normatives Konzept andererseits zu Mißverständnissen. Ich möchte den Integrations-Begriff auf diese beiden Kontexte beschränken und verzichte darauf, ihn darüberhinaus als Begriff der Wanderungssoziologie zu verwenden. Stattdessen wird am Assimilationsbegriff angeknüpft, der weiter auszudifferenzieren ist.

3. Der Begriff der *Assimilation* wird so beibehalten, wie er in der anglo-amerikanischen Diskussion festgelegt wurde. *Assimilation* ist also die (einseitige) Angleichung der Zuwanderinnen und Zuwanderer an die Aufnahmegesellschaft - es sei denn, man spricht ausdrücklich von *interaktionistischer* Assimilation (vgl. Taft 1957; Price 1969). Auch in der deutschsprachigen Forschung steht Assimilation nicht für einen beiderseitigen Prozeß. Als unvermeidlich, wie es die Chicagoer Schule noch angenommen hatte, gilt die Angleichung der Zuwanderinnen und Zuwanderer jedoch nicht mehr (vgl. Hill 1984: Kap. 3). „Assimilation findet typischerweise einseitig, gerichtet auf eine - i.d.R. dominante - Fremdgruppe hin statt und beinhaltet grundsätzlich eine Veränderung, bzw. Übernahme kultureller Standards, Muster und Werte" (Goetze 1987: 71).

4. Die *Dimensionen der Assimilation* sind angelehnt an die Essersche Terminologie (lt. Abb. 16), wie sie sich in den migrationssoziologischen Publikationen durchgesetzt (vgl. u.a. E. Esser 1982; Hill 1984; Nauck 1985; Frogner 1994; Seifert 1995) und auch in pädagogische und historische Ansätze Eingang gefunden hat (vgl. Hamburger 1984; Bade 1984; Helbich 1988). Allerdings verstehe ich unter *Assimilation* nicht einen *Zustand* der Ähnlichkeit, sondern den *Prozeß* der (graduellen) Angleichung.

Der Eingliederungsprozeß der Einwanderinnen und Einwanderer in der Bundesrepublik wird anhand der folgenden Dimensionen analysiert (vgl. H. Esser 1980 und Hill 1984: 92f.):

- der *kognitiven Assimilation* (Wissen und Kenntnisse über die neue Umwelt, insbesondere Sprachkenntnisse),
- der *strukturellen Assimilation* (insbesondere berufliche Eingliederung),
- der *sozialen Assimilation* (über interethnische Kontakte) und
- der *identifikativen Assimilation* (gefühlsmäßige Assimilation; Identitätswandel).[59]

Mit Esser und in Anlehnung an die Stufenmodelle der Einwanderungsforschung (vgl. Kap. 4) gehe ich von einer hypothetischen Kausalstruktur der Assimilations-Dimensionen aus: Die *kognitive* Assimilation leitet den Assimilations-Prozeß ein, sie begünstigt die *strukturelle* und diese wiederum die *soziale* Assimilation. Die *identifikative* Assimilation schließt den Assimilations-Prozeß ab (vgl. H. Esser 1980: 194). Nach dieser Modellannahme steht und fällt der gesamte Prozeß mit der *kognitiven* Assimilation, insbesondere mit dem Spracherwerb bzw. der Sprachbeherrschung.

In Abschnitt 5.2 wurde in Anlehnung bzw. in Neuinterpretation der Untersuchung von Kurz (1965) festgestellt, daß die erste Generation in der ersten Phase der Zuwanderung nicht einmal partiell assimiliert war. Die Gastarbeiter und Gastarbeiterinnen lebten und wohnten relativ isoliert von den Einheimischen und hatten zu diesen nur sekundäre, d.h. formelle (Arbeits-) Kontakte. Bezugsgruppe war und blieb zunächst die Herkunftsgesellschaft bzw. der Teil von ihr, der sich ebenfalls im Aufnahmeland befand (vgl. hierzu auch Heckmanns [1981] Begriff der *Einwanderergesellschaft*; vgl. Abschnitt 7.2).

Es stellt sich nun die Frage, wie assimiliert die ehemaligen Gastarbeiter und Gastarbeiterinnen (*erste Generation*) heute sind und ob (und wenn ja, welche) Unterschiede zwischen ihnen und den Angehörigen der *zweiten* bzw. der *dritten Generation* bestehen. Zur Beantwortung dieser Frage soll auf verschiedene, während der 80er und 90er Jahre veröffentlichte Untersuchungen zurückgegriffen werden, vor allem jedoch auf die Ergebnisse eines der großen Projekte der bundesdeutschen Migrationsforschung, das von der *Deutschen Forschungsgemeinschaft* geförderte Projekt zum Thema „Kulturelle und ethnische Identität" (vgl. H. Esser/Friedrichs 1990).

Die kognitive, strukturelle, soziale und identifikative Assimilation (und den Zusammenhang der Dimensionen) der beiden Generationen sollen im Überblick dargestellt werden, wobei ich mich auf den Aspekt der *Wohnsituation* (als räumliche Segregation bzw. De-Segregation) konzentrieren will. Aus Abbildung 16 geht hervor, daß die Wohnsituation der Zuwanderinnen und Zuwanderer im Aufnahmeland bzw. ihre räumliche 'Anordnung' während des Eingliederungsprozesses mit De-Segregations-Tendenzen in sozialer und struktureller

---

[59] In Anlehnung an Taft (1957) und in Beibehaltung des Begriffsverständnisses aus Kap. 4 (vgl. insbesondere Abschnitt 4.4) setze ich *identifikative* und *vollständige* Assimilation gleich.

Hinsicht verbunden sein soll. Die Auflösung ethnischer Kolonien und damit die Entstehung gemischt-nationaler Wohn- und Siedlungsstrukturen gilt als zentraler Aspekt der *strukturellen* wie der *sozialen* Assimilation:

> „Wohnlagen sowie Größe und Ausstattung von Wohnungen sind wichtige Indikatoren für den Grad der sozialen Integration von Migranten. Jene, die nur für eine bestimmte Zeit im Zielland bleiben wollen, werden kaum Ansprüche an ihre Unterkunft stellen, sondern versuchen, möglichst viel Geld für die Zeit nach der Rückkehr zu sparen. Die Chancen bzgl. Wohnlagen und Wohnungsausstattung bestehen hingegen bei jenen Migranten, die auf Dauer im Zielland bleiben wollen" (Seifert 1998: 55).

Das Verlassen des ethnisch relativ homogenen Wohnumfelds (d.h.: des Wohnheimes oder des 'Ausländerviertels'), so die Annahme, würde einen Wechsel der Bezugsgruppen nach sich ziehen und den sozialen Aufstieg erleichtern. Doch zunächst zur *kognitiven* Assimilation.

Kognitive Assimilation

Der Erwerb von Kulturtechniken und das Erlernen der Sprache des Aufnahmelandes galten schon bei der Chicagoer Schule als unabdingbare Voraussetzung der Eingliederung: Das 'Sprechen einer gemeinsamen Sprache' ist mehr als nur eine äußerliche Anpassung, sondern ein wichtiges Instrument beim Wechsel der Gruppenzugehörigkeit oder der Bezugsgruppe (vgl. Taft 1957: 145; Park/ Burgess 1921: 737)). Von jemandem zu sagen, sie oder er spricht nicht unsere Sprache, heißt so viel wie: 'Sie oder er gehört nicht zu uns, ist nicht wie wir, wir verstehen sie oder ihn nicht.' Deshalb gehört der Spracherwerb bei den Stufenmodellen (gleichgültig ob von Park, Taft oder Esser) immer zur ersten oder einer der ersten Stufen.

Auch im jüngsten Bericht der Ausländerbeauftragten rangiert der Spracherwerb an zentraler Stelle:

> „Kenntnisse der deutschen Sprache sind zentrale Bedingung für die Integration der Migranten in Deutschland. Deshalb muß sich an Migranten die Erwartung richten, die deutsche Sprache zu erlernen. Voraussetzung für Gleichberechtigung und Chancengleichheit sind Lebensverhältnisse, bei denen eine Person mit ihrer Umwelt in Beziehung treten kann, sich so als Mitglied einer Gesellschaft und nicht als deren Fremdkörper fühlt" (*Beauftragte der Bundesregierung für Ausländerfragen* 1997: 42).

Sprache hat eine starke symbolische Funktion: Unterhalten sich Menschen in der Öffentlichkeit in einer anderen als der Sprache der Einheimischen (und gar noch lebhaft), so fallen sie alleine deshalb auf. Das Sprechen einer fremden Sprache kann soziale Distanz, d.h. Abwehrreaktionen hervorrufen, u.U. wirkt sie auch anziehend (exotisch). Die Emotionalisierung der Sprachdebatte ist ein durchgängiges Muster aller regionalen, kulturellen oder nationalen Konflikte.

Das Festhalten an der eigenen Sprache bringt Minderheiten in unterschiedliche Konflikte mit Regimen, Regierungen oder der Bevölkerungsmehrheit. Eine eigene Sprache und Kultur werden gewaltsam unterdrückt (Kurdistan), partiell zugelassen (Euskadi [Baskenland]), staatlich gefördert (durch Unterstützung von Einwanderergruppen in Schweden) oder der bildungspolitischen Entscheidung der Bundesländer überlassen (wie bei dem Streit über sog. Regel- oder Nationalklassen in der Bundesrepublik). Entscheidungen über die Sprache, in der Kinder unterrichtet werden, rangiert auf der politischen Agenda von Einwanderungsgesellschaften ganz oben, wie der Streit über die sog. *Proposition 227*, mit der bisherige Zweisprachigkeitsprogramme zugunsten des Englischen aufgegeben werden sollen, in Kalifornien zeigt (vgl. *Frankfurter Allgemeine Zeitung* vom 2.6.98; s. auch Abb. 5 dieser Arbeit).

Selbst in Schweden, wo die Einwanderungsbehörden mit dem Sprachproblem durch die Förderung der Zweisprachigkeit (Garantierung muttersprachlichen Unterrichts für alle Einwandererkinder; vgl. Gogolin 1995) relativ tolerant umgehen, scheint der alltägliche Umgang zwischen Mehrheit und Minderheiten nicht konfliktfreier. Die Einwanderinnen und Einwanderer gehen in der Regel davon aus, daß die Einheimischen ablehnend reagieren und versuchen deshalb selbst, diese Art von Auffälligkeit zu vermeiden. Magdalena Jaakkola (1985) nannte die Situation der finnischen Einwanderer (der größten Einwanderergruppe) in Schweden eine 'Subkultur des Schweigens'. Einige Finnen würden „in der Öffentlichkeit nur flüstern oder überhaupt nicht sprechen":

„Einige grüßen sich nicht auf der Straße, um keine Aufmerksamkeit auf sich zu ziehen, und einige schämen sich dafür, daß ihre Landsleute laut in Bussen sprechen. Einige sagen nichts, wenn sie das Telefon beantworten [gemeint ist wohl: melden sich nicht, wenn sie den Hörer abnehmen; A.T.], aus Furcht, daß die Person am anderen Ende der Leitung möglicherweise ein Schwede ist" (a.a.O.: 265).

In der Bundesrepublik wurde Ende der 70er, Anfang der 80er Jahre, als man Integration um jeden Preis wollte, eine emotionsgeladene Debatte über die 'richtige' Unterrichtsform geführt. Der Wunsch der Eltern nach muttersprachlichem Unterricht galt als ebenso rückständig wie die Entscheidung der bayrischen Landesregierung, türkische, griechische oder jugoslawische Nationalklassen einzurichten. Heute gibt es griechische Nationalschulen, die völlig am griechischen Schulsystem ausgerichtet sind und gleichzeitig deutsch-italienische Schulen, die das Ziel einer wechselseitigen Integration von einheimischen und italienischen Schülern verfolgen (vgl. *Beauftragte der Bundesregierung für Ausländerfragen* 1997: 152f.). Die Mehrheit der Kinder und Jugendlichen mit nicht-deutscher Staatsangehörigkeit besucht jedoch die deutsche Regelschule, an der spezifische Angebote wie Sprachkurse, Religionsunterricht für muslimische Kinder und Förderkurse angeboten werden, allerdings häufig in zu geringem Umfang.[60]

In der Bundesrepublik war der Anteil der ausländischen Frauen (mit 32,2%) und der ausländischen Männer (mit 19,5%), die keine oder nur geringe Deutschkenntnisse hatten, in den 70er Jahren noch relativ hoch; „die ausgesprochen beste sprachliche Eingliederung jedoch hat sich bei den ledigen berufstätigen Frauen vollzogen" (E. Esser 1982: 198). Die Sprachkenntnisse der türkischen Beschäftigten und der türkischen Wohnbevölkerung als der 'jüngsten' Zuwanderergruppe waren zu diesem Zeitpunkt sehr gering (vgl. Kremer/Spangenberg 1980: 41). In den 90er Jahren hat diese Gruppe aufgeholt (17% der Griechen, Italiener und Türken gaben in gleicher Weise an, sehr gut Deutsch zu sprechen), während jetzt die schlechtesten Deutschkenntnisse bei den Neuzuwanderern aus dem ehemaligen Jugoslawien festzustellen sind, und unter diesen vor allem bei den Frauen (vgl. *Repräsentativuntersuchung '95*: Kap. 10.1).

Für die *erste* Generation stellte Hill fest, daß Sprachkenntnisse nicht zwangsläufig die Eingliederung beschleunigen, da die Statusdimension Beruf der kognitiven Dimension *Sprache* vorzuordnen sei (vgl. Hill 1984: 181). Die ehemaligen Gastarbeiterinnen und Gastarbeiter sind in nur geringem Umfang beruflich aufgestiegen (vgl. Abschnitt 5.1):

„Ein Zuwachs an Deutschkenntnissen kann dazu führen, daß es im Tätigkeitsfeld von gering qualifizierten Arbeitnehmern zu einer Veränderung kommt, also z.B. weniger monotone Arbeiten zu verrichten sind. Darüber hinaus aber ist kaum eine Mobilität (etwa vom Hilfsarbeiter zum Facharbeiter) zu verzeichnen, und somit kann auch keine Varianz in diesem Merkmal durch die Sprachkenntnisse erklärt werden" (Hill 1984: 180).

Allerdings sind Sprachkenntnisse bei Angehörigen der ersten Generation „der zentrale Faktor zur Erklärung der *sozialen* Assimilation" (Alpheis 1990: 163; Hervorh. A.T.).

Bezüglich der zweiten und dritten Generation machen die bereits zitierten Begriffe des *Paß-Ausländers* bzw. des *Bildungsinländers* für die Schülerinnen und Schüler nicht-deutscher Nationalität (vgl. Abschnitt 4.4) deutlich, daß die zweite und die dritte Generation im kognitiven Bereich (Kulturtechniken, Sprache) einen deutlichen Assimilations-Vorsprung vor der ersten Generation haben. Angesichts von Massenarbeitslosigkeit, Lehrstellenmangel und geringer Mobilitätschancen konnten und können die ausländischen Jugendlichen diesen Vorsprung jedoch nicht nutzen: „Grundsätzlich handelt es sich bei den Kindern der Gastarbeiter um eine geteilte Generation, eine Generation überdies, die vielfach die monetären Gewinne der Arbeit im Ausland, welche die Elterngeneration erzielen konnte, durch eine Benachteiligung bei der Ausbildung und

---

60 Vgl. für die Sprachdebatte die Arbeiten der Erziehungswissenschaftlerin Ingrid Gogolin (1994, 1995).

später auf dem Arbeitsmarkt - und zwar sowohl in der Heimat als auch im Ausland - bezahlen muß" (Lichtenberger 1984: 506). Aus der Studie von Heitmeyer u.a. (1997) über türkische Jugendliche geht hervor, daß diese ein auffallend hohes Aspirationsniveau bezüglich Bildung und Beruf haben, also sehr aufstiegsorientiert sind (42% wollen studieren), diese Wünsche jedoch nur sehr bedingt umsetzen können (vgl. a.a.O.: 49f.). Gegenwärtig wird die Situation der dritten Generation häufig sogar als schlechter eingeschätzt als die der zweiten Generation (vgl. etwa Münz u.a. 1997: 181). Diese Überlegungen leiten über zur nächsten Assimilationsdimension nach Esser, der strukturellen Assimilation.

Strukturelle Assimilation

Bei der *strukturellen* Assimilation geht es um die Frage, inwieweit die Migrantinnen und Migranten sich in das Statussystem (mit den Dimensionen Beruf, rechtliche Situation, Wohnsituation) der Aufnahmegesellschaft haben eingliedern können.

Eine Angleichung der ehemaligen Gastarbeiterinnen und Gastarbeiter an das berufliche Statussystem der Aufnahmegesellschaft hat nicht stattgefunden. Die Angehörigen der *ersten* Generation, von denen sich viele bereits im Ruhestand befinden, nahmen bzw. nehmen immer noch die untersten Positionen im Beschäftigungssystem ein. Bei der *zweiten* Generation stellt sich die strukturelle Assimilation, was die berufliche Situation angeht, nicht besser dar, wie Wolfgang Seifert in seiner Untersuchung zur „Mobilität der Migranten" (1995) resümierte:

„Die Untersuchung beruflicher Mobilitätsprozesse hat gezeigt, daß für die im Vergleich zu Deutschen geringere berufliche Mobilität und die schlechteren Einstiegsbedingungen der zweiten Generation vorwiegend strukturelle Hindernisse von Belang sind, und individuelle Faktoren, denen in Assimilationstheorien große Bedeutung zugemessen wird, kaum relevant sind. Bereits bei der Suche nach einem Ausbildungsplatz zeigt sich, daß auch Ausländer der zweiten Generation mit einem mittleren oder höheren Abschluß in weit geringerem Umfang Erfolg haben als Deutsche gleichen Alters" (a.a.O.: 256).

In ähnlicher Weise konstatierte die *Repräsentativuntersuchung '95*, daß sich ein Drittel der jungen Ausländer vergeblich um einen Ausbildungsplatz bemüht habe, wobei die Mädchen auf besondere Schwierigkeiten stoßen (vgl. a.a.O.: 37).

Hinsichtlich des Aufenthaltsstatus ist festzustellen, daß heute fast die Hälfte der Italiener, Griechen und Türken die *Aufenthaltsberechtigung*, also die 'beste' rechtliche Position im Rahmen des Ausländerrechts von 1990 besitzen, aber gerade bei den Jüngeren die Aufenthaltssicherheit abnimmt: „Fast jeder dritte junge Ausländer ist sich nicht sicher, ob er in Deutschland bleiben kann. Bei älteren Ausländern, insbesondere bei den 45jährigen und Älteren, tritt dieses Gefühl weit weniger häufig auf" (vgl. a.a.O.: 389). Diese Empfindung wurde und wird durch Erfahrungen fremdenfeindlicher Angriffe und Diskriminierungen einerseits und immer neue rechtliche Einschränkungen (wie z.B. die 1997 erlassene Verordnung zum sog. Kindervisum; s. Abb. 6b) in Abschnitt 3.2) bestärkt. Demgegenüber bekunden junge Ausländer wesentlich stärker als die erste Generation ein Interesse an Einbürgerung (vgl. auch die Bestimmungen gemäß § 85 des Ausländergesetzes „Erleichterte Einbürgerung junger Ausländer"; vgl. Sen 1996).

Im folgenden sei nun ausführlicher auf die Statusdimension der *Wohnung* bzw. der Wohnumwelt eingegangen, die seit der klassischen Einwanderungsforschung als zentral für die Assimilation angesehen wird.

Burgess (1925) hatte in seinem Modell der Stadtentwicklung festgestellt, daß sich die Einwanderer Chicagos (und anderer Städte mit vergleichbaren Strukturen) in der Übergangszone (*zone in transition*) ansiedeln würden (vgl. Abschnitt 4.1 dieser Arbeit und dort Abb. 11). In die bestehenden italienischen, griechischen und chinesischen Kolonien zogen auch die Neuankömmlinge aus den entsprechenden Ländern nach. In Bezug auf die jüdischen Bewohner dieses sog. *first immigration settlement* sprach Burgess von Ghetto (vgl. auch Wirth 1928), das sich an dieser Stelle stabilisiert. Für die Bewohner des Ghettos ist dieses Stadtgebiet nicht nur eine Übergangszone, sondern ein dauerhaftes Siedlungsgebiet. Burgess und andere Untersuchungen aus dem Umfeld der Chicagoer Schule, in der die Migrationssoziologie 'geboren' wurde, stellten fest, daß einige Gebiete um 1910 schon die vierte oder fünfte Gruppe an Einwanderinnen und Einwanderern erlebten, wobei die spätere Gruppe die vorherige verdrängte und/oder deren Platz einnahm (vgl. Hoffmeyer-Zlotnik 1977: 37).

Bezogen auf die betroffenen Stadtgebiete, insbesondere der zentrumsnahen *zone in transition*, sprach man von einem *Invasions-Sukzessions-Prozeß* (vgl. die klassische Untersuchung zur „Negro Population of Chicago" von Duncan/ Duncan 1957). Der Austausch der Bevölkerung oder der Nutzung eines Stadtgebietes (das ist hier mit 'Sukzession' gemeint) wird, so die Annahme, durch ökonomische Veränderungen, durch Verfall des Wohnungsbestandes und durch Modernisierung- bzw. Sanierungsmaßnahmen verursacht. Sukzession „beginnt dann, wenn eine eindeutig sozial anders bewertete Gruppe (in der Regel im Status niedriger bewertet) in ein Wohnquartier eindringt, invadiert, und somit die Segregation der Altbewohner stört und diese dadurch schließlich verdrängt" (Hoffmeyer-Zlotnik 1986b: 40).

Wie in Abschnitt 4.1 bereits ausgeführt, ging man davon aus, daß der soziale Aufstieg der verschiedenen Einwanderergruppen unvermeidlich und mit einer gleichmäßigeren Verteilung dieser Gruppen im Stadtgebiet zwangsläufig verbunden sei. Die klassische Hypothese der Sozialökologie hat Hannes Alpheis zusammengefaßt: „Ausgehend von der orientierenden Annahme, räumliche

Nähe führe zu Kontakten, Kontakte wiederum zur Übernahme von Verhaltensmustern, wird also im allgemeinen angenommen, daß sich Wohnen in einem Wohngebiet mit niedrigem Minoritäten-Anteil positiv auf alle Aspekte der Assimilation des Angehörigen der Minderheit auswirke" (a.a.O.: 156). Die Einwandererkolonien lösten sich jedoch nicht auf, sondern blieben bestehen, auch über mehrere Generationen. In den USA galt dies lange Zeit weniger für die 'alten' Einwanderer aus Irland, Deutschland oder den skandinavischen Ländern, sondern eher für die 'neuen' Einwanderer aus Italien oder Polen. Eine bahnbrechende Studie hierzu ist, unter Verwendung der Ansätze der Chicagoer Schule, in den 30er Jahren im North-End von Boston entstanden. William Foote Whytes Untersuchung zur „Street Corner Society" (1996) bezog sich auf die italienischen Viertel und seine Jugend-'Banden', die sich immer an derselben Straßenecke (deshalb der Titel des Buches) trafen. Dieses Buch gilt bis heute als Dokument für die von innen wie von außen bewirkte Stabilität *ethnischer Gemeinschaften*: „Und selbst wenn ein Mann vergessen will, daß er Italiener ist - die Gesellschaft um ihn her läßt ihn das nicht vergessen" (a.a.O.: 278).

Jürgen Hoffmeyer-Zlotnik hat in seiner Untersuchung über Berlin-Kreuzberg (1977) versucht, die sozialökologischen Annahmen der Chicagoer Schule und von Duncan/Duncan (1957) zur Stadtentwicklung auf bundesrepublikanische 'Gastarbeiter-Viertel' zu übertragen. Während Mitte der 70er Jahre „im untersuchten Invasionsgebiet der Türken noch die Deutschen dominieren" (Hoffmeyer-Zlotnik 1977: 161), hat Kreuzberg - seit den 80er Jahren und zumindest bis zur Öffnung der Mauer - eine türkisch dominierte Infrastruktur: „Die Arbeitsmigranten haben ihre Kolonie errichtet und leben, getrennt nach Ethnizitäten, unter Ihresgleichen, segregiert - und in einem 'Ghetto'" (Hoffmeyer-Zlotnik 1986b: 41), wenn auch immer wieder Mitglieder die Kolonie verlassen oder zu verlassen suchen.

Konzentrationen ethnischer Gruppen wie der türkischen Wohnbevölkerung in Berlin-Kreuzberg, Köln-Mülheim oder München-Hasenbergl (vgl. Heitmeyer u.a. 1997: 83) oder der algerischen Bevölkerung in den Banlieues von Paris, Marseille oder Lyon sind die Ursache dafür, daß die Öffentlichkeit vieler europäischer Staaten sich über ihren insgesamt eigentlich relativ niedrigen Ausländeranteil (s. Abb. 1) nicht im klaren ist. „Verglichen mit anderen europäischen [und anderen deutschen! A.T.] Städten ist der Ausländeranteil in Berlin z.B. noch nicht einmal sehr hoch, die Anwesenheit von 102 200 Türken bedeutet jedoch, daß innerhalb Berlins eine der größten 'türkischen Städte' zu finden ist", stellten Frey/Lubinski 1987 fest (a.a.O.: 57). Diese Situation besteht Mitte der 90er Jahre (138.000 Personen türkischer Herkunft in Berlin) unverändert. Auch in manchen Schulen (vor allem: Hauptschulen) und in manchen Stadtbezirken Berlins, Frankfurts oder Stuttgarts sind die Einwanderinnen und Einwanderer in der Mehrheit: Solche Konzentrationen ziehen verständlicherweise mehr Aufmerksamkeit auf sich als die durchschnittliche 'Normalverteilung'.

Die 'gleichmäßige Verteilung' der Zuwanderinnen und Zuwanderer auf die Aufnahmegesellschaften weicht also bezüglich bestimmter Regionen, der Geburtenziffern (die sich allerdings denen der Einheimischen immer mehr angleichen), der Nationalitäten, Beschäftigungsbranchen (s. Abschnitt 5.1) und bestimmter Altersgruppen ab. Verglichen mit der längeransässigen deutschen Bevölkerung sind die Zuwanderer, in jüngerer Zeit vor allem die Aussiedler (vgl. Abschnitt 2.3), deutlich jünger; Zuwanderer insgesamt tragen zur Verjüngung der ansonsten 'überalterten' Aufnahmegesellschaft bei. Ohne Zuwanderer und ihre Nachkommen wäre das Bevölkerungswachstum rückläufig und ohne ihre Sozial- und Rentenbeiträge die Situation der öffentlichen Haushalte noch angespannter: „Die junge Altersstruktur der ausländischen Bevölkerung brachte der deutschen Renten- und Krankenversicherung in den letzten Jahrzehnten viele zusätzliche Beitragszahler und nur wenige zusätzliche Leistungsempfänger" (Münz u.a. 1997: 57).

Bezüglich der Wohnsituation der Zuwanderer ist von einer räumlichen Ungleichverteilung (der sog. *residentiellen Segregation*) auszugehen. In Abschnitt 7.2 wird thematisiert, wie diese Segregation, die sichtbarer und daher auffälliger ist als die berufliche Ungleichverteilung, von den Einheimischen und den Eingewanderten selbst beurteilt und wahrgenommen wird. Hier soll zunächst folgende Frage diskutiert werden: Welchen Einfluß hat die Tatsache, daß eine *strukturelle Assimilation* im Wohnbereich bisher kaum stattgefunden hat, auf den Eingliederungsprozeß als solchen?

Erschwert die ethnische Konzentration die Eingliederung?[61]

Wie die klassische Einwanderungsforschung und in Übernahme der politisch-normativen Konzepte sowohl der Einwanderungs- wie der 'Gastarbeiter'länder ging man auch in der bundesrepublikanischen Sozialwissenschaft davon aus, daß De-Segregation für die Eingliederung, für ein Fortschreiten des Assimilations-Prozesses unverzichtbar sei. Die „Notwendigkeit von 'gemischten' Wohnsituationen" (Kremer/Spangenberg 1980: 190) stand außer Zweifel. Zu sog. integriertem Wohnen gäbe es keine Alternative (vgl. Eichener 1988).

Ganz ohne Frage wird die Segregation von den Strukturen des Wohnungsmarktes oder von der Praxis der Wohnungsvergabe (vgl. H. Korte 1984b; *Repräsentativuntersuchung '95*: Kap. 9) verstärkt. Eine hohe Konzentration ist „gerade nicht Produkt bestimmter Bedürfnisse der Ausländer" (Bühler 1982: 446), sondern Ausdruck und Folge des Problems, bessere Wohnungen zu finden. Das Ausmaß der räumlichen Segregation ist nicht überall gleich: Sie ist in Frankfurt am Main höher als in Zürich, die Qualität der Wohnungen ist in der Schweiz oder in Schweden besser als in Frankreich oder der Bundesrepublik (vgl. Hoffmann-Nowotny/Hondrich 1982a; Morokvasic 1987). Insgesamt muß

---

61 Diese Überschrift ist gleichlautend mit dem Titel eines Aufsatzes von Hannes Alpheis (1990).

man jedoch von einer „generellen Beschränktheit des Wohnungsangebots für Ausländer" ausgehen, „von der auch die Ausländer mit höherer Integration [in das Statussystem; A.T.] betroffen sind" (Bühler 1982: 445).

Auch bei der türkischen Wohnbevölkerung, die nach wie vor am stärksten segregiert ist, hat die ethnische Struktur des Wohngebietes keinen nennenswerten Einfluß auf die soziale Assimilation und damit auf die nächste Stufe des Assimilations-Prozesses (vgl. Alpheis 1990: 180). D.h., das Wohnen in ethnischen Kolonien alleine sagt noch nichts über den Verlauf der Eingliederung aus. *Interethnische Kontakte sind nicht davon abhängig, wo und wie ethnisch konzentriert oder segregiert jemand lebt.*

Hierfür führt Alpheis zwei Erklärungen an:

1. Auch die Bewohner ethnisch segregierter Viertel sind keine homogene Gruppe, es gibt keine einheitlichen ethnischen Normen. „Es ist ... nicht unbedingt aufgrund des Merkmals 'Ausländer' vorherzusagen, welche anderen Eigenschaften ein Individuum mitbringt und zu wem diese Person Kontakt hat" (a.a.O.: 181).

2. Das ethnische Beziehungsgeflecht ist nicht deckungsgleich mit dem Wohngebiet. Kontakte zu Freunden müssen nicht im Viertel stattfinden (insofern, kann man ergänzen, hat sich seit Whytes Studie über italienische Jugendliche aus dem Jahr 1943 doch etwas getan). Auch bei ethnischen Gruppen sind, so Alpheis, Individualisierungstendenzen (vgl. Beck 1986) und eine „Freiheit von kontextuellen Zwängen" (Alpheis 1990: 182) feststellbar.

Damit ist die klassische Hypothese der Sozialökologie in Frage gestellt, was auch Hoffmeyer-Zlotnik (wie Alpheis eigentlich ein Anhänger der Sozialökologie) konstatiert: „Segregation als Ausdruck sozialräumlicher Distanz stellt noch kein Zeichen für eine mangelhafte Integration einer Gruppe in eine Gesellschaft dar" (Hoffmeyer-Zlotnik 1986a: Vorwort; o.S.). Alpheis bestätigt abschließend das Ergebnis zahlreicher Untersuchungen, wonach die ausländische Bevölkerung selbst nicht in bestimmten Gegenden wohnen will: „Auch in dieser Hinsicht sind Migranten (wenn man sie fragt) offenbar universalistischer bzw. moderner orientiert als es das Vorurteil vom prämodernen 'Bauern aus Anatolien' wahrhaben will" (a.a.O.: 184).

Auf der Grundlage ihrer kommunalpolitischen Erfahrungen analysierte die Bremer Senatorin Christine Wischer (1997) die mittlerweile erfolgte „Differenzierung der Lebenslagen der Migrantenbevölkerung" (a.a.O.: 31). Diese wird in Zukunft weitere Veränderungen der Wohnbedürfnisse und der Wohnsituation nach sich ziehen:

„Bei einem Teil der Migranten findet in soziostruktureller Hinsicht eine graduelle Anpassung an westeuropäische Verhältnisse statt: Die Anzahl der Scheidungen und der Single-Haushalte steigt, die Zahl der Kinder pro Haushalt fällt, Generationenkonflikte und psychosoziale Krankheiten sowie Jugendkriminalität nehmen zu. So errechnete zum Beispiel die Arbeiterwohlfahrt einen Anteil von ca. 60 Prozent Migrantinnen in ihren Frauenhäusern" (ebd.).

Tendenzen der sozialen und der identifikativen Assimilation

Da die Fragen der interethnischen Kontakte (*soziale* Assimilation) und des Identitätswandels (*identifikative* Assimilation) in Abschnitt 7.2 ausführlich thematisiert werden, sei hier nur auf Tendenzen hingewiesen.

Bernhard Nauck kam in seinen familiensoziologischen Arbeiten über türkische Familien in den 80er Jahren zu dem Schluß, daß gerade die *zweite* Generation die durch die Aufnahmegesellschaft in sie gesetzten 'Erwartungen' bezüglich einer (vollständigen) Assimilation durch interethnische Heirat nicht erfüllt: „soziale Netzwerke entlang ethnischer Linien" sorgen für die Stabilität eines „minoritätenspezifischen Heiratsmarktes in der Aufnahmegesellschaft" (Nauck 1988: 294). Zehn Jahre später wurde diese Analyse durch eine Bielefelder Studie über türkische Jugendliche, die z.T. schon zur *dritten* Generation gehören, bestätigt: Der *Freundeskreis* der Jugendlichen ist zwar überwiegend gemischtgeschlechtlich und ethnisch heterogen, bei der Wahl des *Lebenspartners* wird jedoch Homogenität angestrebt, insbesondere seitens der Mädchen (vgl. Heitmeyer u.a. 1997: 90ff.). Die in der Assimilationstheorie so betonte Kategorie der *marital assimilation* (s. Abb. 14) findet demnach weiterhin nur in eingeschränktem Maße statt. Im Jahr 1994 betrug der Anteil der binationalen Ehen 12% (vgl. Lederer 1997: 35).

Nauck stellte außerdem fest, daß ein - unterstellter - migrationsbedingter „'familiärer Wandel' im Sinne einer Veränderung von Wertvorstellungen oder Verhalten nicht stattfindet" (Nauck 1988: 294). Familiäre Interaktionsstrukturen können sich bereits *vor* der Migration geändert haben (vgl. auch Wilpert 1987; Morokvasic 1987). *Nach* der Migration ergeben sich neue Orientierungen und Konstellationen, aber auch Verfestigungen in Abgrenzung zur Aufnahmegesellschaft, wenn etwa „mehr als die Hälfte der Eltern der befragten Jugendlichen großen bzw. sehr großen Wert darauf legt, daß ihre Kinder anders leben als die meisten der ihnen bekannten Deutschen" (Heitmeyer u.a. 1997: 74). Die bisher vorliegenden Untersuchungen zur Gruppe der Aussiedler legen nahe, hier von einer Übereinstimmung zwischen türkischen und rußlanddeutschen Familien hinsichtlich ihrer z.T. betont religiösen, 'anti-westlichen' Einstellung auszugehen (vgl. im Überblick Münz u.a. 1997: Abschnitt 6.3).

Damit komme ich zum Bereich der *identifikativen* Assimilation, unter der die 'endgültige' gefühlsmäßige Abkehr von der Herkunftsgesellschaft und auch von einer im Aufnahmeland entwickelten ethnischen Identität (vgl. Abschnitt 7.2) zu verstehen ist. Diese ist mit einer Transformation des *Wir-Gefühls* (vgl. Richardson 1957; Treibel 1993; Hondrich 1997) verbunden, das sich dann nicht mehr auf die Herkunfts- oder Migrantengruppe, sondern auf die Aufnahmegesellschaft oder zu dieser gehörige Teilgruppen richtet.

Diese 'Endstufe' der Assimilation hat die Mehrheit der Migrantinnen und Migranten weder in der Bundesrepublik noch in anderen westeuropäischen Ländern 'erreicht'. Im Lauf der 90er Jahre zeichnet sich ein neuer Trend ab, der weniger an die Assimilationstypologie als vielmehr an die überholt geglaubte Gastarbeitersituation anknüpft. Viele Migrantinnen und Migranten wollen die Brücken zur Heimat bewußt *nicht* abbrechen, sondern sehen sich in ein komplexes Netzwerk von Beziehungen eingebunden, die sie angesichts neuer Kommunikationstechnologien und besserer Verkehrsverbindungen viel leichter aufrechterhalten können als die Migrantinnen und Migranten früherer Zeit (vgl. für Italien Hillmann 1996 und für die USA Pries 1996).

5.4 Zusammenfassung

Alle Beteiligten gingen davon aus, daß die 'Gastarbeiterbeschäftigung' eine vorläufige Angelegenheit sei, deshalb protestierten weder die Betroffenen gegen die ihnen zugemuteten Arbeits- und Wohnbedingungen, noch stellte die Aufnahmegesellschaft Anforderungen an die Zuwanderer - außer der, Produktions- und Dienstleistungslücken zu schließen. Entsprechend selektiv waren die Anwerbungen (junge und gesunde Männer und Frauen):

> „Der Status der 'Gastarbeiter' wird, solange es in der Hauptsache ein Heer von Erwerbstätigen ist, bestimmt durch die Form und den Inhalt der Anwerbevereinbarungen sowie durch die Zuweisung von Arbeitsplätzen und Tätigkeiten, welche ihrerseits durch ein bestimmtes (subjektiv definiertes) Prestige ausgewiesen sind: Demnach ist ein 'Gastarbeiter' eine hauptsächlich im verarbeitenden Gewerbe oder in nieder bewerteten Dienstleistungen beschäftigte Arbeitskraft 'auf Zeit', ungelernt oder angelernt und damit kurzfristig ersetzbar und jederzeit auswechselbar - also ein 'Aushilfsarbeiter' für konjunkturelle Hoch-Zeiten" (Hoffmeyer-Zlotnik 1986b: 32).

Im Gegensatz zu den Auswanderern und Auswanderinnen des 19. Jahrhunderts bezogen sich die langfristigen Ziele der Gastarbeiter und Gastarbeiterinnen nicht auf das Ziel-, sondern auf das Herkunftsland. Es ging ihnen in der Regel nicht darum, im Anwerbeland eine Existenz aufzubauen, sondern in der Heimat für sich und die Familienangehörigen eine Existenz erst zu ermöglichen. Die Ziele der Gastarbeiter und Gastarbeiterinnen waren primär ökonomischer Natur. Im Gegensatz zu Kurz (1965) bin ich der Meinung, daß man in dieser Phase der Arbeitsmigration noch nicht von einer *partiellen Assimilation* in die Aufnahmegesellschaft sprechen kann. Die Gruppenzugehörigkeit war relativ leicht zu bestimmen: Die Migranten und Migrantinnen definierten sich über das Heimatland und ihre in der Regel noch dort lokalisierten familiären Verpflichtungen und Orientierungen.

Als sich herausstellte, daß die Sparvorhaben sich kurz- oder mittelfristig nicht verwirklichen lassen würden, begannen die Migranten und Migrantinnen damit, die Familie nachzuholen. Sie ließen sich in den Anwerbeländern nieder. In der Bundesrepublik wurde diese Entwicklung unbeabsichtigt dadurch forciert, daß man erstens den Anwerbestopp verhängte (1973) und zweitens Kindergeld nur für die nachgezogenen Kinder zahlte (1975) (vgl. Abb. 6b) in Abschnitt 3.2). Nach den Untersuchungen des *Zentrums für Türkeistudien* zeichnet sich eine „zunehmende Neigung der türkischen Rentner" ab, „ihren Lebensabend in Deutschland und nicht in der Türkei zu verbringen" (Sen 1996: 17).

> „Der Zeitpunkt der Rückkehr wurde immer weiter in die Zukunft verschoben, bis sie schließlich vor der Frage stehen, ob sie nun endlich als Rentner zurückkehren wollen. Doch stehen dem die oft ebenfalls in Deutschland lebenden Angehörigen entgegen. Außerdem hat sich die Türkei in den Jahren des Arbeitsaufenthalts in der Fremde mindestens ebenso stark verändert wie Deutschland, so daß viele Rückkehrwillige feststellen müssen, daß ihnen das Heimatland ebenso fremd geworden ist wie ihnen Deutschland möglicherweise fremd geblieben ist. Viele der Migranten stehen so vor dem Problem einer doppelten Fremdheitserfahrung, die sie dann oft resignierend bei der Familie (in Deutschland) bleiben läßt" (ebd.).[62]

Die bundesdeutsche Rechtssprechung und Politik tat und tut sich schwer, diese Entwicklung nachzuvollziehen. Man suggeriert der Öffentlichkeit weiterhin, daß es sich um *Gastarbeiter* (von *Gastarbeiterinnen* ist meist nicht die Rede) und ihre Familien handele, die nur vorläufig hier seien. Gleichzeitig scheint man sich über den Realitätsgehalt dieser 'Beschwörung' nicht sicher zu sein. Sonst würde man nicht auf der Alternative *Integration oder Rückkehr* beharren (vgl. Abschnitt 3.2). In diesem Kontext bedeutet *Integration* genau wie *Assimilation* die vollständige Angleichung an die Aufnahmegesellschaft. Man möchte nicht von *Einwanderung* sprechen, verlangt von den 'Gastarbeitern' jedoch, sich als *Einwanderer* zu verhalten. Die Zuwanderinnen und Zuwanderer erhalten von staatlicher Seite wenig Unterstützung; das Recht auf Aufenthalt wird ihnen - bestenfalls - gewährt.

Bezogen auf die Hierarchien des Beschäftigungssystems in den Aufnahmeländern, nehmen die meisten Einwanderinnen und Einwanderer immer noch die unteren Positionen ein. Ihre Aufstiegschancen sind geringer und die Gefahr, arbeitslos zu bleiben bzw. zu werden, größer als bei den Einheimischen. Die Mehrheit der Angehörigen der ersten Generation gehört zur Unterschicht: Das gesamtgesellschaftliche Problem der Integration von Unterschichten stellt sich hier, verkompliziert durch das Merkmal *Zugehörigkeit zu einer ethnischen Minderheit*, erneut (vgl. Kremer/Spangenberg 1980; Schöneberg 1982: 558).

---

62 In seiner anregenden Studie über „Die 'Illusion' der Rückkehr" vertritt Cord Pagenstecher (1996) die These, daß die Rückkehrorientierung „Element jeder Einwanderung [sic!]" (a.a.O.: 175), eine „wichtige mentale Ressource" (a.a.O.: 171) und damit eingliederungsfördernd sei.

Die Bedeutung der *ethnischen Herkunft* in der Beziehung zwischen Einheimischen und Zugewanderten wird in Kapitel 7 untersucht.

An dieser Stelle sei festgehalten:

Als zunächst temporäre Wanderer und Wanderinnen befinden sich diese Menschen in der Zwischenposition der *Fremden*. Erst die Aufgabe ihrer aus Sicht der Aufnahmegesellschaft „zweifelhaften Loyalität" (Schütz 1972: 68) und die Lockerung der Bindungen an die Heimat ermöglichen eine allmähliche Anpassung. Allerdings kann dieser Prozeß, der von der Annäherung an die Fremde über die Ablösung von der Heimat bis zur Anpassung an die Fremde führt, ein schwieriger Balanceakt sein.

Gemessen am dreistufigen Assimilations-Modell von Richardson (1957) (*Isolation - Akkommodation - Identifikation*) befand sich die erste Generation in der ersten Phase des Aufenthalts (d.h. vor der Niederlassung) in der *Isolation* (von der Aufnahmegesellschaft). Die *Akkommodation* (äußerliche Anpassung, Arrangement mit den Einheimischen) wurde mit der Niederlassung erreicht. Eine *Identifikation* mit der Aufnahmegesellschaft (für Richardson sind Assimilation und Identifikation gleichbedeutend) findet bisher nicht statt.

Den Integrations-Begriff bewerte ich aufgrund seiner politisch-normativen Verwendung einerseits (vgl. Abschnitt 3.2) und der heterogenen soziologischen Bedeutungen andererseits als zu unspezifisch. Stattdessen verwende ich den Begriff der Eingliederung. Unter *Assimilation* verstehe ich den Prozeß der (graduellen) Angleichung der Zugewanderten an die Aufnahmegesellschaft.

In Anlehnung an Esser (1980) wurden Forschungsergebnisse zu unterschiedlichen Dimensionen des Eingliederungs-Prozesses dargestellt, also zur kognitiven, strukturellen, sozialen und identifikativen Assimilation der ersten Generation bzw. der Folgegenerationen in den ehemaligen Anwerbeländern. Bezüglich der kognitiven Assimilation sind die zweite und dritte Generation im Vorteil gegenüber der ersten Generation. Hindernisse für eine strukturelle Assimilation stellt die überdurchschnittliche Arbeitslosigkeit dar, von der *alle* Generationen betroffen sind (vgl. auch Velling 1995). Entgegen der Tendenz in den klassischen Einwanderungsländern, der ersten Generation 'Zeit zu lassen', ist man in den 'Gastarbeiter'ländern gerade mit dieser (die sich ja eigentlich nie hier niederlassen wollte) besonders ungeduldig. Verglichen mit der in den Aufnahmeländern aufgewachsenen zweiten und dritten Generation ist die erste Generation in Habitus und Sprache auffälliger. Insgesamt läßt sich festhalten, daß eine vollständige (identifikative) Assimilation bisher weder bei der ersten Generation noch bei den Angehörigen der Folgegenerationen stattgefunden hat.

Der in den klassischen Einwanderungsländern betonte Bereich der Kontakte (vgl. insbesondere Taft 1957 und Gordon 1964) wird von den Konzepten der deutschsprachigen Eingliederungsforschung bestätigt: Interethnische Kontakte der zweiten Generation gelten - neben dem beruflichen Aufstieg der ersten Generation und der zweiten im Verhältnis zur ersten Generation - als zentrale Eingliederungsdimension. Nicht anders als Gordon schon 1964 für die USA, faßte Esser 1990 die Situation der beiden größten Einwandererpopulationen in der Bundesrepublik, der türkischen und der jugoslawischen Bevölkerung, zusammen. Für ihn sind heute die gegensätzlichen, aber gleichzeitig vorhandenen Tendenzen von sowohl *Assimilation* wie *Segmentation* (Abspaltung) charakteristisch: „Assimilation im sekundären Bereich absoluter Handlungen und Fertigkeiten (Sprache und berufliche Tätigkeit), Segmentation im primären Bereich reaktiver Bezüge (Freundschaften und ethnische Gefühle)" (H. Esser 1990: 98). Die Primärbeziehungen zwischen Einheimischen und Eingewanderten sind und bleiben *strukturell separiert* (Gordon 1964): Bei aller Ausdifferenzierung und Individualisierung finden keine oder nur wenige soziale Beziehungen auf Primärgruppenebene zwischen Einheimischen und Zugewanderten statt.

Die neueren Untersuchungen vermitteln diesbezüglich kein eindeutiges Bild. Einerseits hat sich die gesellschaftliche und berufliche Ausgrenzung von Migrantinnen und Migranten verstärkt; Indikatoren hierfür sind höhere Arbeitslosigkeit, Diskriminierungen im öffentlichen wie im privaten Bereich, Abschottung gegenüber Kontakten mit den Einheimischen durch die Migranten selbst. Andererseits ist für die Angehörigen der dritten Generation der Kontakt zu den Einheimischen selbstverständlich. In der Bielefelder Studie über Jugendliche türkischer Herkunft werden diese verschiedenen Konstellationen, die noch durch die Geschlechtszugehörigkeit variiert sind, folgendermaßen beschrieben:

„Das Ergebnis macht deutlich, daß der überwiegende Teil der in Deutschland lebenden türkischen Jugendlichen die Freizeit sowohl in gemischtgeschlechtlichen als auch in ethnisch heterogenen Gruppen verbringt. Bezogen auf den Freundeskreis, ist dabei der Anteil der gemischtgeschlechtlichen Zusammensetzung bei den Mädchen und jüngeren Frauen höher, während bei den Jungen und jungen Männern der Anteil der gleichgeschlechtlichen Gruppen signifikant höher ausfällt. Hinsichtlich der Frage, ob Jugendliche ihre Freizeit eher in eigen- oder gemischtethnischen Gruppen verbringen, zeigen sich dagegen keine geschlechtsspezifischen, wohl aber altersbedingte Variationen. Es sind v.a. die jüngeren Jugendlichen, die häufiger mit türkischen *und* mit deutschen Gleichaltrigen zusammen sind" (Heitmeyer u.a. 1990: 90; Hervorh. im Original).

Mit Blick auf dieses differenzierte Bild ist zum gegenwärtigen Zeitpunkt nicht abzusehen, ob die weitere Entwicklung eher auf Eingliederung oder auf Ausgrenzung von Migrantinnen und Migranten zuläuft. Wilhelm Heitmeyer, federführend an der oben genannten Bielefelder Studie beteiligt, nimmt seinerseits eine eindeutige Gewichtung vor, indem er die Krisen und explosiven Veränderungen der Gesellschaft der Bundesrepublik Deutschland betont. Für ihn ist die Gesellschaft als solche „desintegrierend", und insbesondere die Migranten litten unter der 'durchkapitalisierten Ellbogengesellschaft', in der sie keinen Platz fänden und sich deshalb verstärkt islamistischen Gruppierungen zuwenden würden (a.a.O.: 24ff.) - ähnlich den einheimischen deplazierten (männlichen) Jugendlichen, die sich rechtsextremistischen Gruppierungen anschließen (vgl. Heitmeyer 1995).

Die hier nur angedeutete Perspektive auf Desintegrations- und Zerfallsprozesse verstellt möglicherweise den Blick auf komplexe individuelle und gesellschaftliche Verflechtungen. Im Kontext von Migration sind diese durch soziale Herkunft, Geschlecht, ethnische Zugehörigkeit und das Aspirationsniveau der Migranten einerseits und die spezifischen Bedingungen der Aufnahmegesellschaften andererseits bestimmt. Eingliederung findet nach wie vor statt, ist allerdings weniger auffällig und wird durch die Medien weniger präsentiert als Ausgrenzung und Abschottung. Für die USA vermerkte Richard Alba (1997) unlängst, daß die lange Zeit verschmähte und außer Mode gekommene Assimilationstheorie in naher Zukunft wieder unumgänglich werden könnte, um die Situation der neuen Einwanderer und Einwanderinnen zu erklären. Für die Bundesrepublik Deutschland ist, nimmt man einmal die Außenperspektive ein, angesichts der umfangreichen Zuwanderung seit Ende der 80er Jahre durch Aussiedler, Flüchtlinge und Arbeitsmigranten Eingliederung in beträchtlichem Maße gelungen. Zerredet und behindert wird sie durch politische Interessen und mangelndes Vertrauen in Konzepte einer Einwanderungspolitik, die in anderen Staaten und - was die Aussiedler betrifft - auch in der Bundesrepublik selbst schon praktiziert werden.

6. Passivität oder Aktivität? Erklärungsansätze zur Fluchtmigration

„Es ist so gut wie nie wahr, daß sich Menschen einfach nur auf den Weg machen, um nur wegzukommen. Der Gedanke an einen Weg ohne Ziel ist unerträglich. So setzt man sich ein Ziel, sei es auch noch so unrealistisch. Die Menschen werden zum Bauernhof der Schwester 200 Kilometer laufen oder in ein sagenumwobenes UNO-Flüchtlingscamp gehen, wo Essen und ein Dach über dem Kopf warten. Sie wollen die Hauptstädte erreichen oder einen Hafen, wo Schiffe auf sie warten" (Ascherson 1994).

Heute ist es für uns selbstverständlich, daß Menschen sich widrigen oder gar lebenswidrigen Umständen durch Flucht entziehen können. Dabei ist Flucht ein Recht, das erst zugebilligt werden mußte, wie folgendes Begriffsverständnis belegt: „Flucht (fuga) ist das eigenmächtige, widerrechtliche Verlassen eines angewiesenen Aufenthaltsortes (domicilium necessarium)" (Brockhaus Conversationslexikon. Leipzig 1877: 600). Begriffe wie *Fahnenflucht* oder *Republikflucht* machen jedoch auch deutlich, daß Fluchtverbote bis heute bestehen - unter Kriegsbedingungen und im Falle autoritärer und diktatorischer Regime. Menschen, die aus der DDR in die BRD fliehen wollten, begaben sich in Lebensgefahr; heute gilt dies z.B. für potentielle Flüchtlinge aus Nordkorea, für die Südkorea greifbar nahe und dennoch unerreichbar ist.

Es ist nicht selbstverständlich, im Zusammenhang von Migration auch von Flucht zu sprechen. Häufig wird unter „Migration" das Spektrum der verschiedenen Formen von mehr oder weniger freiwilliger Wanderung verstanden (Arbeitsmigration). Flucht als erzwungene Wanderung kann hierunter nicht subsumiert werden und wird deshalb häufig gesondert aufgeführt. Auf diese Weise kommen Titel wie „Migration und Flucht" (z.B. Angenendt 1997; Rheims 1997) zustande. Die Aussage, daß die beiden Begriffe nicht deckungsgleich sind, schwingt hier noch mit.

In jüngerer Zeit setzt sich jedoch eine neue Praxis durch: Migration gilt als der Oberbegriff, den man in Arbeitsmigration und Fluchtmigration unterteilt. So wird - implizit oder explizit - deutlich gemacht, daß Flucht keine Sonderkategorie, sondern eben nur *eine* Form von Migration ist. Die immer wieder beschworene Erkenntnis, daß Migration als Gesamtphänomen betrachtet werden muß und die Übergänge zwischen den Formen fließend seien, findet so auch begrifflich ihren Niederschlag.

Warum soll man überhaupt gesondert von *Fluchtmigration* sprechen? Neben den Parallelen, die es zur Arbeitsmigration gibt, weist Fluchtmigration einige Besonderheiten auf, die bei einer rein ganzheitlichen Perspektive verloren gehen würden. Die möglicherweise vertretbare Entscheidung, die Besonderheiten letztendlich gering zu gewichten, kann man nur treffen, wenn man diese Besonderheiten kennt. Deshalb möchte ich in diesem Kapitel die Begrifflichkeit und die Ansätze vorstellen, die zur Fluchtmigration vorliegen.[63]

Das Thema *Flucht* weist einige Besonderheiten auf, die für die sonstige Migrationsforschung nicht gelten: Fluchtmigration ist ein Feld, das aufgeteilt ist zwischen internationaler Politik, Menschenrechtsgruppen, Hilfsorganisationen und politikwissenschaftlicher Analyse. Ein genuin soziologisches Feld ist es (bisher) nicht. Dies mag daran liegen, daß die Dramatik, die Spontaneität und Unberechenbarkeit (auch wenn dies nur scheinbar so ist, wie die folgenden Abschnitte zeigen) von Fluchtbewegungen eher nach Krisenbewältigung als nach wissenschaftlicher Analyse rufen. Soziologische und längerfristig ausgerichtete Projekte müssen an der prekären Situation der Betroffenen scheitern: Der Aufenthalt in einem riesigen Flüchtlingslager, das Untertauchen aus Angst vor Abschiebung oder auch die Operationen staatlicher und nicht-staatlicher Akteure in fluchtverursachenden Konflikten stellen keinen günstigen Kontext für wissenschaftliche Recherchen dar.

Umso auffälliger ist es, wie 'wissenschaftsgesättigt' z.B. der jüngste *UNHCR-Bericht 1997-98* (UNHCR 1997) ist. Das UN-Hochkommissariat für Flüchtlinge *UNHCR* (Abkürzung für: *United Nations High Commissioner for Refugees*) wurde auf Beschluß der Vollversammlung der Vereinten Nationen gegründet und nahm 1951 die Arbeit auf, von der man damals glaubte, daß sie innerhalb von drei Jahren abgeschlossen sein würde (vgl. UNHCR 1994: 193ff.). Nach dem Zweiten Weltkrieg war die Frage des Umgangs mit bzw. der Repatriierung von Flüchtlingen, Vertriebenen und *displaced persons* zentrales Thema der Vereinten Nationen, das jedoch völlig vom Ost-West-Konflikt überlagert war. Flüchtlinge waren nach der damaligen Ideologie vorwiegend Personen aus dem 'Ostblock', denen die westlichen Staaten über das UNHCR Hilfestellung leisten wollten und die sie für ihre Politik instrumentalisieren konnten. Entsprechend verweigerten die nicht-westlichen Staaten dem UNHCR ihre Unterstützung. In einer interessanten Auswertung von Dokumenten der Vereinten Nationen (und zuvor des Völkerbundes) läßt Guy Goodwin-Gill (1990) die Schwierigkeiten deutlich werden, sich überhaupt auf eine Definition dessen, was einen Flüchtling ausmache, zu einigen: „Die allgemeine Debatte über Fragen der Definition und Verantwortung beleuchtet die hoch politisierte Atmosphäre der

---

63 Die politischen Debatten über Flucht in der Bundesrepublik Deutschland, wobei hier insbesondere der 1992 erzielte sog. Asylkompromiß zu nennen ist (s. Abb. 6b)), werden im folgenden nicht dargestellt, da hierzu etliche detaillierte Analysen vorliegen (vgl. insbesondere Barwig u.a. 1994, Höfling-Semnar 1994, Münch 1994, Nuscheler 1995). Für die Diskussion und rechtliche Entwicklung bezüglich Flucht und Asyl in der EU vgl. Abschnitt 3.3.

damaligen Zeit und das Ausmaß, in dem Flüchtlinge freud- und glücklose Schachfiguren in einem Spiel waren, das offensichtlich höhere Einsätze als ihr Leben und Wohlergehen mit einschloß" (a.a.O.: 29).

Fast 50 Jahre nach seiner Gründung existiert das UNHCR immer noch und ist aus der globalen Flüchtlingspolitik nicht mehr wegzudenken, auch wenn es die Blockkonfrontation nicht mehr gibt.[64] Politisch brisant ist das Weltflüchtlingsproblem gerade in jüngerer Zeit, da die wachsenden Migrationen von vielen Staaten als Bedrohung empfunden werden. Migration gehört auch auf Weltebene, wie schon nach dem Zweiten Weltkrieg, nicht mehr zu *low-politics*, sondern zu *high-politics* (vgl. Rheims 1997: 114). Der erwähnte jüngste Bericht (UNHCR 1997) ist nicht nur eine beeindruckende Dokumentation der Fluchtbewegungen des letzten Jahrzehnts und der Arbeit des UNHCR, sondern auch eine überzeugende Reflexion der komplexen Materie. Bis in die Terminologie hinein repräsentiert und setzt diese Publikation wissenschaftliche Standards, die man in einem derart offiziellen und politischen Kontext nicht ohne weiteres vermuten würde. Auf wichtige Thesen des UNHCR-Berichts werde ich insbesondere in Abschnitt 6.3 genauer verweisen.

6.1 Fluchtbewegungen und Flüchtlingsbegriffe in der Politik

Fluchtbewegungen hat es in diesem zu Ende gehenden Jahrhundert immer wieder und auf allen Kontinenten gegeben: Zur Zeit des Nationalsozialismus emigrierten 450.000-600.000 deutschsprachige Juden aus Mitteleuropa, 1973 verließen 20.000 bis 40.000 politische Flüchtlinge Chile, die Kriege in Indochina trieben in den 70er und 80er Jahren 1,2 Mill. Menschen in die Flucht, und die Zahl der Flüchtlinge aus Mosambik erreichte 1992 mit 1,6 Mill. Menschen ihren Höchststand.

Nach Angaben des UNHCR waren im Jahr 1994 23 Mill. Menschen über die Grenzen ihres Landes auf der Flucht. Hinzu kamen 26 Mill. Menschen, die innerhalb der Landesgrenzen entwurzelt bzw. vertrieben sind. Grenzüberschreitende und Binnenflüchtlinge zusammengenommen, waren 1994 also weltweit 49 Mill. Menschen auf der Flucht vor Not und Gewalt. Strenggenommen hat das UNHCR nur ein Mandat für die erste Gruppe, aber die Entwicklung der

---

64 In der Nachkriegszeit wurde der Begriff „Flüchtlinge" im deutschen Sprachgebrauch ausschließlich für 'die aus der Zone' verwandt, d.h. für die Menschen, die aus der damaligen sowjetischen Besatzungszone (SBZ) in eine der Westzonen flüchteten bzw. übersiedelten. In den informativen, jedoch bisher wenig rezipierten Studien von Paul Lüttinger (1986, 1989) wird betont, daß die Integration der *Flüchtlinge* - verglichen mit der der *Vertriebenen* - relativ erfolgreich verlief, was Lüttinger auf Unterschiede in der sozialen Herkunft zurückführt. Unter den SBZ-Flüchtlingen waren überproportional viele Akademiker; die SBZ/DDR verlor in den 50er Jahren ein Drittel ihrer Akademiker (vgl. Lüttinger 1986: 30) - auch einer der Gründe für den Bau der Mauer im Jahr 1961.

politischen und ethnischen Konflikte, insbesondere seit Ende der Blockkonfrontation zwischen USA und UdSSR mit Ende der 80er Jahre, macht die Unbrauchbarkeit der nationalstaatlichen Kategorie deutlich. Laut *UNHCR-Bericht 1997-98* ist die Zahl der Flüchtlinge um ca. eine Mill. auf 22 Mill. zurückgegangen, jedoch hat das Ausmaß der Binnenvertreibungen zugenommen. Nach Schätzungen befinden sich gegenwärtig 50 Mill. Menschen auf der Flucht.[65]

Augenfälliges Beispiel ist das ehemalige Jugoslawien. 1995, nach vier Kriegsjahren, befand sich „fast ein Fünftel der Bevölkerung Ex-Jugoslawiens auf der Flucht, ist aus ihren Wohngebieten vertrieben oder sonstwie von den Kämpfen betroffen. Bis Anfang Juli waren dort ... 3,7 Mill. Menschen entwurzelt. (...) Die Zahl der im Krieg und bei den Ausschreitungen getöteten Menschen läßt sich statistisch noch nicht erfassen. Die Schätzungen schwanken zwischen 200 000 und einer halben Million" (*Frankfurter Rundschau* vom 16.8.95). Der Krieg im ehemaligen Jugoslawien hat die größte Migrationsbewegung in Europa seit Ende des 2. Weltkrieges ausgelöst: Ca. 600.000 Menschen, vor allem aus Bosnien, flohen nach Westeuropa, einige 100.000 Serbier und Serbierinnen wanderten in westeuropäische Länder oder in die USA aus. Krieg und die sog. ethnische Säuberungen (besser: Völkermord) haben Europa, das seit mehr als 40 Jahren nicht mehr betroffen war, zu einer zentralen Region von Fluchtbewegungen gemacht. Fluchtmigration wurde wieder ein europainternes Thema und ist es aktuell immer noch, wie die Diskussion um die Rückkehr bzw. Abschiebung der bosnischen Flüchtlinge aus der Bundesrepublik und die Krise im Kosovo im Sommer und Herbst 1998 zeigen.

Im juristischen Sprachgebrauch und in der Praxis internationaler Dokumente ist die *Eigenschaft eines Flüchtlings* genau festgelegt. Laut Artikel 1, Abs. 2 der *Genfer Flüchtlingskonvention* von 1951 ist ein Flüchtling jede Person, die

„aus der begründeten Furcht vor Verfolgung wegen ihrer Rasse, Religion, Nationalität, Zugehörigkeit zu einer bestimmten sozialen Gruppe oder wegen ihrer politischen Überzeugung sich außerhalb des Landes befindet, dessen Staatsangehörigkeit sie besitzt, und den Schutz dieses Landes nicht in Anspruch nehmen kann oder wegen dieser Befürchtungen nicht in Anspruch nehmen will; oder die sich als Staatenlose ... außerhalb des Landes befindet, in welchem sie ihren gewöhnlichen Aufenthalt hatte, und nicht dorthin zurückkehren kann oder wegen der erwähnten Befürchtungen nicht dorthin zurückkehren will" (Ergänzt durch Artikel I (2) des Protokolls von 1967; zit. nach UNHCR 1994: 185).

Neben der Festlegung der Flüchtlingseigenschaften ist das Prinzip des sog. *Non-refoulement* (Flüchtlinge dürfen nicht in Länder zurückgeschickt oder abgeschoben werden, in denen ihre Sicherheit gefährdet sein könnte) ein weiterer wichtiger Bestandteil der Genfer Konvention (Artikel 33). Sie ist kein rechts-

---

65 Vgl. für einen weiteren Zugang zum Thema den eindrücklichen Dokumentationsband „Flucht. 50 Millionen Menschen ohne Heimat. Fotografien von SIGNUM" (1997).

verbindliches Gesetz wie etwa das Asylrecht, sondern ein Abkommen, das bisher von 134 der 185 Staaten der Vereinten Nationen unterzeichnet wurde (Stand 1997). Die *Genfer Konvention* entstand als Reaktion auf die Erfahrungen mit Stalinismus und Nationalsozialismus. Sie fungiert als *die* völkerrechtliche Grundlage für Asylgewährung. Flüchtlinge, die die Flüchtlingseigenschaft gemäß Genfer Konvention erfüllen, werden als *Konventionsflüchtlinge* bezeichnet.

Mittlerweile hat sich das Fluchtgeschehen weltweit dramatisch verändert. Die Konventionsflüchtlinge, die *individuelle Verfolgung* nachweisen können, machen nur noch einen Bruchteil der genannten 50 Millionen Flüchtlinge aus. Das gegenwärtige Fluchtgeschehen ist mit dieser Definition, die Binnenflucht, *displacement* (Verschleppung, Vertreibung), Flucht vor Krieg und Natur- oder Umwelt-Katastrophen ausschließt, nicht mehr abgedeckt. Der Flüchtlingsbegriff der Genfer Konvention wurde durch mehrere Initiativen auf staatlicher Ebene korrigiert und erweitert. 1969 verabschiedete die *Organisation für Afrikanische Einheit* in Addis Abeba die *Konvention über die spezifischen Aspekte von Flüchtlingsproblemen in Afrika*, und 1984 einigten sich die mittelamerikanischen Staaten auf die *Flüchtlingsdeklaration von Cartagena*. Beide Deklarationen schließen im Gegensatz zur Genfer Konvention Menschen, die aufgrund von Krieg oder inneren Unruhen fliehen, und somit das Phänomen der *Massenflucht* mit ein. Als allgemeine Formulierung für die Fluchtursachen ist in beiden Deklarationen übereinstimmend von „schwerwiegenden Störungen der öffentlichen Ordnung" die Rede, die Leben, Sicherheit oder Freiheit der Menschen bedrohen (vgl. UNHCR 1994: 187-189).

Ein Konsens zu einer entsprechenden Ergänzung oder Erweiterung der Flüchtlingskonvention von 1951 kam bisher jedoch offiziell nicht zustande. So werden in der Praxis Gruppen von Flüchtlingen gebildet: Neben den Flüchtlingen im Sinne der Genfer Konvention machen heute Flüchtlinge, die nicht unter die Konvention fallen, nämlich Personen, die vor (Bürger-)Kriegen, ökologischen Problemen oder Hunger fliehen, die Mehrheit aus. In seinem Bericht von 1997-98 betonte das UNHCR, daß - entgegen der öffentlichen Meinung, die von unaufhörlich steigenden Flüchtlingszahlen ausginge - die Zahl der Flüchtlinge (im Sinne der engen Definition laut der Genfer Konvention) im Laufe der 90er Jahre sich von 18 Mill. (1993) auf 13 Mill. (1997) verringert habe, die Zahl der innerhalb der Grenzen ihres Landes Vertriebenen jedoch zugenommen habe: „Während sich das Ausmaß der Flucht ins Ausland ständig verringert, nimmt das Problem der Binnenvertreibung zu" (UNHCR 1997: 59). Für die Betroffenen ist der Grenzübertritt, der für die Festlegung der Flüchtlingseigenschaft eine so zentrale Rolle spielt, nicht unbedingt entscheidend. Für sie geben andere, persönliche wie strukturelle Bedingungen den Ausschlag (vgl. Abschnitt 6.2). Jedoch 'nützt' dies den Betroffenen wenig, da sie als *Binnenvertriebene* nicht unter die völkerrechtliche Definition von *Flüchtlingen* fallen, aus der sich ein festgelegtes Instrumentarium der internationalen politischen Institutionen ergibt.

Im folgenden wird ein *Flüchtlingsbegriff* verwendet, der sich an den oben erwähnten Deklarationen von Addis Adeba und Cartagena orientiert. Sofern nicht weiter differenziert, werden unter *Flüchtlingen* diejenigen Personen verstanden, die durch Kriege, Bürgerkriege, Katastrophen und andere Notlagen gezwungen werden, ihre Heimat zu verlassen. Dieser Begriff macht es auch nicht mehr erforderlich, daß jemand die Grenzen seines Landes überschritten haben muß, um den Flüchtlingsstatus zu erwerben. Gerade die Konflikte seit Beginn der 80er Jahre haben fast alle „innerhalb von Staatsgebieten und nicht zwischen Staaten stattgefunden" (UNHCR 1994: 16), so die Konflikte in Somalia, Afghanistan, Mosambik oder Ruanda. Am Beispiel der Situation in Algerien, wo seit 1992 zwischen 80.000 und 120.000 Menschen umgebracht wurden, wird die aktuelle Relevanz der nicht-staatlichen Verfolgung deutlich:

> „Die UNO-Flüchtlingshochkommissärin, Sadako Ogata äußerte sich dieser Tage in Genf besorgt über die anhaltenden Gewalttaten in Algerien und insbesondere über die Lage algerischer Flüchtlinge. Ogata ersuchte alle Asylländer, eine großzügige Haltung gegenüber Asylbewerbern zu zeigen. Als besonders beunruhigend wertet es die Hochkommissärin, daß viele europäische Staaten nur jene Personen als Flüchtlinge ansehen, die einer Verfolgung durch 'staatliche Organe' ausgesetzt sind. Das hat direkt negative Auswirkungen auf die meisten algerischen Flüchtlinge, da sie in aller Regel nicht vor staatlicher Verfolgung, sondern vor militanten islamischen Gruppierungen flüchten" (*UNHCR Aktuell*, Pressemitteilung vom 27.1.98, Wien).

Der weitere Flüchtlingsbegriff wird den faktischen Fluchtbewegungen der letzten Jahrzehnte am ehesten gerecht. Die Festlegung von 'Flüchtlingseigenschaften' ist eine politische Frage, die entsprechend flexibel gehandhabt wird, auch in der Bundesrepublik Deutschland:

> „Das Bundesinnenministerium rechnet, um seine These des Überschreitens der Belastungsgrenze zu belegen, viele Gruppen zu den 'Flüchtlingen', die entweder schon längst integriert sind oder das Land schon während des Asylverfahrens verlassen haben, während der UNHCR nur die anerkannten Asylbewerber und allenfalls noch die 'de facto-Flüchtlinge' mit einer begrenzten Aufenthaltsduldung in seine Statistik einbezieht, weil die *Genfer Flüchtlingskonvention* ihre Abschiebung verbietet oder weil sie - wie Flüchtlinge aus Kriegsgebieten - aus humanitären Gründen geduldet werden. Etwa die Hälfte der in der Bundesrepublik lebenden 'Flüchtlinge' gehört zu dieser Gruppe" (Nuscheler 1995: 28; Hervorh. im Original).

Ende 1996 hielten sich, wie die Abbildung zeigt, 820.000 De-facto- und Bürgerkriegs-Flüchtlinge in Deutschland auf.

Abbildung 17: Flüchtlinge in Deutschland - Anzahl und Status

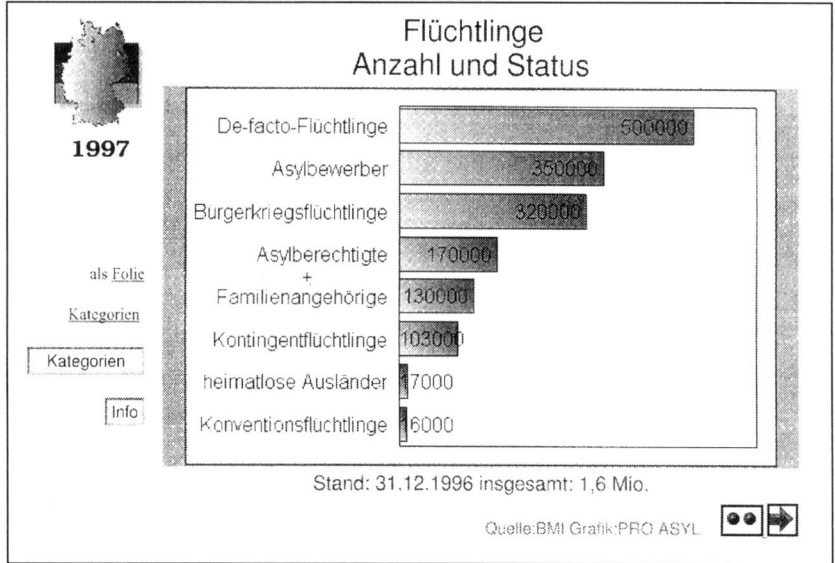

(Quelle: Bundesministerium des Innern, Graphik von Pro Asyl, Statistik 1997)

Ausgangspunkt für die sozialwissenschaftlichen Analysen in den folgenden Abschnitten ist nun der skizzierte weitere Flüchtlingsbegriff, der über das nationale und internationale Flüchtlingsrecht hinausgeht und die Flüchtlingseigenschaft unabhängig davon konstatiert, ob staatliche oder nicht-staatliche Akteure die Flucht verursachen oder ob die Landesgrenzen überschritten werden. Flüchtlinge sind danach z.B. die Menschen, die aus dem westafrikanischen Staat Liberia, in dem seit Anfang der 90er Jahre Bürgerkrieg herrscht, in die benachbarten Staaten Guinea oder Cote d'Ivoire (Elfenbeinküste) flohen. Rund 420.000 Liberianer lebten Anfang 1997 in Guinea und bis zu 300.000 in Cote d'Ivoire (vgl. UNHCR 1997: 60). Ebenso sind jedoch diejenigen als Flüchtlinge anzusehen, die z.B. in dem mittelamerikanischen Staat Guatemala zwangsumgesiedelt wurden, da die Regierung auf diese Weise Rebellenbewegungen bekämpfen wollte.

6.2 Theoretische Ansätze: Flüchtlingstypen und Migrationssysteme

In Deutschland, so der Forschungs- und Literaturbericht des *Berliner Instituts für Vergleichende Sozialforschung* (BIVS 1992), war bis Ende der 70er Jahre ausschließlich Vertriebenen- und Aussiedlerforschung betrieben worden, eine dezidierte Flüchtlingsforschung existierte nicht.[66] Die umfangreichsten For-

---

66 Als Ausnahmen sind die Untersuchungen von Pfeil (1948), Schelsky (1950/51) und Jolles (1965) zu nennen.

schungen zu weltweiten Fluchtbewegungen liegen aus den USA, Großbritannien und Frankreich vor. Die bisherige Flüchtlingsforschung, so resümierte das BIVS, war stark menschenrechtlich und weniger oder kaum soziologisch orientiert. Damit soll nicht zum Ausdruck gebracht werden, daß menschenrechtlich ausgerichtete Untersuchungen überflüssig wären. Ohne das Engagement für Flüchtlinge, gerade durch die sog. *NGOs (Non-Governmental-Organizations* wie Kirchen, Bürgerinitiativen und Verbände), gäbe es wahrscheinlich überhaupt keine Flüchtlingsforschung. Von engagierten Untersuchungen wie der für das *World Council of Churches* durchgeführten Studie von Elizabeth Ferris (1993) gingen wichtige Impulse für die Forschung aus.

Im folgenden werden in Anlehnung an Jochen Blaschke (1992, 1994) die wichtigsten Ansätze der sozialwissenschaftlichen Fluchtforschung skizziert.

Flüchtlingstypen oder: Die Entdeckung des Flüchtlings als Akteur

Die Typologie von Henry P. Fairchild (1925) konzentrierte sich auf sog. kriegerische Wanderungen, zu denen er Invasion, Eroberung und Kolonisierung zählt. Als sog. friedliche Wanderung führte er die Einwanderung an. Fairchild ging davon aus, daß Migrationen zwischen verschiedenen Kulturniveaus erfolgen. In Auseinandersetzung mit Fairchild, dessen Kategorien er für ethnozentrisch hielt, legte der US-amerikanische Soziologe und Bevölkerungswissenschaftler William Petersen in den 50er Jahren dann einen der ersten Versuche vor, Zwangsmigrationen in eine „Allgemeine Typologie der Wanderung" zu integrieren (Petersen 1972 [1958]). Obwohl dieser Text mittlerweile 40 Jahre alt ist, wirft er Fragen auf, die bis heute nicht beantwortet sind bzw. heute von neuem gestellt werden.

Zunächst unterzog Petersen das gängige *push-pull-Modell* (vgl. Abschnitt 2.4) einer kritischen Überprüfung. Nach seiner Meinung ist es mit der Grundannahme verbunden, daß der Mensch 'von Natur aus' seßhaft sei, was Petersen angesichts der Normalität und Verbreitung von Migrationen bezweifelte: „Manchmal ist das grundlegende Problem nicht, warum Völker wandern, sondern eher, warum sie es nicht tun" (Petersen 1972: 97; vgl. auch Faist 1997).

Petersen hielt *Typologien* und nicht - wie etwa Ravenstein - *Gesetze* der Wanderung (vgl. Abschnitt 2.1) für angemessen und nahm in diesem Rahmen mehrere neue Unterscheidungen vor. Unabhängig von der Frage freiwilliger oder erzwungener Wanderung betrachtete Petersen das Aktivitätspotential von Migranten und unterschied zunächst den *konservativen* vom *innovativen* Wanderer:

> „Einige Menschen wandern mit der Absicht, das Neue zu erlangen. Diese Art der Wanderung bezeichnen wir als *innovativ*. Andere wandern in Reaktion auf die Änderung der Bedingungen, um das zu bewahren, was sie hatten; sie wandern in ähnliche Landschaften, um in gewohnter Umgebung zu

bleiben. Diese Art der Wanderung nennen wir *konservativ*" (Petersen 1972: 97, Hervorh. im Original).

Mit dieser Unterscheidung kombinierte Petersen fünf Klassen der Wanderung:
1. ursprüngliche Wanderung (*primitive migration*)
2. 'gewaltsame' Wanderung (*forced migration*)
3. zwangsweise Wanderung (*impelled migration*)
4. freiwillige Wanderung (*free migration*)
5. massenhafte Wanderung (*mass migration*)

Die Besonderheit seiner Typologie liegt darin, daß Petersen zwischen zwei Formen der Zwangsmigration unterschied: Bei der *zwangsweisen* Wanderung besteht ein Rest an Entscheidungsfreiheit für die Wandernden, bei der *gewaltsamen* Wanderung nicht. Erstere geht auf Nötigung, letztere auf Macht und Gewalt zurück. Petersen betrachtete nicht nur das Aktivitätspotential der (potentiellen) Migranten, sondern auch derjenigen, die ein Interesse daran haben, daß Menschen abwandern oder fliehen. Wie aus dem Schema deutlich wird, das Petersen an das Ende seiner Untersuchung stellte, gibt es für ihn auch bei der Zwangsmigration eine *konservative* und eine *innovative* Form:

Abbildung 18: Typologie der Wanderung nach Petersen

Beziehung	Ursache der Wanderung	Art (Klasse) der Wanderung	Wanderungstypus: konservativ	Wanderungstypus: innovierend
Natur und Mensch	ökologischer Druck	ursprünglich	Wanderung 'Ranging'[67]	Landflucht
Mensch und Staat (od. Äquivalent)	Wanderungspolitik	gewaltsam zwangsweise	Verschleppung Flucht	Sklavenhandel Kuli-Handel[68]
Mensch und seine Normen	Streben nach Besserem	freiwillig	Gruppenwanderung	Pioniere
Kollektives Verhalten	Soziale Verhältnisse	massenhaft	Besiedlung	Verstädterung

(Quelle: Petersen 1972: 109)[69]

Flüchtlinge, so Petersen, unterscheiden sich von Emigranten dadurch, daß sie ihren Aufenthalt als vorübergehend betrachten. Im übrigen sind sie jedoch nicht 'über einen Kamm zu scheren', sondern unterscheiden sich durch die Rahmenbedingungen, unter denen ihre Wanderung stattfindet und durch ihre Herangehensweise, die sowohl auf Neues ausgerichtet (*innovierend*) als auch an der Er-

---

67 Unter „ranging" versteht man hier „umherstreifen", „durchziehen".
68 Unter dem *Kuli-System* versteht man die - manchmal auch gewaltsame - Rekrutierung von Arbeitskräften, die in der zweiten Hälfte des 19. Jahrhunderts die Arbeit von Sklaven auf den Plantagen ersetzten (zentral für diese Thematik ist die Arbeit von Potts 1988; vgl. auch Castles/Miller 1997).
69 Die massenhaften Deportationen und Vertreibungen während des Zweiten Weltkrieges und nach 1945 hatte Petersen, wie aus den Anmerkungen seines Textes hervorgeht, sehr wohl im Blick, gleichwohl tauchen sie in seiner Typologie nicht auf.

haltung des Bekannten orientiert (*konservierend*) sein kann. Diese Perspektive ist m.E. das Spezifische und das Überraschende an Petersens Ansatz: Nach dem gängigen Verständnis ist Migration, da sie stets mit Bewegung und Veränderung verbunden ist (s. Kap. 1), per se etwas Neues und Innovatives. Petersen korrigiert diese Wahrnehmung mit seinem Hinweis auf diejenigen Wanderer, die eigentlich gar nicht nach etwas Neuem, sondern auch in der Fremde nach dem Vertrauten streben und baldmöglichst in die Heimat zurückkehren wollen.

Die Überlegungen von Fairchild und Petersen wurden lange Zeit kaum rezipiert; erst in den 80er Jahren gab es neue Grundsatzüberlegungen zur Fluchtmigration. Besonders hervorzuheben sind die Arbeiten des kanadischen Soziologen Anthony H. Richmond. Dieser hat seine Theorie der Fluchtmigration seit Ende der 80er Jahre immer weiter ausdifferenziert und an die allgemeinsoziologische Diskussion[70] wie an die Weiterentwicklung der Migrationsforschung rückgebunden.

Richmonds grundlegende Annahme in seinem Aufsatz „Sociological Theories of International Migration: The Case of Refugees" (1988) war die Kritik an der gängigen Unterscheidung zwischen *freiwilliger* und *unfreiwilliger* Migration. Diese Unterscheidung hielt Richmond für unbrauchbar. Zwar variierten die Freiheitsgrade unterschiedlicher Individuen in unterschiedlichen gesellschaftlichen Konstellationen, dennoch seien *alle* Menschen Einschränkungen und Zwängen unterworfen: „Jedes menschliche Verhalten ist gezwungen [constrained]" (a.a.O.: 17).[71]

Die Unterscheidung zwischen *freiwillig* und *unfreiwillig* war für Richmond nur politisch, nicht aber soziologisch relevant, da Migration kaum 'freiwillig' zustande komme - weder bei Flüchtlingen noch bei Arbeitsmigranten. Beide hätten kaum die Wahl zu einer anderen Entscheidung als der Migration:

> „Die Wahlmöglichkeiten, die ein landloser Bauer hat, der von einem multinationalen, für den Export produzierenden Unternehmen vertrieben wurde, mögen Arbeitslosigkeit, Betteln, Stehlen, Krankheit, Hunger und Tod für sich oder seine Familie sein. Eine ethnische oder politische Minderheit mag sich dem bewaffneten Widerstand anschließen, politischer Gefangenschaft, Folter oder Tod entgegensehen. In beiden Fällen sind die vorhandenen, begrenzten Optionen fürchterlich. Flucht ist eine dieser Optionen" (Richmond 1988: 14).

Richmond wollte die aus seiner Sicht müßige Diskussion über Handlungsalternativen und Gegenüberstellungen im Sinne Petersens beenden und schlug eine neue Typologie vor. Für ihn ist das tatsächliche Fluchtgeschehen nur durch Typologien mit fließenden Übergängen zu erfassen: Flüchtlinge sind auf einem

---

70 Richmond strebt in Anlehnung an den britischen Soziologen Anthony Giddens und dessen *Theorie der Strukturierung* (vgl. Giddens 1988) eine Verbindung von Mikro- und Makrosoziologie an.
71 Übersetzung hier und im folgenden von der Verfasserin.

Kontinuum zwischen zwei Extremen angesiedelt - dem „proaktiven" und dem „reaktiven" Flüchtling. Richmond ging aus

„von einem Kontinuum zwischen dem rational-choice-Verhalten des 'proaktiven' Migranten, der seinen Nettonutzen maximieren will, und dem 'reaktiven' Verhalten derjenigen, deren Grad an Freiheit ernsthaft beeinträchtigt wird. Die große Mehrheit der internationalen Migranten (diejenigen eingeschlossen, die nach der Konvention als 'Flüchtlinge' bezeichnet werden) fallen irgendwo zwischen diese beiden Extreme" (Richmond 1992: 4).

Unter einem proaktiven Migranten muß man sich einen kalkulierenden, abwägenden Menschen vorstellen, der sich die Bedingungen seiner Migration nicht diktieren läßt. Auch Flüchtlinge, so Richmond, sind nicht nur reaktiv. Als Beispiele für *proaktive* Migranten nannte er „Ruheständler, Durchreisende, Rückkehrer, wiedervereinigte Familien und gewöhnliche 'Auswanderer'". „Konventionsflüchtlinge, Staatenlose, Sklaven und Zwangsarbeiter" sah er demgegenüber als *reaktive* Migranten an (a.a.O.: 13).

Richmond betonte, daß es sich um eine „komplexe Interaktion zwischen politischen, ökonomischen, ortsbedingten, sozialen und bio-psychologischen Faktoren" handelt, „die die Migrationsneigung bestimmen" (a.a.O.: 11). In seiner jüngeren Arbeit gewichtete Richmond die Bedeutung der Rand- und Zwangsbedingungen (*constraints*) als migrationsbeeinflussende Faktoren stärker und die ursprüngliche handlungstheoretische Konzeption schwächer.

Eine ähnliche Entwicklung ist in den Arbeiten von Hoffmann-Nowotny feststellbar, der seine Theorie zur Arbeitsmigration (vgl. Abschnitt 7.1) in Richtung eines umfassenden, an der Weltgesellschaft orientierten Migrationsmodells modifiziert hat:

„Die 'Weltgesellschaft' wurde bisher zwar nur zum Teil zu einer - insbesondere wirtschaftlich - *institutionalisierten* Realität. Es ist jedoch zu erwarten, daß sich auch der politische Institutionalisierungsprozeß der Weltgesellschaft fortsetzt, und daß innerhalb der verschiedenen internationalen Organisationen nicht nur der freie Fluß von Kapital, Gütern und Dienstleistungen, sondern auch von Personen - also: die internationale Migration - eine Frage von immer größerer Bedeutung werden wird" (Hoffmann-Nowotny 1994: 30; Hervorh. im Original).

Für Richmond ist die Weltgesellschaft durch eine zentrale Ambivalenz charakterisiert: Auf der einen Seite werden Grenzen durchlässig, gibt es Tendenzen zur 'Grenzen-Losigkeit', auf der anderen Seite werden Grenzen geschlossen. Der Aktionsradius des sog. militärisch-industrielle Komplex habe sich in Richtung eines 'weltweiten Waffen-Basars' noch ausgeweitet (vgl. Richmond 1992: 16). Mit dieser Kritik an den Rahmenbedingungen der Weltpolitik betonte Richmond nochmals die eingeschränkten Möglichkeiten und Entscheidungsfreiheiten der Menschen - ohne sein Modell des potentiell proaktiven Migranten aufzugeben.

Die vorgestellten Flüchtlingstypen mögen im einzelnen und in der Abgrenzung gegeneinander strittig sein, sind jedoch insofern für eine sozialwissenschaftlichen Analyse von grundlegender Bedeutung, als sie ein großes Spektrum an Flüchtlingstypen präsentieren, das die öffentliche Darstellung von Fluchtmigration korrigiert: In den Medien erscheinen Fluchtbewegungen als Ereignisse, die von Irrationalität, Desorganisaton, Anonymität und Panik geprägt sind. Noch stärker als bei anderen Wanderungen erhält der Zuschauer den Eindruck einer gesichtslosen Masse. Apathie und Verzweiflung drücken sich in Mimik und Körperhaltung aus, Unterschiede werden belanglos - innerhalb und auch zwischen Flüchtlingsgruppen. Die Bilder gleichen sich, gleichgültig, ob sie aus dem Irak, aus Ruanda, Bosnien oder dem Kosovo stammen. Flucht erscheint als etwas Schicksalhaftes, Naturgegebenes, einer Naturkatastrophe vergleichbar.

Diesem Bild von Flucht stellen sich die sozialwissenschaftlichen Analysen entgegen, indem sie darauf aufmerksam machen, daß es sich erstens bei Flüchtlingen auch um Akteure und nicht nur um 'Getriebene' ohne eigene Entscheidungsmöglichkeiten handelt, und zweitens Fluchtbewegungen keineswegs zufällig entstehen, schicksalhaft oder 'natürlich' sind, sondern Flüchtlinge 'produziert' werden.

Fluchtbewegungen im Migrationssystem

Fluchtbewegungen sind Folge von Kolonisation, Kriegen, sozialen Unruhen und Umwälzungen und entstehen nicht von selbst. Sie sind im historischen und politischen Zusammenhang zu betrachten, der unterschiedlich sein kann. Gleichwohl können bestimmte Regelmäßigkeiten ausgemacht werden. Das internationale Fluchtgeschehen verläuft nicht unstrukturiert. Der 1989 erschienene Sammelband von Aristide Zolberg, Astri Suhrke und Sergio Aguayo über „Escape from Violence - Conflict and the Refugee Crisis in the Developing World" (Zolberg et al. 1989), mittlerweile Standardwerk der Fluchtforschung, setzte sich folgendes zum Ziel:

> „Mit diesem Buch geht es uns um ein kritischeres und realistischeres Verständnis des Fluchtphänomens, um zu klären, welche Verpflichtungen die Begünstigteren in der Welt gegenüber den Bedürftigen haben, und auf welche Weise diese am besten durchgeführt werden. Wir möchten erklären, warum die heutige entwickelte Welt so viele Flüchtlinge produziert; warum sie manchmal flutartig und manchmal tröpfchenweise kommen; wohin sie gehen; und warum sie manchmal zurückkehren und manchmal nicht. Dies ist der erste Versuch, eine zusammenhängende, theoretisch begründete Erklärung von Flüchtlingsströmen bereitzustellen. Sozialwissenschaftler, die die Ursachen und Folgen von internationalen Wanderungen untersuchen, schließen Flüchtlingsbewegungen im allgemeinen aus ..." (a.a.O.: V).

Die von ihnen beschriebene Lücke versuchten Zolberg et al. durch Untersuchungen und Typologien auf verschiedenen Ebenen zu schließen. Aufgrund historischer Darstellungen, mit Hilfe von Regionalanalysen einzelner Fluchtbewegungen und generalisierenden Überlegungen entwickelten die Autoren Typologien von Flüchtlingen, Flüchtlingsströmen und flüchtlingsproduzierenden Situationen.

Im historischen Rückblick unterschieden Zolberg et al. *drei Flüchtlingskrisen*: Die *erste Flüchtlingskrise* fand nach dem Zweiten Weltkrieg statt, als nach Schätzungen alleine 12-13 Mill. Menschen aus den ehemaligen Ostgebieten des Deutschen Reiches und angrenzenden sozialistischen Staaten nach Westdeutschland flohen.

Die *zweite Flüchtlingkrise* fand - in der Folge der Entkolonialisierung - vor allem auf dem afrikanischen Kontinent statt. Hinzu kamen Flüchtlinge in Asien.

Mit dem Begriff der *dritten Flüchtlingskrise* werden die kriegerischen Auseinandersetzungen, inner- und zwischenstaatlichen Unruhen in lateinamerikanischen, afrikanischen und asiatischen Staaten seit Mitte der 70er Jahre erfaßt.

„Verglichen mit den vorhergehenden Flüchtlingskrisen, die aus konventionellen Kriegen in Europa und aus den nationalen Befreiungskriegen in Afrika hervorgegangen waren, stellte diese dritte Krise die internationale Gemeinschaft vor besondere Probleme. Ein wachsender Anteil der neuen Flüchtlinge schien dazu verdammt, auf unbestimmte Zeit Flüchtlinge zu bleiben und weder in die Heimatländer zurückkehren noch ein dauerhaftes Asyl finden zu können" (Suhrke/Zolberg 1992: 16).

Seit Beginn der 90er Jahre, dem Ende der Ost-West-Konfrontation, dem Krieg im ehemaligen Jugoslawien und der Ausweitung der Flüchtlingskrisen auf immer wieder neue Regionen könnte man von einer *vierten Flüchtlingskrise* sprechen.

Für alle Flüchtlingskrisen, so Zolberg, Suhrke und Aguayo, spielen externe Faktoren eine überraschend große Rolle, etwa im Fall der Internationalisierung von separatistischen Konflikten. Als Reaktion auf diese Situation entstanden und entstehen regionale und internationale Organisationen, die die Flüchtlinge definieren und 'verwalten'. Für diese Organisationsstruktur prägten Zolberg et al. einen Begriff, der sich mittlerweile in der Migrationsforschung durchgesetzt hat, den Begriff des sog. Migrationssystems.

Das *Migrationssystem* wird definiert als „eine begrenzbare Struktur, die sich aus den Migrationsbewegungen, dem auf sie Einfluß nehmenden *Regime* sowie aus den sozialen Ein- und Ausgrenzungsmechanismen der Herkunfts- und Zuwanderungsregionen konstituiert" (Blaschke 1992: 111; Hervorh. A.T.). Zum 'Regime' zählen Institutionen wie die an einer Flüchtlingskrise beteiligten Regierungen und sonstigen Akteure, sowie auf internationaler Ebene das UNHCR, die Vereinten Nationen etc. Im Fall des gegenwärtigen Konflikts im Kosovo gehören die serbische Regierung unter Milosevic, die bewaffnete Unabhängigkeitsbewegung UCR, Albanien, das mit dem Kosovo ethnisch und politisch verflochten ist, die EU, die UN, das UNHCR (das etwa gegenüber der Bundesregierung Kritik an den Abschiebungen von Kosovo-Albanern übt), einzelne Regierungen, die eine neue Flüchtlingswelle befürchten (vor allem Italien und die Bundesrepublik), aber auch Exilorganisationen von Kosovo-Albanern zum Migrationssystem.[72]

Zolberg und seine Kollegen stellten außerdem eine Typologie von Flüchtlingen auf. Sie unterschieden *drei Typen von Flüchtlingen*:

- die Aktivisten (*activists*), die sog. Kämpferflüchtlinge, die sich politisch und/oder gewaltsam gegen den Staat betätigen

- die Zielscheiben (*targets*), in der Regel Angehörige von (ethnischen) Minderheiten, die in einem Staat oder einer Region diskriminiert und/oder verfolgt werden

- die Opfer (*victims*), die weder activists noch targets sind, sondern zielloser Gewalt ausgesetzt sind.

Die letztgenannte Gruppe hoben Zolberg et al. besonders hervor, da sie immer mehr ins Gewicht falle, von der Genfer Konvention und den Asylbestimmungen jedoch nicht abgedeckt werde:

„Wie ein Großteil der Diskussionen darüber, was einen Flüchtling im wesentlichen ausmacht, ist auch die Kategorisierung in Aktivisten, Ziel von Gewalt und Opfer auf soziologischen Typisierungen aufgebaut. Sie weicht jedoch insofern von der üblichen Analyse ab, als sie der gern verwendeten und inzwischen auch die öffentliche Diskussion beherrschende Einteilung in Flüchtlinge aus wirtschaftlichen oder politischen Gründen, die freiwillig oder unfreiwillig ihr Land verlassen haben, widerspricht" (Suhrke/Zolberg 1992: 39).

Damit ein Konflikt - in der Terminologie der hier kurz vorgestellten politikwissenschaftlichen Ansätze - „flüchtlingsproduzierend" wird, müssen bestimmte Bedingungen gegeben sein: Das Aufeinandertreffen von externen wie internen Interessen, ein rigides Interesse am Machterhalt von einheimischen Eliten, das unterentwickelt oder rückständig Halten von Teilen der Bevölkerung und die dauerhafte mangelnde Teilhabe an der ökonomischen, politischen und sozialen Entwicklung einer Gesellschaft. In Nigeria beispielsweise hat der plötzliche Tod des lange Zeit inhaftierten populären Oppositionsführers Abiola im Früh-

---

72 Als Beispiel für die Analyse der Funktionsweise und der verschiedenen Akteure eines Migrationssystems sei hier die Untersuchung von Thomas Schwarz über die „Baltischen Staaten und Polen" (1997a) angeführt; das dortige Migrationssystem hat sich ganz anders entwickelt, als die westeuropäischen Szenarien es nach dem Fall der Mauer erwarten ließen. Insgesamt „entwickelt sich die Migrationspolitik sowohl der drei baltischen Staaten wie Polens entlang dem deutschen und westeuropäischen Vorbild: Illegalisierung ohne Einwanderungsalternativen, Perfektionierung der Grenzregime und Abwälzen der Verantwortung auf weiter östlich gelegene Nachbarn" (a.a.O.: 74).

jahr 1998 die Regierung mit Protesten und Unruhen konfrontiert, jedoch (noch) keine Flüchtlinge 'produziert', da beide Seiten - Militärregierung und Opposition - sich aufeinander zu bewegen. Die Regierung sieht von weiteren Verfolgungen ihrer Gegner ab, und die Anhänger der Opposition drängen beharrlich, aber friedlich auf eine Realisierung der Demokratisierungsversprechen.

6.3 Muster von Flucht, Vertreibung und Rückkehr

Nicht alle Menschen, die denselben Bedingungen ausgesetzt sind, ergreifen die Flucht; manche bleiben sogar, nicht alle fliehen über dieselbe Distanz. Flucht gehorcht keinem einfachen Reiz-Reaktions-Mechanismus. In vielen Situationen ist die klassische, völkerrechtlich anerkannte Flucht über die Grenze oder über mehrere Grenzen (ins benachbarte Ausland oder gar auf einen anderen Kontinent) nur eine der Alternativen. Laut UNHCR können sich viele Betroffene die weiträumige Flucht nicht leisten, sondern fliehen über eine kürzere Distanz. Die wachsende Zahl von Binnenvertriebenen im Vergleich zu Flüchtlingen im engeren Sinne geht möglicherweise auf den einfachen Umstand zurück, daß für immer weniger Menschen eine 'richtige' Flucht erschwinglich ist. Wer ganz arm ist, kann nicht einmal fliehen: Wer z.B. keinen Besitz, kein Vieh, kein Land hat, was er oder sie veräußern kann, kann auch das Geld für einen Flug oder für Schlepper nicht aufbringen. Wohlhabendere flüchten ins Ausland, Arme nur in benachbarte Regionen. „Während des Krieges im ehemaligen Jugoslawien zeigte sich, daß die wohlhabenderen Bürger nach Deutschland und in andere westeuropäische Länder fliehen konnten, während arme Familien im ländlichen Raum eher zu Binnenvertriebenen wurden" (UNHCR 1997: 119).

Flucht erfolgt häufig in Etappen: Zunächst flieht eine Familie ihren Wohnort 'nur' bei Nacht und kehrt tagsüber zurück, um das Vieh zu versorgen und die Felder zu bestellen. Auf diese „nächtliche Abwesenheit" (a.a.O: 114) folgt die Binnenvertreibung und dann erst die Flucht ins Ausland. Gerade bei der Flucht ins Ausland kann man erkennen, wie wenig spontan und ungeplant selbst erzwungene Migration ist. Flüchtlinge verlassen ihre Heimat nicht ziellos, sondern greifen auf Kontakte zu Angehörigen und/oder Freunden zurück, die bereits gewandert sind. Vor der Flucht erhalten die Flüchtlinge hierüber Informationen, nach der Ankunft haben sie so eine Anlaufstelle. *Netzwerke* sind, so wird hier einmal mehr deutlich, für alle Migranten und auch für Flüchtlinge von ganz entscheidender Bedeutung. Und dies gilt nicht nur für den Entschluß zur Flucht, sondern dann auch ggf. für den Entschluß zur Rückkehr.

„So kehrten viele nicaraguanische Flüchtlinge bereits vor dem Ende des Contra-Krieges zurück - teils, weil die Unsicherheit in ihren Lagern zunahm, teils, weil sie ihre materiellen Erwartungen im Ausland nicht erfüllt hatten. Dieses Beispiel zeigt, daß Rückkehrbewegungen häufig auch das Ergebnis eines sorgfältigen Entscheidungsprozesses sind, bei dem Einzelpersonen, Haushalte und ganze Gemeinschaften die jeweiligen Vorteile der Rückkehr und des Verbleibens im Ausland gegeneinander abwägen" (a.a.O.: 156).

Netzwerke fördern und erleichtern die Migration - jede Form der Migration. Offensichtlich führen die ökonomischen, sozialen und politischen Krisen dazu, daß viele Menschen sich auf ihre Beziehungen in Verwandtschaft, Nachbarschaft und Bekanntschaft besinnen und nur in der Sicherheit dieser Netzwerke die Migration wagen - während frühere Migranten u.U. gerade flohen, um dem Netzwerk zu entkommen.

Auf der einen Seite stehen also die (potentiellen) Flüchtlinge, deren Verhalten sowohl ein Massenphänomen wie auch eine individuelle Aktion darstellt. Auf der anderen Seite sind die strukturellen Bedingungen, die zur Flucht führen, in Betracht zu ziehen. Flüchtlinge werden 'gemacht', so die einhellige Auffassung der Fluchtmigrationsforschung, und zwar von verschiedenen, staatlichen wie nicht-staatlichen Akteuren. Ein Staat produziert Flüchtlinge, indem er seinen Bürgern nicht ausreichende Sicherheit(en) bietet. Instabilität, politische Fehlentscheidungen, die Militarisierung der Gesellschaft, die Privatisierung von Gewalt, Korruption - alle diese Prozesse produzieren mit hoher Wahrscheinlichkeit Flüchtlinge. Neben Leidtragenden gibt es immer auch Nutznießer aus gesellschaftlichen Konflikten; Haß und Feindschaft werden instrumentalisiert:

„Die Erfahrungen der jüngsten Zeit haben gezeigt, daß Haß und Feindschaft politische Ressourcen sind, die unter bestimmten Bedingungen von politisch ambitionierten Gruppen mobilisiert (und sogar künstlich erzeugt) werden können. Als Regierungen und andere Akteure in zahlreichen Ländern die Rivalität zwischen den Supermächten nicht mehr nutzen konnten, setzten sie auf die Feindschaft zwischen Bevölkerungsgruppen, um Unterstützung von außen zu erhalten - eine Strategie, die in vielen Fällen zu sozialer Gewalt und bewaffneten Konflikten geführt hat" (UNHCR 1997: 25).

Mit Blick auf die gegenwärtigen Konstellationen in vielen Ländern läßt sich prognostizieren, daß Indonesien, die Türkei, Albanien, die Nachfolgestaaten der UdSSR, Algerien und der Kosovo weiterhin oder in Zukunft Flüchtlinge produzieren werden. Ein Staat, der seinen Bürgern nicht ausreichende Sicherheit bietet, dem es an politischem Pluralismus mangelt, der durch Korruption und extreme soziale Ungleichgewichte geprägt ist, in dem eine kriegswirtschaftliche Ökonomie noch nicht transformiert wurde, produziert Flüchtlinge.

Die Häufigkeit, mit der im UNHCR-Bericht 1997-98 die Bezeichnung *Vertreibung* verwendet wird, ist ein Indiz dafür, wie wichtig das Handeln staatlicher und nicht-staatlicher Akteure ist. Flucht ist in den meisten Fällen erzwungene, und zwar von Menschen direkt oder indirekt erzwungene Flucht. Vulkanausbrüche, Überschwemmungen und ähnliche Naturkatastrophen bzw. ökologische Desaster haben demgegenüber unter den Fluchtursachen eine geringfügige Bedeutung. Viele Flüchtlinge kehren mittelfristig in ihre Heimat zurück: Von 1991 bis 1997 wurden umfangreiche Rückkehrbewegungen vermerkt. 10 Mill. Menschen kehrten nach Äthiopien, El Salvador, Mosambik und in anderer Staaten zurück (vgl. a.a.O.: 151ff.). Am Beispiel Mosambik wird jedoch deutlich, daß die Rückkehr ihrerseits häufig wiederum unter Zwang erfolgt: Von

1992-1996 kehrten 1,7 Mill. Flüchtlinge und mindestens 3,4 Mill. Binnenvertriebene in ihre Heimat zurück. Rückkehrer sind häufig „Flüchtlinge aus dem Zufluchtsland" (a.a.O.: 155), die nach der Rückkehr von neuem migrieren, von Mosambik vor allem nach Südafrika - genau in das Land, das sie lange Zeit aufgenommen, 1993 jedoch ihre Rückkehr nach Mosambik betrieben hatte.

6.4 Zusammenfassung

Die von Politikwissenschaftlern vorangetriebene Forschung zu den weltweiten Fluchtbewegungen hat darauf aufmerksam gemacht, daß Flucht und Vertreibung nicht ungeordnet, sondern innerhalb eines bestimmten Rahmens erfolgen, der von Regierungen wie von nicht-staatlichen Akteuren abgesteckt wird. Der wichtigste nicht-staatliche Akteur ist das UNHCR, das interessanterweise die wissenschaftliche Begrifflichkeit auf sich selbst anwendet, indem es von einem „internationalen Flüchtlingssystem" spricht, das definiert wird als diejenigen „Gesetze, Abkommen und Institutionen, die zur Bewältigung und Lösung des Flüchtlingsproblems geschaffen wurden" (UNHCR 1997: 57). Besorgt und kritisch merkt das Flüchtlingskommissariat jedoch an, daß das Schutzniveau weltweit gesunken und die Institution des Asyl durch die Restriktionen der reichen und die wachsende Abwehr der armen Länder bedroht sei (vgl. a.a.O.: 69). Von daher sind neue *Flüchtlingskrisen* (vgl. Zolberg et al. 1989) zu erwarten.

Das immer wieder erhobene Postulat, Migration als Zusammenspiel von Mikro- und Makroprozessen zu begreifen, liegt bei Fluchtmigration vordergründig nicht auf der Hand. Gerade bei erzwungenen Wanderungen wäre zu vermuten, daß sie mit Makrophänomenen (Regierungswechsel, Wahlen, Putsch durch Militär oder Einflußnahme externer Akteure, Parteienkonflikte) ausreichend erklärt werden können. Zwar sind bei sog. 'akuten' Flüchtlingen, die vor Krieg oder Naturkatastrophen fliehen, die push-Faktoren vorherrschend. Betrachtet man jedoch die sehr heterogene Gruppe der Flüchtlinge insgesamt, so fällt auf, daß es z.B. auch 'vorausplanende' Flüchtlinge gibt. Für die meisten Flüchtlinge - ebenso wie für Arbeitsmigranten - ist ein „Gemenge von Schub- und Sogfaktoren" (Nuscheler 1995: 40) Ursache ihrer Migration.

Für die Migrationssoziologie, die sich bisher nur wenig mit Fluchtmigration beschäftigt hat, erscheint in besonderem Maße die Zusammenschau von Flüchtlingstypen und Migrationssystemen fruchtbar. Hierdurch kann betont werden, daß es beträchtliche Unterschiede zwischen verschiedenen Flüchtlingsbevölkerungen (in Lagern bzw. als Individuen oder Gruppen in Städten) und verschiedenen Flüchtlingen gibt. Der Verlauf von Fluchtbewegungen hängt einerseits von den nationalen politischen Systemen und dem internationalen Flüchtlingssystem und andererseits von den Ressourcen, Handlungschancen und den Netzwerken ab, auf die die Flüchtlinge zurückgreifen können.

7. Die Beziehung zwischen Einheimischen und Zugewanderten: Zur Bedeutung der ethnischen Herkunft

"... eines Abends vertraute mir auch Chick Morelli an, daß er die Sozialarbeiter nicht besonders gern hatte, weil er glaubte, sie würden auf alle Italiener herabsehen, ob nun corner boys oder college boys. Es gab noch andere, die ähnliche Gefühle zum Ausdruck brachten. Selbst die College-Absolventen sind Leute aus der Unterschicht, solange sie in ihrer Karriere noch nicht vorangekommen sind, und sie bleiben stets Italiener. Die Sozialarbeiter mögen ehrlich geglaubt haben, sie hätten keine Vorurteile gegen Unterschicht-Italiener, aber ihr Verhalten verriet sie" (Whyte 1996: 107f.).

Mit der Diskussion des Verlaufs und der Hindernisse von Assimilations- und Eingliederungsprozessen wurden bisher die Folgen der Migration primär für die Zugewanderten untersucht. In diesem Kapitel geht es nun um den Umgang der Aufnahmegesellschaft oder von Gruppen der Aufnahmegesellschaft mit den Zuwanderinnen und Zuwanderern. Die Leitfrage lautet: Welche Rolle spielt die ethnische Herkunft im Verhältnis von Einheimischen und Zugewanderten? Diese Frage wird in vier Schritten untersucht:

1. Welche Mechanismen der Abwehr, der Vereinnahmung und der sozioökonomischen Positionierung entwickeln die Aufnahmegesellschaft und die Einheimischen (7.1)?
2. Welche Rolle spielt die ethnische Herkunft im Selbstbild der Minderheiten (*Ethnizität*) (7.2)?
3. Welche Bedeutung hat die ethnische Herkunft in den Zuweisungsprozessen durch die Einheimischen (*Ethnisierung*), und gibt es eine ethnische Schichtung in modernen Gesellschaften (7.3)?
4. Inwiefern kann das Verhältnis zwischen Einheimischen und Zugewanderten als eine Form einer Gruppenbeziehung zwischen Etablierten und Außenseitern beschrieben werden (7.4)?

Insgesamt versucht Kapitel 7 eine übergreifende Perspektive, bei der die Form der Wanderung (Einwanderung, Gastarbeit, Flucht) in den Hintergrund und die Art der Gruppenbeziehung in den Vordergrund tritt.

7.1 Spannungstransfer, Unterschichtung und Konkurrenz

Im Mittelpunkt dieses Abschnitts stehen die Arbeiten des Züricher Soziologen Hans-Joachim Hoffmann-Nowotny, der zu den Begründern und Protagonisten der Migrationsforschung und -theorie gehört.[73] Während er in seiner Dissertation „Migration - ein Beitrag zu einer soziologischen Erklärung" (1970) die weltgesellschaftlichen Determinanten von Wanderungen auf hohem Abstraktionsniveau analysierte, ging es ihm in der „Soziologie des Fremdarbeiterproblems" (1973)[74] stärker um die Folgen von Wanderungen in der Schweiz und anderen Aufnahmeländern. Die letztere Arbeit stellt den Versuch einer „strukturellen Erklärung des Problems von Majoritäts- und Minoritätsbeziehungen" (Hoffmann-Nowotny 1973: 331) dar. Dieser Ansatz ist geeignet, die in den bisherigen Kapiteln vorherrschende Beschäftigung mit den Folgen der Migration für die Zugewanderten um eine makrotheoretische und sozialstrukturelle Perspektive zu ergänzen. Mittlerweile, 25 Jahre nach den genannten Vorläufer-Arbeiten (die damals kaum gewürdigt wurden, da die volkswirtschaftlichen und psychologischen Debatten in der damaligen Diskussion überwogen), hat Hoffmann-Nowotny seinen Ansatz modifiziert und bringt ihn verstärkt auch in die politischen Debatten ein (vgl. Hoffmann-Nowotny 1995). M.E. sind die früheren Arbeiten in systematischer Hinsicht jedoch stringenter und für die Migrationsforschung unverzichtbar.

Hoffmann-Nowotnys Fallbeispiel, insbesondere für die Untersuchung von 1973, stellt die Schweiz dar. Diese hat im Vergleich mit der Bundesrepublik eine wesentlich längere, nämlich über 100jährige Tradition als Einwanderungsland (vgl. a.a.O.: 37ff. und den Überblick bei Frey/Lubinski 1987: 15-20). Allerdings weicht die Schweiz seit jeher durch eine relativ restriktive Einwanderungs- und Einbürgerungspolitik von den klassischen Einwanderungsländern (USA, Kanada, Australien) ab; von daher ist sie nur bedingt als 'Einwanderungsland' zu verstehen. Der Ausländeranteil, der schon im Jahr 1910 einmal 14,7% an der Wohnbevölkerung betragen hatte, stieg von 10,7% im Jahr 1960 auf 17,2% im Jahr 1973 und betrug 1984 14,4% (vgl. Frey/Lubinski 1987:

---

[73] Bereits seit 1970 existiert innerhalb der ISA (International Sociological Association) ein *Research Committee on Migration*, dessen erster Vorsitzender Anthony Richmond (vgl. in Abschnitt 6.2 dessen Beiträge zur Fluchtmigration) und dessen zweiter Vorsitzender von 1978 bis 1986 Hoffmann-Nowotny war (vgl. Hoffmann-Nowotny 1988: 24; Anm. 1).

[74] Der Begriff des *Fremdarbeiters* war bzw. ist in der Schweiz so gebräuchlich wie der des *Gastarbeiters* in der Bundesrepublik. Die Konnotation der (nationalsozialistischen) Zwangsarbeiterschaft und Verschleppung (vgl. hierzu Herbert 1986), die der Fremdarbeiter-Begriff in der Bundesrepublik hat, existiert in der Schweiz nicht (vgl. Hoffmann-Nowotny 1973: VII, Anm. 2). Czarina Wilpert ist allerdings der Auffassung, daß man mit Gastarbeiter nur die unangenehme Konnotation des Fremdarbeiters umgehen wollte; der Gastarbeiter-Begriff sei ein Euphemismus (vgl. Wilpert 1984: 306). - Das erste Kapitel von Hoffmann-Nowotnys „Soziologie des Fremdarbeiterproblems" (1973) enthält im übrigen eine Zusammenfassung seiner Monographie von 1970.

16f.). 1995 lag er bei 20%, wobei mit 25,9% bzw. 20,8% die größten Gruppen aus Italien bzw. dem ehemaligen Jugoslawien kamen (vgl. Fischer/Straubhaar 1996).

Die Einheimischen haben immer wieder über eine sog. *Überfremdung* der Schweiz diskutiert, die sich alleine in der Zeit von 1965 und 1974 in fünf Volksbegehren niederschlug (vgl. Hoffmann-Nowotny 1973: 138-150). Sie wurden jeweils abgewiesen, was jedoch weitere Initiativen in der Folgezeit nicht hinderte. So wurde 1988 die von der *Nationalen Aktion für Volk und Heimat* beantragte Volksinitiative für die Begrenzung der Einwanderung, die im Laufe der nächsten fünfzehn Jahre die Zahl vor allem der Grenzgänger und Saisonarbeiter hätte abbauen sollen, mit 67,3% der abgegebenen Stimmen abgewiesen. Auch die derzeitige Europapolitik der Schweiz wird von diesen Debatten bestimmt:

„Gerade die Verhandlungen zwischen der Schweiz und der EU veranschaulichen exemplarisch, wie stark die Ausländerpolitik die schweizerische Nachkriegspolitik prägte und bis heute prägt. Die 'Überfremdungsangst' war ein entscheidendes Element für die Ablehnung des EWR-Vertrages in der Volksabstimmung vom 6.12.1992 über den Beitritt der Schweiz zum Europäischen Wirtschaftsraum. Eine Mehrheit der Stimmbürger befürchtete, eine gegenseitig gewährte Freizügigkeit würde zu einer überbordenden Zuwanderung von EU-Bürgern/-innen führen. Lieber wurden Isolation und Abschottung in Kauf genommen, als die Grenzen für EU-Arbeitskräfte zu öffnen" (Fischer/Straubhaar 1996: 183f.)

Zwar gab es punktuell vergleichbare Initiativen auch in anderen Ländern, in Deutschland etwa die *Kieler Liste für Ausländerbegrenzung* oder das *Heidelberger Manifest*[75] einer Gruppe von westdeutschen Hochschullehrern, aber die *Kontinuität* solcher Initiativen scheint ein Schweizer Spezifikum zu sein. Durch die Volksbegehren gegen die 'Überfremdung' bestand für Hoffmann-Nowotny eine zusätzliche Notwendigkeit, sich grundsätzlich mit den Reaktionen der einheimischen Majorität auf die zugewanderten Minoritäten und den Ursachen der Abwehr zu beschäftigen. Deshalb sind seine Untersuchungen nicht nur für die Schweiz, sondern für alle modernen Gesellschaften mit einer kontinuierlichen Ein- oder Zuwanderung von Interesse.

Migrationen resultieren, so Hoffmann-Nowotny, aus den Schichtungs- und Strukturmerkmalen einzelner Gesellschaften und der Weltgesellschaft insgesamt. Im Mittelpunkt seiner Schichtungstheorie stehen die sog. sozialen Werte und der Zugang zu diesen Werten. *Soziale Werte* sind die in einer Gesellschaft angestrebten materiellen Güter (z.B. Einkommen) und immateriellen Güter (z.B. Bildung). Der Zugang zu diesen Gütern ist je nach Status unterschiedlich: „Je zentraler ein Gut ist, um so machthaltiger ist es, und je instrumenteller ein

---

75 Eine kritische Auseinandersetzung mit dem 1981 veröffentlichten *Heidelberger Manifest* findet sich bei Burgkart (1984).

Gut ist, um so prestigehaltiger ist es" (Hoffmann-Nowotny 1973: 5). Hoffmann-Nowotny geht davon aus, daß in Gesellschaften „zumindest ein partieller Konsens" (1970: 28) darüber besteht, welche Güter erstrebenswert sind und welche nicht (zentrale soziale Werte).

Macht hat diejenige Person, die ihren Anspruch auf die Teilhabe an zentralen sozialen Werten durchsetzen kann. *Prestige* hat diejenige Person, deren Anspruch auf diese Teilhabe als legitim gilt. Prestige ist die Basis von Macht und übernimmt damit eine Legitimationsfunktion (vgl. a.a.O.: 29). Im Status wird das Maß der Teilhabe ausgedrückt. Das Problem vieler Gesellschaften ist, daß ihre Mitglieder zwar ihrem Prestige nach Anspruch auf bestimmte Güter (Einkommen, Bildung etc.) haben, diesen Anspruch jedoch nicht durchsetzen können. Dieses „Auseinanderfallen von Macht und Prestige" (1973: 11) bezeichnet Hoffmann-Nowotny als *strukturelle Spannung*. Überschreitet sie eine bestimmte Grenze oder werden die Ursachen der strukturellen Spannung verdrängt, wird sie zur *anomischen Spannung*. Anomie ist mit Ohnmachtsgefühlen und Ratlosigkeit verbunden. Individuen und Gesellschaften tendieren zum Ausgleich dieser Spannungen.

Im gesellschaftlichen Vergleich ist das Ausmaß an Spannungen unterschiedlich: Migrantinnen und Migranten wandern aus Gesellschaften mit höheren Spannungen in Gesellschaften mit niedrigeren Spannungen ab. Indem die Akteure diejenige Gesellschaft verlassen, in der sie ihre Ansprüche auf sozialen Aufstieg und/oder mehr Einkommen nicht durchsetzen konnten, werden dort Spannungen abgebaut. Hoffmann-Nowotny versteht Auswanderung als Prestige-Export und Einwanderung als Prestige-Import. Migration ist „die Folge eines Spannungsunterschiedes", eines „Entwicklungsgefälles zwischen dem Immigrations- und dem Emigrationssystem" (Hoffmann-Nowotny 1973: 21).

> „Ohne die Auswanderung würde vermutlich ein stärkerer Druck gegen den internen Status quo ausgeübt, wie auch der politische Akteur gezwungen wäre, sich mit dem Entwicklungsrückstand seines Landes im internationalen Vergleich stärker auseinanderzusetzen" (Hoffmann-Nowotny 1987: 49).

Die Weltgesellschaft unterliegt nach Hoffmann-Nowotnys Auffassung einem Prozeß der Verwestlichung auf kultureller wie auf struktureller Ebene. Die Menschen in den nicht-westlichen Gesellschaften empfinden durch die weltweit verbreiteten westlichen Massenmedien ihre Ungleichheit und Benachteiligung noch eindringlicher. Diese Situation bezeichnet Hoffmann-Nowotny als „Wert- und Informationsdiffusion" (1994: 400); sie verstärkt die Migrationsbereitschaft.

Neben dem Spannungstransfer, der mit Wanderungen einhergeht, betont Hoffmann-Nowotny auch den Aspekt staatlicher, administrativer und ökonomischer *Kontrolle*, der die ansonsten zu beobachtende Lockerung von Spannungen relativiert. Zwar sind immer mehr Gesellschaften, etwa die früheren Ostblock-Staaten, bereit, ihre Mitglieder aus der Kontrolle der Seßhaftigkeit zu entlassen und 'genehmigen' mehr Mobilität. Andererseits gibt es auf der Seite der (potentiellen) Zuwanderungsgesellschaften mehr bzw. neue Formen der Kontrolle, etwa die während der 90er Jahre verschärfte Asylgesetzgebung der westlichen Staaten:

„Anders formuliert, kann man auch sagen, wenn Gesellschaften Wanderungen schon nicht verhindern können oder wollen - z.B. weil Wanderungen einen Spannungsabfluß bedeuten und damit der Sicherung des status quo dienen -, so soll dieses Geschehen zumindest soweit wie möglich unter Kontrolle bleiben. Das gleiche gilt selbstverständlich auch für die Seite der potentiellen Einwanderungsgesellschaften, die sich durch komplizierte Systeme von Einwanderungsgesetzen und -bestimmungen vor einem unerwünschten Spannungstransfer zu schützen versuchen und deshalb ebenfalls das Wanderungsgeschehen vollumfänglich zu kontrollieren trachten. An zeitgenössischen wie an historischen Beispielen dafür ist ebenfalls kein Mangel" (Hoffmann-Nowotny 1988: 37).

Die Folgen für die Wandernden und die Aufnahmegesellschaften werden nun deshalb interessant, weil mit dem Spannungsabbau in den Auswanderungsländern ein Spannungsaufbau in den Einwanderungsländern verbunden ist. Diese Spannungen münden in die sog. Unterschichtung der Aufnahmegesellschaft (vgl. Abbildung 19) und in sog. neofeudale Absetzungen der Einheimischen nach 'oben' und der Zugewanderten nach 'unten' (vgl. untenstehende Erläuterung).

Hoffmann-Nowotny kommt anhand einer Analyse der schweizerischen Beschäftigungsstruktur von 1930 bis 1960 zu der Feststellung, daß der geringer werdende Anteil der Einheimischen an der sog. Grundschicht, d.h. ihr sozialer und finanzieller Aufstieg nur durch die Zuweisung der unteren Statusdimensionen an die Fremdarbeiter gelungen sei. Die Sozial- und Beschäftigungsstruktur sei *unterschichtet* worden:[76]

---

[76] Hoffmann-Nowotny erwähnt auch die Möglichkeit einer *Überschichtung*. Dabei treten die Einwanderer in die höheren bzw. höchsten Positionen der Sozial- und Berufsstruktur ein (vgl. 1973: 24). Ein Beispiel hierfür waren die (weiss-)russischen Eliten in den baltischen Staaten, deren Einfluß nach dem Ende der UdSSR z.T. massiv zurückgedrängt bzw. rückgängig gemacht werden soll: „Diese Immigration, die einerseits auf die Russifizierung Estlands, Lettlands und Litauens abzielte und andererseits günstige Arbeitsbedingungen für die meist beruflich gut qualifizierten Einwanderer garantierte, wurde von den Einheimischen als 'Okkupation' bzw. 'Überlagerung' empfunden. Hierbei handelte es sich, vom soziologischen Standpunkt her gesehen, um eine durch die 'fremde' Präsenz verursachte Überschichtung der 'eigenen' Gesellschaften, die im Endeffekt genau die gegenteilige Erscheinung der immigrationsbedingten Unterschichtungsprozesse in Nordamerika und im kapitalistischen Europa darstellt" (Giordano 1997: 68).

„Wir nennen eine Einwanderung unterschichtend, wenn die Einwanderer zum überwiegenden Teil in die untersten Positionen des sozialen Schichtsystems eintreten und eine neue soziale Schicht unter der Schichtstruktur des Einwanderungskontextes bilden. Unterschichtung impliziert also, daß in der Basis des Schichtsystems neue Positionen geschaffen werden und/oder bisher von Einheimischen eingenommene Positionen aufgegeben und durch Einwanderer besetzt werden" (a.a.O.: 52).

Abbildung 19: Einfluß der Migration auf die Struktur der Aufnahmegesellschaft nach Hoffmann-Nowotny

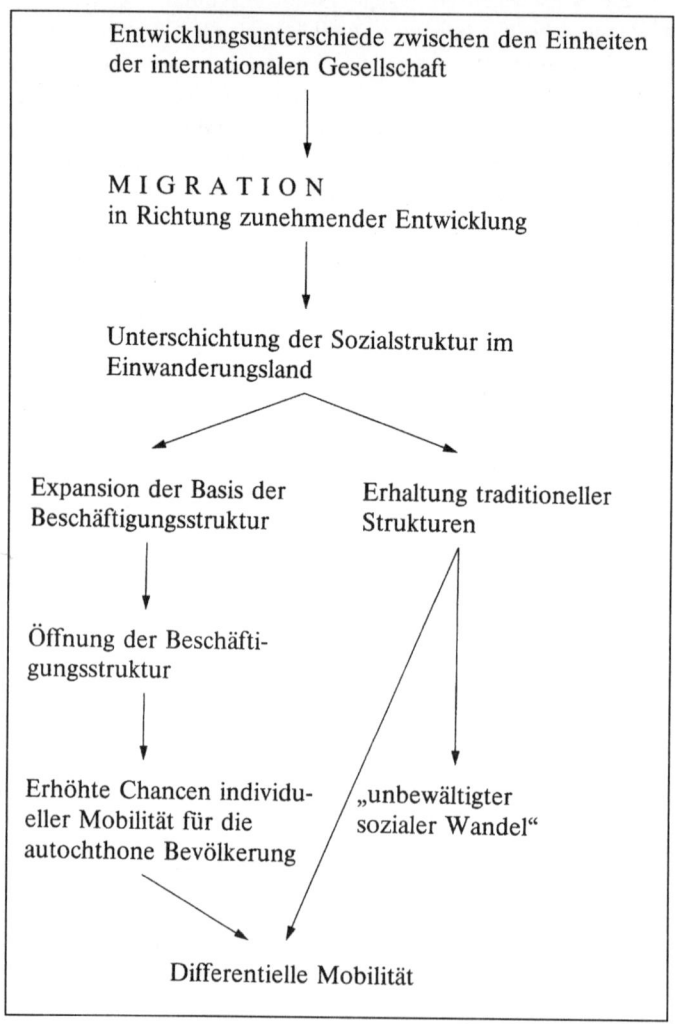

(Quelle: Hoffmann-Nowotny 1973: 23; Modell I)

Diese Situation ist jedoch, so Hoffmann-Nowotny, nicht stabil: Die aufgestiegenen Einheimischen (insbesondere diejenigen, deren Einkommensstatus nicht ihrem Bildungs- und Qualifikationsstatus entspricht) fürchten sich latent, aber permanent, vor dem drohenden Abstieg. Dieser anomische Zustand ist mit dem Bedürfnis verbunden, sich 'nach unten' abzugrenzen. Und da man auf die Kriterien der modernen Gesellschaft (Qualifikation, Leistung) nicht zurückgreifen kann, da die Zuwanderinnen und Zuwanderer nicht eindeutig schlechter qualifiziert sind als die einheimischen Arbeiterinnen und Arbeiter (vgl. Kremer/ Spangenberg 1980: 28), greift man auf das Kriterium der ethnischen Zugehörigkeit zurück. D.h., man pocht auf den *zugeschriebenen* Status (Herkunft, Nationalität) statt auf den *erworbenen* Status (Qualifikation, Leistung). Damit erhält die moderne Gesellschaft ein traditionales Element, die sog. *neofeudale Absetzung*. In feudalen Gesellschaften herrscht ein Konsensus über den zugeschriebenen Status, in modernen Gesellschaften einer über erwerbbaren Status:

„Die Dominanz partikulärer Werte, d.h. die Betonung zugeschriebener Status [sic] und die daraus resultierende Schließung von Aufstiegskanälen für bestimmte Gruppen und Schichten, bilden ein Syndrom, das kennzeichnend ist für traditional-feudale Gesellschaften. Wird versucht, ein solches Syndrom in modernen Gesellschaften durchzusetzen, so sprechen wir von neofeudalen Tendenzen" (Hoffmann-Nowotny 1973: 29).

Die Einheimischen, die bewußt oder unbewußt die neofeudale Absetzung praktizieren, treten nicht zwangsläufig für eine Reduzierung der Zahl der Ausländerinnen und Ausländer ein, aber sie 'brauchen' „die Ausländer als ein diskriminiertes Arbeitspotential" (a.a.O.: 129), das sie selbst ausbeuten können. Damit treten die Einwanderer und Einwanderinnen nicht (oder noch nicht) in Konkurrenz mit den Einheimischen, und man kann „eine Reduktion der Spannung in den Beziehungen zwischen Einheimischen und ihren ausländischen Arbeitskollegen erwarten" (a.a.O.: 136). Mit der neofeudalen Absetzung sind die zentralen Statuslinien (berufliche Stellung, Einkommen, Bildung) für die Zugewanderten gesperrt (vgl. a.a.O.: 110ff.):

„Auf der Statuslinie 'ethnische Zugehörigkeit' besetzen die Einheimischen nach ihrer eigenen Definition die hohen Positionen und schreiben den ethnisch fremden Gruppen die tiefen Positionen zu. Aus der Sicht der Einheimischen rechtfertigt diese Konstellation die niedrigen Ränge der Einwanderer auf der Einkommens- und Berufslinie sowie die Versagung von Aufstiegsmöglichkeiten" (a.a.O.: 240).

Angesichts des offensichtlichen 'Erfolgs' dieser Abgrenzung und der Stabilität der sozialen und ökonomischen Schichtung (auch in den anderen Aufnahmeländern nehmen die Zugewanderten die untersten Positionen des Beschäftigungssystems ein; vgl. Abschnitt 5.1 dieser Arbeit) verwundert es, daß die Überfremdungs-Initiativen in der Schweiz noch 'notwendig' waren und sind. Die Abstiegsgefahr ist in den Augen vieler Einheimischer jedoch nicht dauerhaft 'gebannt'. Die Tendenz eines sozialen und beruflichen Aufstiegs, so Hoffmann-Nowotny, betrifft nicht alle Einheimischen in gleicher Weise: Die Mobilitätschancen sind unterschiedlich (s. Abb. 19: „differentielle Mobilität"). Diejenigen, die aufgrund einer regionalen oder strukturellen Benachteiligung weniger Chancen haben, unterprivilegiert sind, und diejenigen, deren bildungsbezogener Status mit dem Aufstieg in finanzieller und beruflicher Hinsicht nicht 'mitgehalten' hat, reagieren auf die Zugewanderten mit Abwehr (vgl. Hoffmann-Nowotny 1973: 71). Das diffuse Gefühl einer Überfremdung sei jedoch rein subjektiv, und die Überfremdungsinitiativen stellten „nicht strukturadäquate Lösungsversuche" (a.a.O.: 31) dar: Die der anomischen Spannung zugrundeliegende strukturelle Spannung wird nicht gelöst (vgl. a.a.O.: 252). Selbst die Versuche einer massiven Abwehr interpretiert Hoffmann-Nowotny jedoch nicht als Fremdenhaß, sondern als strukturelles Problem, als Ausdruck der vom Auswanderungsland ins Einwanderungsland transferierten Spannungen. Die Zugewanderten werden weiterhin als latente oder manifeste Bedrohung empfunden, das anomische Potential bleibt auch bei neofeudaler Absetzung erhalten (vgl. a.a.O.: 151).

Neuere Untersuchungen zeigen, daß der in den 70er Jahren begonnene Unterschichtungsprozeß relativ stabil ist:

„In der Schweiz hat die Gastarbeiterpolitik der letzten Jahrzehnte ... in erster Linie zur Konzentration der beschäftigten Ausländer in den importkonkurrierenden Branchen geführt, namentlich im Baugewerbe, in der Verarbeitenden Produktion sowie im Gastgewerbe. Ausserdem hat die schweizerische Migrationspolitik einen Einfluß auf die sozioökonomischen Profile der Einwanderer. So sind die ausländischen Erwerbstätigen im Durchschnitt schlechter qualifiziert als ihre inländischen Kollegen. Dabei konzentrieren sich in erster Linie Südeuropäer sowie Nicht-Europäer in den unteren Ausbildungssegmenten, während sich die Einwanderer aus Nordeuropa vor allem in den oberen Segmenten finden" (Golder 1997).

Bei der Mehrheit der Zugewanderten findet ein Komplementärprozeß zur Reaktion der Einheimischen statt: Auf die neofeudale Absetzung nach 'oben' der Einheimischen reagieren sie mit der neofeudalen Absetzung nach 'unten'. Sie halten die Einheimischen für überlegen und akzeptieren die Schichtung der Aufnahmegesellschaft in 'Einwanderer unten', 'Einheimische oben'. Erst mit dieser Reaktion „sind die Grundlagen für eine Neofeudalisierung der Gesellschaft - soweit es die Bewußtseinslage betrifft - geschaffen" (Hoffmann-Nowotny 1973: 240). Die Zugewanderten können auf diese Weise die Spannungen, denen sie selbst durch die Migration ausgesetzt sind, reduzieren; Gefühle der Statusunvollständigkeit werden erträglicher:

„So kann ein arbeitsloser Italiener (fehlender Status: berufliche Stellung) durch die Auswanderung nach der Schweiz seine Statuskonfiguration vervollständigen, erfährt aber sofort eine neue Statusunvollständigkeit, wenn seine Frau und seine Familie in Italien bleiben müssen. Die erzielte Einkommensverbesserung bedeutet einen Abbau von Rangspannung, vermutlich aber nur so lange, wie der Auswanderer seine Bezugsgrößen vom Auswanderungskontext bezieht. Findet ein Wechsel der Bezugsgruppe statt, so mag die Rangspannung unter Umständen wieder die alte Höhe erreichen" (a.a.O.: 252).

Passen sich die Zuwanderinnen und Zuwanderer an die anomischen Spannungen der Aufnahmegesellschaft an und geben sie ihre Mobilitätsaspirationen (Ansprüche auf sozialen Aufstieg) auf, so komplettieren sie die neufeudale Absetzung. Das Gefühl der Diskriminierung entsteht erst dann, wenn die Mobilitätsaspirationen (wieder) erhoben werden. In dem Moment, wo die Zugewanderten ihre Bezugsgrößen vom Einwanderungskontext beziehen, wird ihnen ihre marginale Lage erst bewußt (vgl. Abschnitt 4.3 dieser Arbeit).

Damit schließt sich der Kreis: Die Menschen, die „versucht haben, der Situation der Unterentwicklung individuell zu entkommen", finden sich „als eine neue Unterschicht in den Einwanderungsländern" wieder (Hoffmann-Nowotny 1987: 58). Ein Aufstieg findet allenfalls in Relation zur Herkunftsgesellschaft statt. Allerdings stellt sich die Frage, ob die beschriebenen Prozesse der Unterschichtung und neofeudalen Absetzung nicht nur für die erste Phase der Zuwanderung gelten, d.h.: Löst sich die Unterschichtung im Lauf der Generationen auf? Hoffmann-Nowotny (1987) selbst sprach in seinem zusammenfassenden Aufsatz „Gastarbeiterwanderungen und soziale Spannungen" davon, daß die Auswanderung im Einwanderungsland „zunächst" zu einer Unterschichtung führe (vgl. a.a.O.: 48). Andererseits warnte er abschließend davor, eine Minderheit in der Basis des Schichtsystems zu fixieren (vgl. a.a.O.: 64); demnach befindet sie sich immer noch dort.

Meines Erachtens ist die Frage danach, ob sich die Unterschichtung aufgelöst habe, ebenso zu verneinen wie diejenige, ob sich die Einwanderinnen und Einwanderer nach und nach vollständig assimiliert oder eingegliedert hätten oder sich mit der Zeit assimilieren würden (vgl. die Abschnitte 4.4 und 5.4). Insbesondere in den Zielländern der ehemaligen 'Gastarbeiter'-Wanderungen hat sich an den rechtlichen und politischen Rahmenbedingungen nichts oder nur wenig geändert, integrationspolitische Programme wurden abgebaut und die ausländischen Beschäftigten sind immer noch auf niedrig entlohnten und/oder schlecht angesehenen Arbeitsplätzen konzentriert oder überproportional von Arbeitslosigkeit betroffen. Damit sind bisher weder die Bedingungen für ein Fortschreiten des Eingliederungs-Prozesses noch für eine Auflösung der Unterschichtung gegeben.

Eine stärkere Gleichverteilung der Einwanderinnen und Einwanderer auf die Sozialstruktur der Aufnahmeländer ist, außer von beruflicher Mobilität und den Chancen hierzu, von mehr Interaktionen zwischen Majorität und Minorität abhängig (vgl. auch Krauth/Porst 1984). Diese werden jedoch erst dann möglich, „wenn die strukturbedingten Spannungen wegfallen" (Hoffmann-Nowotny

1987: 55). Die grundsätzliche Abschottung der *eth-classes* (Gordon) gegeneinander verhindert - was häufig übersehen wird - die Zulassung und Partizipation der ausländischen Arbeiter und Arbeiterinnen an 'der' Kultur der Aufnahmegesellschaft:

> „Für moderne Industriegesellschaften mit breiten Mittelschichten heißt dies, daß die Kultur dieser Mittelschichten als die Kultur einer solchen Gesellschaft anzusehen ist. Wenn die eingangs ausgesprochene Hypothese über den Zusammenhang von Integration und Assimilation [wiedergegeben in Abschnitt 5.3, A.T.] zutrifft, dann kann auf seiten der eingewanderten Fremdarbeiter keine Assimilation an die eben genannte Kultur erwartet werden. (...) Wir müssen ... davon ausgehen, daß eine Assimilation der Fremdarbeiter an die einheimische Kultur nur eine Assimilation an die Kultur der Unterschicht bedeuten kann" (Hoffmann-Nowotny 1973: 186).

Der These, wonach langsame, aber kontinuierliche Aufstiegsprozesse der Eingewanderten die Konkurrenz zwischen Einheimischen und Zugewanderten um Arbeitsplätze und um sozialen Aufstieg verschärften (vgl. Goetze 1987: 81f.), halte ich entgegen, daß diese Aufstiegsprozesse (insbesondere der ersten Generation) zu geringfügig sind, als daß mit ihnen diese neue Phase von Wettbewerb und Konflikt (vgl. Parks *race-relations-cycle* in Abb. 12) erklärt werden könnte.

Die strukturellen und anomischen Spannungen in den ehemaligen Anwerbeländern haben sich meines Erachtens verschärft, jedoch nicht wegen des geringfügigen sozialen Aufstiegs der Zuwanderer und Zuwanderinnen der ersten Generation oder der Aspirationen (Ansprüche) der zweiten und dritten Generation, sondern aufgrund der veränderten Bedingungen in den Aufnahmegesellschaften selbst.

Für die Bundesrepublik der 80er Jahre stellte Hermann Korte fest, daß „Deutsche und Ausländer" seit etwa 1978 „im Konflikt" (1983: 22ff.) seien, weil sich die gesellschaftliche Ungleichheit intern verstärkt habe - auch ohne 'Zutun' der Einwanderinnen und Einwanderer. Strukturkrisen, Jugend- und Dauerarbeitslosigkeit der 80er Jahre, Zukunftsängste, die wachsenden Abhängigkeiten der Aufnahmegesellschaften im internationalen System und die Zementierung des Gastarbeiter-Status durch Politik, Rechtsprechung und Bürokratie verstärkten die ethnisch akzentuierten Konfliktpotentiale (vgl. Gillmeister u.a. 1989). Bereits seit Ende der 70er Jahre finden Diskriminierungen und Ausländerfeindlichkeit eine „breite gesellschaftliche Zustimmung" (Tsiakalos 1983: 21). Aber auch in Ländern, wo der Gastarbeiter-Status weniger oder gar nicht zementiert wird, nahmen die sog. Rassenunruhen zu: „In Großbritannien, Frankreich und den Niederlanden, wo viele Immigranten aufgrund der kolonialen Vergangenheit einen besonderen rechtlichen Status haben, kommt deutlich zum Ausdruck, daß selbst der Besitz der Staatsangehörigkeit des Aufenthaltslandes nicht davor schützt, daß bestimmte ethnische Minderheiten infolge ihrer Hautfarbe oder ihrer andersartigen Kultur diskriminiert werden" (Frey/Lubinski 1987: 122).

Auf welche Weise ethnische und 'rassische' Unterschiede für das Verhältnis zwischen Einheimischen und Zugewanderten bedeutsam sind, wird in den folgenden Abschnitten dieses Kapitels diskutiert.

An dieser Stelle sei in Anlehnung an Hoffmann-Nowotny hervorgehoben, daß Versuche einer massiven Abwehr der Einwanderinnen und Einwanderer wie die Schweizerischen 'Überfremdungsinitiativen' nicht einfach als Fremdenhaß im Sinne eines Persönlichkeits-'Defektes' der Anhänger und Anhängerinnen dieser Initiativen verstanden werden können. Vielmehr sind sie Ausdruck sozialer Spannungen, die im Kontext einer geschichteten Weltgesellschaft und unterschichteter Aufnahmegesellschaften zu sehen sind.

Die Bielefelder Soziologen Lutz Hoffmann und Herbert Even (1984) haben Ausländerfeindlichkeit als die Vorstellung definiert, „daß die Ausländer legitimerweise nicht in vollem Umfang an den Rechten der Inländer partizipieren, sondern einen ihnen eigentümlichen Status verminderter Rechte innehaben" (a.a.O.: 26). Versteht man diese Form der Abwehr, die den eigenen Status sichern soll, als latente (verborgene) Ausländerfeindlichkeit, so ist damit nichts anderes gemeint als mit den in diesem Abschnitt beschriebenen Mechanismen der Unterschichtung und der neofeudalen Absetzung. Manifeste ('handgreifliche') Formen von Ausländerfeindlichkeit stellen die Verlängerung dieses Prozesses dar. Sie sind der Versuch, Zugewanderten und Fremden und der Gruppe, der sie angehören, mit aller Macht oder gewaltsam ihre Nicht-Zugehörigkeit zur Mehrheitsgesellschaft vor Augen zu führen.

Während der 90er Jahre hat die Diskussion um die Grundlagen rassistisch motivierter Gewalttaten in Deutschland neu eingesetzt, da die Ereignisse in Mölln oder Solingen, Rostock oder Lichtenhagen Klärungsbedarf erzeugt haben. Besondere öffentliche Aufmerksamkeit finden lebensbedrohende Angriffe auf Ausländer in den neuen Bundesländern, jedoch finden solche Straftaten auch in den alten Ländern statt[77]. Angesichts der verlängerten Anwesenheit der Zugewanderten und ihrer Nachkommen, also der Normalität von Zuwanderung, sind solche Vorkommnisse in den neuen wie den alten Bundesländern alarmierend. Die Übergriffe von Neonazis, die im Frühjahr 1998 Berliner Schulklassen davon abhalten, ins Berliner Umland zu fahren, sind Versuche, in manchen Regionen der neuen Bundesländer einen quasi rechtsfreien Raum für sich zu 'besetzen'. Mit einschüchternden Gebärden, verbalen Angriffen und körperlicher Gewalt halten sie ein hohes Spannungsniveau aufrecht. Die Aggression scheint

---

77 Martin Agyare, ein junger Mann aus Ghana, wurde, nachdem er 1994 einen rassistischen Überfall schwer verletzt überlebt hatte, 1997 in Brandenburg ein zweites Mal überfallen (vgl. *die tageszeitung* vom 26.11.97). Zur Entwicklung der fremdenfeindlichen Straftaten von 1991 bis 1996 vgl. *Beauftragte der Bundesregierung für Ausländerfragen* (1997: 191); s. auch Bukow (1996: 10, Abb. 1).

sich dabei gegen alle 'Fremden' zu richten, gegen *die* Städter, *die* Ausländer, *die* Westdeutschen, *die* Links-Alternativen - wobei dunkelhäutige und dunkelhaarige Schülerinnen und Schüler ein besonderes Angriffsziel darstellen.

7.2 Ethnizität und ethnische Symbole

Im vorangegangenen Abschnitt wurde entwickelt, wie sich die Struktur der Aufnahmegesellschaft auf das Verhältnis zwischen Zugewanderten und Einheimischen auswirkt: Der Rückgriff auf ethnische Kriterien bei der sozioökonomischen Positionierung (d.h. die Betonung der Tatsache, daß jemand 'Italiener' ist) dient modernen Gesellschaften dazu, Spannungen zu mildern. Die neofeudale Absetzung der Einheimischen von den Eingewanderten gibt letzteren keine (Mobilitäts-)Chance: Sie können sich beruflich noch so sehr anpassen, 'als Italiener' werden sie immer auf untere Positionen der Sozial- und Beschäftigungsstruktur verwiesen bleiben. Die Sperrung der Statuslinien dient den Einheimischen dazu, den eigenen Aufstieg, der schon erreicht wurde bzw. angestrebt wird, abzusichern.

Im nun folgenden Abschnitt wird dargestellt, welche Rolle die ethnische Zugehörigkeit im Sinne einer Selbstidentifikation der Minderheiten (*Ethnizität*) spielt. Folgende Fragen sollen beantwortet werden:

1. Was ist *Ethnizität*? Wie wurde sie politisch-normativ und in soziologischen Theorien thematisiert?

2. Inwiefern verändern sich die Bedeutung und Funktion von Ethnizität für die Zuwanderinnen und Zuwanderer? Welche Rolle spielen die *ethnic communities*?

3. Hat die ethnische Identifikation eine ausschließlich *symbolische* Funktion, wie die Kritiker des *ethnic revival* (vgl. Abschnitt 3.1) behaupten?

Ethnizität

Unter Ethnizität ist weniger die faktische als die gefühlsmäßige Volkszugehörigkeit zu verstehen. Die immer noch klassische Definition einer *ethnischen Gruppe* formulierte Max Weber (1864-1920) in seinem 1922 erstmals erschienenen 'opus magnum' „Wirtschaft und Gesellschaft": „Wir wollen solche Menschengruppen, welche auf Grund von Aehnlichkeiten des äußeren Habitus oder der Sitten oder beider oder von Erinnerungen an Kolonisation und Wanderung einen subjektiven Glauben an eine Abstammungsgemeinschaft hegen, derart, daß dieser für die Propagierung von Vergemeinschaftungen wichtig wird, dann, wenn sie nicht 'Sippen' darstellen, 'ethnische' Gruppen nennen, ganz einerlei, ob eine Blutsgemeinsamkeit objektiv vorliegt oder nicht" (Weber 1972: 237).

Folgt man Weber, so existieren „'ethnische' Gruppen" (man beachte die von Weber gesetzten Anführungszeichen) nicht von sich aus, sondern entstehen durch bestimmte Zuschreibungs- und Definitionsprozesse, die die Gruppe *selbst* vornimmt. Was eine Gruppe zu einer 'ethnischen' Gruppe macht, kann mehr Fiktion als Realität sein; sie kann, so Weber, auf einer „geglaubten Gemeinsamkeit" basieren: „Von der 'Sippengemeinschaft' scheidet sich die 'ethnische' Gemeinsamkeit dadurch, daß sie eben an sich nur (geglaubte) 'Gemeinsamkeit', nicht aber 'Gemeinschaft' ist, wie die Sippe, zu deren Wesen ein reales Gemeinschaftshandeln gehört" (ebd.).

Aufmerksame Lektüre ist erforderlich (vgl. Hoffmann 1991), um die Webersche Unterscheidung von *Gemeinschaft* und *Gemeinsamkeit* nicht zu überlesen: „Gemeinschaften können ihrerseits Gemeinsamkeitsgefühle erzeugen, welche dann dauernd, auch nach dem Verschwinden der Gemeinschaft, bestehen bleiben und als 'ethnisch' empfunden werden" (Weber 1972: 238). Der Glaube an die Gemeinsamkeit ersetzt das Handeln einer realen Gemeinschaft, ethnische Gruppen werden durch gemeinsame Erinnerungen, Traditionen und Konventionen zusammengehalten. „Unterschiede der Bart- und Haartracht, Kleidung, Ernährungsweise, der gewohnten Arbeitsteilung der Geschlechter und alle überhaupt ins Auge fallenden Differenzen" (a.a.O.: 236) lösen sich von ihrer Funktion in der ursprünglichen Verkehrsgemeinschaft ab und „bestehen als 'Konventionen' weiter" (ebd.). Sie werden zu „Symbolen ethnischer Zugehörigkeit" (a.a.O.: 239). Gelegentlich sind es jedoch ganz augenfällige und nicht nur symbolische Unterschiede in der Lebensführung, die zu Gruppenkonflikten führen. Webers Beispiel aus der Antike veranschaulicht, welche reale Grundlage die Aussage haben kann, 'jemanden nicht riechen zu können':

„Daß die Skytinnen ihre Haare mit Butter, welche dann ranzig roch, einfetteten, die Helleninnen dagegen mit parfümiertem Öl, machte, nach einer antiken Überlieferung, einen gesellschaftlichen Annäherungsversuch vornehmer Damen von beiden Seiten unmöglich. Der Buttergeruch wirkte sicher intensiver trennend als selbst die drastischsten Rassenunterschiede, als etwa der - soviel ich selbst bemerken konnte - fabulöse 'Negergeruch' es hätte tun können" (ebd.).

Für Weber *handelt* eine Sippe als Gemeinschaft, während die ethnische Gruppe (nur) an die Gemeinsamkeit *glaubt*. Webers Hinweis auf die eher symbolische als reale Bedeutung von Ethnizität aus dem Jahr 1922 ist bis heute nicht überholt und wird seit den 80er Jahren intensiv diskutiert (s. unten). Ethnien werden - ähnlich Nationen - durch den Glauben an eine gemeinsame Basis zusammengehalten. Dem Weberschen Begriff des Gemeinsamkeitsglaubens ähnelt dem Begriff der *vorgestellten Gemeinschaft* von Benedict Anderson (1998): Ethnizität bzw. Nationalität ist vor allem eine gefühlsmäßige Zugehörigkeit. Eine ethnische Gruppe, z.B. die der Italienerinnen und Italiener in der Bundesrepublik, wird danach erst als solche real, wenn ihre Mitglieder sich als ethnisch zusammengehörig definieren und artikulieren. Es gibt Fälle, in denen eine solche Gruppe überhaupt nicht existiert, wenn sich die 'Italiener' allenfalls als 'Sizilianer' oder 'Neapolitaner' definieren.

Die wissenschaftliche und politische Auseinandersetzung mit Ethnizität ist so 'alt' wie das Phänomen der Arbeitsmigration und Einwanderung: Die andere Staatsangehörigkeit von Zuwanderinnen und Zuwanderern wird für die Nationalstaaten des 19. und 20. Jahrhunderts zum Problem.[78] Nach der Auffassung der Chicagoer Schule hätte das Merkmal *ethnische Herkunft* spätestens in der zweiten oder dritten Einwanderer-Generation belanglos werden müssen (vgl. Abschnitt 4.1). Die weltgesellschaftliche Integration schien - trotz ideologischer und ökonomischer Polarisierungen in Ost und West, Süd und Nord - unaufhaltsam; der Rekurs auf nationale und gar ethnische Besonderheiten galt und gilt als traditionalistisches Element (vgl. Abschnitt 4.2). Für die gesamtgesellschaftlichen Entwürfe der Modernisierungstheorien galt Ethnizität als rückständig und partikularistisch. Man ging von einer wachsenden funktionalen Differenzierung durch Arbeitsteilung, Urbanisierung, Bildungsprozesse etc. aus (vgl. Abb. 2) aus, die die ethnischen Unterschiede überlagern würde (vgl. H. Esser 1988: 239).

Entgegen dieser Annahmen der soziologischen Theorie und der politisch-normativen Vorstellungen in immer mehr Nationalstaaten haben Partikularismus und Ethnizität 'überlebt', wie es Milton M. Gordon (1964) ausdrückte. Er konstatierte, daß die ethnische Zugehörigkeit und Identifikation Bestandteil des US-amerikanischen Alltags seien. Ethnische Orientierungen und deren subkulturelle Verankerungen seien stabiler als erwartet (vgl. Gordon 1964: 37). Es gibt ein politisches und ein persönliches Interesse an Ethnizität, wie Eckhard J. Dittrich und Frank-Olaf Radtke (1990b) kritisch vermerkten:

„Ethnizität hat so gesehen zwei Gesichter: ein politisch instrumentelles, das vor allem von sich ethnisch definierenden Eliten strategisch zur Mobilisierung benutzt werden kann; und ein individuell-entlastendes, das der subjektiven Orientierung dient. Diese letzte Funktion der ethnischen Identifikation macht die Mobilisierungswirkung ethnischer Deutungsangebote aus. Ihre Wirksamkeit besteht nur solange, wie ihr Konstruktcharakter undurchschaubar bleibt" (a.a.O.: 26).

Mittlerweile ist davon auszugehen, daß tatsächlich oder vermeintlich auf ethnischen Differenzierungen basierende Konflikte sogar an Bedeutung gewonnen haben, wie der Krieg im ehemaligen Jugoslawien (vgl. Offe 1994) und die Entwicklung der ehemaligen UdSSR (vgl. Mark 1992) zeigen. Angesichts der Bedeutung *ethnischer revivals*, regionalistischer und separatistischer Bewegungen in der Gegenwart stellte Hartmut Esser bereits 1988 fest:

---

78 Zur Abgrenzung von *Nation* und *Ethnie* vgl. Elwert (1989), Estel/Mayer (1994), Heckmann (1992), Treibel (1993).

„Von einer Auflösung ethnisch systematisierter Schichtungen kann nicht nur keine Rede sein - man muß eher von ihrer Verstärkung und ihrer Verfestigung (u.a. angesichts des knapper gewordenen Verteilungsspielraums) ausgehen. Mit anderen Worten: die vorzufindende Wirklichkeit widerspricht der traditionellen Theorie moderner Gesellschaften in eklatanter Weise" (H. Esser 1988: 236).

Mit Gordons Untersuchungen aus den 60er Jahren und den jüngeren Studien zur Ethnizität (zusammenfassend vgl. Jenkins 1997) scheint die berühmte Gegenthese Marcus Lee Hansens (1938) zum klassischen Assimilations-Konzept bestätigt; nach Hansen widersteht gerade die *dritte Generation* mit einer verstärkten ethnischen Identifikation dem Assimilationsdruck.

Hansen sprach über „The Problem of the Third Generation Immigrants" vor der *Augustana Historical Society*, die in den 30er Jahren die schwedischen US-Einwandererinnen und Einwanderer und ihre Nachkommen organisieren wollte. Diese Organisation war in ihrer Gründungsphase auf die Versicherung, daß die dritte Generation sich immer noch als Schwedinnen und Schweden sähen, angewiesen. Hansen lieferte diese Versicherung, ohne zum damaligen Zeitpunkt mehr als Prognosen abgeben zu können. Bei seinem Beitrag handelt es sich also um keinen analytischen, sondern um einen programmatischen und anwendungsbezogenen Beitrag.

Nach Hansens Meinung war die erste Generation entgegen der ursprünglichen Erwartung der amerikanischen Mehrheitsgesellschaft mittlerweile längst angepaßt. Viel problematischer sei die Situation der zweiten Generation, die zwischen allen Stühlen sitze: „Während sie im Klassenzimmer zu ausländisch waren, waren sie zu Hause zu amerikanisch" (Hansen 1938: 7). In ihrer Tendenz zur Überanpassung an die Aufnahmegesellschaft wolle die zweite Generation die ethnische Herkunft vergessen, sie interessiere sich nicht für die Einwanderungsgeschichte der Eltern. Damit sei die Herkunftstradition jedoch keineswegs verloren: Die dritte Generation habe im Gegensatz zur zweiten kein Gefühl der Benachteiligung und könne sich aus einem Gefühl des Stolzes mit der Einwanderung der Großeltern identifizieren: „Was der Sohn vergessen will, an das will der Enkel sich erinnern" (a.a.O.: 9). Hansen prognostizierte, daß die vierte Generation wiederum nicht mehr so starkes Interesse an der Einwanderungstradition haben werde. Er empfahl der *Augustana Historical Society*, durch wissenschaftliche Projekte die Tradition wachzuhalten. Das übergeordnete Interesse sollte jedoch das friedliche Zusammenleben unterschiedlicher Gruppen sein.

Im folgenden sollen nun die Bedeutung der ethnischen Identität im Generationenverlauf untersucht und so die Assimilations-Thesen der Chicagoer Schule einerseits und die Beobachtungen Hansens zur ethnischen Re-Identifikation der dritten Generation andererseits gegeneinander abgewogen werden. Auf diese Weise wird die im Laufe dieser Arbeit mehrfach getroffene Feststellung, ethnische Identifikationen insgesamt seien weder bei den Einwanderern und Einwanderinnen des 19. Jahrhunderts noch bei den ehemaligen Gastarbeitern und Gastarbeiterinnen belanglos geworden, überprüft.

Ethnizität und ethnic communities

Nur sehr wenige der Wanderer und Wanderinnen der *ersten Generation* waren, wie die Einwanderungs-Mythologie es gerne darstellt, relativ isolierte und auf sich alleine gestellte Pioniere und Pionierinnen. Wichtiger als Abenteuerlust und politischer Freiheitsdrang waren die Arbeits- und Verdienstmöglichkeiten. Zusammen mit Familien- oder Gruppenbindungen waren und sind ökonomische Motive die zentralen *push- und pull-Faktoren* (vgl. Kap. 1 und Abschnitt 2.4). Ein Beispiel für diese Dynamik war die Massenwanderung aus der DDR in die Bundesrepublik im Frühjahr 1990. Eine von Oktober 1989 bis März 1990 durchgeführte Befragung von 4.696 Flüchtlingen bzw. Übersiedlerinnen und Übersiedlern aus der DDR in den Aufnahmestellen Gießen und Schöppingen kam zu dem Ergebnis:

„Nach wie vor geben die Befragten die schlechten politischen Bedingungen und die persönliche Unfreiheit in der DDR als Hauptgründe für die Flucht/Übersiedlung an. Der niedrige Lebensstandard und die schlechten Arbeitsbedingungen in der DDR nehmen im Zeitverlauf jedoch demgegenüber als Übersiedlungsmotiv deutlich an Bedeutung zu" (Voigt u.a. 1990: 738).

Die Abwanderung von immer mehr Verwandten und Bekannten verstärkt generell die Sogwirkung und lenkt die Wanderung speziell in die Regionen, wo jene sich bereits niedergelassen haben. Dies galt auch schon für die Auswanderinnen und Auswanderer des 19. Jahrhunderts. Die Siedlungsgebiete Chicagos etwa verdeutlichten, daß sich bestimmte ethnische Gruppen in bestimmten Regionen der Stadt niedergelassen hatten, nämlich in der sog. Übergangszone (*zone in transition*) des *first immigration settlement* (vgl. Abschnitt 4.1 und Abb. 11). Die deutschen Einwanderer und Einwanderinnen wohnten vor allem auf der Nord- und der Nordwestseite Chicagos: Um 1900 konnten die Deutschen schon auf eine 50jährige Geschichte ihrer *community* zurückblicken. Zu diesem Zeitpunkt machten sie und ihre Nachkommen ein Viertel der Bevölkerung Chicagos aus.

„Bereits in den 1840 Jahren entstanden die ersten deutschen Kirchen, 1849 wurde die erste deutsche Loge gegründet und 1853 die Deutsche Gesellschaft, aus der später die renommierte German Aid Society hervorging. 1865 begann sich die noch zahlenmäßig kleine deutschamerikanische Oberschicht im Germania Club zu treffen und der 1878 gegründete Schwabenverein feierte noch in den 1970er Jahren sein Cannstatter Volksfest. Neben diesen Vereinen, denen vorwiegend Mitglieder der deutschamerikanischen Mittelschicht angehörten, war in den 1870er Jahren ein ebenso vielfältiges aber paralleles Netzwerk von Organisationen der Arbeiterklasse entstanden. Gesang- und Turnvereine, Landsmannschaften, Theatergruppen und Wohltätigkeitsvereine boten ein reichhaltiges Freizeitprogramm. Gegenseitige Unterstützungsvereine und Berufsorganisationen boten Hilfe in Krisensituationen und bei der Arbeitssuche" (Harzig 1989: 45).

Im folgenden seien unter *communities* unterschiedliche Formen ethnischen Zusammenlebens verstanden, die mehr oder weniger verbindlich sein können und nicht zwangsläufig an räumliche Nähe gebunden sind. Die deutsche Bezeichnung der *Nachbarschaft*, die ja räumliche Nähe voraussetzt, ist in diesem Zusammenhang deshalb mißverständlich. In der deutschsprachigen Migrationsforschung benutzt man daher ausschließlich den anglo-amerikanischen Begriff der *(ethnic) community*.

Für die erste Generation war die im Aufbau begriffene *community* eine in ihrer Bedeutung kaum zu überschätzende Auffangstation. Da die Neuankömmlinge von den Einheimischen zumindest indifferent, wenn nicht feindlich empfangen wurden (vgl. Kap. 3 und Abschnitt 6.4), stellte die *community* mit ihren persönlichen Kontakten in sprachlich und kulturell vertrauter Umgebung eine große Entlastung dar. Die Neuankömmlinge, „die sich alles in allem mehr für das Überleben als für Anpassungstheorien interessierten" (Gordon 1964: 137), konnten so dem 'Horror der Entwurzelung' entgehen (vgl. a.a.O.: 106).[79]

„Das Siedeln in ethnischen Nachbarschaften sagt viel über die Bedürfnisse der Einwanderer aus, die nicht nur wirtschaftlicher Natur waren. Hier fanden die Immigranten ein praktisch alle Ansprüche abdeckendes institutionelles Netz vor, das von lokalen Versicherungsgesellschaften bis zu Banken, von auf ethnische Produkte spezialisierten Lebensmittelläden bis zu Kneipen, von Kirchen bis zu Konfessionsschulen, von Turnvereinen bis zu Karnevalsgesellschaften, von Geheimlogen bis zu sozialistischen Klubs reichte. Für den neu ankommenden Einwanderer waren sie eine notwendige und willkommene, ihm in einer sonst fremden Umwelt Sicherheit gebende Auffangstation" (Keil 1984: 404).

Was Hartmut Keil hier für die deutschen Einwanderer in den USA gegen Ende des 19. Jahrhunderts beschrieb, trifft 100 Jahre später, für heutige 'erste Generationen' unverändert immer noch zu. Die wachsende Bedeutung der ethnischen Netzwerke rührt aus den vielfältigen Funktionen, die sie für die Einwanderer und ihre Nachkommen haben, wie Alejandro Portes und Rubén G. Rumbaut (1990) in ihrer Überblicksdarstellung für die USA betonten: Der zentrale Begriff in ihrer Argumentation lautet *ethnic resilience*, was man mit 'Unverwüstlichkeit von Ethnizität' übersetzen kann.

Wie läßt sich eine *community* nun genau beschreiben? Friedrich Heckmann hat bei seinem 1981 erschienenen Vergleich der Einwandererminoritäten in USA und in der Bundesrepublik theoretisch-systematisch bestätigt, was Gor-

---

79 Übersetzungen wie gehabt von der Verfasserin.

don (1964) und Francis (1965) in ihren Untersuchungen schon festgestellt hatten: Die *community* von Einwanderern und Einwanderinnen ist nicht einfach ein Abbild der jeweiligen Herkunftsgesellschaft. Emerich K. Francis (1965b) hatte betont, „daß die Kultur einer Minderheit nicht einfach die ihrer Herkunftsgesellschaft widerspiegelt oder aus einer Mischung zwischen dem eigenen Kulturerbe und dem der Wirtsgesellschaft besteht, sondern eigenartige, durch das Minderheitsschicksal selbst bedingte Elemente enthält" (a.a.O.: 157).

Heckmann sprach im Zusammenhang der Minderheiten-Kultur von *Einwanderergesellschaft*. Mit diesem Begriff wird darauf hingewiesen, daß die Eingewanderten nicht die Kultur der Herkunftsgesellschaft in das Einwanderungsland transportieren, sondern daß eine spezifische Kultur und Gruppenstruktur entsteht, die sich sowohl von der Kultur der Einheimischen wie von der Herkunftskultur unterscheidet. Die soziale und räumliche Anordnung der Einwandererminoritäten bezeichnete Heckmann auch als *Kolonie* (die von einer ethnischen Gruppe dominierten Wohnviertel; vgl. hierzu bereits Abschnitt 4.1 dieser Arbeit).

„Koloniebildung ist die *freiwillige* Aufnahme oder Weiterführung interethnischer Beziehungen. Anders als beim Ghetto, in dem räumliche Integration und soziale Organisierung durch Zwang zusammenfallen, ist die Entwicklung eines sozial-kulturellen Eigensystems der Minderheit nicht notwendig mit der Existenz segregierter und/oder zusammenhängender Wohnbezirke verbunden, wenn auch diese der sozial-kulturellen Organisation der Minderheit vermutlich förderlich sind und empirisch häufig - wie beim Ghetto, doch aufgrund anderer Mechanismen - zusammentreffen" (Heckmann 1992: 98; Hervorh. im Original).

Das Wohnen in sog. Ausländervierteln oder Kolonien kann somit nicht mit einer sozialen Isolation der Zugewanderten gleichgesetzt werden. Helga Reimann (1987) sprach vielmehr von einer *Anpassungsschleuse*: „Die Stadtgebiete mit hohen Ausländeranteilen bieten manchmal ... genügend ausländische Infrastruktur, daß sie für die neu zugewanderten Gastarbeiter oder die nachgereisten Familienangehörigen als 'Anpassungsschleusen' dienen können, wo der 'Kulturschock' gemildert und die langsame Akkulturation an die deutsche Umgebung eingeleitet werden kann" (a.a.O.: 188).

Angelika Busch (1983) zog aus ihrer Untersuchung über Sizilianerinnen in Köln einen ähnlichen Schluß: „je sicherer sich der Migrant [sic!] in einer vertrauten Gruppe *verankert* weiß, diese Gruppe ihm einen Rückhalt bietet, desto eher ist er auch bereit über diese Gruppe hinaus zu schauen, Neues kennen zu lernen" (a.a.O.: 326; Hervorh. A.T.). Die *community* und die ethnische Identifikation stellen einen *Identitätsanker* dar. Die Sprache hat dabei, insbesondere für die erste Generation, eine zentrale Funktion:

„Sprache ist auch ein Ausdruck der Kulturzugehörigkeit. Die Eltern wollen Portugiesen bleiben. Die portugiesische Sprache gibt ihnen Stärke und Sicherheit und ist - wie ich es in einem Bild ausdrücken möchte - ein 'Identitätsanker' für sie. Sie kämpfen darum, daß auch ihre Kinder portugiesisch sprechen und sich ihre portugiesische Identität bewahren" (Asseburg/Hurtado Artozón 1983: 122).

Die Anpassungsprozesse der ersten Generation nehmen jedoch einen durchaus unterschiedlichen Verlauf. Viele Migrantinnen und Migranten entscheiden sich, wie Mirjana Morokvasic für jugoslawische Migrantinnen berichtete, für pragmatische Zugeständnisse an die Aufnahmegesellschaft:

„Diese Frauen haben aber gelernt, mit der Unsicherheit zu leben. Viele haben verstanden, daß unauffälliges Verhalten die Akzeptanz erhöht, und sie pflegen diese Unauffälligkeit: sie bleiben politisch unengagiert, sprechen ihre Muttersprache nicht laut in der Öffentlichkeit, einige haben sich einbürgern lassen; in Deutschland sind einige dunkelhaarige Jugoslawinnen erblondet usw." (Morokvasic 1987: 16).

Bei den Folgegenerationen (also denjenigen, die als Kinder 'nachgeholt' oder die im Einwanderungsland der Eltern geboren wurden) verändert sich die Funktion der *ethnic communities*:

Die Bedeutung der Herkunftsgesellschaft, die für die erste Generation noch sehr groß war (vgl. Abschnitt 5.2), wird geringer und die der *community* größer. Aus drei unmittelbaren Bezugspunkten, nämlich der Herkunfts-, der Einwanderungs- und der Einwanderergesellschaft (vgl. Heckmann 1981) werden zwei. Die Herkunftsgesellschaft verblaßt, und die Einflüsse der Einwanderungsgesellschaft einerseits und der Einwanderergesellschaft andererseits dominieren. Die Angehörigen der Folgegenerationen kennen die Herkunftsländer (ihrer Eltern) kaum aus direkter Anschauung, außer durch Besuche bei den Verwandten in den Ferien; die Informationen über die Herkunftsländer sind durch die *communities* (durch Eltern, ethnischen Freundeskreis, Medien, insbesondere Videos) oder durch den muttersprachlichen Unterricht 'gefiltert'. In der Öffentlichkeit wird diese neue Form der ethnischen Zugehörigkeit meist nicht erkannt: Dort spricht man nur vom *Kulturkonflikt* etwa zwischen deutscher und griechischer Kultur und übersieht, daß letztere den Folgegenerationen nur in Segmenten, etwa als griechische Minderheitenkultur, zur Verfügung steht.

Die ausschließliche Orientierung an der Muttersprache geht bei der zweiten Generation zurück: Schulische und berufliche Ausbildung, Beziehungen zu Gleichaltrigen (*peer-group*) unterschiedlicher ethnischer Herkunft sind über die Sprache der Einwanderungsgesellschaft vermittelt. Die Kinder und Jugendlichen der Gastarbeiterinnen und Gastarbeiter fungieren für ihre Eltern als Übersetzerinnnen und Übersetzer, widersetzen sich aber vielfach dem elterlichen Wunsch, zuhause die Muttersprache zu sprechen. Die Sprachpraxis insbesonre der dritten Generation wird unter dem Begriff des *Code-Switching* zusammengefaßt:

„Die Mehrsprachigkeit ist für die Jugendlichen ein natürlicher Zustand. Für sie ist es ganz normal, sich in zwei Sprachen unterhalten zu können. Ist ihre GesprächspartnerIn monolingual türkisch, so erfolgt die Konversation auf türkisch. Ist ihr Gegenüber monolingual deutsch, unterhalten sie sich auf Deutsch. Sind sie 'untereinander', d.h. sind ihre GesprächspartnerInnen ebenfalls mehrsprachig, so erfolgen monolinguale deutsche oder türkische Abschnitte im Gespräch, sowie Kodeumschaltungen (Code-Switching)" (Tuna 1997: 130).

Auf diese Weise stehen die *identifikative Assimilation* (vgl. Abschnitt 5.3) mit der Einwanderungsgesellschaft und die *ethnische Identifikation* mit der Herkunftsgesellschaft bzw. mit der Einwanderergesellschaft in einem Spannungsverhältnis. Im Hinblick auf ihre Eingliederung in das Aufnahmesystem hat die zweite Generation im Vergleich zur ersten „Assimilations-Vorteile" (H. Esser 1980: 231), ihre Sozialisation verläuft einheitlicher. Ihre Vorstellungen und Aspirationen bezüglich beruflichem Werdegang, Freizeitgestaltung und interethnischen Kontakten richten sich stärker auf die Aufnahmegesellschaft. Versteht man unter *identifikativer Assimilation* jedoch die 'endgültige' gefühlsmäßige Abkehr von der Herkunftsgesellschaft und auch von einer im Aufnahmeland entwickelten ethnischen Identität, eine Transformation des *Wir-Gefühls* (vgl. Blomert u.a. 1993, Treibel 1993), so ist festzustellen, daß diese Endstufe des Eingliederungs-Prozesses von der Mehrheit der Zugewanderten (weder der ersten Generation noch der Folgegenerationen) nicht erreicht wurde (vgl. Abschnitt 5.3).

Für alle Generationen spielen die ethnischen Identifikationen, die durchaus nicht homogen[80] sind, und die Orientierung an ihrer jeweiligen *community* eine zentrale Rolle. Dabei ist wichtig festzuhalten, daß die Existenz einer *community* nicht mit dem Viertel, in dem jemand wohnt, identisch sein muß. Sowohl die intraethnischen wie die interethnischen Kontakte sind nicht davon abhängig, wo und wie ethnisch konzentriert oder segregiert jemand lebt (vgl. auch Alpheis 1990). Heckmann beschrieb in seinem Studienbuch über „Ethnische

---

80 Wie heterogen eine von außen als homogen betrachtete, z.B. türkische Identität sein kann, illustriert der Schriftsteller und Journalist Zafer Senocak in seiner Kritik des intellektuell-betroffenen Blicks. Die enttäuschten Anhänger des Konzepts der multikulturellen Gesellschaft konstruierten, daß „eine 'authentische' Kultur einer anderen 'authentischen' Kultur begegnet. Wie im Labor werden Kulturen auf ihre möglichst keimfreie Begegnung vorbereitet. In der Zwischenzeit aber zerfallen alle konstruierten nationalen kulturellen Einheiten in völlig unüberschaubare Subkulturen. Türkische schwule Männer, die alevitische Tanzgruppe, der Förderverein der Kemalisten und die Anhänger einer islamischen Republik, sie alle mögen aus demselben Land stammen, was aber haben sie noch gemeinsam?" (Senocak 1997). Senocak selbst steht im Mittelpunkt des Artikels von Waldhoff (1997), und zwar als „Fallbeispiel eines türkisch-deutschen Intellektuellen der zweiten Einwanderergeneration" (a.a.O.: 325).

Minderheiten, Volk und Nation" (1992), wie ausdifferenziert das Spektrum an Freizeitaktivitäten und an politischen und religiösen Organisationen innerhalb der *communities* ist (vgl. a.a.O.: 102-108).[81]

Für die Vereinigten Staaten hatte Gordon (1964) einen wachsenden Anteil interethnischer Heiraten festgestellt - außer bei Schwarzen und bei Juden (vgl. a.a.O.: 155). In einer späteren Untersuchung konstatiert er bei der zweiten Generation und den Folgegenerationen eine „überwältigende Dominanz der Anglo-Konformität", die jedoch mit „symbolischen Elementen der Tradition der Vorfahren" (Gordon 1981: 182) durchsetzt sei. Diese These einer *symbolischen Ethnizität*, die im Zuge des *ethnic revival* intensiv diskutiert wurde (vgl. Abschnitt 3.1 dieser Arbeit), wird im nächsten Abschnitt vorgestellt und diskutiert.

Ethnizität als symbolische Identifikation?

Dem *ethnic revival* der 70er Jahre in den Vereinigten Staaten wurde entgegengehalten, daß die Wiederentdeckung der ethnischen Herkunft der aus Italien oder Polen eingewanderten Groß- oder Urgroßeltern rein symbolisch (sinnbildlich) sei und nichts über die tatsächliche Assimilation oder Eingliederung in die Aufnahmegesellschaft aussage.

Zu Beginn dieses Abschnittes wurden die Ausführungen Max Webers über 'ethnische' Gruppen wiedergegeben. Bereits 1922 hatte Weber auf die symbolische Funktion von Ethnizität hingewiesen. Als Beispiel führte er die Deutschamerikaner an, die auch in den 70er Jahren, der Hoch-Zeit des *ethnic revival*, meist nicht als *ethnics* (Angehörige einer ethnischen Gruppe) galten: „Denn die Nachwirkung der Angepaßtheit an das Gewohnte und an Jugenderinnerungen besteht als Quelle des 'Heimatgefühls' bei den Auswanderern auch dann weiter, wenn sie sich der neuen Umwelt derart vollständig angepaßt haben, daß ihnen selbst eine Rückkehr in die Heimat unerträglich wäre (wie z.B. den meisten Deutschamerikanern)" (Weber 1972: 237). Diese Äußerung bezieht sich auf die erste Generation, für die Deutschland noch die Heimat war; trotzdem rechnete Weber sie schon damals zu den anglo-konform Assimilierten („die sich ihrer Umwelt derart vollständig angepaßt haben"; s.o.). Gleichwohl ist die Berufung der Nachkommen weißer Einwanderinnen und Einwanderer, auch der aus Deutschland (s. unten), auf ihre ethnische Zugehörigkeit zum mehr oder weniger akzeptierten Bestandteil des nordamerikanischen Alltags geworden.

Nach Auffassung verschiedener Autoren (vgl. Gans 1979 und Smith 1981) ist die *neo-ethnicity* vieler Nachkommen weißer Einwanderinnen und Einwanderer

---

81 Mittlerweile recht gut erforscht sind die ethnischen Sportvereine, etwa die türkischen Fußballclubs in Berlin (vgl. Schwarz 1997b). Daß Sport nicht nur mit Eingliederung, sondern auch mit Ausgrenzung einhergeht, zeigt der Tagungsband von Bröskamp/ Alkemeyer (1996).

auch und gerade in der dritten und vierten Generation im wesentlichen eine symbolische Identifikation mit nostalgischen und konservativen Zügen. Der Begriff der *symbolischen Ethnizität* wurde von Herbert J. Gans (1979) geprägt: „Symbolische Ethnizität ... ist charakterisiert durch eine nostalgische Treue zu der Kultur der Einwanderungsgeneration oder zur alten Heimat; Liebe zu und Stolz auf eine Tradition, die man auch empfinden kann, ohne daß sie in das Alltagsverhalten integriert [*incorporated*] sein müssen" (a.a.O.: 9).

Nach Gans' Auffassung kann man nicht von einem *ethnic revival* sprechen. Vielmehr halte der Prozeß der Assimilation an; die stärkere Sichtbarkeit ethnischer Zugehörigkeit (die auch Gans nicht leugnete) führte Gans auf den sozialen Aufstieg der Enkel und Urenkel der *new immigrants* aus Polen oder Italien zurück. Die öffentliche Präsenz bürgerlicher, politisch einflußreicher Gruppen sorgte und sorgt dann gleichzeitig dafür, daß die demonstrierte Ethnizität der Aufgestiegenen stärker wahrgenommen und als *ethnic revival* interpretiert wird. Insbesondere bei den Juden sei das sog. *ethnic revival* die bewußt eingesetzte Symbolik eines bürgerlichen Selbstbewußtseins; sie wüßten ihre Ethnizität so zu gestalten, daß sie nicht in Konflikt mit ihrer ansonsten fortgeschrittenen Assimilation gerieten. Viele amerikanischen *ethnics* seien froh, daß die Herkunftsländer ihrer Vorfahren weit weg wären, und abgesehen von gelegentlichen Spenden interessierten sie sich mehr für die Auswanderungs-Geschichte als für die gegenwärtigen Entwicklungen des jeweiligen Landes (vgl. a.a.O.: 10f.). Der Bezug auf das Herkunftsland sei nur ein nostalgisches Symbol.

Auch wenn interethnische Heiraten, die eine „Ethnizität" obsolet werden werden lassen („wie soll der Sohn einer italienischen Mutter und eines irischen Vaters, dessen Frau polnisch-deutscher Herkunft ist, seine Ethnizität bestimmen, und was sollen er und seine Frau ihren Kindern erzählen?" a.a.O.: 12f.) zunehmen, prognostizierte Gans ein Fortdauern der symbolischen Ethnizität. Dies machte er an den Nachkommen der *old immigration* aus Deutschland, Irland oder Skandinavien fest: „Die andauernde Existenz von Deutschen, Skandinaviern und Iren nach fünf und mehr Generationen in Amerika legt nahe, daß ... sie ethnisch geblieben sind, weil sie lange Zeit symbolische Ethnizität praktiziert haben" (a.a.O.: 15).

Auch in heutiger Zeit fühlen sich Amerikanerinnen und Amerikaner deutscher Abstammung teilweise noch als *ethnics* (vgl. den Hinweis auf den *Schwabenverein* bei Harzig 1989: 45), sind auf ihre ethnische Herkunft stolz - nicht anders als zur Zeit der Wende vom 19. zum 20. Jahrhundert: „Deutsch-Amerika hatte um die Jahrhundertwende manches Gebrechen aufzuweisen. Mangelndes Selbstbewußtsein gehörte nicht dazu" (Helbich 1988: 53). Wolfgang Helbich zog bezüglich der Deutschamerikaner folgendes Resümee:

> „Was also ist geblieben? Im wesentlichen drei Dinge. Zunächst eine Reihe von teils trivialen, teils durchaus wesentlichen Elementen der heutigen amerikanischen Gesellschaft, deren Ursprung sich mit einiger Sicherheit auf die deutsche Einwanderung bzw. den Einfluß der Deutschamerikaner zurückver-

folgen läßt. Dann - gleichgültig, wieviel 'deutsches Blut' in amerikanischen Adern fließen mag - die Tatsache, daß in nahezu der Hälfte des Landes beinahe die Hälfte der Bevölkerung die Meinung äußert, deutsche Vorfahren zu haben. Und schließlich, was mit dem zweiten Punkt eng zusammenhängt, daß offenbar die mit 'deutscher Herkunft' verknüpften Werturteils-Assoziationen wieder recht hoch rangieren" (a.a.O.: 60).

Als die 'wahren' *ethnics* gelten in den USA die Nachkommen der italienischen, slowakischen, griechischen oder polnischen Einwanderinnen und Einwanderer und die erste Generation plus Folgegenerationen der Einwanderinnen und Einwanderer aus der Karibik oder Mexiko. Letztere, die sog. Chicanas oder Chicanos, vertreten die Forderung nach Anerkennung ihrer Ethnizität besonders lautstark - insbesondere im Hinblick auf den Erhalt ihrer spanischen Muttersprache (vgl. hierzu auch Abschnitt 3.1). Die in den 70er Jahren durchgesetzte Zweisprachigkeit wurde Ende der 80er Jahre durch die Initiativen der *English Speaking Union* bedroht. Juan Bruce Novoa, ein Sprecher der Chicano-Bewegung, kommentierte in einem Interview die Hintergründe dieser Entwicklung; er machte als Adressaten der Einsprachigkeitsbewegung nicht so sehr die *hispanics*, die spanischsprechenden Minderheiten, sondern die relativ etablierten asiatischen Gruppen aus:

„Wovor diese Leute [der Einsprachigkeitsbewegung; A.T.] Angst haben, ist eine vielsprachige USA. Zweisprachigkeit stört sie nicht weiter, wenn es sich bei der zweiten Sprache um eine Minderheitensprache handelt. Ich glaube, orientalische Sprachen werden als viel bedrohlicher empfunden: Spanisch - das wird einfach traditionell als Underdog-Sprache behandelt. Was ihnen Probleme macht, sind die ökonomisch sehr potenten asiatischen Bevölkerungsgruppen - Japaner und Koreaner -, die ihre eigenen Sprachen weitersprechen" (*die tageszeitung* vom 27.1.90).

Es ist anzunehmen, daß die Längeransässigen die ökonomische Macht der relativ neuen Zuwanderergruppen aus asiatischen Ländern als so bedrohlich wahrnehmen, daß sie auf den offensiven Charakter koreanischer oder japanischer Ethnizität umso abweisender reagieren. Die mehrheitlich symbolische Ethnizität älterer Einwanderergruppen ist Teil des amerikanischen Selbstverständnisses geworden. Die ebenso selbstbewußt demonstrierte faktische Ethnizität jüngerer Einwanderergruppen dagegen stößt auf Ablehnung und Widerstand (vgl. Abschnitt 7.3). Portes/Rumbaut (1990) führten diese Einstellung nicht zuletzt auf den Neid etablierter Gruppen zurück, die für die einheimischen Eliten zwar Mehrsprachigkeit, für die Einwanderer aber Einsprachigkeit fordern (vgl. a.a.O.: 211).

Neuerdings gibt es jedoch Anzeichen einer Gegenbewegung zur lange favorisierten Zweisprachigkeit, die von den Migranten selbst und unter ihnen gerade von den *hispanics* ausgeht. In der Diskussion um *Proposition 209* und *227* (s. Abb. 5) in den Jahren 1997 und 1998 vertraten zahlreiche Eltern die Auffassung, daß für ihre Kinder das Erlernen des Amerikanischen Priorität haben solle - um des sozialen Aufstiegs willen: „ ... selbst die 'Hispanics' pochen inzwischen auf Unterricht in Englisch, damit ihre Kinder am 'amerikanischen Traum' (vom Ghetto ins Grüne) teilhaben können" (Joffe 1998). Entsprechend stellten auch Portes/Rumbaut (1990) fest: „Der intergenerationelle Trend in Richtung eines englischen Monolingualismus ist unverkennbar" (a.a.O.: 209). Aber diese assimilative Tendenz bedeutet nicht zwangsläufig das Ende der im Zuge einer längeren Migrationsgeschichte entstandenen und stabilisierten communities, vor allem der chinesischen, kubanischen und mexikanischen communities.

Bei Einwanderergruppen in Europa sind ähnliche Prozesse feststellbar: Auch hier spielt ethnische Identität weniger als Identifikation mit dem Herkunftsland, sondern als *ethnische Neubildung* eine Rolle (vgl. für Großbritannien Watson 1980). Die Identifikation mit der Einwanderergesellschaft, der ethnischen *community*, tritt an die Stelle der Identifikation mit dem Herkunftsland selbst. Abweichend zu diesem Prozeß gibt es bei einem großen Teil der türkischen community in Deutschland einen „Rückzug auf die türkischen Medien" (Gaserow 1995), beim Fernsehen insbesondere auf den türkischen Staatssender TRT-INT.[82]

Abschließend sei festgehalten, daß Hansens Darstellung (1938) der Identifikation mit der Herkunftsgesellschaft bei der dritten Generation stark vereinfachend war. Die Herkunftsgesellschaft als solche spielt allenfalls bei der ersten Generation noch eine Rolle. Nach relativ kurzer Dauer der Anwesenheit im Aufnahmeland übernimmt die *Einwanderer*gesellschaft (Heckmann 1981) der ethnischen *community* diese Funktion. Die Folgegenerationen identifizieren sich mit 'symbolischen Resten' der Herkunftsgesellschaft und -kultur. Von einer faktisch bedeutsamen Ethnizität, die mehr als symbolische Identifikation ist, kann man nur bei den relativ neuen Einwanderergruppen (aus Mexiko, der Karibik oder Korea) in den Vereinigten Staaten oder bei den Rußlanddeutschen in der Bundesrepublik sprechen. Aber selbst eine nur symbolische Ethnizität kann die vollständige (*identifikative*) Assimilation in die Aufnahmegesellschaft verhindern und das Zugehörigkeits-Gefühl und die Primärbeziehungen der Eingewanderten auf die ethnische Gruppe konzentriert sein lassen.

---

82 Im Anschluß an den angeführten Artikel von Vera Gaserow gab es in der *tageszeitung* eine längere Debatte über das Medienangebot und die Mediennutzung durch die türkischen Migranten bzw. die Deutschen türkischer Herkunft (vgl. *die tageszeitung* vom 18.5, 23.5. und 29.5.95; vgl. auch *Frankfurter Allgemeine Zeitung* vom 21.6.97).

7.3 Ethnisierung und ethnische Schichtung

Willian Foote Whyte betonte in seiner berühmten Studie über die „Street Corner Society" (1943, dt. Ausgabe 1996) italienischer Jugend-'Banden' (s. Abschnitt 5.3), daß selbst diejenigen, die sich von ihrer ethnischen Herkunft lösen wollten und ihre Identifikation stärker auf die Aufnahmegesellschaft richteten, von ihrer Umgebung immer wieder an diese Herkunft erinnert würden, d.h. zu Italienern gemacht würden (vgl. auch das Zitat zu Beginn dieses Kapitels). Dies weist darauf hin, daß es nicht nur das Zugehörigkeitsgefühl oder das Festhalten an kulturellen, sprachlichen, religiösen Gewohnheiten der Gruppenmitglieder selbst sind, die eine ethnische Gruppe ausmachen. Die ethnische Identifikation wird durch die *Zuschreibung* zu einer ethnischen Gruppe oder Minderheit, die andere vornehmen, mit konstituiert:

> „Der Begriff *ethnisch* bezieht sich auf jedes Individuum, das sich als Mitglied einer Gruppe mit einer fremden Kultur betrachtet *oder als solches betrachtet wird* und das an den Aktivitäten dieser Gruppe teilnimmt. *Ethnics* können von ausländischer als auch von einheimischer Herkunft sein" (Warner/Srole 1945: 28; Hervorh. A.T.; vgl. auch Shibutani/Kwan 1965: 572 und Price 1969: 183).

Ebenso wie bei der *Marginalität* (Randständigkeit) von Zugewanderten auf die korrespondierende Handlung der *Marginalisierung* (das An-den-Rand-Drängen) durch die Einheimischen hingewiesen wurde (vgl. Abschnitt 4.3), soll nun untersucht werden, welche Rolle die ethnische Herkunft in den Zuschreibungsprozessen durch die Einheimischen spielt. Dieser Zuschreibungsprozeß, der im Unterschichtungs-Konzept von Hoffmann-Nowotny (1973) schon angedeutet wurde (vgl. Abschnitt 6.1), wird im folgenden mit dem Modell der *Ethnisierung* erklärt. Im Anschluß daran geht es um die Frage: Haben sich die Strukturen sozialer Ungleichheit (Einkommensunterschiede, Chancenungleichheit etc.) durch die beschriebenen Prozesse noch verfestigt, kann man von einer *ethnischen Schichtung* moderner Gesellschaften sprechen?

Ethnisierung

Der zentrale Ansatz in der deutschsprachigen Migrationsforschung, dessen Interesse auf den Zuschreibungsprozeß als solchen, die sog. Ethnisierung, und nicht auf Ethnizität als Persönlichkeitsmerkmal gerichtet ist, wurde von den Kölner Soziologen Wolf-Dietrich Bukow und Roberto Llaryora (1988) vorgelegt. Dieses Konzept gehört neben der Theorie von Hoffmann-Nowotny (1973), die in Abschnitt 7.1 vorgestellt wurde, und der Figurationssoziologie von Elias/ Scotson (1990), auf welcher der folgende Abschnitt (7.4) basiert, zu denjenigen Ansätzen, denen es weniger um eine Theorie *über* die Zugewanderten als um den gesellschaftlichen Umgang *mit* ihnen geht. Ähnliche Argumentationen wurden zwar seit Anfang der 80er Jahre schon von den Kritikerinnen und Kritikern einer Ausländerforschung, Ausländerpädagogik oder Ausländerpolitik, die 'die Ausländer' zum Problem erkläre, entwickelt, aber nicht weiter systematisiert (vgl. Brumlik 1984, Griese 1984, Hamburger 1984, Thränhardt 1984). Die genannten Autoren übten Kritik an der Pädagogisierung des sog. Ausländerproblems und erklärten, dieses werde von der Öffentlichkeit der Bundesrepublik und anderer Aufnahmegesellschaften erst als solches definiert (vgl. auch Treibel 1988: 50-53; Czock 1993).

„*Ausländerpädagogik*, wie der Begriff bezeichnenderweise heißt (sie brauchen also eine Art Sonderpädagogik), paßt prächtig in diesen Zusammenhang. Gesellschaftlich nicht gelöste Probleme werden pädagogisiert. Und Pädagogik hat im allgemeinen mit Unmündigen zu tun, die man belehrt" (Thränhardt 1984: 129; Hervorh. im Original).

Bukow/Llaryora (1988) spitzen diese Perspektive, wonach die Interaktion von Einheimischen und Zugewanderten von den Einheimischen dominiert wird, noch zu.[83] Für sie gibt es kulturelle Unterschiede per se wie abweichende Geschlechtsrollenauffassungen oder andere Ernährungsgewohnheiten (vgl. Weber 1972: 236 und Abschnitt 7.2) *nicht*. In der Bundesrepublik würden mit der Argumentation, diese gehörten einem 'anderen Kulturkreis' an, vor allem die türkischen Familien ausgegrenzt. Diese seien rückständig, ihre Erziehungspraktiken autoritär, ihre Alltagsorganisation und Kultur wiesen bestimmte Defizite an Modernität auf, die - wenn überhaupt - durch eine nachholende Sozialisation[84] in der Bundesrepublik abgebaut werden könnten. Bukow/Llaryora hielten solche Hypothesen kultureller Unterschiede für *endogen und exogen belanglos* (vgl. Bukow/Llaryora 1988: Kap. 1.3 und 1.4).

Unter *endogener Belanglosigkeit von Kulturunterschieden* verstanden sie das, was an anderer Stelle als eines der Strukturprinzipien moderner Gesellschaften bezeichnet wurde: Moderne Gesellschaften 'funktionieren' aufgrund ökonomischer und bürokratischer Differenzierungen (Arbeitsteilung, Qualifikation, Leistungsprinzip) und nicht aufgrund sozialer Herkunft, Familiennetzwerken oder ethnischer Unterschiede. D.h., nicht der zugeschriebene, sondern der erworbene Status entscheidet darüber, welches Ansehen Menschen in modernen Gesellschaften haben. Soziale Herkunft, Alter, Geschlecht etc. haben an Bedeutung verloren (vgl. die Einleitung und Abschnitt 7.1). Mit *endogener Belanglosigkeit*

---

83 Weitere Studien wurden unter dem Titel „Feindbild: Minderheit. Ethnisierung und ihre Ziele" (Bukow 1996) veröffentlicht. Sie nehmen eine Zuspitzung der in den 80er Jahren entwickelten Thesen mit Blick auf Politik, Medien und Pädagogik vor, verändern die Systematik des Ethnisierungs-Konzeptes jedoch nicht.

84 Zum weniger normativ angelegten Konzept einer *Resozialisation* oder *zweiten Sozialisation* von Migrantinnen und Migranten vgl. Eisenstadt (1954) oder Asseburg/Hurtado Artozón (1983) und Abschnitt 4.2 dieser Arbeit.

ist also gemeint, daß innerhalb moderner Gesellschaften kulturelle und ethnische Unterschiede weitgehend bedeutungslos geworden sind.[85]

Kulturelle Unterschiede seien außerdem auch *exogen*, d.h. im gesellschaftlichen Vergleich, *belanglos*. Beispielsweise seien die Familienstrukturen in der Bundesrepublik grundsätzlich nicht weniger patriarchalisch als in der Türkei. Offensichtlich hielten Bukow/Llaryora den Familienbereich für besonders sensibel und 'klischee-anfällig'. Den verbreiteten Klischees von 'Kleinfamilie vs. Großfamilie', 'Partnerschaft vs. Autorität und Geschlechterseparierung' und von 'Rationalität vs. Emotionalität' hielten sie entgegen, daß auch in der Türkei oder in Italien die Kleinfamilie (bestehend aus Eltern und Kindern) heute die dominierende Familienform sei, und der Umgang zwischen Männern und Frauen auch in der Bundesrepublik dem partnerschaftlichen Selbstbild nur wenig entspreche: Männer- und Frauenwelten seien überall relativ separiert. „Kaum etwas wird ... im europäischen und mediterranen Raum grundsätzlich anders aufgenommen, bearbeitet und gelöst" (a.a.O.: 34). Die Unterschiede zwischen einem Neapolitaner und einem Duisburger seien nicht kulturspezifisch, sondern nur aufgrund der jeweiligen Lebensbedingungen zu erklären. Es handele sich allenfalls um „feine Unterschiede, ... die sicher nicht gravierender sind als Unterschiede innerhalb *einer* Gesellschaft zwischen verschiedenen Klassen" (a.a.O.: 40; Hervorh. im Original).[86]

Die Konfrontation mit neuen, d.h. ungewohnten Situationen führe immer zu Schwierigkeiten, auch kulturell oder ethnisch nicht 'abweichende' Migrantinnen und Migranten müßten sich in einer neuen Umgebung eingewöhnen. Bei kulturell oder ethnisch 'abweichenden' Zuwanderinnen und Zuwanderern werde der Eingewöhnungs-Prozeß häufig dadurch negativ beeinflußt, daß die Aufnahmegesellschaft nur ein geringes Maß an Akzeptanz aufbringe. Bukow/Llaryora (1988) gingen davon aus, daß weltweit ethnische Minoritäten hergestellt und definiert würden bzw. sich unter den Bedingungen der Marginalisierung 'selbst' ethnisierten bzw. ethnisch re-definierten: „Infolgedessen werden Migranten, die aus eher peripheren Zonen kommen, und im Zentrum auf neuartige Lagen stoßen und deshalb krisenhafte Situationen erleben, genau solche Bestände reaktivieren; es werden Italiener oder Türken in der Bundesrepublik eine intensive Religiosität zeigen, sie werden sogar religiöser werden als sie es früher jemals waren" (a.a.O.: 45). Man müsse nicht nach der ethnischen Herkunft, sondern danach fragen, „was dem Migranten hier begegnet" (ebd.).

Das, was den Zugewanderten 'hier begegnet', beschrieben Bukow/Llaryora als *Prozeß der Ethnisierung*; dieser verlaufe unabhängig davon, wie stark oder wie

---

85 Als Gegenargument sei die Praxis von Kfz-Versicherern angeführt, von ausländischen Kunden einen sog. 'Balkan-Tarif' zu verlangen, was durch das Bundesverwaltungsgericht Ende der 80er Jahre zwar untersagt wurde, inoffiziell jedoch weiter betrieben wird (vgl. *die tageszeitung* vom 21.6.94).
86 Zur Theorie der „Feinen Unterschiede" vgl. den Klassiker des französischen Soziologen Pierre Bourdieu (1987).

lange sich der oder die Zugewanderte am Herkunftskontext oder an der Einwanderergesellschaft orientiere. Es werden drei *Stufen der Ethnisierung* unterschieden:

1. Der Wanderer verliere seine Gesellschaftlichkeit („Erklärung eines Menschen zum Nicht-Gesellschaftsmitglied (=Ausländer)"; a.a.O.: 61),
2. sehe er sich mit spezifischen Verhaltensweisen konfrontiert, die für ihn als Ausgegrenzten entwickelt wurden, und
3. werde er zuletzt in die Rolle des Angehörigen einer ethnischen Minderheit gedrängt (*Minorisierung*).

Bukow/Llaryora wandten den sog. Etikettierungs-Ansatz (englisch: *labelingapproach*), mit dem in der Soziologie vor allem Formen des abweichenden Verhaltens (wie Prostitution, Kriminalität, Sucht) untersucht werden, auf die Beziehung von Einheimischen und Zugewanderten an: Das abweichende Verhalten ist hier die ethnische Identifikation der Zugewanderten. Nach diesem Ansatz sind es nicht bestimmte Handlungen für sich genommen (z.B. das Tragen eines Kopftuches), die jemanden zur Ausländerin oder zum Ausländer machen, sondern die Zuschreibungsprozesse der umgebenden Gesellschaft. Die Einheimischen etikettieren die Zugewanderten aufgrund bestimmter Wahrnehmungen als nicht-dazugehörig, als ausländisch. Die Strategie der Abgrenzung und Zuweisung im Hinblick auf Teilnahme oder Nicht-Teilnahme an sozialen Situationen bezeichnet man allgemein als *Etikettierung*.

Ethnisierung ist für Bukow/Llaryora eine besondere Form der Etikettierung. Sie 'funktioniere' deshalb so gut, weil die Etikettierten selbst sich häufig den Klischees entsprechend verhielten. Nicht aufgrund ihrer 'kulturellen Unterschiede', sondern zur Sicherung und Stabilisierung ihrer Identität griffen sie auf kulturelle Unterschiede zurück. Paßten sie sich an die Normen der Aufnahmegesellschaft an, etwa an Disziplin und Arbeitstempo in Betrieben, so gelte dies leicht als Übereifer oder Überanpassung. Die Besinnung auf die ethnische Zugehörigkeit und ihre (nach Bukow/Llaryora: scheinbar) abweichenden kulturellen Muster bietet einen Ausweg aus dieser paradoxen Lage:

> „Was liegt dann näher, als sich der individuellen Vergangenheit zuzuwenden, die lebensgeschichtlichen Bezüge überprägnant zu reaktivieren. Wie von selbst gerät der biographische Identitätsanteil zu einem Rückzugspotential und das gerade gegenüber aktuellen sozialen Bezügen. Auf diese Weise tritt die Vergangenheit in den Vordergrund und erfahren die Familie, die Verwandtschaft, die Landsleute und die Herkunftsgesellschaft allgemein eine erhebliche Aufwertung" (a.a.O.: 52).

Bukow/Llaryora beschrieben diesen Vorgang als *Re-Ethnisierung* - eine Form der symbolischen Identifikation, wie sie im vorherigen Abschnitt (7.2) schon dargestellt wurde. So wird erklärlich, daß viele türkische Familien, die sich in der Türkei religiös indifferent verhielten, unter den 'widrigen' Bedingungen der

Aufnahmegesellschaft ihre Religiosität reaktivieren und praktizieren. Die „ethnischen Identifikationen", so auch Hartmut Esser (1980), „verbleiben - je nach Gruppe und je nach Grad des Ausschlusses unterschiedlich - als Rückzugsgrundlage für allzu hohe Überlastungen erhalten" (a.a.O.: 264).

Signale ethnischer Zugehörigkeit sind nur eine, allerdings sehr naheliegende Möglichkeit der Persönlichkeitsgestaltung. Entsprechend interpretierte eine deutliche Mehrheit der französischen Jugendlichen das Kopftuch-Tragen muslimischer Schülerinnen, das in Frankreich 1989 so viel Aufregung verursachte: „Sie haben sich an die Kopftücher gewöhnt und sehen in ihnen oft nur eine Form der Selbstfindung per Outfit, ähnlich wie Bomber- oder Collegejacken. Die Mehrheit der Erwachsenen dagegen war für ein Verbot" (*die tageszeitung* vom 5.5.90). Auch die deutsche Staatsbürgerin afghanischer Herkunft, die auf Initiative der baden-württembergischen Kultusministerin Annette Schavan (CDU) ihres Kopftuches wegen nicht in den Schuldienst übernommen wurde, reklamierte 'das Kopftuch' als Ausdruck ihrer Persönlichkeit. Der Symbolwert dieses Ereignisses - sowohl die Entscheidung der Lehrerin für das Kopftuch als auch das Verbot der Ministerin - wird als außerordentlich hoch eingestuft, wie die zahlreichen Zeitungsberichte, Debatten und Leserbriefe im Juli 1998 zeigen (vgl. *Frankfurter Allgemeine Zeitung* vom 15.7.98, S. 31; *Die Zeit* vom 16.7.98, S. 3; *Süddeutsche Zeitung* vom 23.7.98, S. 3). Die einen beanstanden die Entscheidung der Ministerin als verhängnisvoll mit Blick auf die ausgrenzende Signalwirkung gegenüber den *communities*, die anderen kritisieren die Entscheidung der Lehrerin als Selbstausgrenzung und Affront gegenüber dem deutschen Schulsystem.

Die ethnische Re-Definition der Zugewanderten - für Bukow/Llayora ausschließlich eine Reaktion auf die Ethnisierung der Einheimischen - führe bei immer stärkerer Separierung zur Minoritätenbildung. Minoritäten entstünden auch aufgrund anderer Etikettierungen:

> „Eine lebenspraktisch festgemachte Unterscheidung, ob sie nun in einer nicht-konventionellen sexuellen Gewohnheit, in einer nicht-konventionellen Nationalität oder in welchem Element auch immer besteht, wird verallgemeinert und wesensmäßig zugeschrieben. (...) Kennzeichnend für die Minoritätenbildung ist also die lebenspraktische Aus- und Eingrenzung, die freilich noch partiell bleibt, wenn sie auch schon wesensmäßig zugeschrieben (ist; A.T.) ('Asozialenecke', 'Schwulen-WG', 'Türkenhaus'...)" (Bukow/ Llayora 1988: 54).

Es bleibt festzuhalten: *Ethnisierung* ist als wechselseitiger Prozeß zu verstehen, der eben nicht von der ethnischen Herkunft als solcher abhängt. Der Ausgangspunkt für jede Ethnisierung, so Bukow/Llayora, liegt in der Politik. Restriktive Maßnahmen in den Bereichen der Legislative und der Exekutive führten zur Ausgrenzung von ethnischen und anderen Minoritäten. Die Logik dieses Prozesses ist so zwingend, daß sie auch Gewalt rechtfertige:

"Mit der Heraufführung eines so gewichteten neuen Totalzusammenhanges spaltet sich das Alltagsleben in zwei mit entsprechenden Positionen, Rechten, Ansprüchen usw. ausgestattete - eine berechtigte und eine entrechtete - Bevölkerungsgruppen auf. Und die Einheimischen erlangen damit die Berechtigung, ein entsprechendes Verhalten auch einzufordern. Und was geschieht, wenn das entsprechende Verhalten sich nicht wie erwartet einstellt? Hier entsteht offenbar zunehmend die Vorstellung, man müsse die Dinge notfalls selbst in die Hand nehmen. Offenbar wird der Ethnisierungsprozeß heute immer deutlicher in eine umfassende Gesellschaftspolitik eingespannt. In dem Maß, in dem z.B. das staatliche Gewaltmonopol an Durchsetzungskraft verliert, legitimiert nun der Ethnisierungsprozeß bereits auch Gewaltaktionen auf der Straße" (Bukow 1996: 67f.).

Insgesamt halte ich Bukow/Llaryoras zentrale These, daß es kulturelle Unterschiede per se nicht gäbe und alles eine Frage der Konstruktion sei, für überspitzt. Bei der Behauptung der endogenen Belanglosigkeit kultureller Unterschiede in modernen Gesellschaften gingen sie zu sehr von den theoretischen Postulaten und Selbstdefinitionen dieser Gesellschaften aus und vernachlässigten die praktische Relevanz sog. traditionaler Kriterien (vgl. Abschnitt 5.1, den folgenden Abschnitt zur ethnischen Schichtung und Kap. 8). Die anhaltende Bedeutung ethnischer Identifikationen läßt sich mit dem Ethnisierungs-Prozeß alleine nicht erklären. Ethnizität ist nicht nur eine Reaktion auf Ethnisierung (vgl. Abschnitt 5.2), sondern auch als Bestandteil der Handlungen, Entscheidungen und Strategien der Mitglieder ethnischer Gruppen zu betrachten, mit denen diese bestimmte Ziele verfolgen (vgl. H. Esser 1996).

Zuzustimmen ist Bukow/Llaryora insoweit, als die ethnische Herkunft *alleine* relativ wenig erklärt: Entscheidend für das Maß an Assimilation sind nicht ethnienspezifische, sondern Unterschiede des gesellschaftlichen und politischen Kontextes, wie der gesellschaftliche Umgang mit Italienerinnen und Italienern in der Schweiz einerseits und in der Bundesrepublik andererseits zeigt (vgl. Hoffmann-Nowotny/Hondrich 1982b: 595). Ethnische Unterschiede werden in der Aufnahmegesellschaft erst funktional. Der Rückgriff auf ethnische Kriterien dient der Ausgrenzung von Zugewanderten, er unterstützt die Zuweisung zu unteren Statuspositionen in den Beschäftigungssystemen, was mit Hoffmann-Nowotny (1973) als *Unterschichtung* bezeichnet wurde (vgl. Abschnitt 7.1).

Ethnisierung und *Unterschichtung* als unterschiedliche Formen der Ausgrenzung, die den Einheimischen nützen, greifen ineinander: Die primär *symbolische* Funktion der Ethnisierung (Ausländer als Nicht-Gesellschaftsmitglieder) wird durch die *psychische* Funktion (Verringerung von Frustration und Unsicherheit) und durch die *ökonomische* Funktion (Absicherung des eigenen Aufstiegs) der Unterschichtung ergänzt.

Im Anschluß wird nun der folgenden Frage nachgegangen: Haben die Prozesse der Unterschichtung, der ethnischen Identifikation und der Ethnisierung, die bisher beschrieben wurden, die Strukturen sozialer Ungleichheit (Einkommensunterschiede, Chancenungleichheit etc.) verfestigt? Kann man infolgedessen von einer *ethnischen Schichtung* moderner Gesellschaften sprechen?

Ethnische Schichtung

Eigentlich sollte es so etwas wie ethnische Schichtung in modernen Gesellschaften nicht geben: Die Konzentration ethnischer Gruppen auf bestimmte Branchen und die schlechten Aufstiegschancen für Zugewanderte (vgl. Abschnitt 5.1) stehen im Widerspruch zu dem Prinzip moderner Gesellschaftsorganisation, wonach Leistung und Qualifikation und nicht soziale und/oder ethnische Herkunft über den 'Platz' im gesellschaftlichen Schichtungssystem entscheiden (sollen). Diese Modell-Annahme (vgl. Abb. 2) steht jedoch in Widerspruch zur anhaltenden oder sich wieder verstärkenden sozialen Ungleichheit in modernen Gesellschaften.

Mit *sozialer Ungleichheit* sind die gesellschaftlichen Unterschiede bezüglich Macht, Einkommen, beruflichem Status zwischen Armen und Reichen, Gebildeten und weniger Gebildeten, Beschäftigten und Arbeitslosen, Männern und Frauen und der 'Normalbevölkerung' und den Randgruppen (Obdachlose, Prostituierte, Drogenabhängige etc.) gemeint. Ulrich Beck (1983) stellte fest, daß die Struktur sozialer Ungleichheit in modernen Gesellschaften wie der Bundesrepublik überraschend stabil seien: „Etwas pauschal kann man dies dahingehend zusammenfassen, daß die Kinder der Eltern, die sich vor 30 Jahren in dem unteren Drittel der Einkommens-, Macht-, Bildungs- und Prestigehierarchie befanden, sich auch heute noch in der überwiegenden Mehrzahl der Fälle in dem unteren Drittel der Einkommens-, Macht-, Bildungs- und Prestigehierarchie befinden" (a.a.O: 35; vgl. als neueren Überblick n. Geißler 1998).

Diese Ungleichheiten werden durch die Existenz eines segmentierten Arbeitsmarktes verstärkt: Nicht alle Gesellschafts-Mitglieder haben die Möglichkeit, qualifizierte und gutbezahlte Berufe auszuüben. So sind Frauen oder Mitglieder der Randgruppen eher im sog. *informellen* Sektor (in kurzfristigeren, weniger abgesicherten, 'grauen' Bereichen wie Raumpflege, Aushilfen in der Gastronomie, Heimarbeit etc.) beschäftigt. Gerade in Bezug auf die ausländischen Arbeiterinnen und Arbeiter bzw. die ethnischen Minderheiten spricht man von einer *Segmentation* des Arbeitsmarktes in Arbeitsplätze für Einheimische und Ausländerinnen und Ausländer (vgl. Piore 1983). Ethnische Kategorien verbinden sich mit Schichtgrenzen.

In der nordamerikanischen Schichtungs- und Ungleichheitsforschung wird die ethnische Zugehörigkeit seit langem mitberücksichtigt bzw. gezielt analysiert. So definierten Tamotsu Shibutani und Kian M. Kwan in ihrem Grundlagenwerk über „Ethnic Stratification" (1965) ihren Gegenstand wie folgt: „Ethnische Schichtung ist einer der Aspekte der Organisation von community; Individuen werden in einer hierarchischen Ordnung plaziert, und zwar nicht aufgrund ihrer persönlichen Begabungen, sondern aufgrund der Herkunft, die ihnen zugeschrieben wird" (Shibutani/Kwan 1965: 572).

In diesem Zusammenhang sei nochmals auf den von Milton M. Gordon (1964) entwickelten Begriff der *eth-class* erinnert (vgl. Abschnitt 4.2): Er bringt zum Ausdruck, daß zum Verständnis der gesellschaftlichen Position eines Menschen unterschiedliche Segmente berücksichtigt werden müssen. Das zentrale Segment neben der ethnischen Zugehörigkeit ist die Klassenzugehörigkeit. Diese verbinden sich mit weiteren Segmenten (Geschlecht,[87] Religion). Die *eth-class* einer Person könnte beispielsweise sein: 'Irische (Ethnizitäts-Segment) Katholikin (Geschlechts-Segment; Religions-Segment) der unteren Mittelklasse (Klassen-Segment)' (vgl. auch Heckmann 1992: 93).

Friedrich Heckmann (1983) ging in seiner Diskussion der Brauchbarkeit einer ethnischen Segmentations-Theorie für die Gruppe der Arbeiterimmigranten davon aus, daß sich in den USA die ethnischen Gruppen sozialstrukturell ausdifferenziert (d.h. mehr oder weniger gleichmäßig auf der gesellschaftlichen 'Rangskala' verteilt) und in der Bundesrepublik sich allenfalls *eth-classes* gebildet hätten. Von einer *ethnischen Schichtung* wollte er in keinem der beiden Fälle sprechen.[88] Demgegenüber vertrete ich die These, daß Tendenzen der ethnischen Schichtung, also einer Verfestigung sozialer Ungleichheit bei bestimmten ethnischen Gruppen, auszumachen sind. Diese These wird im folgenden in Anlehnung an neuere Untersuchungen, insbesondere zum sog. *ethnic business* diskutiert.

Beim *ethnic business* handelt es sich um ein zusätzliches Segment des sowieso schon segmentierten Arbeitsmarktes. Zwischen der Schichtung gemäß der Klassenzugehörigkeit und der 'kulturellen Arbeitsteilung' findet eine wechselseitige Beziehung statt: Bestimmte wirtschaftliche Tätigkeiten verbinden sich mit bestimmten ethnischen Herkünften, es entstehen Nischen, die von ausländischen Selbständigen eingenommen werden (vgl. See/Wilson 1988). In den Vereinigten Staaten sind die Hauptgruppen solcher Selbständiger, die in der angloamerikanischen Forschung auch *ethnic entrepreneurs* (Waldinger et al. 1990) genannt werden, die Chinesen, die Koreaner und die Kubaner.

Das Funktionieren eines ethnic business hängt von einer mehr oder weniger stabilen „Interaktion zwischen der Gelegenheitsstruktur der Aufnahmegesellschaft und den Gruppenmerkmalen und der Sozialstruktur der Einwanderer-Community" (a.a.O.: 47) ab. In den Vereinigten Staaten oder in Großbritannien greifen nicht alle ethnischen Gruppen gleichermaßen die vergleichsweise günstigen Rahmenbedingungen auf: „Die Nachfolge der Weißen als Lieferanten von Waren und Dienstleistungen in den schwarzen Ghettos übernehmen eher neue Einwanderer als die einheimischen Schwarzen in den Vereinigten Staaten

---

87 Dieses Segment - die Geschlechtszugehörigkeit - wurde von Gordon (1964) nicht berücksichtigt.
88 In einer späteren Veröffentlichung äußerte sich Heckmann (1992) eher zustimmend zum Konzept der ethnischen Schichtung (vgl. a.a.O.: 91-95).

oder als die karibischen Einwanderer im United Kingdom" (a.a.O.: 179; vgl. auch Waldinger 1993).

Zur Einschätzung des ethnic business wird seit Beginn der 70er Jahre eine umfangreiche Debatte geführt. Während die einen, zuvorderst Edna Bonacich (1973), davon ausgehen, daß das Kleingewerbe und die Dienstleistungen ethnischer Gruppen Ausdruck ihres vorübergehenden Aufenthaltes und ihrer Verbindungsfunktion zwischen Herkunfts- und Aufnahmegesellschaft seien (die sog. *middleman*-Theorie), interpretieren die anderen die wachsende Bedeutung des ethnic business als Indiz der Einwanderung bzw. Niederlassung (vgl. die Beiträge in Waldinger et al. 1990; Portes/Rumbaut 1990).

Obwohl es in der Bundesrepublik relativ starke Restriktionen für Gewerbetreibende mit ausländischer Staatsangehörigkeit gibt, hat auch hier die Anzahl ausländischer Selbständiger sprunghaft zugenommen: Ihre Zahl stieg von 38.400 im Jahr 1970 auf 124.000 im Jahr 1988 und auf 269.000 im Jahr 1994 (davon 40.500 türkische Selbstständige; vgl. Sen/Goldberg 1996). In einer Fallstudie für Gelsenkirchen wurde diese anhaltende Tendenz zur Selbständigkeit bereits in den 80er Jahren ausgemacht (vgl. H. Korte/Calisgan 1989). Ausländische Selbständige stellen über gastromische Betriebe (Imbißstuben, Restaurants), Lebensmittel- und Gemüseläden, Übersetzungs- und Reisebüros oder Änderungsschneidereien Versorgungs- und Dienstleistungen für die Mitglieder ihrer ethnic community, aber auch für eine wachsende Gruppe von Einheimischen bereit. Teilweise schätzen die ausländischen Geschäftsinhaber, wie Mechtilde Kißler und Josef Eckert (1997) in ihrer Untersuchung über die Kölner Südstadt festgestellt haben, die deutsche Kundschaft als die distanziertere (vgl. a.a.O.: 312).

Die meisten ausländischen Betriebe sind genau in den Branchen tätig, die für die Einheimischen wegen ihrer Personal-, Zeit- und Kostenintensität „schon 'unattraktiv' geworden sind" (H. Korte/Calisgan 1989: 36). Ethnic business ist ein Paradebeispiel für *Nischenökonomie*, wie aus einer Reportage über die koreanischen Gemüsehändler Manhattans deutlich wird:

„Plötzlich begann es an allen Ecken der Stadt zu grünen und zu blühen: Früchte, Blumen und Gemüse wuchsen in bunten Pyramiden entlang der Trottoirs. Eine neue Einwanderungsgruppe aus Asien hatte die Marktlücke entdeckt, die sie heute zu neunzig Prozent füllt. Zweihunderttausend Südkoreaner haben nicht nur das Stadtbild verschönert, sondern auch die Lebensqualität der Einheimischen verbessert. Ja, es wird ihnen zugestanden (wenn auch oft widerwillig), daß keiner anderen Gruppe seit den um die Jahrhundertwende eingewanderten Juden aus Osteuropa der Aufstieg so rasant gelungen ist" (*Die Zeit* vom 7.7.89).

In der Regel stehen einheimische und ausländische Selbständige in keinem Konkurrenz-, sondern in einem Komplementärverhältnis: Ausländische Beschäftigte rücken, wie schon im verarbeitenden Gewerbe, in unattraktiv gewordene Branchen nach. Außerdem kommt ihr Angebot den Konsumwünschen der Einwanderinnen und Einwanderer entgegen. Zwar werden die ausländischen Betriebe zunehmend als Ausbilder für die zweite bzw. dritte Generation interessant (vgl. Sen 1990: 25ff.); ein sozialer Aufstieg findet in diesen Nischen des Beschäftigungssystems jedoch kaum statt. Die Expansion des ethnic business ist auch eine Reaktion auf die Chancenlosigkeit in den formellen Sektoren der Arbeitsmärkte der Aufnahmegesellschaften. Viele ausländische Jugendlichen haben keine andere Wahl, als im informellen Sektor der ethnic *community* zu arbeiten. Für das ethnic business der polnischen Zuwanderer im Ruhrgebiet beschrieb Valentina Stefanski (1989) für den Jahrhundertanfang einen ähnlichen Prozeß:

„Den Polen waren jedoch nicht alle Arbeitsplätze zugänglich; die Aufstiegschancen waren gering, wenn man davon absieht, daß sie in kürzester Zeit Vollhauer werden konnten. Mit dem ständigen Zustrom von polnischen Arbeitsmigranten eröffnete sich einigen von ihnen der Weg in die Selbständigkeit im Dienstleistungssektor (ethnic business). (...) Die Gewerbeausstellung von 1913 demonstrierte eindrucksvoll die Vielfalt der Gewerbetreibenden im Ruhrgebiet. Es gab 1913 z.B. 70 polnische Metzger, 60 Bäcker, 50 Friseure, 100 Schuster, 16 Schreiner, 600 polnische Kolonialwarenhandlungen, 70 Buchhandlungen, 20 Möbelgeschäfte, 10 Restaurants, 3 Verlage, 2 Cafes, 1 Zigarrenfabrik, 2 Banken, 10 Druckereien" (a.a.O.: 412, einschließlich Anm. 20).

Die ethnischen Schichtungen in den Einwanderungsgesellschaften der Vergangenheit und der Gegenwart sind ein weiterer Beleg dafür, daß es keine Assimilations-'Garantie' gibt: Weder gliedern sich die Zugewanderten mit wachsender Aufenthaltsdauer automatisch ein (vgl. Abschnitt 5.3), noch werden die ethnischen Identifikationen irrelevant. Die Abwehrstrategien der Einheimischen, die von der Unterschichtung bis zur Ethnisierung reichen, tun ein übriges, um die ethnische Schichtung zu begünstigen. Hill (1984) machte einen wachsenden Ethnozentrismus[89] für diese Entwicklung mitverantwortlich:

„Die faktisch bereits seit Beginn der Einwanderung in die Bundesrepublik vorliegende systematische Benachteiligung der Migranten hinsichtlich ihrer ökonomischen und politischen Partizipationsmöglichkeiten erhält durch den aufkommenden Ethnozentrismus eine neue Qualität, die darin liegt, daß das Merkmal 'Ethnie' nunmehr zu einem expliziten Positionszuweisungskriterium wird. (...) Diese Tendenz zu einer ethnischen Schichtung wird durch die deutliche Segregation am Arbeitsmarkt und im Wohnbereich noch verstärkt. Unter der Bedingung des Ethnozentrismus werden sich diese Entwicklungen wahrscheinlich noch beschleunigen" (a.a.O.: 209f.).

---

89 Mit diesem Begriff wird eine Haltung beschrieben, die das eigene Volk bzw. die Gruppe, die Religion, die 'Rasse', Kultur, dem oder der man angehört, in den Mittelpunkt stellt und andere Völker (Gruppen etc.) abwertet.

Diese Prognose hat sich im Kontext der Wiedervereinigung bestätigt. 1990 war bereits zu abzusehen, daß die Einwanderinnen und Einwanderer aus Italien, Griechenland, Jugoslawien oder der Türkei in Zukunft noch oder wieder stärker ethnisiert werden - auch von den Neuankömmlingen aus der DDR. Sie blieben „die letzten in der Schlange" (*die tageszeitung* vom 10.2.90). Die Brandanschläge und andere rassistischen Gewalttaten in den alten und den neuen Bundesländern waren und sind Hinweise auf einen massiven *Schub der Ethnisierung*, mit dem die Migrantinnen und Migranten eingeschüchtert oder gar vertrieben werden sollen.

Angesichts dieser Entwicklungen scheint die mit Wanderungen stets verbundene „Transformation von Selbstbild und Identitätsgefühl" (P.L.Berger 1977: 68; vgl. das einleitende Zitat zur Einleitung dieses Buches) erschwert. Ob diese Transformation friedlich und befriedigend verläuft, ist von den Orientierungen der Zugewanderten *und* von den Reaktionen der Einheimischen abhängig. Die relativ dauerhafte Positionierung von Zuwanderern und Zuwanderinnen auf unteren Beschäftigungspositionen wird durch den Rückgriff auf ethnische Kriterien verstärkt: Im Umgang der Aufnahmegesellschaft mit den Zugewanderten gehören Unterschichtung und Ethnisierung zusammen. Für die sozio-ökonomische Situation der Zugewanderten sind ihre ethnischen Selbst-Identifikationen weniger bedeutsam als die Zuschreibungsprozesse der Aufnahmegesellschaft (außer im Fall des *ethnic business*). Nur manche der Aufgestiegenen können sich - quasi im Nachhinein - ein *ethnic revival* 'leisten' (vgl. Gans 1979).

7.4 Das Beziehungsgeflecht von Etablierten und Außenseitern

In diesem Abschnitt soll der Blick auf diejenigen Ansätze gelenkt werden, die das Verhältnis zwischen Einheimischen und Eingewanderten nur als den Spezialfall einer bestimmten Gruppenbeziehung (Figuration) auffassen. Unter *Figuration* verstehe ich mit Norbert Elias ein Beziehungsgeflecht von Menschen, das mit deren wachsender gegenseitiger Abhängigkeit immer komplexer wird (vgl. zusammenfassend Elias 1986). Die Komplexität menschlicher Figurationen kommt in einem „ständigen Auf und Ab" (Elias 1983a: 27) an Gruppenspannungen, Machtproben, Konflikten und Interdependenzen zum Ausdruck. Durch eine gruppen- bzw. figurationssoziologische Betrachtung wird die Gefahr einer Überbewertung sog. rassischer oder kultureller Unterschiede geringer und die Chance einer längerfristigen und distanzierteren Wahrnehmung größer.

In den Mittelpunkt stelle ich die Veröffentlichung von Norbert Elias und John L. Scotson, einem Schüler von Elias aus Leicester, zum Verhältnis von „Etablierten und Außenseitern" aus dem Jahr 1965, die lange Zeit nur noch in wenigen Exemplaren der englischen Originalausgabe (vgl. Elias/Scotson 1965) zugänglich war und in der Migrationsforschung erst nach und nach rezipiert wurde (vgl. Elwert 1984, Korte 1984, Eichener 1988, Bauböck 1993, Waldhoff

1995). Die deutsche Ausgabe, ergänzt um den 1976 erstmals publizierten Text von Elias „Zur Theorie von Etablierten-Außenseiter-Beziehungen" (Elias 1990), erschien 1990 (Elias/Scotson 1990).

Norbert Elias (1897-1990), der mit seinen bereits 1939 verfaßten Bänden „Über den Prozeß der Zivilisation" (Elias 1976) erst in den 70er Jahren bekannt wurde (vgl. hierzu die Biographie von H. Korte 1997), hat mit „Etablierte und Außenseiter" eine Gemeindestudie vorgelegt, wie sie seit der Chicagoer Schule zu den klassischen Untersuchungsfeldern der Soziologie gehört.[90] Vor allem durch die theoretisch-systematische Reflexion in „Zur Theorie von Etablierten-Außenseitern-Beziehungen" (Elias 1990) ist die Untersuchung jedoch weit mehr als eine kleinräumige Fallstudie.

Elias/Scotson untersuchten am Beispiel einer englischen Gemeinde, die sie *Winston Parva* nannten, einen Prozeß, der nach ihrer Meinung typisch für eine industrielle, urbanisierte Zone ist, nämlich die Auswirkungen räumlicher und sozialer Mobilität auf das Verhältnis zwischen Einheimischen und Zugewanderten. Ihr Beispiel scheint zunächst viel weniger auffällig und spektakulär als die Überseewanderungen oder die europäischen Wanderungen der Gastarbeiter und Gastarbeiterinnen. Es ziehen 'lediglich' in einem Arbeitervorort in verstärktem Maße neue Arbeiterfamilien zu. Einheimische und Zugewanderte unterscheiden sich weder in ihrer ethnischen noch in ihrer sozialen Zugehörigkeit: Beide sind britische Arbeiter, Arbeiterinnen und deren Familienangehörige, sie gehören derselben *eth-class* (Gordon 1964) an. Und dennoch reagieren die Einheimischen mit unübersehbarer Abwehr: Es kommt zu einem Konflikt zwischen den beiden Gruppen, der alleine darauf gegründet ist, daß die einen „die alten" und die anderen „die neuen Familien" sind.

Winston Parva, eine Vorortgemeinde in den englischen midlands, hatte zum Zeitpunkt der Untersuchung (1958/59) 5000 Einwohnerinnen und Einwohner. Die Gemeinde bestand, so Elias/Scotson, aus drei Zonen.

Zone 1 war die sog. bessere Gegend. Hier wohnten Angehörige der Mittelklasse (Freiberufler, Geschäftsleute und einige Facharbeiter) in Einzel- oder Doppelhäusern.

Zone 2, den mit 80 Jahren ältesten Teil *Winston Parvas*, nannten die Einheimischen und insbesondere die Bewohnerinnen und Bewohner der Zone selbst das *Dorf*. Es bestand „aus hunderten von aneinandergebauten Häusern mit vielen engen Gassen und Hinterhöfen" (Elias/Scotson 1990: 97). Hier wohnte die Mehrheit der Bevölkerung Winston Parvas schon seit mehreren Generationen; es waren Arbeiterinnen und Arbeiter mit ihren Familien. Diese fühlten sich als die alten Familien und pochten auf ihr Familienethos. Zwischen ihnen bestanden starke Nachbarschafts- und Verwandtschaftsbande mit meist täglichen Be-

---

[90] Zur *Gemeindesoziologie* vgl. den informativen Überblicksartikel von Bernhard Schäfers in Endruweit/Trommsdorff (1989).

suchen. In Zone 2 befanden sich eine traditionelle Schuhfabrik und eine moderne Keksfabrik.

Zone 3, mit 20 Jahren das jüngste Wohngebiet, wurde als Siedlung oder von Mitgliedern der Zone 2 als „Rattengasse" oder „Cockneykolonie" bezeichnet. Hier wohnten Arbeiterfamilien, die wegen der Bombenangriffe von 1940 an aus London evakuiert worden waren oder sich hier niedergelassen hatten. Zwischen diesen neuen Familien gab es nur einen relativ lockeren Zusammenhalt. Das Bild, das in Winston Parva von Zone 3 bestand (auch als Selbstbild der Bewohner), stützte sich auf die acht oder neun Problemfamilien. Es war ein Viertel ohne Zentrum und ohne Führung. Die einzelnen Kern-Familien blieben unter sich. Im Gegensatz zu Zone 2 stimmten die meisten Mitglieder von Zone 3 für die *Labour Party*. Von manchen der alten Familien wurden sie noch nach 20 Jahren als Fremde bezeichnet. Sie selbst betrachteten die alten Familien als Spießer, Snobs oder Clique. In Zone 3 befanden sich u.a. eine Zementfabrik und eine Metallgießerei.

Die „sozialen Rangdifferenzen der drei Nachbarschaften selbst" (a.a.O.: 82) spiegelten sich in den Beziehungen ihrer Bewohner. Allerdings verlief die Grenze nicht entlang der Klassenunterschiede (zwischen Zone 1 und den beiden übrigen), sondern zwischen den alten und den neuen Familien. So bildete sich eine 'Koalition' zwischen Zone 1 und 2 auf der einen Seite gegen Zone 3 auf der anderen Seite.

Das Verhältnis zwischen alten und neuen Familien ist für Elias/Scotson eine *Grundfiguration* menschlicher Beziehungen: „Man kann Varianten derselben Grundfiguration, Zusammenstöße zwischen Gruppen von Neuankömmlingen, Zuwanderern, Ausländern und Gruppen von Alteingesessenen überall auf der Welt entdecken" (Elias/Scotson 1990: 247). In ihrer Untersuchung des sozialen Netzwerkes in Winston Parva stellten sie eine deutliche Hierarchie fest ('Rangordnung' der Familien; a.a.O.: 236). In dieser Figuration sind die Einheimischen die Etablierten und die Neuankömmlinge die Außenseiter. In diese Rollen können sie nur gelangen, weil sie gegenseitig voneinander abhängig sind (vgl. a.a.O.: 247): Die Neuen wollen ihre Situation verbessern, die Alten ihre erhalten.

Die Altansässigen sehen durch die Neuankömmlinge ihren Status und ihre Normen gefährdet. In Winston Parva gefährdeten die Neuankömmlinge den gerade erreichten sozialen Aufstieg eines Teils der Arbeiterklasse in Winston Parva. Die alten, d.h. längeransässigen Familien installierten neue Kriterien, die über das Ansehen in der Gemeinde entschieden, eine Statusideologie (a.a.O: 85; vgl. zum folgenden a.a.O.: 239ff.):

− Dauer der Anwesenheit der Familien: mindestens zwei oder drei Generationen (soziologisches Alter)

− größerer Zusammenhalt, Zusammengehörigkeitsgefühl; Kanonvererbung

- ein höheres Maß an Selbstkontrolle, an Umsicht und Ordentlichkeit
- Errichtung von Tabus, z.B.: nicht-berufliche Kontakte zu den Neuen
- gemeinsame Geschichte und (tatsächliche oder scheinbare) Intimität, die auch auf Feindschaft beruhen kann.

„Sie waren durch die von Ambivalenz und Rivalität durchsetzte Intimität aneinander gebunden, die in Kreisen 'alter Familien' überall zu beobachten ist, ob es sich um aristokratische, stadtpatrizische, kleinbürgerliche oder, wie in diesem Fall, um Arbeiterfamilien handelt" (Elias 1990: 37).

Das soziale Unterscheidungsmerkmal *alt* bezieht sich auf die alteingesessenen Familien, die einen bestimmten Lebensstandard, Vermögen und Machtmonopole in Form von Schlüsselpositionen in lokalen Institutionen von Generation zu Generation weitergegeben hatten. Diese Familien bildeten dadurch, daß in ihrem Kreis bestimmte Hierarchien und Verhaltenscodes galten, eine Figuration. Ihre jeweiligen Codes erforderten ein hohes Maß an Selbstdisziplin und Gruppenzusammenhalt; die aus diesen Kontrollanstrengungen resultierenden Frustrationen wurden durch Macht- und Statusgewinne kompensiert (vgl. a.a.O.: 241-243).

Die *alten* Familien schlossen sich, so verfeindet sie untereinander auch (gewesen) sein mochten, gegen die *neuen* Familien zusammen (vgl. a.a.O.: 245). Sie hielten die neuen Familien auf Distanz, behandelten sie mit Verachtung und lehnten Kontaktversuche rigoros ab. Ignorierte jemand das Tabu und versuchte, Kontakt zu den Neuen aufzunehmen, wurde er oder sie durch Statusminderung sanktioniert.

„Neuankömmlinge waren in den 'guten Straßen' prinzipiell verdächtig, wenn es sich nicht offensichtlich um 'nette Leute' handelte. Bevor sie sozial angenommen wurden, mußten sie eine Probezeit durchlaufen, in der sich die etablierten 'anständigen Leute' vergewisserten, daß ihr eigener Status nicht durch die Assoziation mit Menschen eines unklaren Ranges und ungewisser Standards leiden würde" (a.a.O.: 108).

Es wurde versucht, die Neuankömmlinge von allen Möglichkeiten, die zu einem Machtzuwachs führen könnten, auszuschließen. Macht wurde monopolisiert, um ihren Erhalt wurde - gegebenenfalls auch mit Mitteln der Nachrede, des Klatsches (vgl. zu den verschiedenen Formen des Klatsches a.a.O.: Kap. VII) - gekämpft. Folgende Passage gibt das Selbstbild der Etablierten und die Ausgrenzung der Neuankömmlinge wieder.

Bewohner von Zone 2 über ihre eigene Nachbarschaft (a.a.O.: 144):
Hausfrau: „Hier herum, das ist der alte Teil, wissen Sie, wo die älteren Familien wohnen."
Alte Frau: „Wir nennen den Teil hier immer noch das 'Dorf'. Viele von uns gehören zu den Familien, die ursprünglich hergekommen sind."

Pfarrer: „Die Familien in diesem Teil - im 'Dorf', wie sie es nennen - scheinen viel untereinander zu heiraten."
Mechaniker: „Die meisten von uns sind Arbeiter, aber anständige Arbeiter, nicht wie die in der Siedlung."
Hausfrau: „Unsere Straße ist eine sehr gute Straße, nette Nachbarn, nette Leute."

Die Neuankömmlinge selbst waren - im Gegensatz zu den Ansässigen - keine Gruppe mit einem Wir-Gefühl; sie kamen aus unterschiedlichen Regionen nach Winston Parva und bildeten untereinander keine Gemeinschaft. Zu Beginn ihrer Ansiedelung in Winston Parva waren sie „entwurzelte Menschen" (a.a.O.: 87). In den Augen der Einheimischen fügten sie sich nicht genügend ein. Mit der Zeit verinnerlichten die Neuankömmlinge das schlechte Image, das ihnen die Etablierten aufgedrückt hatten, sie blieben Außenseiter und nahmen sich selbst als Außenseiter war. Ein Teil der Jugendlichen wurde sozial auffällig und/oder delinquent (straffällig). Nachdem einige der Problemfamilien Winston Parva verlassen hatten, ging die relativ hohe Delinquenzrate in Zone 3 (die ursprünglich den Anstoß zu der Untersuchung gegeben hatte), zurück.

Zur Statusideologie der alten Familien gehörte, sich als ordentlicher und respektabler (*netter*) einzustufen als die Neuankömmlinge. Elias/Scotson stellten fest, daß die Standards der Selbstbeherrschung und Selbstkontrolle bei den Altansässigen höher waren als bei den Neuankömmlingen: „Eines der Standardmittel, wenn ein Establishment seine Stellung bedroht sieht, besteht in der Verschärfung der Zwänge, die sich seine Mitglieder selbst und die sie der breiteren Gruppe der Beherrschten auferlegen" (Elias 1990: 53).

Da die öffentliche und die private Sphäre in Zone 2 kaum voneinander getrennt waren, ein Leben in der relativ isolierten Kleinfamilie nicht existierte (vgl. Elias/Scotson 1990: 128), war ein hohes Maß an gegenseitiger Kontrolle, Selbstkontrolle und Konformität notwendig, um das sog. Gruppencharisma aufrechtzuerhalten. Unter *Gruppencharisma* verstand Elias einen Zuschreibungsprozeß, der mit einem überhöhten Wir-Ideal verbunden ist: Die Mitglieder der betreffenden Gruppe halten sich für die besseren Menschen, z.B. die mit den besseren Manieren (zum Pendant des Gruppencharismas, der sog. Gruppenschande, s. unten).[91] Das Gruppencharisma der Bewohner von Zone 2 war dadurch gekennzeichnet, daß diese auf ihre Zugehörigkeit zu den alten, respektablen Familien pochten.

Die Identifikation mit dieser Gruppe gab eine emotionale Sicherheit um den Preis der „Unterwerfung und Konformität gegenüber den Gemeindenormen" (a.a.O.: 122). Für Elias ist ein höheres Maß an Selbstkontrolle, *der gesellschaftliche Zwang zum Selbstzwang* (vgl. Elias 1976, Bd. 2: 312ff.), zentrales

---

91 Siehe hierzu Elias' Vortrag über „Gruppencharisma und Gruppenschande" auf dem 15. Deutschen Soziologentag 1964 in Heidelberg (vgl. die Tagungsberichte in der *Kölner Zeitschrift für Soziologie und Sozialpsychologie*, 16, 1964, S. 404-424; den Hintergrund und die Rezeption von Elias' Auftritt beschrieb H. Korte 1988: 183ff.).

Merkmal des Zivilisationsprozesses: An den alten Familien von *Winston Parva* läßt sich die Ambivalenz dieses Prozesses gut beobachten. Die alten Familien waren so „distanzlos in ihrem eigenen Werte- und Glaubenssystem befangen" (Elias/Scotson 1990: 138), ihr Gruppenglaube war so starr (vgl. a.a.O.: 176), daß sie nicht erkennen konnten und wollten, daß die Mehrheit der Bewohner und Bewohnerinnen von Zone 3 nicht anders als sie selbst ruhige, mit sich beschäftigte Leute waren (vgl. a.a.O.: 160).

Sie hatten nicht die Macht und den Gruppenzusammenhalt, die „Minorität von 'berüchtigten' Familien" zu sanktionieren. Unter den neuen Familien, die sich sozio-ökonomisch oder etwa durch die Organisation der Kindererziehung kaum von den Altansässigen unterschieden, gab es noch keine „kommunale Identität" (a.a.O.: 127). Dies verstärkte das Machtgefälle zwischen den Etablierten und den Außenseitern. Nach Elias/Scotson wurden die schwarzen Schafe von Zone 3 nicht deshalb sozial auffällig, weil sie einen anderen sozio-ökonomischen Status hatten. Es mangelte ihnen vielmehr an den organisatorischen und psychologischen „Fertigkeiten, die ein geordnetes Familienleben verlangt" (a.a.O.: 229). Das Bild von den „ungehobelten Typen" (a.a.O.: 152) ging auf sie zurück. Die Bewohner von Zone 3 übernahmen für sich die sog. Gruppenschande, das Pendant zum Gruppencharisma. Auch bei der *Gruppenschande* handelt es sich für Elias um einen Zuschreibungsprozeß, um ein Etikett, mit dem Außenseiter belegt werden und das häufig in ihre eigene Wahrnehmung miteinfließt.

„Eine strengere Moral ist nur ein Beispiel für ein breites Spektrum sozial induzierter Selbstzwänge. Bessere Manieren sind ein anderes. Sie alle erhöhen die Chancen einer überlegenen Gruppe, ihre Macht und Überlegenheit zu behaupten. In einer geeigneten Figuration können Zivilisationsdifferentiale in erheblichem Maße zur Entstehung und Fortdauer von Machtdifferentialen beitragen" (a.a.O.: 243).

Elias betonte in seinem theoretischen Kommentar, daß sich die beiden Gruppen „in der Tat nur durch ihre Wohndauer am Platz" (Elias 1990: 15) unterschieden. „Soziologisch hieß das vor allem, daß der jeweilige Grad ihrer Kohäsion sehr verschieden war: die eine Gruppe war eng integriert, die andere nicht" (ebd.). Betrachtet man den Gruppenzusammenhalt, so kann man die Bewohnerinnen und Bewohner der Zone 2 als integriert (vgl. zum Begriff der *Integration* Abschnitt 5.3 dieser Arbeit) und die der Zone 3 als desintegriert bzw. anomisch bezeichnen. Elias/Scotson betonten jedoch, daß man mit der (üblichen) Bewertung von 'Integration = gut und Desintegration/Anomie = schlecht' der jeweiligen Gruppenstruktur nicht gerecht werde und den Konformitätsdruck, der auf den Mitgliedern der stärker integrierten Gruppe lastet, übersehe: „Enge Integration geht, wie der Fall des 'Dorfes' lehrt, oft Hand in Hand mit bestimmten Formen von Zwang" (Elias/Scotson 1990: 277).

Die Einheimischen, die im Statusgefüge der Gesamtgesellschaft keineswegs zu den Etablierten gehörten, stiegen in der Figuration mit den Neuankömmlingen auf. Als längeransässige und untereinander enger verbundene Gruppe nutzten sie Diffamierung und Abgrenzung, um die Neuankömmlinge auf Distanz zu halten und ihren eigenen Status abzusichern bzw. aufzuwerten. „Überall sind das Gruppencharisma, das man sich selbst, und die Gruppenschande, die man 'Außenseitern' zuweist, komplementär" (a.a.O.: 185). Die tatsächlichen Eigenschaften der Zugewanderten spielten nur eine untergeordnete Rolle; dies gilt auch und gerade für den Bereich der *race and ethnic relations*:

> „Was man 'Rassenbeziehungen' nennt, sind also im Grunde Etablierten-Außenseiter-Beziehungen eines bestimmten Typs. Daß sich die Mitglieder der beiden Gruppen in ihrem körperlichen Aussehen unterscheiden oder daß eine von ihnen die Sprache, in der sie kommunizieren, mit einem anderen Akzent und anderer Flüssigkeit spricht, dient lediglich als ein verstärkendes Schibboleth (Erkennungswort; A.T.), das die Angehörigen der Außenseitergruppe leichter als solche kenntlich macht" (Elias 1990: 26).

Die sozialen Prozesse, die zu einer Etablierten-Außenseiter-Figuration führen, sind somit den Mechanismen der Unterschichtung und Ethnisierung übergeordnet. Nach Elias sind die Etablierten und die Außenseiter „in einer Beziehungsfalle gefangen" (Elias 1990: 28). Stoßen neue Familien auf alte, und sind letztere sich ihres Status nicht sicher oder fühlen sie sich in ihren Gewohnheiten durch die Neuankömmlinge bedroht oder in Frage gestellt (vgl. Kap. 8), so sind sie auf ethnische Kriterien nicht einmal angewiesen.

In Abschnitt 7.1 wurde die *neofeudale Absetzung* als ein Mechanismus beschrieben, bei dem die aufgestiegenen Einheimischen aus Angst vor dem erneuten Abstieg bei den Zuwanderinnen und Zuwanderern nicht auf den erworbenen, sondern auf den zugeschriebenen Status pochen. Geht man mit Elias von der engen Verflechtung zwischen Alteingesessenen und Neuankömmlingen aus, so wird selbst der Rückgriff auf die ethnische Zugehörigkeit überflüssig. Im Fall von *Winston Parva* grenzten sich die Etablierten von den Außenseitern als den 'unzivilisierteren' Menschen, die nicht dazugehörten, ab.

> „Das jedenfalls war einer der Hauptgründe, warum in Winston Parva die Etablierten so hart zurückschlugen. Ob zu Recht oder zu Unrecht, sie fühlten sich - wie viele andere Etabliertengruppen - einem dreifachen Angriff ausgesetzt: gegen ihre monopolisierten Machtquellen, gegen ihr Gruppencharisma und gegen ihre Gruppennormen. Und sie wehrten sich, indem sie ihre Reihen gegen die Außenseiter schlossen, indem sie die letzteren ausgrenzten und demütigten. Den Außenseitern selbst lag es fern, die Alteingesessenen anzugreifen; aber sie befanden sich in einer unglücklichen und oft erniedrigenden Position. In diesem ganzen Drama spielten beide Seiten ihre vorhersehbare Rolle, gefangen im Fallstrick ihrer Beziehung als Etablierte und Außenseiter" (Elias 1990: 56).

Bedingt durch die gegenseitige - nicht ökonomische, sondern sozialpsychologische - Abhängigkeit von Einheimischen und Neuankömmlingen entsteht aus diesen beiden Gruppen eine Etablierten-Außenseiter-Figuration.

Im folgenden soll dieses Konzept auf die Figuration der einheimischen Etablierten und der ausländischen Zugewanderten übertragen werden (für die Bundesrepublik vgl. H. Korte 1984a; Eichener 1988; Eckert/Kißler 1989, 1997). Dabei geht es vor allem um die Frage, ob und unter welchen Bedingungen sich die Machtdifferenzen zugunsten der Zuwanderinnen und Zuwanderer verschieben.

In der Untersuchung von Elias/Scotson (1990) waren die Neuankömmlinge auch deshalb machtlos, weil sie keine gemeinsame Geschichte hatten, da sie aus unterschiedlichen Regionen Englands nach Winston Parva gekommen waren. Demgegenüber konnten die Einheimischen über einen „Schatz an gemeinsamen Erinnerungen, Sympathien und Antipathien" (Elias 1990: 39) verfügen. Die erste Generation der Zuwanderinnen und Zuwanderer hatte ebenfalls keine gemeinsame Geschichte, sondern identifizierte sich mit ihren jeweiligen Herkunftsregionen (ob als US-Einwanderin mit Sizilien oder als 'Gastarbeiterin' in der Bundesrepublik mit Kroatien).

„Die erste Generation war in die Bundesrepublik gekommen, um Arbeit zu finden und ein Existenzminimum zu erlangen. Sie war als Außenseitergruppe lediglich mit der Schaffung einer ökonomischen Basis beschäftigt. Das Machtungleichgewicht zwischen den etablierten Deutschen und ihnen als Außenseitern hat sie zwar geschmerzt, aber nicht zu Aktivitäten veranlaßt. Das gehörte irgendwie mit zum Job" (H. Korte 1984a: 277).

Dies ändert sich mit steigender Aufenthaltsdauer und wachsender Stabilität der ethnischen *communities*. Die Identifikation mit der Einwanderergesellschaft (vgl. Heckmann 1981) stärkt das Selbstbewußtsein und die Kohäsion (den Zusammenhalt) ihrer Mitglieder. 'Spätestens' mit dem höheren Aspirationsniveau der zweiten Generation verschiebt sich die komplizierte Machtbalance, in der bis dahin die Einheimischen ein Machtübergewicht hatten:

„Gegenwärtig treten bürgerliche und Arbeiterschichten zusammen als etablierte Wir-Gruppen der Nationalstaaten einer neuen Außenseiterwelle von Zuwanderern, vor allem von Gastarbeitergruppen entgegen. Wie auf den vorangegangenen Stufen werden auch hier die Außenseiter nicht in die Wir-Identität mit einbezogen. Die Etablierten erleben auch in diesem Falle die Außenseiter als Gruppe in der dritten Person" (Elias 1987: 276).

In dem Moment, wo auch die Zugewanderten ein Wir-Gefühl entwickeln, z.B. das einer ethnischen Gruppe der Griechen oder der Türken in der Bundesrepublik, und wo immer deutlicher wird, daß sie de-facto-Einwanderinnen und Einwanderer (geworden) sind, erhöht sich ihre Sichtbarkeit und gleichzeitig die Notwendigkeit für die Einheimischen, ihre Sicht auf die Niedergelassenen, die nun keine Neuankömmlinge mehr sind, zu revidieren. Das Gefühl, sich dauerhaft mit diesen Anderen arrangieren zu müssen, verbindet sich mit der Angst vor dem Statusverlust, die manche Einheimische noch nicht überwunden haben. Viele Einheimische sind ursprünglich selbst Zugewanderte und fühlen sich selbst noch nicht 'sicher': Hermann Korte (1984a) weist auf die Situation im Ruhrgebiet hin, „wo - sinnbildlich gesprochen - die vierte Generation der polnischen Einwanderer mit der zweiten türkischen Generation konkurriert" (a.a.O.: 266).

Bei dem Versuch, die Ansprüche der Zugewanderten und ihrer Nachkommen zurückzudrängen, greifen die Einheimischen bzw. die Längeransässigen wahlweise auf das Kriterium *einheimisch vs. ausländisch* (vgl. den Ethnisierungs-Ansatz) oder auf das Kriterium *alt vs. neu* (vgl. Elias/Scotson 1990) zurück. Willi Paul Adams (1984) ironisierte das Kriterium *alt vs. neu* für die US-Einwanderung: „Obwohl Migration der *raison d'etre* der amerikanischen Nation war, darf man sich nicht darüber hinwegtäuschen, daß es immer ein Spannungsverhältnis gegeben hat zwischen Neuankömmlingen und Alteingesessenen, die vielleicht auch erst einmal alle vier Jahreszeiten in der Neuen Welt erlebt hatten" (a.a.O.: 301; Hervorh. im Original). Gegenüber Neuankömmlingen verhalten sich die Alteingesessenen und diejenigen, die sich für etabliert halten, immer wieder nach einem ähnlichen Muster: „Von Puertorikanern und Mexikanern sagt man heute das gleiche, was man einst von Iren, Italienern, Deutschen und Juden sagte: 'Sie werden sich nie einfügen. Sie können unsere Sprache nicht erlernen, sie lassen sich nicht absorbieren'" (Kennedy 1965: 63).

Ist das *soziologische Alter* (vgl. Elias/Scotson 1990) einer Gruppe relativ niedrig und kann man sie außerdem *ethnisieren* (vgl. Bukow/Llaryora 1988), so läßt sich die Abwehr der Einheimischen geradezu prognostizieren. So war die Rede vom sog. 'Türkenproblem' in der Bundesrepublik der 80er Jahre nicht überraschend, wenn man bedenkt, daß die Türkinnen und Türken die 'jüngste' Gruppe der Angeworbenen (also diejenigen mit dem niedrigsten soziologischen Alter) und gleichzeitig die größte Gruppe waren und sind. Ihre Zugehörigkeit zu einer anderen Religion lud zur Ethnisierung zudem förmlich ein.

7.5 Zusammenfassung

Die Ausgangsfragestellung dieses Kapitels nach der Bedeutung der ethnischen Herkunft in den Beziehungen zwischen Einheimischen und Zugewanderten kann nun beantwortet werden: Die ethnische Herkunft als solche hat nicht die Bedeutung, die ihr in der Öffentlichkeit vielfach zugewiesen wird (vgl. die Rede vom 'Türkenproblem' in der Bundesrepublik). Konflikte zwischen Einheimischen und Zugewanderten entstehen nicht deshalb, weil sich z.B. 'die deutsche' und 'die türkische' Kultur so sehr unterscheiden würden. Welche Bedeutung die ethnische Herkunft tatsächlich erlangt, ist vielmehr abhängig vom erreichten Status der Mitglieder der Aufnahmegesellschaft, den ethnischen Orientierungen bzw. Neubildungen der Zugewanderten, der 'Neuheit' und der Sichtbarkeit der Gruppe der Zugewanderten und den relativen Machtunterschieden zwischen Einheimischen und Zugewanderten.

Im folgenden sollen diese Zusammenhänge mit Blick auf gegenwärtige Entwicklungen noch einmal zusammenfassend reflektiert werden. Als Beispiel ziehe ich zum einen Italien heran, eines der prototypischen 'neuen' Zuwanderungsländer und im Rahmen der Diskussion um die 'Festung Europa' im Zentrum des aktuellen und mit Sicherheit auch zukünftigen Interesses (vgl. auch Abschnitt 3.3). Zum anderen verdient die Situation im wiedervereinigten Deutschland, in dem sich durch die Zuwanderung der Aussiedler und Spätaussiedler neue Figurationen von 'Einheimischen' und 'Neuankömmlingen' ergeben, besondere Aufmerksamkeit.

Die Einheimischen nutzen die Zugehörigkeit der Zuwanderer zu einer anderen Kultur oder Ethnie als Argument, um diese abzuwehren. Zentrales Motiv dabei ist die Angst vor dem Verlust des eigenen Status und des eigenen Ansehens (vgl. Hoffmann-Nowotny 1973; Elias/Scotson 1990). Aus Angst vor einer Gefährdung der eigenen Position und zur Absicherung des mehr oder weniger umfassend vollzogenen Aufstieges werden die Zugewanderten auf den niedrigsten sozialen und auf den niedrigsten Beschäftigungspositionen plaziert. Mit der *Unterschichtung* und der *neofeudalen Absetzung* (Hoffmann-Nowotny 1973) greifen die Einheimischen auf traditionale Kriterien der sozialen Einordnung von Menschen zurück: Entscheidend sind nicht Qualifikation oder Leistung, sondern die ethnische Herkunft der Zugewanderten. Die Zuweisung im gesellschaftlichen Schichtungssystem erfolgt nicht anhand des erworbenen, sondern anhand des zugeschriebenen Status, was der Verfahrensweise traditionaler Gesellschaften entspricht. Die treibende Kraft für Ausgrenzung, Fremdenfeindlichkeit und Rassismus sind unterprivilegierte Einheimische ohne Mobilitätschancen und diejenigen, die nicht deklassiert sind, aber eine Deklassierung befürchten.

Der Wunsch der Einheimischen, die Zugewanderten möglichst tief zu plazieren, korrespondiert mit dem Bestreben der Unternehmen und Branchen, sich mit den Zuwanderinnen und Zuwanderern flexible und ausgrenzbare *Reservearbeitskräfte* zu sichern. Dies betrifft insbesondere weniger angesehene Branchen wie die Gastronomie oder die Landwirtschaft oder krisenanfällige Branchen wie den Bergbau oder die Bauwirtschaft. Die Aufstiegsmöglichkeiten der Zugewanderten sind durch dieses Interesse und durch die Abwehr der Einheimischen sehr erschwert. Am Beispiel der Bauwirtschaft in der Bundesrepublik ist zu erkennen, daß einheimische Arbeitskräfte auf der einen Seite arbeitslos sind, da sie für die Subunternehmer unvergleichlich viel teurer sind als die Konkurrenz aus Polen, Großbritannien oder Portugal. Die ausländischen Arbeitskräfte, die häufig illegal beschäftigt werden, haben auf der anderen Seite kaum eine Handhabe, sich ausbeuterischen Arbeitsbedingungen, für die sie z.T. nur einen Bruchteil des ihnen zugesicherten Lohnes erhalten, zu entziehen (vgl. *Frankfurter Allgemeine Zeitung* vom 11.7.98).

Somit sind die Spannungsunterschiede zwischen Herkunfts- und Aufnahmeländern, die zur Migration führten, durch die Wanderung nicht aufgehoben: Die

Spannungen werden lediglich in den Aufnahmekontext transferiert. Wanderungen, die ursprünglich dem Spannungsabbau (in den Herkunftsgesellschaften) dienten, rufen wieder *neue Spannungen* hervor (vgl. Hoffmann-Nowotny 1970). In der Regel lassen sich die strukturellen und die anomischen Spannungen (die aus gesellschaftlichen Ungleichgewichten resultieren; vgl. Hoffmann-Nowotny 1987: 52f.) in den Einwanderungsländern dadurch 'lösen', daß die Zugewanderten unterschichtet werden und diese dagegen nicht opponieren - auch deshalb, weil sie in Relation zum Herkunftskontext tatsächlich meist einen Aufstieg geltend machen können. Melden die Zugewanderten jedoch Ansprüche an, beziehen sie ihre Werte und (Aufstiegs-)Aspirationen nicht mehr aus dem Herkunfts-, sondern aus dem Aufnahmekontext, so können sie zu Konkurrenten werden. Kommt das Gefühl ökonomischer Verluste hinzu, so können Fremdenhaß und -vertreibung die Folge sein - wie bei den einheimischen Kaufleuten von Florenz im Frühjahr 1990.

Derartige Ereignisse sind auch eine Folge der 'Neuheit', die die Einwanderung für die Italienerinnen und Italiener darstellt: Italien war während der letzten 150 Jahre ausschließlich Auswanderungsland. Seine sozio-ökonomische Stabilität ist noch nicht groß genug, um das anomische Potential (vgl. Hoffmann-Nowotny 1973: 151) kleinzuhalten. Lassen sich die neu Zugewanderten nicht unterschichten, sondern besetzen (wie die nordafrikanischen Straßenhändler in Florenz) relativ 'eigenmächtig' und überdies unübersehbar öffentliche Plätze[92] - funktioniert somit die Sperrung der Statuslinien (vgl. Hoffmann-Nowotny 1973) nicht -, so greifen die Einheimischen zu rabiateren Mitteln, zur weiteren Einschränkung der Aufenthaltsrechte oder gar zur Vertreibung.

Bei den Zugewanderten selbst ist Ethnizität weniger als faktische denn als *gefühlsmäßige Volkszugehörigkeit* von Bedeutung. Darauf hatte zu Beginn der 20er Jahre schon Max Weber (1972) in seiner Definition der 'ethnischen Gruppe' aufmerksam gemacht. Der Gemeinsamkeitsglaube und die tatsächlich praktizierte Gemeinschaft sind zu unterscheiden. Für viele Angehörige ethnischer Gruppen hat ihre Ethnizität ausschließlich symbolische Funktion in Form gemeinsamer Erinnerungen, Traditionen oder Konventionen, deren praktischer 'Nutzen' relativ gering sein kann. Darüber hinaus gibt es viele Möglichkeiten, Ethnizität zu gestalten und ausdifferenzieren und mit anderen Zugehörigkeiten zu 'kombinieren'. Hier fungiert „Ethnische Identität als Option" (Waters 1994), als eine Option unter mehreren; dieses Verhaltensmodell trifft wohl jedoch vorwiegend auf relativ etablierte Zuwanderinnen und Zuwanderer zu.

---

92 „Die Einwanderer aus den Entwicklungsländern - in Italien pauschal als *extracomunitari* bezeichnet - sind in Florenz ein ungelöstes Problem. Vor allem weil sie für die einheimischen Lederwaren-, Schmuck- und Souvenirgeschäfte eine unerwünschte Konkurrenz sind. An allen strategisch wichtigen Punkten sitzen Tunesier, Senegalesen, Ägypter, Iraner und bieten auf ihren Teppichen gefälschte Markenartikel an, die sie im Fall einer Polizeirazzia blitzschnell verschwinden lassen. Immer wieder gibt es Zusammenstösse und Proteststreiks der Geschäftsinhaber gegen die illegalen Andersfarbigen" (Vollenweider 1998; Hervorh. im Original).

Auf einen wichtigen Unterschied bezüglich der ethnischen Orientierung von Zugewanderten hat Friedrich Heckmann (1981) hingewiesen: Mit wachsender Aufenthaltsdauer nimmt die Bedeutung der Herkunftsgesellschaft ab und die der *Einwanderergesellschaft* zu. Die Eingewanderten 'nehmen' nicht einfach die Kultur der Herkunftsgesellschaft 'mit', sondern in der Einwanderungsgesellschaft entstehen neue ethnische Orientierungen und Gruppenstrukturen - die Einwanderergesellschaft oder *ethnic community*. Dies ist eine Sammelbezeichnung für unterschiedliche Formen ethnischen Zusammenlebens, das mehr oder weniger verbindlich und nicht zwangsläufig an räumliche Nähe gebunden ist. Die Bedeutung der communities ändert sich im Generationenverlauf. Ist sie für die erste Generation, die sich noch stark an der Herkunftsgesellschaft selbst orientiert, vor allem Auffangstation, so ersetzt bei den Folgegenerationen die ethnic community selbst immer mehr die Herkunftsgesellschaft, die aus eigener Anschauung immer weniger bekannt, geschweige denn vertraut ist. Bei der ethnischen Identität vieler Einwanderergruppen handelt es sich um eine ausschließlich symbolische Form der Identifikation mit dem Herkunftsland (vgl. Gans 1979). Eine identifikative Assimilation (vgl. Abschnitt 5.3) mit der Aufnahmegesellschaft wird aber selbst durch eine symbolische Zugehörigkeit zur community der Einwanderinnen und Einwanderer verhindert.

Die Wirksamkeit der ethnischen Identifikation - in welcher Form auch immer - wird durch die *Zuschreibungsprozesse* verstärkt, die die *Einheimischen* vornehmen. Nach Bukow/Llaryora (1988) produziert dieser Zuschreibungsprozeß, in dem die Einheimischen die Zugewanderten als nicht-dazugehörig etikettieren und dies mit der 'abweichenden' ethnischen Herkunft ('Ausländerproblem') begründen, sogar erst die sog. kulturellen Unterschiede. Der Mechanismus der Ethnisierung überlagert die ethnischen Identifikationen: Nicht aufgrund ihrer 'kulturellen Unterschiede', sondern zur Sicherung und Stabilisierung ihrer Identität greifen die Zugewanderten auf bestimmte Verhaltensweisen (z.B. das Tragen eines Kopftuches) zurück (Re-Ethnisierung). So übernehmen ethnische Kriterien - nicht so sehr die tatsächliche ethnische Herkunft - eine zentrale Funktion in der Beziehung zwischen Einheimischen und Zugewanderten:[93]

— den Einheimischen dienen sie (als Ethnisierung/Unterschichtung) dazu, die Zugewanderten auszugrenzen und unteren Statuspositionen in den Beschäftigungssystemen zuzuweisen;

— den Zugewanderten selbst dienen sie der Selbstvergewisserung in einer neuen, mehr oder weniger fremden, unvertrauten Umgebung. Erscheint diese als feindlich, verstärkt dies die ethnische Re-Definition.

Die Diskussion der 70er und 80er Jahre darüber, ob bzw. inwieweit die Eingliederung der ehemaligen Gastarbeiterinnen und Gastarbeiter (vgl. Abschnitt

---

93 Claus Leggewie spricht in einem neueren Aufsatz über „Ethnische Spaltungen in demokratischen Gesellschaften" (1997) von der „Distinktionsressource 'Herkunft'" (a.a.O.: 241).

5.3) 'gediehen' sei, hatte lange Zeit den Blick für die Entstehung einer ethnischen Schichtung verstellt. Nach dem Selbstverständnis moderner Gesellschaften sollte es diese nicht geben: Leistung und Qualifikation und nicht soziale und/oder ethnische Herkunft sollten über den 'Platz' im gesellschaftlichen Schichtungssystem entscheiden. Die Konzentration ethnischer Gruppen auf bestimmte Branchen und ihre geringen Aufstiegschancen (die Mehrheit der ausländischen Beschäftigten in der Bundesrepublik etwa waren und sind Arbeiterinnen und Arbeiter) macht jedoch deutlich, daß die anhaltende Tendenz sozialer Ungleichheit in modernen Gesellschaften durch die ökonomische, politische und soziale Ausgrenzung der Zugewanderten noch verstärkt wird. Die Expansion des *ethnic business* in allen Einwanderungsgesellschaften ist nur scheinbar ein Indiz für einen Assimilations-Prozeß; sie ist vor allem eine Reaktion auf die Chancenlosigkeit in den formellen Beschäftigungssektoren, auf die Verbraucherinteressen der Einwanderinnen und Einwanderer und auf Lücken in der Angebotsstruktur der Aufnahmegesellschaft, die dadurch entstehen, daß die Einheimischen nach statushöheren Beschäftigungen streben: „Auch Italien ist darauf angewiesen, daß aus den afro-arabischen Ländern der Mittelmeerküste Italiens Gastarbeiter nach Sizilien und auf das südliche Festland zu Arbeiten kommen, die auch von italienischen Arbeitslosen nicht mehr geleistet werden" (*Frankfurter Allgemeine Zeitung* vom 3.8.98, S. 2).

Für viele Konflikte zwischen Einheimischen und Zugewanderten bietet das Kriterium der ethnischen Zugehörigkeit keine ausreichende Erklärung. Wichtiger ist das *soziologische Alter* (vgl. Elias/Scotson 1990: 238-246) einer zugewanderten Gruppe. Die länger Ansässigen, deren Vorsprung auch nur wenige Jahre betragen kann, schotten sich immer gegen Neue ab. Diese gelten als nicht zugehörig, als weniger 'nett' - unabhängig, ob es ethnische oder 'rassische' Unterschiede gibt. Gibt es sie, so erleichtert dies den Einheimischen nur die Abwehr: Sie werden sich bei der Begründung nicht mehr so sehr auf das Kriterium *neu*, sondern auf das Kriterium *ausländisch/fremd* stützen. Diese Kriterien haben den unschätzbaren Vorzug, daß sie häufig besonders gut wahrnehmbar sind (andere Kleidung, Sprache, kulturelle Gewohnheiten etc.). Grundsätzlich ist dieses Kriterium zur Abwehr jedoch gar nicht notwendig. Die Einheimischen *schließen die Reihen* (vgl. Elias/Scotson 1990: 144) gegen die Neuen.

Die Bedeutung des Wir-Gefühls, das gegen die Zugewanderten mobilisiert wird, ließ sich 1989 bei der Abwehr gegen die Übersiedlerinnen und Übersiedler aus der DDR beobachten: Hier gab es eine auffällige Einigkeit zwischen konservativen und progressiven 'Kräften'. Die einen bangten um Wohnungen und Arbeitsplätze, die anderen um die nächste Bundestagswahl, von der man fürchtete, daß die Einwanderinnen und Einwanderer mehrheitlich CDU/CSU wählen und so den konservativen Block verstärken würden. Unterschiedliche Gruppen von Alt- bzw. Längeransässigen wehrten die Zugewanderten ab, wobei die Methoden zwischen offenen Anfeindungen und Ironie und Sarkasmus (vgl. die Witze über *Zonis* und *Trabis* 1989/90) schwankten.

„Verglichen mit dem Leid von Asylbewerbern aus der südlichen Hemisphäre, scheinen die Schikanen im SED-Regime vielen Linken eher läppisch. So höhnte das linksorthodoxe Hamburger Monatsblatt Konkret über die 'Erhebung des Wunschs nach schicken Pullis in den Rang eines Menschenrechts', und die Tageszeitung machte süffisant die 'Foltermerkmale der ostdeutschen Diktatur' aus: 'Fettleibigkeit und Dauerwelle'" (*Der Spiegel* 43/1989 vom 23.10.89).

Ebenso schlossen und schließen unterschiedliche Gruppen von Zugewanderten aufgrund des Kriteriums einer früheren Zuwanderung in der Bundesrepublik gegeneinander die Reihen: Italienische gegen türkische Einwanderer, ehemalige Gastarbeiter gegen DDR-Flüchtlinge, Übersiedler aus der DDR gegen polnische Übersiedler, Aussiedler gegen Spätaussiedler, Spätaussiedler gegenüber Flüchtlingen aus dem Kosovo. Wie sich die Hierarchie der verschiedenen Gruppen von Einheimischen und Zugewanderten aus *Sicht der rußlanddeutschen Spätaussiedler* darstellt, illustriert folgende Zusammenfassung:

„Ganz oben stehen die Einheimischen, erst die alten Bundesbürger, dann die neuen, dann die Aussiedler selbst (die jeweils eigene Gruppe zuerst, dann die anderen), zuletzt aber meist die Aussiedler aus Polen. Danach kommen die 'weißen' Ausländer, Bürger aus der Europäischen Union, Amerikaner etc., also solche, die nicht als Ausländer zu erkennen sind (stigmatisiert) sind, dann die südeuropäischen Arbeitsmigranten mit den Türken am unteren Ende der Skala. Anschließend kommen ihre ehemaligen Mitbürger, die Flüchtlinge aus dem ehemaligen Ostblock, hier stehen wieder die Polen am Schluß. Ganz unten in der gesellschaftlichen Rangskala stehen die, die ihrer Meinung nach ethnisch am meisten von ihnen unterschieden sind, die Asylbewerber aus Afrika und Asien" (Ingenhorst 1997: 112f.).

Die Animositäten der Zugewanderten untereinander erfolgen in der Hoffnung, durch eine Abgrenzung gegenüber anderen Zuwanderergruppen die Zugehörigkeit zur Mehrheitsgesellschaft zu demonstrieren. Dies funktioniert jedoch nicht immer, wie die Anfeindungen gegenüber der türkischen Bevölkerung in West-Berlin durch Ost-Berliner zeigten und zeigen. In deren Augen zählt das Kriterium 'Deutsch-Sein' mehr als das der Langansässigkeit.[94] Möglicherweise ist der Rassismus mancher Ostdeutscher der verzweifelte Versuch, die Gemeinschaftsideologie der DDR-Zeit aufrechtzuerhalten. Ein Wir-Gefühl als Deutsche gibt es (noch) nicht: Es läßt sich nur in der Abgrenzung gegen die noch weniger Etablierten, die ethnisch Fremden, künstlich und z.T. mit massiver Gewalt erzeugen.

Auf der anderen Seite weist das Verhalten vieler Westdeutschen gegenüber den Ostdeutschen Analogien zum Verhältnis gegenüber Ausländerinnen und Ausländern im bisherigen Westdeutschland auf. Die neu entstandenen Konflikte im 'neuen Deutschland' in Form von sozialen, ökonomischen, politischen und

---

94 Die folgenden Thesen in Rückgriff auf Treibel (1993).

ökologischen Krisen, Status- und Verteilungskämpfen und der Problematisierung von Wir-Identitäten erschweren eine spannungsfreiere Beziehung zwischen Einheimischen und Zugewanderten. Die Zuwanderinnen und Zuwanderer werden unabhängig davon, ob sie gleicher oder fremder ethnischer Herkunft sind, ob sie Rußlanddeutsche, Asylsuchende oder nachziehende Familienangehörige der früheren Gastarbeiternationen sind, von den Längeransässigen - unabhängig davon, ob diese die deutsche oder eine ausländische Staatsangehörigkeit haben - als beunruhigend empfunden. Dies ist umso mehr der Fall, je ungesicherter der eigene Status und der Platz in der jeweiligen Gesellschaft sind und je weniger mit Zuwanderung auf politischer Ebene menschlich und konstruktiv umgegangen wird.

8. Migration in modernen Gesellschaften

„*Es gibt heute eine Bewegung in der Richtung auf Minderung der Ungleichheit zwischen Außenseitern und Etablierten, seien es Arbeiter und Unternehmer, Kolonisierte und Kolonialmächte, Frauen und Männer. Menschlich betrachtet ist das ein Fortschritt. Aber zugleich trägt diese Bewegung das Ihre zur Erhöhung sozialer und persönlicher Spannungen und Konflikte bei, die das Leiden der Menschen vermehren und Zweifeln am Wert ihres Bemühens um Fortschritte Nahrung geben"* (Elias 1977: 130).

Wanderungen von Menschen haben ökonomische, politische, soziale und persönliche Gründe und Folgen. Das Zusammenwirken dieser Prozesse erschwert eine generalisierende und langfristige Perspektive. Gleichwohl wurde in diesem Buch versucht, eine solche übergeordnete Perspektive einzunehmen - mit einiger Distanz zu den gängigen Problemdefinitionen. Die Bevölkerung, die Regierung und die Verwaltung jedes Aufnahmelandes behandeln die Zuwanderinnen und Zuwanderer als Problem, selbst dann, wenn man sie selbst ins Land 'geholt' hatte. Die politisch-normativen Konzepte, die für die USA, die Bundesrepublik und die Europäische Union in Kapitel 3 vorgestellt wurden, sind Ausdruck einer solchen abwehrenden Politik. Wanderungen sind in zweierlei Hinsicht 'belastet':

– Auf der einen Seite für die *Wandernden*, die als Arbeitsmigranten unter mittelbarem Zwang (die Wanderung muß sich 'lohnen') und als Fluchtmigranten unter unmittelbarem Zwang ('werde ich entkommen' und 'werde ich jemals zurückkehren können') stehen.

– Auf der anderen Seite für die *Aufnahmegesellschaften*, die ihren Umgang mit den Zugewanderten sowohl intern im Geflecht widerstreitender Interessen verhandeln als auch extern mit anderen Staaten und dem Netzwerk internationaler Organisationen abstimmen müssen.

Diese generellen Rahmenbedingungen fordern und erlauben jedoch durchaus politische und soziale Gestaltungen, auf die ich gegen Ende dieses Kapitels kurz eingehen möchte. Zunächst sollen die Argumentationsstränge, die in diesem Buch entwickelt wurden, in Form von Thesen aufgegriffen und zu neueren Diskussionen in Beziehung gesetzt werden.

Vorweg sei noch einmal an die grundsätzliche Debatte zur Einschätzung von Migration erinnert. Migration wurde und wird teilweise immer noch mit Fortschritt und Bewegung gleichgesetzt. Ernest George Ravenstein, der erste Migrationsforscher, hatte die Anfänge der Arbeitsmigration in England während der ersten Hälfte des 19. Jahrhunderts im Jahr 1889 euphorisch kommentiert: „Wanderung ist Leben und Fortschritt - Seßhaftigkeit ist Stagnation" (Ravenstein 1972: 86). Menschen, die um einer Verbesserung ihrer Lebens- und Arbeitsbedingungen willen ihre Herkunftsregionen verließen, galten als Garanten sozialer Veränderung. Bei denen, die sich zur Wanderung entschließen, wirkt der Druck „sozialer Vergleichssituationen" (Ronzani 1980: 51), also der Vergleich zwischen Herkunfts- und Zielregion zugunsten der Zielregion, stärker als die Angst vor der Fremde. Für ihr Ziel, sich eine sichere und bessere Existenz aufzubauen, nehmen die Wanderinnen und Wanderer den Verlust der vertrauten Umgebung und menschlicher Beziehungen in Kauf - dies war die Situation der klassischen Emigranten im 19. Jahrhundert oder der Gastarbeiter in den 1960er Jahren. Flüchtlinge hatten und haben häufig keine andere Wahl. Gleichwohl beendete auch einer der Protagonisten der Forschung zur Fluchtmigration, William Petersen (1972), seine Untersuchung mit der Feststellung: „Eine Welt, in der kaum jemand an dem Ort stirbt, an dem er geboren wurde, kann ... schwerlich seßhaft genannt werden" (a.a.O.: 109).

Die räumliche Mobilität und der Wunsch nach sozialer Mobilität verdeutlichen die stärker gewordenen Verflechtungen und die Pluralität in einer Welt, deren Menschen - heute mehr denn je - in Bewegung sind. Die Anwesenheit der Migranten „zeigt an, daß die Welt sich nicht länger mit engen nationalistischen, rassischen oder ethnischen Grenzlinien Scheuklappen anlegen kann" (Jackson 1986: 81; s. auch Park 1950b). Die These von der Nicht-Seßhaftigkeit der Welt trifft 40 Jahre nach Petersens Feststellung aus dem Jahr 1958 um so mehr zu: Migration ist nicht ein Sonderfall, sondern die Normalität in den Lebensläufen heutiger Menschen. Zumindest in der Form der Binnenmigration sind Wanderungsbewegungen allgegenwärtig: Dennoch - oder vielleicht gerade wegen ihrer Normalität - sind sie soziologisch bislang wenig untersucht.

Gleichgültig, ob es sich um einen Übersee-Auswanderer aus Mitte des 19. Jahrhunderts oder um eine Gastarbeiterin der 1960er Jahre handelt - stets kann man davon ausgehen, daß Wanderinnen und Wanderer, verglichen mit der Herkunftsgesellschaft, einen Mobilitäts- oder allgemeiner einen Modernitätsvorsprung haben. Für Daniel Lerner, der ebenfalls im Jahr 1958 in seinem Buch „The Passing of Traditional Society" den Begriff der modernen Gesellschaft geprägt hat, zeichnen sich die Menschen dieser Gesellschaften durch den Typ der „mobilen Persönlichkeit" aus: Diese „ist mit jenen Mechanismen ausgerüstet, die ihr erlauben, sich neue Anforderungen 'einzuverleiben', die außerhalb der gewohnten Erfahrung entstanden sind" (Lerner 1969: 364). Flüchtlinge, die sich die Bedingungen ihrer Migration weniger aussuchen und sich auf den Wechsel in eine andere Gesellschaft oder Region weniger vorbereiten können als Arbeitsmigranten, sind umso mehr gezwungen, sich von der *gewohnten Erfahrung* zu lösen.

Die folgenden drei Thesen greifen die beschriebene Modellvorstellung (*Wanderung als Symbol der Moderne*) auf und fassen die besondere Problematik der Beziehung zwischen Einheimischen und Zugewanderten in modernen Gesellschaften zusammen. Diese Thesen werden zunächst kurz vorgestellt und dann jeweils erläutert. Mit einem Blick auf die Konsequenzen, die sich aus den hier diskutierten Überlegungen für Politik und Öffentlichkeit ergeben, soll dieses Kapitel und dieses Buch beendet werden.

These 1

Moderne Gesellschaften sind keine spannungsfreien Gebilde. Die Einheimischen geben die Spannungen, denen sie als Mitglieder moderner, differenzierter Gesellschaften ausgesetzt sind, an die Zugewanderten weiter. Sie setzen diese einem Modernisierungsdruck aus und schließen gleichzeitig die Reihen gegen sie.

These 2

Der Mobilitäts- und Modernitätsvorsprung, den die Wandernden im Moment der (Aus-) Wanderung haben, schrumpft, je mehr sie sich vom Herkunftskontext lösen und je mehr sie ihre Normen aus der Aufnahme- bzw. Einwanderungsgesellschaft beziehen. Die Einkommens- und Statusverbesserung, die ihnen im Vergleich zur Herkunftsgesellschaft in der Regel gelungen ist, wird durch die Randlage (*Marginalität*) in der Aufnahmegesellschaft beeinträchtigt. Gleichgültig, wie sehr sich die Zugewanderten eingegliedert haben, in Krisensituationen können sie wieder als nicht-dazugehörig definiert und marginalisiert werden.

These 3

Aufgrund von Kriterien wie Langansässigkeit, Unauffälligkeit, Homogenität und programmatischen Konzepten wie 'Integration oder Rückkehr' gibt man den Zuwanderern und Zuwanderinnen den Status von Nicht-Gesellschaftsmitgliedern. Im Umgang mit Zuwanderinnen und Zuwanderern sind die Menschen in modernen Gesellschaften noch relativ traditionell.

Zu These 1

Moderne, industrialisierte Gesellschaften, so hatten es Lerner (1969) oder Lepsius (1977) idealtypisch charakterisiert, sind im Vergleich zu traditionellen Gesellschaften sozialstrukturell differenzierter, ihre Mitglieder sind sozial und räumlich mobiler, schulisch und beruflich besser ausgebildet, von Verwandtschaftsbeziehungen weniger abhängig und weniger einer sozialen Kontrolle unterworfen (vgl. Abb. 2). Sie empfinden sich gegenüber weniger modernen

Gesellschaften als produktiver, weltoffener und 'zivilisierter', insgesamt als fortschrittlicher.

Nach Elias' Zivilisationstheorie (vgl. Elias 1976) sind die Mitglieder moderner Gesellschaften weniger einem *Fremdzwang* (etwa durch obrigkeitsstaatliche Willkür), sondern einem (gesellschaftlichen Zwang zum) *Selbstzwang* ausgesetzt. Die Notwendigkeit von Affektkontrolle, der 'Zwang' zu Statussicherung und demonstrativem Konsum bei Mittelschichtangehörigen, das Leiden an Hektik und Unruhe, Oberflächlichkeit und Lieblosigkeit in vielen Gesellschaften haben dazu geführt, daß Theoretiker der Moderne von den *Zwängen der Moderne* sprechen (vgl. Beck 1986; Kuzmics 1988). Die Weltgesellschaft zahlt insgesamt einen hohen ökologischen und sozialen Preis für den Reichtum der entwickelten bzw. *über*entwickelten Gesellschaften und Regionen und für die Armut der sog. *unter*entwickelten Gesellschaften und Regionen: „Wenn alle Menschen auf der Welt den US-amerikanischen Lebensstil kopieren wollten, bräuchte die Menschheit drei Planeten wie die Erde" (*Stiftung Entwicklung und Frieden* 1997: 41). Das Entwicklungs- und Wohlstandsgefälle zwischen (über-) entwickelten und unter- oder weniger entwickelten Regionen und Gesellschaften ist gleichzeitig eine der zentralen Wanderungsursachen.

Meines Erachtens ist der Umgang mit Zugewanderten neben dem Geschlechterverhältnis (vgl. auch Lenz 1995) einer der gesellschaftlichen Bereiche, in denen moderne Gesellschaften der Gegenwart besonders starken Wandlungen unterworfen sind. Nach der zu Beginn dieses Kapitels zitierten Feststellung von Norbert Elias gibt es heute national und international Bewegungen „in der Richtung auf Minderung der Ungleichheit zwischen Außenseitern und Etablierten" (Elias 1977: 130). Machtverschiebungen zugunsten bisher benachteiligter oder weniger einflußreichen Gruppen führten, so Elias, jedoch auch zu neuen Spannungen - auf persönlicher wie auf gesellschaftlicher Ebene. Eine Verringerung von Machtunterschieden hat nicht weniger, sondern mehr Konflikte zur Folge.

Dies weist darauf hin, daß gerade moderne Gesellschaften nicht spannungsfrei sind: Sozialer Wandel ist Merkmal *jeder*, auch einer mehr traditionalen Gesellschaft, und Phasen eines beschleunigten sozialen Wandels sind mit der Industrialisierung keineswegs abgeschlossen. Die verstärkten Wanderungen gegen Ende des 20. Jahrhunderts lassen erwarten, daß moderne bzw. modernere Regionen und Gesellschaften der Welt auf lange Sicht mit dem Problem *Umgang mit Zugewanderten* konfrontiert sind. Italien ist ein Beispiel dafür, wie der relativ unvermittelte Wandel eines Landes vom Auswanderungsland (mit vielen bisher als unterentwickelt geltenden Regionen) zum Einwanderungsland seit Mitte der 1980er Jahre innergesellschaftliche Spannungen verschärft (s. Abschnitt 7.5).

So bleibt auch die Begleiterscheinung von Zuwanderung bestehen, die Hoffmann-Nowotny (1973) *unbewältigten sozialen Wandel* genannt hatte (vgl. a.a.O.: 23 ff.). Damit ist gemeint, daß die Ursachen für Konflikte zwischen

Einheimischen und Zugewanderten vor allem in den ungelösten Spannungen der *Aufnahmegesellschaften* selbst zu suchen sind. Zwar sind immer mehr Staaten, etwa des früheren 'Ostblocks', bereit, ihre Mitglieder aus der Kontrolle der Seßhaftigkeit zu entlassen und 'genehmigen' mehr Mobilität (vgl. Hoffmann-Nowotny 1988). Andererseits gibt es bei den (potentiellen) Zuwanderungsgesellschaften (das können sogar dieselben Staaten sein!), sei es Litauen, Rußland, Österreich, Italien oder Deutschland mehr bzw. neue Formen der Kontrolle. Trotz der allseits konstatierten Normalität und Erwünschtheit von Mobiliät und Flexibilität werden die Kontrollmechanismen nicht reduziert, sondern ausdifferenziert.

Die Reaktionen und Verhaltensweisen der *Zugewanderten* verstärken diese Konflikte erst von dem Moment an, wo sich die Machtdifferenzen zu ihren Gunsten verschieben, sie z.B. ein eigenes *Wir-Gefühl* als Einwanderinnen und Einwanderer entwickeln. Moderne Gesellschaften reagieren empfindlich auf eine Störung ihrer Hierarchien. Dies gilt für das Geschlechterverhältnis ebenso wie für die Beziehung zwischen Einheimischen und Zugewanderten. Die „sehr starke Tendenz zur Konformität des Verhaltens" ausgerechnet „in der mobilen Gesellschaft" (Heberle 1955: 21) wird durch die Zuwanderinnen und Zuwanderer massiv in Frage gestellt. Die Anwesenheit von weniger konformen und tatsächlich mobilen Menschen führt den Einheimischen ihren noch „unbewältigten sozialen Wandel" (Hoffmann-Nowotny 1973) vor Augen. Elias/Scotson (1990) stellten dar, wie die eigentlich etablierten Einheimischen von *Winston Parva* auf die Neuankömmlinge reagierten:

„Obwohl die 'Dörfler' im Verhältnis zu den Neuankömmlingen, die sich in der 'Siedlung' niederließen, gut etabliert und mächtig waren, empfanden sie diese gewiß als eine Gefahr für ihre hergebrachte Lebensweise. Sie mögen sogar gespürt haben, daß die Zuwanderer die Vorboten neuer Wellen der Urbanisierung und Industrialisierung waren, die den alten Teil von Winston Parva zu untergraben drohten. Auf diese Bedrohung reagierten sie - vor allem das Netzwerk alter Familien - mit einer starken Betonung des traditionellen 'Dorfgeistes' und einem hohen Maß an Intoleranz gegenüber Nachbarn, die sich nicht anpaßten" (a.a.O.: 174).

Wie Hoffmann-Nowotny (1973) weiter ausführte (vgl. Abschnitt 7.1), ist vor allem den Einheimischen, deren Aufstieg und Mobilität (noch) nicht gesichert ist, daran gelegen, die Zugewanderten auszugrenzen und in der sozioökonomischen Hierarchie eine niederrangige Position zuzuweisen (*neofeudale Absetzung*). Wie der Ausdruck besagt, handelt es sich dabei um ein Prinzip traditional-feudaler Gesellschaften. Das Ergebnis dieses Prozesses in modernen Gesellschaften stellt die *Unterschichtung* dar: Die Zuwanderinnen und Zuwanderer nehmen die Positionen ein, die bei den Einheimischen als unattraktiv gelten und zusehends aufgegeben werden. Dies betrifft alle Wirtschaftssektoren: In der Bundesrepublik 'rückten' die zugewanderten Gastarbeiter und Gastarbeiterinnen im primären Sektor in die Saisonarbeit, im sekundären Sektor in die Metall-, Schwerindustrie und den Bergbau und im tertiären Sektor in die Gastronomie, Raumpflege und Bereiche des Einzelhandels 'nach'.

Im Bereich persönlicher Beziehungen schließt man die Reihen (Elias/Scotson 1990) gegen die Neuankömmlinge und gibt gleichzeitig den Modernisierungsdruck an sie weiter. Das gilt auch für die 'wohlmeinenden', besorgten Einheimischen, wie Frank Bovenkerk (1986) am Beispiel der Stadt Utrecht für die Niederlande beschrieb:

„Die Etablierten geben vor allem und an erster Stelle als Argument an, daß all ihre Versuche, die Ausländer in das Gemeinschaftsleben des Viertels miteinzubeziehen, immer wieder scheitern. (...) Der Widerwille, den viele Ausländer in alten Wohnvierteln erregen, beruht vor allem auf der Tatsache, daß diese sich als unzugänglich für Korrektionsversuche erweisen; die *niederländische Zivilisierungsoffensive* ist fehlgeschlagen, und Türken und Marokkaner werden als undankbare und hochmütige Fremde betrachtet" (a.a.O.: 11f; Hervorh. A.T.).

Die Identifikation mit der einheimischen und längeransässigen Gemeinschaft führt dazu, daß ethnische Identifikationen oder Etablierungen, insbesondere das *ethnic business*, nicht akzeptiert werden. Die Niederländer entwickelten eine starke „Abneigung gegen diese Symbole der Weigerung, niederländisch zu werden" (a.a.O.: 13). Zur Verbesserung der Situation wurden in den 90er Jahren sog. Einbürgerungskurse eingerichtet, die von „Büros für Neuankömmlinge" (Goddar 1994) angeboten werden, und in denen die Zugewanderten z.B. Fahrrad fahren lernen.

Für die Bundesrepublik wies Volker Eichener (1988) darauf hin, wie schwierig es ist, dem Konformitätsdruck moderner Gesellschaften gerecht zu werden:

„Das Verhalten ausländischer Arbeitnehmer ist in Bezug auf manche Beziehungen (z.B. anonyme Institutionen) weniger diszipliniert, in Bezug auf andere (z.B. Familie, persönliche Integrität) wesentlich disziplinierter als das Verhalten der Einheimischen (...) Beides stellt einen Anlaß für Diskreditierung dar: Wenn Ausländer im Vorgarten Gemüse anpflanzen, wird das als 'undiszipliniert' angeprangert. Wenn sie aber mehr Disziplin im Umgang mit Alkohol zeigen, wird dies ebenfalls negativ bewertet. Was sie auch tun, immer ist es falsch" (a.a.O.: 104).

Abschließend zu *These 1* sei festgehalten, daß die nicht aufgehobenen Spannungen in vielen modernen Gesellschaften der Gegenwart (soziale und ökologische Krisen, Status- und Verteilungskämpfe, Gefährdungen der Wir-Identität) einen spannungsfreieren Umgang mit Zugewanderten (die immer, ob mit abweichender oder gleicher ethnischer Herkunft, für 'Unruhe' sorgen) erschweren. Bisher wird der Druck primär an die Zugewanderten weitergegeben, indem diese zur persönlichen 'nachholenden' Modernisierung, zur zweiten Sozialisation (vgl. Abschnitt 4.2) aufgefordert werden. *Assimilation* ist nur als wechselseitiger Prozeß vorstellbar: Und da der Mangel an Primärkontakten vor allem auf die abwehrende Haltung der Einheimischen zurückzuführen ist, läge es eher an diesen, ihre Sozialbeziehungen 'nachholend' zu modernisieren. In einer Untersuchung in westeuropäischen Staaten wurde festgestellt, daß die Intoleranz gegenüber Zugewanderten nicht davon abhängig ist, wieviel Kontakt jemand zu Mitgliedern dieser Gruppe hat (vgl. *Kommission der Europäischen Gemeinschaften* 1989: 3). Dies weist darauf hin, daß die Häufigkeit von Kontakten alleine keine Gewähr dafür bietet, daß menschliche Interaktionen spannungsfrei ablaufen. Maßnahmen der rechtlichen, ökonomischen und sozialen Gleichstellung müssen hinzu kommen, wenn Ethnozentrismus und Marginalisierung die Grundlage entzogen werden soll und so die Beziehungen zwischen Einheimischen und Zugewanderten 'normalisiert' werden können.

Zu These 2

Wanderinnen und Wanderer sind mobiler als andere Menschen. Das ist nicht nur räumlich, sondern auch psychologisch und sozial gemeint: Sie stellen eine *Auswahl* dar. Sie lenken ihre Unzufriedenheit mit den Lebensbedingungen in den Wanderungsentschluß um. Neben den von innerer Unruhe getriebenen Abenteurern und (kriminellen oder kriminalisierten) Außenseitern, die man eher als Flüchtende verstehen könnte, handelt es sich bei der Mehrheit der Wanderer und Wanderinnen um die Auswahl relativ junger, gesunder und gut ausgebildeter Menschen. Für die Fluchtmigration wurde festgestellt, daß auch diese selektiven Regeln unterliegt. So können die Ärmeren lediglich in die Nachbarregionen und die besser Gestellten in weiter entfernte Regionen oder Staaten fliehen oder dies zumindest versuchen.

Wie Morokvasic (1987) für die jugoslawischen Emigrantinnen feststellte, hat der Veränderungsprozeß schon im Heimatland begonnen (vgl. a.a.O.: 226). Die Wandernden versprechen sich von der Auswanderung eine grundlegende Verbesserung der Lebensbedingungen für sich selbst oder zumindest für ihre Nachkommen. Dies gilt auch für die sog. *Gastarbeitermigration*, bei der die Initiative zunächst ausschließlich von den anwerbenden Staaten Mitteleuropas ausging: Der Bedarf nach Arbeitskräften im Boom (*Reservearmee*) korrespondierte mit dem Wunsch der Angeworbenen nach einer Einkommens- und Statusverbesserung oder überhaupt nach einem Beschäftigungsverhältnis (vgl. Abschnitt 5.1). Es ging also um die Existenzsicherung bzw. um den sozialen Aufstieg.

Legt man die Ausgangsbedingungen im Herkunftskontext zugrunde, so erreichen die meisten Migrantinnen und Migranten ihr Ziel. Sie finden sich in einem mehr oder weniger gesicherten Beschäftigungsverhältnis wieder und können auch ihre Familienangehörigen im Herkunftsland noch mitunterstützen. Für die Mehrheit der Wandernden verliert die Migration mit steigender Aufenthaltsdauer den Charakter eines vorläufigen und rein ökonomischen Projektes. Dies gilt für die Gastarbeiter und Gastarbeiterinnen und ihren ursprünglich nur temporär geplanten Aufenthalt (aus dem dann die Niederlassung oder Einwanderung wurde) und umso mehr für die Einwanderer und Einwanderinnen seit Mitte des 19. Jahrhunderts, für die ihr Projekt von Anfang an sowohl ein Familien- wie ein ökonomisches Projekt war (vgl. Kap. 2).

Festzuhalten ist außerdem, daß alle Wanderungsströme eine *Eigendynamik* bekommen: Dies betrifft die Migration aus Deutschland in der zweiten Hälfte des 19. Jahrhunderts ebenso wie diejenige aus Litauen zu Beginn des 20. Jahrhunderts oder aus Südkorea in den 1980er Jahren. Typologisch abgrenzbare Wanderungsformen (Einzel-, Gruppen- oder Kettenmigration) und Wanderungsmotive greifen im tatsächlichen Wanderungsgeschehen ineinander über (vgl. Kap. 1 und 2). Die Abwanderung von immer mehr Verwandten und Bekannten verstärkt die Sogwirkung und lenkt die Wanderung speziell in die Regionen, wo jene sich bereits niedergelassen haben.

Der moralische und soziale Druck, der auf den Wandernden im Moment der (Aus-)Wanderung lastet, wird mit wachsender Aufenthaltsdauer schwächer: In der Regel 'lohnt' sich die Wanderung, die Wanderer und Wanderinnen erreichen ihr Ziel einer Einkommens- und Statusverbesserung in Relation zum Herkunftsland. Dies 'entschädigt' für den starken emotionalen Druck und die Verpflichtung zur Loyalität gegenüber dem Heimatland bei Gast- und Saisonarbeitern. In einer spezifischen Situation befinden sich demgegenüber die Aussiedler, etwa die Rußlanddeutschen, deren Einkommen und Status sich nach der Einreise in die Bundesrepublik im Durchschnitt zunächst einmal verschlechtert hat, denen jedoch keine Loyalität gegenüber dem 'Heimatland' abverlangt wird. Vielmehr empfinden sie die Identifikation und Loyalität mit der neuen Heimat Bundesrepublik als Problem und als Druck, der von den Längeransässigen ausgeübt wird.

Mit steigender Aufenthaltsdauer beziehen die Zugewanderten ihre Werte, Normen und Ansprüche immer mehr aus dem Kontext der Aufnahmegesellschaft. In den Abschnitten 5.2 und 5.3 wurde dieser Prozeß für die westeuropäischen Gastarbeiter und Gastarbeiterinnen beschrieben. Auf die Phase einer im wesentlichen instrumentellen Einstellung zur Arbeit und zum Aufenthalt insgesamt (die die schlechten Arbeits- und Wohnbedingungen 'erträglicher' machte) und einen Zustand noch 'unterhalb' der partiellen Assimilation an die Aufnahmegesellschaft folgen die ersten Etappen eines Eingliederungsprozesses und ein steigendes Aspirationsniveau.

Diese Eingliederung verläuft nicht - wie es das klassische Assimilations-Konzept der Chicagoer Schule vorsah (vgl. Abschnitt 4.1) - in unvermeidlich aufeinanderfolgenden Stufen, an deren Ende die Eingewanderten nicht mehr als solche wahrnehmbar sind (*vollständige Assimilation*; vgl. Abb. 12). Vielmehr wurde unter *Assimilation* ein Prozeß der graduellen Angleichung in Bereichen der Sprache, des Berufes, der interethnischen Kontakte und der Identifikation mit der Aufnahmegesellschaft verstanden (vgl. die Assimilations-Dimensionen in Anlehnung an H. Esser [1980] in Abschnitt 5.3). Zusammenfassend sei betont, daß eine vollständige oder identifikative Assimilation der Wanderer und

Wanderinnen in die Aufnahmegesellschaft, auch nach mehreren Generationen, in der Regel nicht stattgefunden hat oder stattfindet. Die Nachkommen der Zugewanderten identifizieren sich auch dann, wenn sie im Einwanderungsland selbst geboren sind, mit ihrer ethnischen Herkunft. Diese Ethnizität richtet sich allerdings nicht mehr auf die Herkunftsgesellschaft, sondern auf die Einwanderergesellschaft oder die *ethnic community*.

Der von Heckmann (1981) geprägte Begriff der *Einwanderergesellschaft* stellt in Rechnung, daß Ethnizität und kulturelle Orientierungen nichts Statisches sind, was vom Herkunftskontext bruchlos in den Einwanderungskontext übertragen werden könnte. Die Einwanderergesellschaft hat eine spezifische Struktur, die sich von der Herkunftsgesellschaft ebenso unterscheidet wie von der Einwanderungsgesellschaft. Die Normen von Herkunfts- und Aufnahmegesellschaft sind also - im Gegensatz zur Annahme in Tafts Assimilations-Modell (vgl. Abb. 13) - nicht unverträglich oder unvereinbar, sondern gehen in Form der Einwanderergesellschaft eine neue Verbindung ein.

Die zentralen Funktionen der *ethnic community* sind die einer Auffangstation für die Neuankömmlinge und die eines Identitätsankers für die Folgegenerationen - unabhängig davon, welche Bedeutung die Ethnizität im Leben der Folgegenerationen tatsächlich noch hat. Die ethnische Herkunft im engeren Sinne, d.h. die Orientierung am Herkunftsland (der Eltern oder Vorfahren) selbst hat bei den Angehörigen der Folgegenerationen vor allem symbolische Funktion. Eine Rückkehr wird ernsthaft nicht erwogen, es sei denn, der Druck der 'Aufnahme'-Gesellschaft wird zu groß (vgl. zur *Rückkehrförderung* in der Bundesrepublik Abschnitt 3.2).

Verglichen mit der Position der Einwanderinnen und Einwanderer in den USA, Kanada oder Australien ist die der Gastarbeiterinnen und Gastarbeiter und ihrer Nachkommen wesentlich ungesicherter und rechtloser. Der vom Heimatland ausgehende Loyalitäts-Druck läßt mit steigender Aufenthaltsdauer zwar nach, gleichzeitig wird der Anpassungsdruck in den Aufnahmegesellschaften jedoch größer. Diejenigen Zugewanderten, die der Aufforderung zur persönlichen Modernisierung (in der Bundesrepublik als *Integration* bezeichnet) nicht nachkommen, werden zur Rückkehr aufgefordert (vgl. Abschnitt 3.2).

Gleichzeitig hat sich jedoch am sozio-ökonomischen Status, an den Aufstiegschancen, an der rechtlichen und politischen Stellung der meisten Zugewanderten wenig geändert; es ist „ein Teilarbeitsmarkt für gering qualifizierte ausländische Arbeitskräfte" (Feithen 1985: 114) entstanden, der die ökonomische Struktur der Aufnahmegesellschaft stabilisiert hat. Teilweise haben sich die Bedingungen durch Arbeitslosigkeit und weitere Zuwanderer und Zuwanderinnen verschlechtert.

Der Modernisierungs-Druck wird nach wie vor an die Zugewanderten selbst weitergegeben. Die Aufforderungen nach Assimilation oder Integration gelten unabhängig von den sozialen und politischen Partizipationschancen, die die

Aufnahmegesellschaften zu gewähren bereit sind. Die Zugewanderten werden zur persönlichen Modernisierung ohne Vorleistung seitens der Aufnahmegesellschaft aufgefordert. Ethnische Unterschiede werden in Krisensituationen wieder neu aktiviert (vgl. Bukow/Llaryora 1988: 40), die Wahrnehmbarkeit des Persönlichkeitsmerkmals *ausländisch* erleichtert die erneute Ausgrenzung von Zugewanderten, die sich aufgrund ihrer Längeransässigkeit als (fast) zugehörig empfunden bzw. ein eigenes Wir-Gefühl als Einwanderinnen und Einwanderer aufgebaut hatten.

Zu These 3

Trotz ihrer bisher relativ geringen quantitativen 'Belastung' durch Zuwanderinnen und Zuwanderer empfinden auch und gerade moderne Gesellschaften die Zuwanderung als Problem. Für ihre Selbstdefinitionen verwenden moderne Gesellschaften die Prinzipien von sozialer Differenzierung, Heterogenität, Mobilität und der Komplexität des Normen- und Wertesystems. Der Umgang mit den Zugewanderten aus der Phase der Gastarbeiterbeschäftigung ist jedoch durch eine einseitige Anspruchshaltung der Aufnahmegesellschaft bestimmt, die - ihrem Selbstverständnis entgegengesetzt - auf Homogenität und die Erhaltung des status quo als eines Nicht-Einwanderungslandes pocht. Meines Erachtens zeigt der Umgang mit Zuwanderinnnen und Zuwanderern, daß die Flexibilität und Modernisierungskapazität moderner Gesellschaften nicht ausreicht. In der Bundesrepublik Deutschland wurden im Zuge der Wiedervereinigung, des Zuzugs von Aussiedlern und Asylbewerbern, der rassistischen Anschläge und der Grundgesetzänderung im Hinblick auf das Asylrecht vorhandene Tendenzen einer Dethematisierung des sog. Ausländerproblems in der bundesrepublikanischen Öffentlichkeit und damit eine 'Normalisierung' der Beziehungen zwischen einheimischen Etablierten und ausländischen Außenseitern erschwert.

In Anlehnung an die Gemeindestudie von Elias/Scotson (1990) ist darauf hinzuweisen, daß die Grenzen im Beziehungsgeflecht von Etablierten und Außenseitern nicht entlang ethnischer Unterschiede verlaufen (müssen): Man kann von einer großen Gruppe einheimischer Etablierter, einer nicht minder großen Gruppe einheimischer Außenseiter, einer relativ kleinen Gruppe ausländischer Etablierter und einer großen Gruppe ausländischer Außenseiter ausgehen (vgl. auch Eckert/Kißler 1989, 1997). „Die Zurückweisung muß ... keineswegs unbedingt mit dem Merkmal 'Einwanderer' zu tun haben" (Hoffmann-Nowotny 1973: 173). Die selbst mehr oder weniger lange ansässigen Einheimischen sehen, etwa durch einen Zuzug von Ausländern in ihr Viertel, ihren eigenen Status gefährdet. Mithilfe der Mechanismen von *Gruppencharisma und Gruppenschande*, dem zentralen Prinzip von Etablierten-Außenseiter-Figurationen (vgl. Elias/Scotson 1990), bauen sie sich selbst als die alteingesessenen 'guten' Familien auf und wehren die Neuankömmlinge als Störenfriede ab. Im Gegensatz zu längeransässigen Gruppen von Zugewanderten verfügen „die meisten einheimischen Gruppen über bessere Machtchancen ..., ihre Lebensweise durchzusetzen" (Eichener 1988: 105). Sind diese Machtchancen, wie im Fall mancher männlichen Jugendlichen in den neuen Bundesländern, nicht vorhanden, so kann sich derer für legitim gehaltener Haß gegen die tatsächlich oder vermeintlich etablierteren Zuwanderer und Zuwanderinnen richten, die symbolisch für das neue, als fremd empfundene Deutschland stehen.

Die aufnehmende Gesellschaft hat unterschiedliche Mechanismen, um mit Fremden 'fertigzuwerden' und bewertet diese nach Kriterien der sozialen und politischen Unauffälligkeit. Die im Falle von Arbeitswanderern zentralen Aspekte der ökonomischen Rentabilität oder Notwendigkeit der Beschäftigung ausländischer Arbeitskräfte werden von Diskussionen über sog. kulturelle Unterschiede überlagert. Selbst dann, wenn eine Gesellschaft heterogen ist (und das gilt - so die Grundannahme - für alle Gesellschaften, in denen oder in die gewandert wird), wird ein Übermaß an Unvertrautheit als Störfaktor empfunden. Kulturelle Homogenität wird plötzlich auch von denjenigen behauptet und durch die Zugewanderten als gefährdet angesehen, die sich zuvor darüber im Klaren waren, daß ökonomische und soziale Unterschiede, ungleich verteilter Reichtum und Infrastrukturdisparitäten vielfältige Heterogenitäten zur Folge haben. Mit Hoffmann-Nowotny (1973) vertrete ich die Auffassung, „daß es nicht sosehr darum geht, ob die aufnehmende Gesellschaft die kulturellen Unterschiede akzeptiert, sondern ob sie die zentralen Statuslinien für die Einwanderer öffnet oder sie weitgehend geschlossen hält" (a.a.O.: 172).

Ausgerechnet die Kriterien einer gemeinsamen Geschichte, einer angeblich homogenen Kultur und eines - wenn auch noch so diffusen - Wir-Gefühls dienen dazu, Zugewanderte als kulturell rückständig abzuwerten und dauerhaft auszugrenzen. Das Gegenstück zum Anspruch an die Zugewanderten, sich persönlich zu modernisieren, ist somit die Realität einer politischen und sozialen Unbeweglichkeit der Aufnahmegesellschaften, die sich etwa in der Diskussion um eine Einwanderungspolitik in der Bundesrepublik Deutschland zeigt.

Abschließend sei festgehalten: Am Ende des 20. Jahrhunderts nimmt das Wanderungsgeschehen weltweit an Komplexität zu. Die klassischen Migrationsformen von Einwanderung, Gastarbeit und Flucht treten kaum noch in 'Reinkultur', sondern in unterschiedlichen Varianten auf. Mit dieser Entwicklung sind neue Aufgabenstellungen auf wissenschaftlicher und auf politischer Ebene verbunden. Die Ergebnisse der international vergleichenden Migrationsforschung sollten verstärkt in die politische Debatte eingebracht werden - insbesondere in der Bundesrepublik Deutschland, wo einige Weichenstellungen in Richtung einer sowohl pragmatischen als auch humanen Migrationspolitik dringend erforderlich sind.

In der wissenschaftlichen Schwerpunktsetzung zeichnen sich in den letzten Jahren neue Trends ab, wie sie die Forschung zur sog. *Transnationalen Migration* aufzeigt (vgl. jüngst Pries 1997a). Danach wäre Migration nicht mehr zwangsläufig an den Verlust der vertrauten Umgebung und menschlicher Beziehungen gekoppelt, da man zum einen in der Zielregion mit großer Wahrscheinlichkeit auf Bekannte oder Verwandte trifft (die einen vielleicht sogar 'angeworben' haben), und da man zum anderen die Bindungen an die Herkunftsregion nie völlig abreißen läßt, sondern sich, ähnlich wie die Gastarbeiter der 'ersten Stunde' (s. Abschnitt 5.1), über die Heimat definiert. Der Begriff der *Transmigration* will zum Ausdruck bringen, daß in heutiger Zeit viele Migranten nicht die Brücken zur Heimat abbrechen und sich in der Fremde neu akklimatisieren, assimilieren oder re-sozialisieren (s. Abschnitt 4.2), sondern in mehreren Gesellschaften gleichzeitig, also *transnational*, leben. Denkt man diese These weiter, so würde irgendwann der hier zugrundegelegte Migrationsbegriff hinfällig, da der „auf Dauer angelegte oder dauerhaft werdende Wechsel" (s. Kap. 1) gar nicht mehr stattfindet. Migranten wären dann nicht mehr als *Entwurzelte* (s. Abschnitt 4.3), sondern als *an mehreren Orten Verwurzelte* zu begreifen.

Aus meiner Sicht sind bei einer solchen Perspektive wichtige Zuwanderungsfolgen wie Diskriminierungen, Prozesse der Unterschichtung oder die Entstehung von Etablierten-Außenseiter-Figurationen, die auf Machtunterschiede zwischen Einheimischen und Zugewanderten oder auch unter den Zugewanderten verweisen, nicht genügend berücksichtigt. Das Konzept der Transmigration sieht die Zugewanderten primär als Akteurinnen und Akteure, und genau hier liegt sein Verdienst. Die Gefahr besteht jedoch darin, durch ein stark individualisiertes Bild die sozialen, rechtlichen und ökonomischen Bedingungen der Migration aus dem Auge zu verlieren. Insgesamt knüpft das Konzept der Transmigranten an das ursprüngliche Verständnis von Migration als Arbeitsmigration an und schließt Fluchtmigration aus. Die zukünftige Migrationsforschung sollte der Nahtstelle von persönlichen Motiven der Wandernden und strukturellen Bedingungen der Wanderung in unterschiedlichen Kontexten verstärkte Aufmerksamkeit widmen und sich mit den Folgen der Zuwanderung von irregulären Migranten und Flüchtlingen auseinandersetzen.

Migrationsbewegungen ereignen sich keineswegs zufällig, sondern stellen die zwar ungeplanten (Elias), aber eigentlich absehbaren Folgen politischer Entscheidungen und ökonomischer Entwicklungen dar. Wenn z.B. in Deutschland Möglichkeiten für eine legale Zuwanderung immer weniger existieren, so wird eine Verstärkung illegaler Zuwanderung im Grunde niemanden überraschen können. Ebenso liegt es nahe, daß verstärkte Restriktionen der Regierung eines Landes die Zuwanderung in andere Länder verstärkt. Migrations-'Ströme' verschieben sich also nicht auf natürliche Weise, sondern sind durch Makroprozesse induziert und gesteuert.

Der öffentliche Umgang mit der Migrationsthematik erfolgt selektiv: Die Normalität von Migration und der Zusammenhang der Migrationsformen werden zugunsten bestimmter Wanderungsformen und bestimmter Migrantinnen und Migranten vernachlässigt. Die ökonomischen und strukturellen Krisen in vielen Zuwanderungsregionen der Welt (sei es in den USA, in Malaysia oder in Österreich) haben dazu geführt, daß viele Menschen die Zuwanderer mit Mißtrauen betrachten und ihre Ängste vor sozialem Abstieg über die Ausgrenzung von 'Fremden' kanalisieren. Weniger denn je läßt sich Migration unter Ausländerpolitik (und in der Bundesrepublik unter Aussiedlerpolitik) subsumieren.

Umfang und Bedeutung der Zuwanderung in die Bundesrepublik Deutschland verlangen längst nach neuen juristischen und politischen Vorgaben, etwa einem *Einwanderungsgesetz*. Hierzulande, wo Einwanderung seit Jahrzehnten stattfindet und angesichts der niedrigen Geburtenrate auch als notwendig erachtet wird, fällt der Mangel an einer diesbezüglichen politischen Gestaltung besonders in Gewicht. Viel wäre schon gewonnen, veränderte sich der 'Ton', mit dem über Zugewanderte und mit ihnen gesprochen wird. An die Stelle von herablassender Duldung, Bevormundung, Ausgrenzung oder Unterstellung einer mangelnden Integrationsbereitschaft sollte die Unterstellung treten, daß die Mehrheit der Zugewanderten gute Gründe für die Migration hat und ihr Aktivitätspotential mit der Einreise keineswegs erschöpft ist. Hieran können und sollten Angebote der gesellschaftlichen Teilhabe anknüpfen.

9. Migrationsforschung und Migrationspolitik: Anschriftenverzeichnis[95]

Die folgenden Angaben sind so vollständig wie möglich erhoben worden und sollen den Zugang zu aktuellen Informationen erleichtern.

Politische und weitere öffentliche Einrichtungen

Amt des Hohen Flüchtlingskommissars der Vereinten Nationen (UNHCR)
Wallstr. 9-13
10179 Berlin
Tel.: 030 - 202 202 0
Fax: 030 - 202 202 20
E-Mail: gfrbe@unhcr.de
homepage: http://www.unhcr.de

Beauftragte der Bundesregierung für Ausländerfragen
110117 Berlin
Tel.: 030 - 2007-2973/2974
Fax: 030 - 2007-1930
homepage: http://www.bundesauslaenderbeauftragte.de

Beauftragter der Bundesregierung für die Belange der Aussiedler (Bundesminsterium des Innern)
Alt-Moabit 101 D
10559 Berlin
Tel.: 01888 - 681-1123
Fax: 01888 - 681-1138
E-Mail: aussiedlerbeauftragter@bmi.bund.de
homepage: http://www.bmi.bund.de

Bundesamt für die Anerkennung ausländischer Flüchtlinge /
Bundesamt für Migration und Flüchtlinge
90343 Nürnberg
Tel.: 0911 - 943-0
Fax: 0911 - 943-4000
E-Mail: info@bafl.de und info@bamf.de
homepage: http://www.bafl.de und http://www.bamf.de

---

[95] Anschriftenverzeichnis Stand September 2002
   Herzlichen Dank an dieser Stelle an Karl-Heinz Meier-Braun und seine Mitarbeiterinnen und Mitarbeiter bei der Ausländerredaktion des Südwestrundfunks Stuttgart, die mir ihr Adressenverzeichnis zur Verfügung gestellt haben, bzw. an die Mitarbeiterinnen und Mitarbeiter der aufgeführten Institutionen. Für die Aktualisierung war darüber hinaus der Newsletter „Migration und Bevölkerung" (Ausgabe September 2002) hilfreich.

Bundeszentrale für politische Bildung
Berliner Freiheit 7
53111 Bonn
Tel.: 01888 - 515-0
Fax: 01888 - 515-113
E-Mail: info@bpb.de
homepage: http://www.bpb.de

Deutscher Gewerkschaftsbund
DGB Bildungswerk e.V. / Bereich Migration und Qualifizierung
Hans Böckler-Str. 39
40476 Düsseldorf
Tel.: 0211 - 4301151
Fax: 0211 - 4301134
E-Mail: migration@dgb-bildungswerk.de
homepage: http://www.migration-online.de

International Labour Organziation (ILO)
CH - 1211 Geneve 22
Tel. 0041 - 22 - 7996-111
E-Mail: ilo@ilo.org
homepage: http://www.ilo.org

International Organization for Migration (IOM)
17, routes des Morillons
C.P. 71
CH - 1211 Geneve 19
Tel.: 0041 - 22 - 7179111
Fax: 0041 - 22 - 7986150
E-Mail: info@iom.int
homepage: http://www.iom.int

Statistisches Bundesamt / Statistischer Informationsservice
Gustav-Stresemann-Ring 11
65189 Wiesbaden
Tel.: 0611 - 75-2405
Fax: 0611 - 75-3330
E-Mail: info@destatis.de
homepage: http://www.destatis.de

Menschenrechts- und Selbstorganisationen

IAF - Verband binationaler Familien und Partnerschaften
Bundesgeschäftsstelle
Ludolfusstr. 2-4
60486 Frankfurt/M.
Tel.: 069 - 713756-0
Fax: 069 - 7075092
E-Mail: verband-binationaler@t-online.de
homepage: http://www.verband-binationaler.de

Interkultureller Rat in Deutschland e.V.
Geschäftsstelle
Riedstr. 2
64295 Darmstadt
Tel.: 06151 - 339971
Fax: 06151 - 3919740
E-Mail: info@interkultureller-rat.de
homepage: http://www.interkultureller-rat.de

PRO ASYL - Menschenrechtsorganisation für Flüchtlinge
Postfach 101843
60018 Frankfurt/M.
Tel: 069 - 230688
Fax: 069 - 230650
E-Mail: proasyl@proasyl.de
homepage: http://www.proasyl.de

Verband der Initiativen in der Ausländerarbeit (VIA e.V.)
Bundesgeschäftsstelle
Hochemmericher Str. 71
47226 Duisburg
Tel.: 02065 - 53346
Fax: 02065 - 53561
E-Mail: VIA-BUND@t-online.de
homepage: http://www.paritaet.org/via/

Zeitschriften, Pressedienste, Informationsstellen

Ausländer in Deutschland (AiD)
Informationsdienst zu aktuellen Fragen der Ausländerarbeit
(gefördert aus Mitteln des Bundesministeriums für Arbeit und Sozialordnung) hg. von isoplan (Institut für Entwicklungsforschung, Wirtschafts- und Sozialplanung)
Martin-Luther-Str. 20
66111 Saarbrücken
Tel: 0681 - 93946-0
Fax: 0681 - 93646-11
E-Mail: aid@isoplan.de
homepage: http://www.isoplan.de/ausland/aid.htm

Deutsche Gesellschaft für Soziologie
homepage: http://www.soziologie.de

iza - Zeitschrift für Migration und soziale Arbeit (ehemals Informationsdienst zur Ausländerarbeit)
Redaktion:
Institut für Sozialarbeit und Sozialpädagogik
Am Stockborn 5-7
60439 Frankfurt/M.
Tel.: 069 - 95789-0
Fax: 069 - 95789-190

Migration und Bevölkerung
hg. vom Lehrstuhl für Bevölkerungswissenschaft
Lehrstuhlinhaber: Prof. Dr. Rainer Münz
Humboldt-Universität zu Berlin
Unter den Linden 6
10099 Berlin
Tel.: 030 - 2093-1918
Fax: 030 - 2093-1432
E-Mail: MuB@sowi.hu-berlin.de
homepage: http://www.migration-info.de

Südwestrundfunk
Ausländerredaktion
Redaktionsleiter: Prof. Dr. Karl-Heinz Meier-Braun
Postfach 10 60 40
70049 Stuttgart
Tel.: 0711 - 929-3351
Fax: 0711 - 929-3616
E-Mail (Redaktion): martin.kilgus@swr.de
homepage: http://www.swr.de

ZAR - Zeitschrift für Ausländerrecht und Ausländerpolitik
Herausgeber: Jürgen Haberland, Prof. Dr. Kay Hailbronner, Barbara John, Gert Müller, Dr. Günther Renner
Baden-Baden: Nomos Verlag
Redaktion:
Dr. Günther Renner
Falkenkopfweg 1
34212 Melsungen
Tel. und Fax: 05661 - 8804

Zentrale Dokumentationsstelle der Freien Wohlfahrtspflege für Flüchtlinge e.V. (ZDWF)
(Gefördert vom Bundesministerium für Familie, Senioren, Frauen und Jugend)
Postfach 1110
53701 Siegburg
Tel.: 02241 - 50001
Fax: 02241 - 50003
E-Mail: zdwf-@t-online.de
homepage: http://www.koeln-online.de/zdwf

Forschungsinstitute, Forschungseinrichtungen

Deutsches Jugendinstitut e.V.
Nockherstr. 2
81541 München
Tel.: 089 - 62306-0
Fax: 089 - 62306-162
homepage: http://cgi.dji.de

europäisches forum für migrationsstudien (efms)
Institut an der Universität Bamberg
Wissenschaftlicher Leiter: Prof. Dr. Friedrich Heckmann
Geschäftsführender Leiter: Wolfgang Bosswick
Katharinenstr. 1
96052 Bamberg
Tel: 0951 - 37041
Fax: 0951 - 32888
E-Mail: efms@sowi.uni-bamberg.de
homepage: http://www.uni-bamberg.de/efms

Berliner Institut für Vergleichende Sozialforschung
Europäisches Migrationszentrum
Leiter: Dr. Jochen Blaschke
Schliemannstr. 23
10437 Berlin
Tel.: 030 - 44651065
Fax: 030 - 4441085
E-Mail: info@emz-berlin.de
homepage: http://www.emz-berlin.de

Forschungsinstitut der Friedrich-Ebert-Stiftung
Abt. Arbeit und Sozialpolitik
Leiterin: Dr. Ursula Mehrländer
Gesprächskreis Migration und Integration
53170 Bonn
Tel.: 0228 - 883-245
Fax: 0228 - 883-625
E-Mail: Mehrlaeu@fes.de
homepage: http://www.fes.de

Institut für Migrationsforschung, Interkulturelle Pädagogik und Zweitsprachendidaktik (IMAZ) an der Universität Gesamthochschule Essen
Geschäftsführende Leiterin: Prof. Dr. Sigrid Luchtenberg
Universitätsstr. 12
45117 Essen
Tel.: 0201 - 183-2240
Fax: 0201 - 183-4309/2152
homepage: http://www.imaz.uni-essen.de

Institut für interdisziplinäre Konflikt- und Gewaltforschung
Leiter: Prof. Dr. Wilhelm Heitmeyer
Universitätsstr. 25
33615 Bielefeld
Tel.: 0521 - 106-6917/3165
Fax: 0521 - 106-6415
E-Mail: ikg@uni-bielefeld.de
homepage: http://www.uni-bielefeld.de/ikg/

Institut für Migrationsforschung und Interkulturelle Studien (IMIS)
Direktor: Prof. Dr. Klaus J. Bade
Universität Osnabrück; IMIS/Fachbereich 2
Neuer Graben 19/21
49069 Osnabrück
Tel.: 0541 - 969-4384
Fax: 0541 - 969-4380
E-Mail: IMIS@mail.RZ.Uni-Osnabrueck.de
homepage: http://www.imis.uni-osnabrueck.de

Institut für Politikwissenschaft
Arbeitsstelle für Migrationsforschung
Institutsdirektor: Prof. Dr. Dietrich Thränhardt
Westfälische Wilhelms-Universität Münster
Scharnhorststr. 100
48151 Münster
Tel.: 0251 - 83-25332 (Servicebüro Politikwissenschaft)
homepage: http://egora.uni-muenster.de/ifp/home.html

The International Center for Migration, Ethnicity and Citizenship
Director: Prof. Dr. Aristide R. Zolberg
New School for Social Research
Graduate Faculty of Political and Social Science
65 Fifth Avenue, Room 238// New York, NY 10002
Tel.: (212) 229 - 5742
Fax: (212) 989 - 0504
E-Mail: ICMEC@newschool.edu
homepage: http://www.newschool.edu/imec/

Landeszentrum für Zuwanderung (LzZ) NRW
Leiterin: Dr. Lale Akgün
Keldersstr. 6
42697 Solingen
Tel.: 0212 - 232-39-0
Fax: 0212 - 232-39-18
E-Mail: lzz-nrw@lzz-nrw.de
homepage: http://www.lzz-nrw.de

Migration Information Source
Migration Policy Institute
1400 16th Street NW
Suite 300
Washington, DC 20036-2257
USA
Tel.: 001 - 202 - 266-1940
Fax: 001 - 202 - 266-1900
E-Mail: jhpattee@migrationpolicy.org
homepage: http://www.migrationinformation.org

Network Migration in Europe
Limonenstr. 24
12203 Berlin
Tel.: 030 - 84109266
Fax: 030 - 8324947
e-Mail: mail@network-migration.org
homepage: http://www.network-migration.org

Zentrum für Türkeistudien
Institut an der Universität GH Essen
Direktor: Prof. Dr. Faruk Sen
Altendorfer Str. 3
45127 Essen
Tel.: 0201 - 3198-0
Fax: 0201 - 31 98-333
E-Mail: zft@uni-essen.de
homepage: http://www.uni-essen.de/zft

Literatur

Abbott, Edith (ed.) *1926*: Historical Aspects of the Immigration Problem. Selected Documents. Chicago

Adams, Willi Paul *1984*: Die Assimilationsfrage in der amerikanischen Einwanderungsdiskussion 1890-1930. In: Bade, Bd. 1, S. 300-320

Afkhami, Mahnaz *1996*: Leben im Exil. Frauen aus aller Welt. Stuttgart (nordam. Original 1994)

Akashe-Böhme, Farideh *1993*: Frausein - Fremdsein. Frankfurt a.M.

Alba, Richard *1997*: Rethinking Assimilation Theory for a New Era of Immigration. In: *International Migration Review*, S. 826-874

Albrecht, Günter *1972*: Soziologie der geographischen Mobilität: Zugleich ein Beitrag zur Soziologie des sozialen Wandels. Stuttgart

Alpheis, Hannes *1990*: Erschwert die ethnische Konzentration die Eingliederung? In: Esser/Friedrichs, S. 147-184

Althaler, Karl/Andrea Hohenwarter (Hg.) *1992*: Torschluss: Wanderungsbewegungen und Politik in Europa. Wien

Amt für Multikulturelle Angelegenheiten der Stadt Frankfurt am Main 1993: Begegnen - Verstehen - Handeln. Handbuch für Interkulturelles Kommunikationstraining. Frankfurt a.M.

Anderson, Benedict *1998*: Die Erfindung der Nation. Zur Karriere eines folgenreichen Konzepts. Berlin (engl. Originalausgabe *Imagined Communities* von 1983)

Angenendt, Steffen *1992*: Ausländerforschung in Frankreich und der Bundesrepublik Deutschland. Frankfurt a.M.

Angenendt, Steffen (Hg.) *1997*: Migration und Flucht. Aufgaben und Strategien für Deutschland, Europa und die internationale Gemeinschaft. Bonn

Anweiler, Oskar *1982*: 'Multicultural education'. Die kanadische Erfahrung und Aspekte vergleichender Betrachtung. In: *Zeitschrift der Gesellschaft für Kanada-Studien*, 2, S. 145-156

Apitzsch, Ursula *1994*: Migrationsforschung und Frauenforschung. In: Deutsche Forschungsgemeinschaft (Hg.): Sozialwissenschaftliche Frauenforschung in der Bundesrepublik Deutschland. Bestandsaufnahme und politische Konsequenzen. Berlin, S. 240-254

Arbeitsgruppe 501 (Hg.) *1993*: Heute hier - morgen fort. Migration, Rassismus und die (Un)Ordnung des Weltmarkts. Freiburg

Ascherson, Neal *1994*: Menschen auf der Flucht. In: *die tageszeitung* vom 5.8.94

Ascoli, Ugo *1985*: Migration of Workers and the Labour Market: Is Italy Becoming a Country of Immigration? In: Rogers, S. 185-206

Asseburg, Benno/Sonia Hurtado Artozón *1983*: Zentrale Probleme der Migration. Entwicklung eines methodischen Zugangs in Gesprächen mit portugiesischen Familien. Berlin

Auerbach, Susan (ed.) *1994*: Encyclopedia of Multiculturalism. Vol. 1-5. New York et al.

Auernheimer, Georg (Hg.) *1984*: Handwörterbuch Ausländerarbeit. Weinheim; Basel
Auernheimer, Georg *1995*: Einführung in die interkulturelle Erziehung. Darmstadt (2., überarb. u. erg. Aufl.)
Bade, Klaus J. *1983*: Vom Auswanderungsland zum Einwanderungsland? Deutschland 1880-1980. Berlin
Bade, Klaus J. (Hg.) *1984*: Auswanderer - Wanderarbeiter - Gastarbeiter. Bevölkerung, Arbeitsmarkt und Wanderung in Deutschland seit der Mitte des 19. Jahrhunderts. 2 Bde. Ostfildern
Bade, Klaus J. (Hg.) *1992*: Deutsche im Ausland - Fremde in Deutschland. Migration in Geschichte und Gegenwart. München
Bade, Klaus J. (Hg.) *1994*: Das Manifest der 60. Deutschland und die Einwanderung. München
Bade, Klaus J. (Hg.) *1996*: Migration - Ethnizität - Konflikt: Systemfragen und Fallstudien. Osnabrück (*Schriften des Instituts für Migrationsforschung und Interkulturelle Studien*; 1)
Bahadir, Sefik Alp *1997*: Die Zollunion der Türkei mit der Europäischen Union - ein Schritt auf dem Weg zur Vollmitgliedschaft? In: *Aus Politik und Zeitgeschichte*, B 11-12/97, S. 33-40
Barsotti, Odo/Laura Lecchini *1994*: Social and Economic Aspects of Foreign Immigration to Italy. In: Fassmann/Münz, S. 81-92
Barwig, Klaus u.a. (Hg.) *1994*: Asyl nach der Änderung des Grundgesetzes: Entwicklungen in Deutschland und Europa. Hohenheimer Tage zum Ausländerrecht. Baden-Baden
Basso-Sekretariat Berlin (Hg.) *1995*: Festung Europa auf der Anklagebank. Dokumentation des Basso-Tribunals zum Asylrecht in Europa. Münster
Bauböck, Rainer *1993*: Etablierte und Außenseiter, Einheimische und Fremde. Anmerkungen zu Norbert Elias' Soziologie der Ausgrenzung. In: Nowotny/Taschwer, S. 147-166
Bauman, Zygmunt *1995*: Postmoderne Ethik. Hamburg
Bayaz, Ahmet u.a. (Hg.) *1984*: Anpassung an die Deutschen? Weinheim; Basel
Bayaz, Ahmet/Florian Weber *1984*: Die Rechnung ohne den Gast. In: Bayaz u.a., S. 157-166
Beauftragte der Bundesregierung für Ausländerfragen *1997*: Bericht über die Lage der Ausländer in der Bundesrepublik Deutschland. Bonn
Beauftragte der Bundesregierung für die Belange der Ausländer *1995*: Bericht über die Lage der Ausländer in der Bundesrepublik Deutschland. Bonn
Beck, Ulrich *1983*: Jenseits von Stand und Klasse? Soziale Ungleichheiten, gesellschaftliche Individualisierungsprozesse und die Entstehung neuer sozialer Formationen und Identitäten. In: Kreckel, S. 35-74
Beck, Ulrich *1986*: Risikogesellschaft. Auf dem Weg in eine andere Moderne. Frankfurt a.M.
Beck, Ulrich *1995*: Wie aus Nachbarn Juden werden. Zur politischen Konstruktion des Fremden in der reflexiven Moderne. In: ders.: Die feindlose Demokratie. Ausgewählte Aufsätze. Stuttgart, S. 131-162
Benz, Wolfgang *1992*: Fremde in der Heimat: Flucht - Vertreibung - Integration. In: Bade, 1992, S. 374-386
Berger, Peter L. *1977*: Einladung zur Soziologie. Eine humanistische Perspektive. München (amerikanische Originalausgabe von 1963)

Berliner Institut für Vergleichende Sozialforschung (B.I.V.S.) *1992*: Forschungsprojekt: Weltweite Fluchtbewegungen. Bericht für die Fritz-Thyssen-Stiftung. Berlin

Bethscheider, Monika *1995*: Flucht und Asyl in der Bundesrepublik Deutschland. In: Schmalz-Jacobsen/Hansen, S. 155-164

Bielefeld, Uli (Hg.) *1991*: Das Eigene und das Fremde. Neuer Rassismus in der Alten Welt? Hamburg

Binder, Johann/Mario Simoes *1980*: Psychische Beschwerden bei ausländischen Arbeitern: Eine Untersuchung bei portugiesischen Arbeitsmigranten. In: *Zeitschrift für Soziologie*, 9, S. 262-274

Blahusch, Friedrich *1992*: Zuwanderer und Fremde in Deutschland. Eine Einführung für soziale Berufe. Freiburg

Blanke, Bernhard (Hg.) *1993*: Zuwanderung und Asyl in der Konkurrenzgesellschaft. Opladen

Blaschke, Jochen *1992*: Flucht und Entwicklung in Osteuropa. In: Blaschke/ Germershausen, S. 101-168

Blaschke, Jochen *1994*: Internationale Migration: Ein Problemaufriß. In: Knapp, S. 23-50

Blaschke, Jochen/Andreas Germershausen (Hg.) *1992*: Sozialwissenschaftliche Studien über das Flüchtlingsproblem. Berlin

Blaschke, Jochen/Kurt Greussing (Hg.) *1980*: 'Dritte Welt' in Europa. Probleme der Arbeitsmigration. Frankfurt a.M.

Blaschke, Jochen/Franz Nuscheler *1993*: Migration. Weltweite Wanderungsbewegungen - Ursachen und Folgen von Migration und Flucht. In: *Stiftung Entwicklung und Frieden*: Globale Trends 93/94. Daten zur Weltentwicklung. Hg. von Ingomar Hauchler. Frankfurt a.M., S. 121-142

Blomert, Reinhard u.a. (Hg.) *1993*: Transformationen des Wir-Gefühls. Studien zum nationalen Habitus. Frankfurt a.M.

Böhning, Wolf-Rüdiger *1984a*: Studies in International Labour Migration. London

Böhning, Wolf-Rüdiger *1984b*: *Arbeitsmigration*. In: Auernheimer, S. 32-35

Böhme, Gernot u.a. (Hg.) *1994*: Migration und Ausländerfeindlichkeit. Darmstadt

Bös, Mathias *1993*: Ethnisierung des Rechts? Staatsbürgerschaft in Deutschland, Frankreich, Großbritannien und den USA. In: *Kölner Zeitschrift für Soziologie und Sozialpsychologie*, 45, S. 619-643

Bös, Mathias *1997*: Migration als Problem offener Gesellschaften. Globalisierung und sozialer Wandel in Westeuropa und in Nordamerika. Opladen

Bogardus, Emeroy S. *1929/30*: A Race Relations Cycle. In: *American Journal of Sociology*, 35, S. 612-617

Bommes, Michael/Albert Scherr *1991*: Der Gebrauchswert von Selbst- und Fremdethnisierung in Strukturen sozialer Ungleichheit. In: *PROKLA, 21*, Nr. 83, S. 291-316

Bonacich, Edna *1973*: A Theory of Middleman Minorities. In: *American Sociological Review*, 38, S. 583-594

Borris, Maria *1973*: Ausländische Arbeiter in einer Großstadt. Eine empirische Untersuchung am Beispiel Frankfurt. Frankfurt a.M.

Bourdieu, Pierre *1987*: Die feinen Unterschiede. Kritik der gesellschaftlichen Urteilskraft. Frankfurt a.M. (frz. Originalausgabe von 1980)

Bovenkerk, Frank *1986*: Das multiethnische Zusammenleben im Mikroverband. Am Beispiel der Stadt Utrecht. In: Hoffmeyer-Zlotnik, 1986a, S. 1-14

Brandes, Detlef *1992*: Die Deutschen in Rußland und der Sowjetunion. In: Bade, 1992, S. 85-134

Brockhaus Conversationslexikon. Leipzig 1877

Bröskamp, Bernd/Thomas Alkemeyer (Hg.) *1996*: Fremdheit und Rassismus im Sport. Tagung der dvs-Sektion Sportphilosophie vom 9.-10.9.1994 in Berlin. Sankt Augustin (*Schriften der Deutschen Vereinigung für Sportwissenschaft*; 72)

Brubaker, Rogers *1994*: Staats-Bürger. Deutschland und Frankreich im historischen Vergleich. Mit einer Einführung von Ulrich Bielefeld. Hamburg (amerikanische Originalausgabe von 1992)

Brumlik, Micha *1984*: Was heißt Integration? Zur Semantik eines sozialen Problems. In: Bayaz u.a., S. 75-97

Brunner, Karl-Michael u.a. *1994*: Flüchtlingsunterbringung in einer Kleingemeinde: Eine Fallstudie zur sozialen Dynamik von Migrationsprozessen. In: *Soziale Welt*, 45, H. 2, S. 53-74

Bühler, Doris *1982*: Individuelle Determinanten der residentiellen Verteilung von Ausländern im städtischen Raum. In: Hoffmann-Nowotny/Hondrich, S. 375-448

Bukow, Wolf-Dietrich *1996*: Feindbild: Minderheit. Ethnisierung und ihre Ziele. Opladen

Bukow, Wolf-Dieter/Roberto Llaryora *1988*: Mitbürger aus der Fremde. Soziogenese ethnischer Minoritäten. Opladen

Bundesrat *1990*: Gesetzentwurf der Bundesregierung. Entwurf für ein Gesetz zur Neuregelung des Ausländerrechts. Drucksache 11/90. Bonn

Burgess, Ernest W. *1925*: The Growth of the City: An Introduction to a Research Project. In: Park et al., S. 47-62

Burgkart, Claus *1984*: Das 'Heidelberger Manifest' - Grundlage staatlicher Ausländerpolitik? In: Meinhardt, S. 141-161

Busch, Angelika *1983*: Migration und psychische Belastung. Eine Studie am Beispiel von Sizilianerinnen in Köln. Berlin

Calavita, Kitty *1995*: Mexican Immigration to the USA: The Contradictions of Border Control. In: Cohen, S. 236-244

Calic, Marie-Janine *1995*: Der Krieg in Bosnien-Hercegovina. Ursachen - Konfliktstrukturen - Internationale Lösungsversuche. Frankfurt a.M.

Campani, Giovanna *1995*: Women Migrants. From Marginal Subjects to Social Actors. In: Cohen, S. 546-550

Capelleveen, Remco van *1989*: Give me your tired, your poor, and your huddled masses? 'Dritte Welt'-Migration in die USA. In: *PROKLA*, 19, S. 55-82

Castles, Stephen *1993*: Migrations and Minorities in Europe. Perspectives for the 1990s - Eleven Hypotheses. In: Wrench/Solomos, S. 17-34

Castles, Stephen/Mark J. Miller *1993*: The Age of Migration. International Population Movements in the Modern World. Houndsmills et al.

Castles, Stephen/Mark J. Miller *1997*: Die Formung der modernen Welt durch globale Migration. Eine Geschichte der Wanderungsbewegungen bis 1945. In: Pries, 1997, S. 47-62

Chardon, Matthias/Christian Roth *1996*: Widersprüchliche Praxis - die Zuwanderungs- und Asylpolitik in der Europäischen Union. In: *SOWI*, 25, S. 181-188

Cinanni, Paolo *1970*: Emigration und Imperialismus. Zur Problematik der Arbeitsmigranten. München

Cinanni, Paolo *1979*: Emigration und Arbeitereinheit. Zur politischen Problematik der 'Gastarbeiter'. Frankfurt a.M.

Cohen, Robin (ed.) *1995*: The Cambridge Survey of World Migration. Cambridge

Collet, Beate *1996*: Integration und mixogame Ehe in Frankreich und in der Bundesrepublik. Staatsbürgerliche und familiäre Integrationsformen inländisch verheirateter Ausländer. (Soziologentag Dresden 1996; unveröff. Vortrags-Ms.)

Collinson, Sarah *1994*: Europe and International Migration. London; New York

Cooley, Charles Horton *1909*: Social Organization. A Study of the Larger Mind. New York

Cornelsen, Carsten *1996*: Erwerbstätigkeit der ausländischen Bevölkerung. In: *Wirtschaft und Statistik*, 3, S. 147-155

Cropley, Arthur J. u.a. (Hg.) *1994*: Probleme der Zuwanderung. Bd. 1: Aussiedler und Flüchtlinge in Deutschland. Göttingen

Cropley, Arthur J. u.a. (Hg.) *1995*: Probleme der Zuwanderung. Bd. 2: Theorien, Modelle und Befunde der Weiterbildung. Göttingen

Cross, Malcolm (ed.) *1992*: Ethnic Minorities and Industrial Change in Europe and North America. Cambridge

Czock, Heidrun *1993*: Der Fall Ausländerpädagogik. Erziehungswissenschaftliche und bildungspolitische Codierung der Arbeitsmigration. Frankfurt a.M.

Deegan, Mary Jo *1988*: Jane Addams and the Men of the Chicago School, 1892-1918. New Brunswick

Deutsches Ausländerrecht *1996*: Die wesentlichen Vorschriften des deutschen Fremdenrechts. Textausgabe mit ausführlichem Sachverzeichnis und einer Einführung von Helmut Rittstieg. 11., völlig neubearb. Auflage, München 1996 (*Beck-Texte im dtv*)

Dietz, Barbara *1997*: Jugendliche Aussiedler. Ausreise, Aufnahme, Integration. Berlin (*Schriftenreihe Aussiedlerintegration*; 7)

Dietz, Barbara/Heike Roll *1998*: Jugendliche Aussiedler - Porträt einer Zuwanderergeneration. Frankfurt a.M.; New York

Dinkel, Reiner Hans/Uwe Lebok *1994*: Demographische Aspekte der vergangenen und zukünftigen Zuwanderung nach Deutschland. In: *Aus Politik und Zeitgeschichte*, B 48, S. 27-36

Dittrich, Eckhard J./Frank-Olaf Radtke (Hg.) *1990a*: Ethnizität. Wissenschaft und Minderheiten. Opladen

Dittrich, Eckhard J./Frank-Olaf Radtke *1990b*: Der Beitrag der Wissenschaften zur Konstruktion ethnischer Minderheiten. In: dies., 1990a, S. 11-40

Dohse, Knuth *1985*: Ausländische Arbeiter und bürgerlicher Staat. Genese und Funktion von staatlicher Ausländerpolitik und Ausländerrecht. Vom Kaiserreich bis zur Bundesrepublik Deutschland. Berlin (1. Aufl. Königstein/Ts. 1981)

Dornis, Christian *1996*: Migration von und nach Rußland seit Mitte der 80er Jahre. In: Fassmann/Münz, S. 323-363

Dritte Welt Haus Bielefeld *1994*: Atlas der Weltverwicklungen. Ein Schaubilderbuch für weltweite Armut, globale Ökologie und lokales Engagement. Wuppertal (2. Aufl.)

Duncan, Otis Dudley/Beverly Duncan *1957*: The Negro Population of Chicago. A Study of Residential Succession. Chicago

Durkheim, Emile *1988*: Über soziale Arbeitsteilung. Studie über die Organisation höherer Gesellschaften. Frankfurt a.M. (französische Originalausgabe von 1893)

Easterlin, Richard A. *1985* : Wirtschaftliche und soziale Aspekte der Einwanderung. In: Einwanderung, Integration, ethnische Bindung, S. 25-52 (amerikanisches Original von 1980)

Eckert, Josef/Mechtilde Kißler 1989: Etikettierungsprozesse und Figurationswandel der Kölner Südstadt von 1926-1986. Zur Herausbildung eines heterogenen Lebensraumes und subkultureller Koexistenz unterschiedlicher Lebensweisen in einem innerstädtischen Wohngebiet; unveröffent. Forschungsbericht, Wuppertal/Köln

Eckert, Josef/Mechtilde Kißler *1997*: Südstadt, wat es dat? Kulturelle und ethnische Pluralität in modernen urbanen Gesellschaften am Beispiel eines innerstädtischen Wohngebietes in Köln. Köln (*PapyRossa Hochschulschriften*; 19)

Eichener, Volker *1988*: Ausländer im Wohnbereich: theoretische Modelle, empirische Analysen und politisch-praktische Maßnahmenvorschläge zur Eingliederung einer gesellschaftlichen Außenseitergruppe. Regensburg

Einwanderung, Integration, ethnische Bindung: Harvard Encyclopedia of American Ethnic Groups; eine deutsche Auswahl. Hg. von Donata Elschenbroich. Frankfurt a.M. *1985*

Eisenstadt, Shmuel N. *1954*: The Absorption of Immigrants. A comparative study based mainly on the Jewish community in Palestine and the State of Israel. London

Eisenstadt, Shmuel N. *1987*: Aufnahme und Integration von Einwanderern sowie Auftauchen und Wandel des 'ethnischen' Problems. In: ders.: Die Transformation der israelischen Gesellschaft. Frankfurt a.M., S. 433-484

Elias, Norbert *1970*: Was ist Soziologie? München

Elias, Norbert *1976*: Über den Prozeß der Zivilisation. Sozio- und psychogenetische Untersuchungen. 2 Bde. Frankfurt a.M. (Erstausgabe Basel 1939; Neuausgabe 1997)

Elias, Norbert *1977*: Zur Grundlegung einer Theorie sozialer Prozesse. In: *Zeitschrift für Soziologie*, 6, S. 127-149

Elias, Norbert *1983a*: Engagement und Distanzierung. Arbeiten zur Wissenssoziologie I. Frankfurt a.M.

Elias, Norbert *1983b*: Über den Rückzug der Soziologen auf die Gegenwart. In: *Kölner Zeitschrift für Soziologie und Sozialpsychologie*, 35, S. 29-40

Elias, Norbert *1986*: Figuration. In: Schäfers, S. 234-241

Elias, Norbert *1990*: Zur Theorie von Etablierten-Außenseiter-Beziehungen. In: ders./Scotson, S. 7-56

Elias, Norbert/John L. Scotson *1965*: The Established and the Outsiders. A Sociological Enquiry into Community Problems. London

Elias, Norbert/John L. Scotson *1990*: Etablierte und Außenseiter. Hg. und übersetzt von Michael Schröter. Frankfurt a.M.

Elschenbroich, Donata *1986*: Eine Nation von Einwanderern. Ethnisches Bewußtsein und Integrationspolitik in den USA. Frankfurt a.M./New York

Elwert, Georg *1984*: Die Angst vor dem Ghetto. Binnenintegration als erster Schritt zur Integration. In: Bayaz u.a., S. 51-74

Elwert, Georg *1989*: Nationalismus und Ethnizität. Über die Bildung von Wir-Gruppen. In: *Kölner Zeitschrift für Soziologie und Sozialpsychologie*, 41, S. 440-464

Endruweit, Günter/Gisela Trommsdorff (Hg.) *1989*: Wörterbuch der Soziologie. 3 Bde. Stuttgart

Entzinger, Han *1994*: Shifting Paradigms: An Appraisal of Immigration in the Netherlands. In: Fassmann/Münz, S. 93-112

Enzensberger, Hans Magnus *1992*: Die Große Wanderung. 33 Markierungen. Frankfurt a.M.

Epiney, Astrid *1998*: Das Privileg der Freizügigkeit in der Europäischen Union. In: *Neue Zürcher Zeitung* vom 24./25.1.98

Epping, Rudolf u.a. *1979*: Unter Wert verkauft. Frauenarbeit heute. Bonn

Eryilmaz, Aytac/Mathilde Jamin (Hg.) *1998*: Fremde Heimat. Eine Geschichte der Einwanderung aus der Türkei. Essen (Katalog zur Ausstellung des *Dokumentationszentrums und Museums über die Migration aus der Türkei* und des *Ruhrlandmuseums* vom 15.2. bis 2.8.98 im Ruhrlandmuseum Essen)

Esser, Elke *1982*: Ausländerinnen in der Bundesrepublik Deutschland: Eine soziologische Analyse des Eingliederungsverhaltens ausländischer Frauen. Frankfurt a.M.

Esser, Hartmut *1980*: Aspekte der Wanderungssoziologie. Assimilation und Integration von Wanderern, ethnischen Gruppen und Minderheiten. Eine handlungstheoretische Analyse. Darmstadt; Neuwied (*Soziologische Texte*; 119; N.F.)

Esser, Hartmut *1988*: Ethnische Differenzierung und moderne Gesellschaft. In: *Zeitschrift für Soziologie*, 17, S. 235-248

Esser, Hartmut *1989*: Verfällt die 'soziologische Methode'? In: *Soziale Welt* 1/2, 40, S. 57-75

Esser, Hartmut *1990*: Nur eine Frage der Zeit? Zur Frage der Eingliederung von Migranten im Generationen-Zyklus und zu einer Möglichkeit, Unterschiede hierzu theoretisch zu erklären. In: Esser/Friedrichs, S. 73-100

Esser, Hartmut *1996*: Ethnische Konflikte als Auseinandersetzung um den Wert von kulturellem Kapital. In: Heitmeyer/Dollase, S. 64-99

Esser, Hartmut/Jürgen Friedrichs (Hg.) *1990*: Generation und Identität. Theoretische und empirische Beiträge zur Migrationssoziologie. Opladen

Essinger, Helmut *1977*: Soziale Rand- und Problemgruppen. München

Estel, Bernd/Tilman Mayer (Hg.) *1994*: Das Prinzip Nation in modernen Gesellschaften. Länderdiagnosen und theoretische Perspektiven. Opladen

Ewers, Ruth *1931*: Die soziologische und ökonomische Bedeutung der Einwanderung. Untersucht am Beispiel der Vereinigten Staaten von Nord-Amerika. Heidelberg (Diss.)

Fairchild, Henry Pratt *1925*: Immigration: A World Movement and its American Significance. New York

Faist, Thomas *1997*: Migration und der Transfer sozialen Kapitals oder: Warum gibt es relativ wenige internationale Migration? In: Pries, S. 63-83

Fassmann, Heinz/Rainer Münz (Hg.) *1996*: Migration in Europa. Frankfurt a.M.; New York
Feithen, Rosemarie *1985*: Arbeitskräftewanderungen in der Europäischen Gemeinschaft. Bestimmungsgründe und regionalpolitische Implikationen. Frankfurt a.M.; New York
Ferris, Elizabeth G. *1993*: Beyond Borders. Refugees, Migrants, and Human Rights in the Postcold War Era. Genf (*World Council of Churches*)
Fijalkowski, Jürgen *1984*: Gastarbeiter als industrielle Reservearmee? - Zur Bedeutung der Arbeitsimmigranten für die wirtschaftliche und gesellschaftliche Entwicklung der Bundesrepublik Deutschland. In: *Archiv für Sozialgeschichte*, 24, S. 399-456
Fijalkowski, Jürgen *1993*: Migration in Gesamteuropa - sechs Thesen zu Nationalismus und Ausländerpolitik. In: Blanke, S. 97-112
Fischer, Peter A./Thomas Straubhaar *1996*: Einwanderung in die Schweiz - ein polit-ökonomisches Lehrstück. In: Fassmann/Münz, S. 183-207
Fischer-Weltalmanach 1998. Hg. von Mario von Barata. Frankfurt a. M. 1997
Flex, Walter *1917*: Der Wanderer zwischen beiden Welten. Ein Kriegserlebnis. München
Flusser, Vilém *1994*: Von der Freiheit des Migranten. Einsprüche gegen den Nationalismus. Mannheim
Forbes Martin, Susan *1992*: Refugee Women. London; New Jersey
Forschungsinstitut der Friedrich-Ebert-Stiftung (FES) *1986*: Situation der ausländischen Arbeitnehmer und ihrer Familienangehörigen in der Bundesrepublik Deutschland - Repräsentativuntersuchung 1985. Bonn (Bundesministerium für Arbeit und Sozialordnung)
Francis, Emerich K. *1965a*: Ethnos und Demos. Soziologische Beiträge zur Volkstheorie. Berlin
Francis, Emerich K. *1965b*: Minderheitenforschung in Amerika. In: ders., 1965a, S. 141-162 (Original von 1957/58)
Francis, Emerich K. *1965c*: Klassen im ethnisch heterogenen Milieu. In: ders., 1965a, S. 163-177 (Original von 1957/58)
Francis, Emerich K. *1976*: Interethnic Relations. An Essay in Sociological Theory. New York et al.
Francis, Emerich K. *1983*: Einige grundsätzliche Erwägungen zur Integration von Ausländern. In: Hartmut Esser (Hg.): Die fremden Mitbürger. Möglichkeiten und Grenzen der Integration von Ausländern. Düsseldorf (*Schriften der Katholischen Akademie in Bayern*; 110), S. 11-24
Franz, Fritz *1980*: Einwanderer ohne Einwanderungsland. In: *Kursbuch 62*, S. 159-171
Freund, Wolfgang Slim (Hg.) *1980*: Gastarbeiter. Integration oder Rückkehr. Grundfragen der Ausländerpolitik. Neustadt/Weinstr. (*Reihe Wissenschaft und Zeitgeschehen*)
Frey, Martin/Volker Lubinski *1987*: Probleme infolge hoher Ausländerkonzentration in ausgewählten europäischen Staaten. Wiesbaden (*Materialien zur Bevölkerungswissenschaft*, Sonderheft 8; hg. vom Bundesinstitut für Bevölkerungsforschung)
Friedrichs, Jürgen *1981*: Stadtanalyse. Soziale und räumliche Organisation der Gesellschaft. Opladen (2. Aufl.)

Frogner, Eli *1994*: Probleme der Migrationssoziologie aus der Lebenslaufperspektive. In: Cropley, Bd. 1, S. 105-132
Gabaccia, Donna *1989*: Female Migration and Immigrant Sex Ratios. New York (unveröff. Ms.)
Gaitanides, Stephan *1983*: Sozialstruktur und 'Ausländerproblem'. Sozialstrukturelle Aspekte der Marginalisierung von Ausländern der ersten und zweiten Generation. München (*DJI Forschungsbericht*)
Gans, Herbert J. *1979*: Symbolic Ethnicity: The Future of Ethnic Groups and Cultures in America. In: Ethnic and Racial Studies, 2, S. 2-20
Gaserow, Vera *1995*: Der Rückzug auf die türkischen Medien. In: *die tageszeitung* vom 9.5.95, S. 13
Gauß, Karl-Markus *1997*: Das Europäische Alphabet. Wien
Geck, Hinrich-Matthias *1979*: Die griechische Arbeitsmigration. Eine Analyse ihrer Ursachen und Wirkungen. Königstein/Ts. (*Materialien zur Arbeitsmigration und Ausländerbeschäftigung*; 3)
Geiselberger, Siegmar *1972*: Schwarzbuch: Ausländische Arbeiter. Hg. vom Bundesvorstand der Jungsozialisten. Frankfurt a.M.
Geißler, Heiner (Hg.) *1982 ; 1983*: Ausländer in Deutschland - Für eine gemeinsame Zukunft. 2 Bde. München; Wien
Geißler, Rainer *1995*: Das gefährliche Gerücht von der hohen Ausländerkriminalität. In: *Aus Politik und Zeitgeschichte*, B 35, S. 30-39
Geißler, Rainer *1998*: Sozialstruktur. In: Schäfers/Zapf, S. 642-652
Germershausen, Andreas/Wolf-Dieter Narr (Hg.) *1988*: Flucht und Asyl. Berichte über Flüchtlingsgruppen. Berlin
Giddens, Anthony *1988*: Die Konstitution der Gesellschaft. Grundzüge einer Theorie der Strukturierung. Frankfurt a.M.; New York (engl. Original von 1984)
Gillmeister, Helmut u.a. *1989*: Ausländerbeschäftigung in der Krise? Die Beschäftigungschancen und -risiken ausländischer Arbeitnehmer am Beispiel der West-Berliner Industrie. Berlin
Giordano, Christian *1997*: Ethnizität: Prozesse und Diskurse im interkulturellen Vergleich. In: Hettlage u.a., S. 56-72
Gjerde, Jon *1995*: The Scandinavian Migrants. In: Cohen, S. 85-90
Glazer, Nathan/Daniel Patrick Moynihan *1963*: Beyond the Melting Pot. The Negroes, Puerto Ricans, Jews, Italians, and Irish of New York City. Cambridge, Mass. (8nd ed. 1979)
Gleichmann, Peter u.a. (Hg.) *1984*: Macht und Zivilisation. Materialien zu Norbert Elias' Zivilisationstheorie 2. Frankfurt a.M. (stw 418)
Goddar, Jeanette *1994*: Wie schält man richtig Kartoffeln? In den Niederlanden müssen Immigranten künftig einen Einbürgerungsvertrag unterschreiben. In: *die tageszeitung* vom 25.10.94
Goes, Nina Isabel *1997*: Mehrstaatigkeit in Deutschland. Verfassungsrechtliche Kriterien, internationale und europäische Determinanten, Rechtsvergleichung. Baden-Baden (*Schriftenreihe Europäisches Verfassungsrecht*; 2)
Goetze, Dieter *1987*: Probleme der Akkulturation und Assimilation. In: Reimann/Reimann, S. 67-94
Gogolin, Ingrid *1994*: Der monolinguale Habitus der multilingualen Schule. Münster

Gogolin, Ingrid *1995*: Sprache und Migration. In: Schmalz-Jacobsen/Hansen, S. 481-490

Golder, Stefan M. *1997*: Von drei zu zwei Kreisen? Herausforderung für die schweizerische Migrationspolitik. In: *Neue Zürcher Zeitung* vom 29./30.11.97

Goodwin-Gill, Guy S. *1990*: Different Types of Forced Migration Movements. In: Rystad, S. 15-45

Gordon, Milton M. *1964*: Assimilation in American Life. The Role of Race, Religion and National Origins. New York

Gordon, Milton M. *1978a*: Human Nature, Class, and Ethnicity. New York

Gordon, Milton M. *1978b*: A Qualification of the Marginal Man Theory. In: ders., 1978a, S. 269-278 (Original von 1941)

Gordon, Milton M. (ed.) *1981*: America as a Multicultural Society. Philadelphia (*The Annals of the American Academy of Political and Social Science*; 454)

Gorenflos, Walter *1995*: Keine Angst vor der Völkerwanderung. Berlin

Graudenz, Ines/Regina Römhild (Hg.) *1996*: Forschungsfeld Aussiedler. Ansichten aus Deutschland. Frankfurt a.M. u.a. (*Europäische Migrationsforschung*; 1)

Griese, Hartmut M. (Hg.) *1984*: Der gläserne Fremde. Bilanz und Kritik der Gastarbeiterforschung und Ausländerpädagogik. Opladen

Groth, Annette *1984*: Ausländerforschung und Ausländerpolitik im europäischen Vergleich. In: Griese, S. 176-191

Gumbrecht, Hans Ulrich *1998*: Gegen geistige Belästigung. Das Ende der Political Correctness zeichnet sich ab. In: *Frankfurter Allgemeine Zeitung* vom 12.1.98

Guterson, David *1995*: Schnee, der auf Zedern fällt. Berlin

Gutiérrez Rodríguez, Encarnacion *1996*: Frau ist nicht gleich Frau, nicht gleich Frau, nicht gleich Frau ... Über die Notwendigkeit einer kritischen Dekonstruktion in der feministischen Forschung. In: Ute Luise Fischer (Hg.): Kategorie: Geschlecht? Empirische Analysen und feministische Theorien. Opladen, S. 163-190

Habermas, Jürgen *1993*: Anerkennungskämpfe im demokratischen Rechtsstaat. In: Taylor, S. 147-196

Habermas, Jürgen *1996*. Die Einbeziehung des Anderen. Studien zur politischen Theorie. Frankfurt a.M.

Häußermann, Hartmut/Walter Siebel (Hg.) *1993*: New York. Strukturen einer Metropole. Frankfurt a.M.

Hahn, Alois *1994*: Die soziale Konstruktion des Fremden. In: Walter Sprondel (Hg.): Die Objektivität der Ordnungen und ihre kommunikative Konstruktion. Für Thomas Luckmann. Frankfurt a. M., S. 140-163

Hahn, Barbara *1996*: Schwarze in den USA. Entwicklungstrends und regionale Disparitäten 30 Jahre nach der Bürgerrechtsbewegung. In: *Geographische Rundschau*, Jg. 48, H. 4, S. 228-232

Hailbronner, Kay *1992*: Einbürgerung von Wanderarbeitnehmern und doppelte Staatsangehörigkeit. Baden-Baden

Halfmann, Jost *1996*: Makrosoziologie der modernen Gesellschaft. Eine Einführung in die soziologische Beschreibung makrosozialer Phänomene. Weinheim; München (*Grundlagentexte Soziologie*)

Hamburger, Franz *1984*: Erziehung in der Einwanderungsgesellschaft. In: Griese, S. 59-70
Hamburger, Franz u.a. (Hg.) *1983*: Sozialarbeit und Ausländerpolitik. Darmstadt (*Neue Praxis*; Sonderheft 7)
Hamburger, Franz *1994*: Pädagogik der Einwanderungsgesellschaft. Frankfurt a.M.
Hamilton, Leslie *1985*: Zu den Ursachen der Migration in Europa. In: Just/ Groth, Bd. 1, S. 27-60
Handlin, Oscar *1951*: The Uprooted. The Epic Story of the Great Migrations that Made the American People. New York
Hansen, Marcus Lee *1938*: The Problem of the Third Generation Immigrants. Rock Island, III: Augustana Historical Society
Hansen, Marcus Lee *1948*: Alte und neue Wanderungen. In: ders.: Der Einwanderer in der Geschichte Amerikas. Stuttgart (amerikanisches Original von 1940), S. 1-22
Harzig, Christiane *1989*: Deutschamerikanerinnen in Chicago 1880-1910. Berlin (Diss.; Ms.)
Heberle, Rudolf *1955*: Theorie der Wanderungen. Soziologische Betrachtungen. In: *Schmollers Jahrbuch für Gesetzgebung, Verwaltung und Volkswirtschaft*, 75, 1. Halbbd., S. 1-23
Heckmann, Friedrich *1981*: Die Bundesrepublik: Ein Einwanderungsland? Zur Soziologie der Gastarbeiterbevölkerung als Einwandererminorität. Stuttgart
Heckmann, Friedrich *1983*: Einwanderung und die Struktur sozialer Ungleichheit in der Bundesrepublik. In: Kreckel, S. 369-388
Heckmann, Friedrich *1992*: Ethnische Minderheiten, Volk und Nation. Soziologie interethnischer Beziehungen. Stuttgart
Heinelt, Hubert (Hg.) *1994*: Zuwanderungspolitik in Europa. Nationale Politiken. Gemeinsamkeiten und Unterschiede. Opladen
Heitmeyer, Wilhelm *1995*: Rechtsextremistische Orientierungen bei Jugendlichen. Empirische Ergebnisse und Erklärungsmuster einer Untersuchung zur politischen Sozialisation. Weinheim; München (5. Aufl.)
Heitmeyer, Wilhelm (Hg.) *1997a*: Was treibt die Gesellschaft auseinander? Bundesrepublik Deutschland: Auf dem Weg von der Konsens- zur Konfliktgesellschaft. Bd. 1. Frankfurt a.M.
Heitmeyer, Wilhelm (Hg.)*1997b*: Was hält die Gesellschaft zusammen? Bundesrepublik Deutschland: Auf dem Weg von der Konsens- zur Konfliktgesellschaft. Bd. 2. Frankfurt a.M.
Heitmeyer, Wilhelm *1997*: Gesellschaftliche Integration, Anomie und ethnisch-kulturelle Konflikte. In: Heitmeyer 1997a, S. 629-653
Heitmeyer, Wilhelm u.a. *1997*: Verlockender Fundamentalismus. Frankfurt a.M.
Heitmeyer, Wilhelm/Rainer Dollase (Hg.) *1996*: Die bedrängte Toleranz. Ethnisch-kulturelle Konflikte, religiöse Differenzen und die Gefahren politisierter Gewalt. Frankfurt a.M.
Helbich, Wolfgang J. *1988*: 'Alle Menschen sind dort gleich ...' - Die deutsche Amerikaauswanderung im 19. und 20. Jahrhundert. Düsseldorf
Herbert, Ulrich *1986*: Geschichte der Ausländerbeschäftigung in Deutschland 1880 bis 1980. Saisonarbeiter - Zwangsarbeiter - Gastarbeiter. Berlin; Bonn

Herwartz-Emden, Leonie *1997*: Erziehung und Sozialisation in Aussiedlerfamilien. Einwanderungskontext, familiäre Situation und elterliche Orientierung. In: *Aus Politik und Zeitgeschichte*, B 7-8/97, S. 3-9

Hettlage, Robert *1989*: *Assimilation*. In: Endruweit/Trommsdorff, S. 43

Hettlage, Robert u.a. (Hg.) *1997*: Kollektive Identität in Krisen. Ethnizität in Region, Nation, Europa. Opladen

Hill, Paul Bernhard *1984*: Determinanten der Eingliederung von Arbeitsmigranten. Königstein/Ts. (*Materialien zur Arbeitsmigration und Ausländerbeschäftigung*; 10)

Hill, Paul Bernhard *1990*: Kulturelle Inkonsistenz und Streß bei der zweiten Generation. In: Esser/Friedrichs, S. 101-126

Hiller, Ulrike/Susanne Schunter-Kleemann *1992*: Leben zwischen den Grenzen. Europäische Asyl- und Einwanderungspolitik gegenüber Frauen. In: Schunter-Kleemann, Susanne (Hg.): Herrenhaus Europa - Geschlechterverhältnisse im Wohlfahrtsstaat. Berlin, S. 107-139

Hillmann, Felicitas *1996*: Jenseits der Kontinente - Migrationsstrategien von Frauen nach Europa. Pfaffenweiler

Hillmann, Felicitas/Hedwig Rudolph *1997*: S(Z)eitenwechsel - Internationale Migration Hochqualifizierter am Beispiel Polen. In: Pries, S. 245-263

Höfling-Semnar, Bettina *1995*: Flucht und deutsche Asylpolitik. Von der Krise des Asylrechts zur Perfektionierung der Zugangsverhinderung. Münster

Höllinger, Franz *1989*: Familie und soziale Netzwerke in fortgeschrittenen Industriegesellschaften. Eine vergleichende empirische Studie in sieben Nationen. In: *Soziale Welt*, 40, S. 512-537

Höpflinger, Francois *1997*: Bevölkerungssoziologie. Eine Einführung in bevölkerungssoziologische Ansätze und demographische Prozesse. Weinheim; München *(Grundlagentexte Soziologie)*

Hoerder, Dirk *1984*: Akkulturationsprobleme in den USA: die 'New Immigration' zwischen Einwanderung und Arbeitsmigration. In: Bade, Bd. 1, S. 406-427

Hoerder, Dirk *1988*: Zur Akkulturation von Arbeitsmigranten. In: Hoerder/Knauf, S. 6-15

Hoerder, Dirk/Diethelm Knauf (Hg.) *1988*: Einwandererland USA, Gastarbeiterland BRD. Berlin; Hamburg

Hof, Bernd *1993*: Europa im Zeichen der Migration. Szenarien zur Bevölkerungs- und Arbeitsmarktentwicklung in der Europäischen Gemeinschaft bis 2020. Köln

Hoffmann, Lutz *1991*: Das 'Volk'. Zur ideologischen Struktur eines unvermeidbaren Begriffs. In: *Zeitschrift für Soziologie*, 20, S. 191-208

Hoffmann, Lutz *1996*: Der Volksbegriff und seine verschiedenen Bedeutungen: Überlegungen zu einer grundlegenden Kategorie der Moderne. In: Bade, S. 149-170

Hoffmann, Lutz/Herbert Even *1984*: Soziologie der Ausländerfeindlichkeit. Zwischen nationaler Identität und multikultureller Gesellschaft. Weinheim; Basel

Hoffmann-Nowotny, Hans-Joachim *1970*: Migration - ein Beitrag zu einer soziologischen Erklärung. Stuttgart

Hoffmann-Nowotny, Hans-Joachim *1973*: Soziologie des Fremdarbeiterproblems. Eine theoretische und empirische Analyse am Beispiel der Schweiz. Stuttgart
Hoffmann-Nowotny, Hans-Joachim *1987*: Gastarbeiterwanderungen und soziale Spannungen. In: Reimann/Reimann, S. 46-66 (erste Fassung von 1976)
Hoffmann-Nowotny, Hans-Joachim *1988*: Paradigmen und Paradigmenwechsel in der sozialwissenschaftlichen Wanderungsforschung. In: Gerhard Jaritz/ Albert Müller (Hg.): Migration in der Feudalgesellschaft. Frankfurt a.M.; New York, S. 21-42
Hoffmann-Nowotny, Hans-Joachim *1994*: Migrationssoziologie. In: Harald Kerber/Arnold Schmieder (Hg.): Spezielle Soziologien. Reinbek, S. 388-406
Hoffmann-Nowotny, Hans-Joachim *1995*: Soziologische Aspekte internationaler Migration. In: *Geographische Rundschau*, 47, S. 410-414
Hoffmann-Nowotny, Hans-Joachim *1996*: Soziologische Aspekte der Multikulturalität. In: Bade, S.103-126
Hoffmann-Nowotny, Hans-Hoachim/Karl-Otto Hondrich (Hg.) *1982a*: Ausländer in der Bundesrepublik Deutschland und in der Schweiz. Segregation und Integration: Eine vergleichende Untersuchung. Frankfurt a.M.; New York
Hoffmann-Nowotny, Hans-Joachim/Karl-Otto Hondrich *1982b*: Zur Funktionsweise sozialer Systeme - Versuch eines Resümes und einer theoretischen Integration. In: dies., S. 569-635
Hoffmeyer-Zlotnik, Jürgen H. P. *1977*: Gastarbeiter im Sanierungsgebiet. Das Beispiel Berlin-Kreuzberg. Hamburg (*Beiträge zur Stadtforschung*; 1)
Hoffmeyer-Zlotnik, Jürgen (Hg.) *1986a*: Segregation und Integration. Die Situation von Arbeitsmigranten im Aufnahmeland. Mannheim
Hoffmeyer-Zlotnik, Jürgen *1986b*: Eingliederung ethnischer Minoritäten - unmöglich? In: ders., 1986a, S. 15-55
Hollander, A.N.J. *1955*: Der 'Kulturkonflikt' als soziologischer Begriff und als Erscheinung. In: *Kölner Zeitschrift für Soziologie und Sozialpsychologie*, 7, S. 161-187
Hollifield, James F. *1992*: Immigrants, Markets, and States. The Political Economy of Postwar Europe. Cambridge; London
Hondrich, Karl Otto *1996*: Die Nicht-Hintergehbarkeit von Wir-Gefühlen. In: Heitmeyer, S. 100-119
Hraba, Joseph *1994*: American Ethnicity. Itasca
Hurrelmann, Klaus *1986*: Einführung in die Sozialisationstheorie. Weinheim; Basel
Ikonomu, Theodor *1989*: Fragestellungen zur Integrationsdiskussion der neueren Migrationsforschung. In: Johannes Chr. Papalekas (Hg.): Kulturelle Integration und Kulturkonflikt in der technischen Zivilisation. Frankfurt a.M.; New York, S. 264-286
Ingenhorst, Heinz *1997*: Die Rußlanddeutschen. Aussiedler zwischen Tradition und Moderne. Frankfurt a.M.; New York
Institut für Sozialforschung (Hg.) *1992*: Aspekte der Fremdenfeindlichkeit. Beiträge zur aktuellen Diskussion. Frankfurt a.M.
Ipsen, Detlev *1977*: Aufenthaltsdauer und Integration ausländischer Arbeiter. In: *Zeitschrift für Soziologie*, 6, S. 403-424

isoplan (Institut für Entwicklungsforschung, Wirtschafts- und Sozialplanung) (Hg.): Ausländer in Deutschland. Vierteljährlicher Informationsdienst zu aktuellen Fragen der Integrationsarbeit (aid). Saarbrücken

Jaakkola, Magdalena *1985*: Relative Deprivation und Statusverlust bei Immigranten in Schweden. In: Rosch, S. 258-278

Jackson, John A. (ed.) *1969*: Migration. Cambridge (*Sociological Studies*; 2)

Jackson, John A. *1986*: Migration. London; New York

Jenkins, Richard *1997*: Rethinking Ethnicity. Arguments and Explorations. London et al.

Joffe, Josef *1998*: Macht die Fremden zu Bürgern. In: *Süddeutsche Zeitung* vom 18./19.7.98, S. 4

Jolles, Hiddo M. *1965*: Zur Soziologie der Heimatvertriebenen und Flüchtlinge. Köln

Joly, Danièle *1992*: Die Harmonisierung der Asylpolitik in Europa. In: Blaschke/Germershausen, S. 279-308

Joly, Danièle *1995*: Whose protection? European Harmonization on Asylum Policy. In: Cohen, S. 496-501

Just, Wolf Dieter/Annette Groth (Hg.) *1985*: Wanderarbeiter in der EG - ein Vergleich ihrer rechtlichen und sozialen Situation in den Hauptaufnahmeländern. 2 Bde. Mainz; München

Kallen, Horace M. *1970*: Democracy vs. the Melting Pot. In: ders.: Culture and Democracy in the United States. Studies in the Group Psychology of the American Peoples. New York, S. 67-125 (Original von 1914)

Kamphoefner, Walter D. *1984*: 'Entwurzelt' oder 'verpflanzt'? Zur Bedeutung der Kettenwanderung für die Einwandererakkulturation in Amerika. In: Bade, Bd. 1, S. 321-349

Kanein, Werner *1966*: Das Ausländergesetz und die wesentlichen fremdenrechtlichen Vorschriften. (Kommentar) München; Berlin

Kapteyn, Paul *1993*: 'Kulturgerecht verhandeln': Über nationale Zivilisationen und europäische Integration. Das Beispiel von Schengen. In: Blomert u.a., S. 85-117

Karrer, Cristina u.a. *1996*: Entschieden im Abseits. Frauen in der Migration. Zürich

Keil, Hartmut *1984*: Die deutsche Amerikaeinwanderung im städtisch-industriellen Kontext: das Beispiel Chicago 1880-1910. In: Bade, Bd. 1, S. 378-405

Kennedy, John F. *1965*: Die Nation der vielen Völker. Düsseldorf; Wien (amerikanisches Original von 1964: A Nation of Immigrants)

Kimminich, Otto *1996*: Migration, Ethnizität und Recht in Europa. In: Bade, S. 349-366

King, Russell (ed.) *1993*: Mass Migrations in Europe. The Legacy and the Future. London

Kißler, Mechthilde/Josef Eckert *1992*: Multikultur und ethnische Vielfalt. Überlegungen angesichts gewandelter städtischer Lebensweisen. In: *Soziale Welt*, 43, S. 462-275

Kivisto, Peter/Dag Blanck (eds.) *1990*: American Immigrants and Their Generations. Studies and Commentaries on the Hansen Thesis after Fifty Years. Urbana; Chicago

Klee, Ernst (Hg.) *1971*: Die Nigger Europas. Zur Lage der Gastarbeiter. Eine Dokumentation. Düsseldorf

Kleinert, Corinna *1998*: Einstellungen junger Deutscher gegenüber ausländischen Mitbürgern und ihre Bedeutung hinsichtlich politischer Orientierungen. Ausgewählte Ergebnisse des DJI-Jugendsurvey 1997. In: *Aus Politik und Zeitgeschichte* B 31, S. 14-27

Kleßmann, Christoph *1978*: Polnische Bergarbeiter im Ruhrgebiet 1870-1945. Soziale Integration und nationale Subkultur einer Minderheit in der deutschen Industriegesellschaft. Göttingen

Knapp, Manfred (Hg.) *1994*: Migration im neuen Europa. Stuttgart (*Veröffentlichungen des Studienkreises Internationale Beziehungen*; 5)

Knauf, Diethelm *1988*: Die Einwanderung in die USA um 1900 - Arbeitsmigration und Akkulturation. Unterrichtsmaterialien für die Sekundarstufen I und II. In: Hoerder/Knauf, S. 84-127

Kneer, Georg *1995*: Migration und Gesellschaft. In: Georg Kneer u.a. (Hg.): Spezielle Soziologien. Münster; Hamburg, S. 150-166

Koch-Arzberger, Claudia *1985*: Die schwierige Integration: die bundesrepublikanische Gesellschaft und ihre 5 Millionen Ausländer. Opladen (*Beiträge zur sozialwissenschaftlichen Forschung*; 80)

Koller, Barbara *1993*: Aussiedler in Deutschland. Aspekte ihrer sozialen und beruflichen Eingliederung. In: *Aus Politik und Zeitgeschichte*, B 48, S. 12-22

Kommission der Europäischen Gemeinschaften (Hg.) *1989*: Eurobarometer. Die öffentliche Meinung in der Europäischen Gemeinschaft. Sonderausgabe: Rassismus und Ausländerfeindlichkeit. Brüssel

Körner, Heiko *1990*: Internationale Mobilität der Arbeit. Eine empirische und theoretische Analyse der internationalen Wirtschaftsmigration im 19. und 20. Jahrhundert. Darmstadt

Korcelli, Piotr *1994*: Emigration from Poland after 1945. In: Fassmann/Münz, S. 171-185

Korte, Elke *1990*: Die Rückkehrorientierung im Eingliederungsprozeß von Migrantenfamilien. In: Esser/Friedrichs, S. 207-259

Korte, Hermann *1983*: Migration und ihre sozialen Folgen. In: ders./Schmidt, S. 11-99

Korte, Hermann *1984a* : Die etablierten Deutschen und ihre ausländischen Außenseiter. In: Gleichmann u.a., S. 261-279

Korte, Hermann (Hg.) *1984b*: Wohnsituation ausländischer Mitarbeiter der Ruhrkohle AG. Dortmund (*Schriftenreihe Landes- und Stadtentwicklungsforschung des Landes Nordrhein-Westfalen*; 3.033)

Korte, Hermann *1988*: Norbert Elias. Vom Werden eines Menschenwissenschaftlers. Frankfurt a.M.

Korte, Hermann *1997*: Über Norbert Elias. Das Werden eines Menschenwissenschaftlers. Opladen (Neuausgabe von Korte 1988)

Korte, Hermann/Kazim Calisgan *1989*: Eine empirische Untersuchung über ausländische Selbständige in Gelsenkirchen. Bochum (Ms.)

Korte, Hermann/Alfred Schmidt *1983*: Migration und ihre sozialen Folgen. Förderung der Gastarbeiterforschung durch die Stiftung Volkswagenwerk 1974-1981. Göttingen (*Schriftenreihe der Stiftung Volkswagenwerk*; 23)

Kramer, Jane *1994*: Sonderbare Europäer. Gesichter und Geschichten. Frankfurt a.M.

Krauth, Cornelia/Rolf Porst *1984*: Sozioökonomische Determinanten von Einstellungen zu Gastarbeitern. In: Karl Ulrich Mayer/Peter Schmidt (Hg.): Allgemeine Bevölkerungsumfrage der Sozialwissenschaften: Beiträge zu methodischen Problemen des ALLBUS 1980. Frankfurt a.M.; New York, S. 233-266

Kremer, Manfred/Helga Spangenberg *1980*: Assimilation ausländischer Arbeitnehmer in der Bundesrepublik Deutschland. Königstein/Ts. (*Materialien zur Arbeitsmigration und Ausländerbeschäftigung*; 5)

Kreckel, Reinhard (Hg.) *1983*: Soziale Ungleichheiten. Göttingen (*Soziale Welt*; Sonderbd. 2)

Krings, Thomas *1995*: Internationale Migration nach Deutschland und Italien im Vergleich. In: *Geographische Rundschau*, 47, S. 437-442

Kristeva, Julia *1990*: Fremde sind wir uns selbst. Frankfurt a.M.

Kritz, Mary M. et al. (eds.) *1981*: Global Trends in Migration. Theory and Research on International Population Movements. New York

Krüger-Potratz, Marianne *1991*: Anderssein gab es nicht. Ausländer und Minderheiten in der DDR. Münster

Kubat, Daniel (ed.) *1993*: The Politics of Migration Policies. Settlement and Integration. The First World into the 1990s. New York (*Center for Migration Studies*)

Kühn, Heinz *1979*: Stand und Weiterentwicklung der Integration ausländischer Arbeitnehmer und ihrer Familien in der Bundesrepublik Deutschland. Memorandum des Beauftragten der Bundesregierung. Bonn

Künne, Wilfried *1979*: Die Außenwanderung jugoslawischer Arbeitskräfte. Ein Beitrag zur Analyse internationaler Arbeitskräftewanderungen. Königstein/Ts. (*Materialien zur Arbeitsmigration und Ausländerbeschäftigung*; 2)

Kürsat-Ahlers, Elcin (Hg.) *1992*: Die multikulturelle Gesellschaft: der Weg zur Gleichstellung? Frankfurt a.M.

Kursbuch 62: 'Vielvölkerstaat Bundesrepublik'. Berlin *1980*

Kurz, Ursula *1965*: Partielle Anpassung und Kulturkonflikt. Gruppenstruktur und Anpassungsdispositionen in einem italienischen Gastarbeiterlager. In: *Kölner Zeitschrift für Soziologie und Sozialpsychologie*, 17, S. 814-832

Kuzmics, Helmut *1989*: Der Preis der Zivilisation. Die Zwänge der Moderne im theoretischen Vergleich. Frankfurt a.M.; New York

Langenheder, Werner *1968*: Ansatz zu einer allgemeinen Verhaltenstheorie in den Sozialwissenschaften. Dargestellt und überprüft an Ergebnissen empirischer Untersuchungen über Ursachen von Wanderungen. Köln; Opladen

Laux, Hans Dieter/Günter Thieme *1995*: Asiatische Einwanderer in den USA. Entwicklung und sozio-ökonomische Merkmale einer aufstrebenden Minderheit. In: *Geographische Rundschau*, 47, S. 429-436

Layton-Henry, Zig *1992*: The Politics of Immigration. Oxford; Cambridge, Mass.

Lederer, Harald W. *1997*: Migration und Integration in Zahlen. Ein Handbuch. Im Auftrag der Beauftragten der Bundesregierung für Ausländerfragen. Bamberg (*europäisches forum für migrationsstudien*)

Lee, Everett S. *1972*: Eine Theorie der Wanderung. In: Szell, S. 115-129 (amerikanisches Original von 1966)

Lee, Joann Faung Jean *1991*: Asian American Experiences in the United States. Oral Histories of First to Forth Generation Americans from China, the Philippines, Japan, India, the Pacific Islands, Vietnam and Cambodia. Jefferson, N.C.; London

Leggewie, Claus *1980*: Deutschland - Land aus Gold. Zur Ökonomie des Arbeitsmigranten. In: *Kursbuch 62*, S. 121-133

Leggewie, Claus *1989*: 'Multikulturelle Gesellschaft' oder: die Naivität der Ausländerfreunde. In: *Arbeitshefte zur sozialistischen Theorie und Praxis*, Heft Nr. 84, S. 60-64

Leggewie, Claus *1993*: Vom Deutschen Reich zur Bundesrepublik - und nicht zurück. Zur politischen Gestalt einer multikulturellen Gesellschaft. In: Schwierige Fremdheit, S. 3-20

Leggewie, Claus *1997*: Ethnische Spaltungen in demokratischen Gesellschaften. In: Heitmeyer 1997b, S. 233-254

Lehmann, Albrecht *1991*: Im Fremden ungewollt zuhaus. Flüchtlinge und Vertriebene in Westdeutschland 1945-1990. München

Lehmann, Andreas *1998*: Go West! Ostdeutsche in Amerika. Porträts von Andreas Lehmann. Berlin

Leisinger, Klaus/Thomas Siebold *1997*: Bevölkerung und Verstädterung. In: Stiftung Entwicklung und Frieden, S. 119-131

Lemert, Charles (ed.) *1993*: Social Theory. The Multicultural and Classic Readings. Boulder et al.

Lenz, Ilse *1995*: Geschlecht, Herrschaft und internationale Ungleichheit. In: Regina Becker-Schmidt/Gudrun-Axeli Knapp (Hg.): Das Geschlechterverhältnis als Gegenstand der Sozialwissenschaften. Frankfurt a.M.; New York, S. 19-46

Lenz, Karl *1996*: Multikulturalismus in Kanada. Ethnisches Profil mit zwei Dominanten. In: *Geographische Rundschau*, 48, H. 4, S. 240-246

Lepsius, M. Rainer *1977*: Soziologische Theoreme über die 'Moderne' und die 'Modernisierung'. In: Reinhart Koselleck (Hg.): Studien zum Beginn der modernen Welt. Stuttgart, S. 10-29

Lerner, Daniel *1969*: Die Modernisierung des Lebensstils: eine Theorie. In: Zapf, Wolfgang (Hg.): Theorien des sozialen Wandels. Köln, Berlin, S. 362-381 (übersetzter Auszug aus *The Passing of Traditional Society*. New York 1958)

Leudesdorff, Rene/Horst Zillessen (Hg.) *1971*: Gastarbeiter = Mitbürger. Bilder, Fakten, Gründe, Chancen, Modelle, Dokumente. Gelnhausen; Berlin

Leuthold, Ruedi/Marc-Oliver Schulz *1997*: Strasse der Freiheit. Frauenemigration aus der Dominikanischen Republik. In: *Neue Zürcher Zeitung* vom 12./13.7.97, S. 60-62

Lévinas, Emmanuel *1984*: Die Zeit und der Andere. Hamburg (französische Originalausgabe 1979)

Levine, Donald et al. *1981*: Simmels Einfluß auf die amerikanische Soziologie. In: Lepenies, Wolf (Hg.): Geschichte der Soziologie. Studien zur kognitiven, sozialen und historischen Identität einer Disziplin. 4 Bde. Frankfurt a.M., Bd. 4, S. 32-81 (amerikanisches Original des Aufsatzes von 1975/76)

Lichtenberger, Elisabeth *1984*: Gastarbeiter - Leben in zwei Gesellschaften. Wien u.a.

Lindner, Rolf *1990*: Die Entstehung der Stadtkultur. Soziologie aus der Erfahrung der Reportage. Frankfurt a.M.

Liu, John M. *1995*: A Comparative View of Asian Immigration to the USA. In: Cohen, S. 253-262

Losi, Natale *1996*: Italien - Vom Auswanderungsland zum Einwanderungsland. In: Fassmann/Münz, S. 119-138

Lubinski, Volker *1994*: Ausländerintegration in der Sackgasse? Beobachtungen der Ausländerbeiräte von Dortmund und Duisburg im funktionalen Vergleich. Bochum

Lüderwaldt, Detlef *1984*: Integration (politisch-programmatisch). In: Auernheimer, S. 177-179

Lüttinger, Paul *1986*: Der Mythos von der schnellen Integration. Eine empirische Untersuchung zur Integration der Vertriebenen und Flüchtlinge in der Bundesrepublik Deutschland. In: *Zeitschrift für Soziologie*, 15, S. 20-36

Lüttinger, Paul *1989*: Integration der Vertriebenen. Eine empirische Analyse. Frankfurt a.M.; New York

Luhmann, Niklas *1996*: Jenseits von Barbarei. In: Max Miller/Hans-Georg Soeffner (Hg.): Modernität und Barbarei. Soziologische Zeitdiagnose am Ende des 20. Jahrhunderts. Frankfurt a.M., S. 219-230

Luhmann, Niklas *1997*: Die Gesellschaft der Gesellschaft. 2 Bde. Frankfurt a.M.

Lutz, Helma *1991*: Welten verbinden: türkische Sozialarbeiterinnen in den Niederlanden und der Bundesrepublik Deutschland. Frankfurt a. M.

Malacic, Janez *1994*: Labor Migration from Former Yugoslavia. In: Fassmann/Münz, S. 207-219

Malchow, Barbara u.a. *1990*: Die fremden Deutschen. Aussiedler in der Bundesrepublik. Reinbek

Mann, Arthur *1974*: Immigrants in American Life. Selected Readings. Atlanta et al. (erste Auflage 1968)

Mansel, Jürgen *1988*: Die Disziplinierung der Gastarbeiternachkommen durch Organe der Strafrechtspflege. In: *Zeitschrift für Soziologie*, 17, S. 349-364

Mark, Rudolf A. 1992: Die Völker der ehemaligen Sowjetunion. Ein Lexikon. Opladen (2., neubearb. u. erw. Auflage)

Marshall, Thomas H. *1992*: Bürgerrecht und soziale Klassen. Zur Soziologie des Wohlfahrtsstaates. Frankfurt a.M.; New York (*Theorie und Gesellschaft*; 22) (nordamerik. Originalausgabe 1981)

Marx, Karl *1962*: Das Kapital. Zur Kritik der politischen Ökonomie. Bd. 1. Berlin (Ost) (Erstausgabe von 1867)

Mehrländer, Ursula *1984*: Ausländerpolitik und ihre sozialen Folgen. In: Griese, S. 89-102

Meier-Braun, Karl-Heinz *1984*: 'Ausländerpolitik'. In: Auernheimer, S. 65-70

Meier-Braun, Karl-Heinz *1986*: Hinter dem Pflug fing alles an. Die ersten Italiener in Baden-Württemberg - Erinnerungen an die fünfziger Jahre. In: *aid* (*Ausländer in Deutschland*; hg. vom Bundesministerium für Arbeit und Sozialordnung), H. 2, S. 14f.

Meier-Braun, Karl-Heinz *1988*: Integration oder Rückkehr. Zur Ausländerpolitik des Bundes und der Länder, insbesondere Baden-Württembergs. Mainz; München

Meier-Braun, Karl-Heinz *1995*: 40 Jahre 'Gastarbeiter' und Ausländerpolitik in Deutschland. In: *Aus Politik und Zeitgeschichte*, B 35, S. 4-22

Meinhardt, Rolf (Hg.) 1984: Türken raus? Oder: Verteidigt den sozialen Frieden. Beiträge gegen die Ausländerfeindlichkeit. Reinbek
Meister, Dorothee M. 1997: Zwischenwelten der Migration. Biographische Übergänge jugendlicher Aussiedler aus Polen. Weinheim; München
Merton, Robert K. 1968: Sozialstruktur und Anomie. In: Sack, Fritz/René König (Hg.): Kriminalsoziologie. Wiesbaden, S. 283-313 (amerikanische Erstfassung von 1938)
Meyer, Günther 1995: Arbeiterwanderung in die Golfstaaten. In: *Geographische Rundschau*, 47, S. 423-428
Mills, Charles Wright et al. 1967: The Puerto Rican Journey. New York's Newest Migrants. New York (erste Ausgabe 1950)
Ministerium für Kultus und Sport Baden-Württemberg (Hg.) 1983: Bildungsverhalten und Schulerfolg der ausländischen Kinder in Baden-Württemberg. Stuttgart
Mintzel, Alf 1997: Multikulturelle Gesellschaften in Europa und Nordamerika. Konzepte, Streitfragen, Analysen, Befunde. Passau
Moberg, Vilhelm 1982: Die Auswanderer. Eine schwedische Chronik. 2 Bde. Frankfurt a.M. u.a. 1982 (schwed. Originalausgabe von 1949, 1952; dt. Erstausgabe 1954 unter dem Titel *Bauern ziehen übers Meer*. Berlin)
Modood, Tariq/Pnina Werbner (eds.) 1997: The Politics of Multiculturalism in the New Europe. Racism, Identity and Community. London
Morokvasic, Mirjana 1983: Women in Migration: Beyond the Reductionist Outlook. In: Phizacklea, S. 13-32
Morokvasic, Mirjana 1987: Jugoslawische Frauen. Die Emigration - und danach. Basel; Frankfurt a.M.
Morokvasic, Mirjana 1994: Pendeln statt Auswandern. Das Beispiel der Polen. In: Morokvasic/Rudolph, S. 166-187
Morokvasic, Mirjana/Hedwig Rudolph (Hg.) 1994: Wanderungsraum Europa. Menschen und Grenzen in Bewegung. Berlin
Münch, Richard 1997: Elemente einer Theorie der Integration moderner Gesellschaften. Eine Bestandsaufnahme. In: Heitmeyer, 1997b, S. 66-109
Münch, Ursula 1992: Asylpolitik in der Bundesrepublik. Opladen (2., erg. Aufl. 1993)
Münch, Ursula 1994: Vorgeschichte, Probleme und Auswirkungen der Asylrechtsänderung 1993. In: Tessmer, S. 103-136
Münkler, Herfried (Hg.) 1997: Furcht und Faszination. Facetten der Fremdheit. Berlin
Münz, Rainer u.a. 1997: Zuwanderung nach Deutschland. Strukturen, Wirkungen, Perspektiven. Frankfurt a.M.; New York
Nadolny, Sten 1990: Selim oder Die Gabe der Rede. München; Zürich
Nassehi, Armin 1995: Der Fremde als Vertrauter. Soziologische Betrachtungen zur Konstruktion von Identitäten und Differenzen. In: *Kölner Zeitschrift für Soziologie und Sozialpsychologie*, 47, S. 443-463
Nauck, Bernhard 1985: Arbeitsmigration und Familienstruktur. Eine Analyse der mikrosozialen Folgen von Migrationsprozessen. Frankfurt a.M.; New York (*Campus-Forschung*; 426)
Nauck, Bernhard 1988: Zwanzig Jahre Migrantenfamilien in der Bundesrepublik. Familiärer Wandel zwischen Situationsanpassung, Akkulturation und

Segregation, in: Rosemarie Nave-Herz (Hg.): Wandel und Kontinuität der Familie in der Bundesrepublik Deutschland. Stuttgart, S. 279-297

Neckel, Sighard *1997*: Die ethnische Konkurrenz um das Gleiche. Erfahrungen aus den USA. In: Heitmeyer 1997b, S. 255-275

Niedhart, Gottfried *1987*: Geschichte Englands im 19. und 20. Jahrhundert. München

Nikolinakos, Marios *1973*: Politische Ökonomie der Gastarbeiterfrage - Migration und Kapitalismus. Reinbek (*rowohlt aktuell*; 1581)

Noelle-Neumann/Renate Köcher (Hg.) *1997*: Allensbacher Jahrbuch der Demoskopie 1993-1997. München

Nohl, Arnd-Michael 1998: Kultur versus Nation. In: *die tageszeitung* vom 23./24.5.98

Nowotny, Helga/Klaus Taschwer (Hg.) *1993*: Macht und Ohnmacht im neuen Europa. Zur Aktualität der Soziologie von Norbert Elias. Wien

Nuscheler, Franz *1995*: Internationale Migration. Flucht und Asyl. Opladen

Oberndörfer, Dieter/Uwe Berndt (Hg.) *1992*: Einwanderungs- und Eingliederungspolitik als Gestaltungsaufgaben. Gütersloh

OECD (Organisation for Economic Co-Operation and Development) (ed.) 1989: SOPEMI (*Continuous Reporting System on Migration*) *1988*. Paris

Özdemir, Cem *1997*: Ich bin Inländer. Ein anatolischer Schwabe im Bundestag. München

Offe, Claus *1994*: Ethnische Politik im osteuropäischen Transformationsprozeß. In: ders.: Der Tunnel am Ende des Lichts. Erkundungen der politischen Transformation im Neuen Osten. Frankfurt a.M., S. 135-186

Ogata, Sadako *1997*: Flüchtlinge und Migranten: Möglichkeiten der Steuerung von Wanderungsbewegungen. In: Angenendt, S. 239-247

Opitz, Peter J. (Hg.) *1997*: Der globale Marsch. Flucht und Migration als Weltproblem. München

Otto, Karl A. (Hg.) *1990*: Westwärts - Heimwärts? Aussiedlerpolitik zwischen 'Deutschtümelei' und 'Verfassungsauftrag'. Bielefeld

Pagenstecher, Cord *1996*: Die 'Illusion' der Rückkehr. Zur Mentalitätsgeschichte von 'Gastarbeit' und Einwanderung. In: *Soziale Welt*, 47, S. 149-179

Park, Robert E. *1950a*: Race and Culture. Essays in the Sociology of Contemporary Man. Glencoe

Park, Robert E. *1950b*: Our Racial Frontier on the Pacific. In: ders., 1950a, S. 138-151 (Original von 1926)

Park, Robert E. *1950c*: Human Migration and the Marginal Man. In: ders., 1950a, S. 345-356 (Original von 1928)

Park, Robert E./Ernest W. Burgess *1921*: Introduction to the Science of Sociology. Chicago

Park, Robert E./Herbert A. Miller *1969*: Old-World Traits Transplanted. New York (Originalausgabe von 1921)

Park, Robert E. et al. *1925*: The City. Chicago

Parsons, Talcott *1964*: Beiträge zur soziologischen Theorie. Neuwied

Perec, Georges/Robert Bober *1997*: Geschichten von Ellis Island oder Wie man Amerikaner macht. Berlin (frz. Erstausgabe 1980)

Petersen, William *1972*: Eine allgemeine Typologie der Wanderung. In: Szell, S. 95-114 (amerikanische Erstfassung 1957)

Petersen, William *1968*: Migration: Social Aspects. In: International Encyclopedia of the Social Sciences. Ed. by David L. Sills. Vol. I, S. 286-292
Pfeil, Elisabeth *1948*: Der Flüchtling. Gestalt einer Zeitenwende. Hamburg
Phizacklea, Annie (ed.) *1983*: One way ticket: migration and female labour. London et al.
Piore, Michael J. *1983*: Internationale Arbeitskräftemigration und dualer Arbeitsmarkt. In: Kreckel, S. 347-367
Polm, Rita *1995*: Ethnische/religiöse Gruppen in der Bundesrepublik Deutschland. In: Schmalz-Jacobsen/Hansen, S. 555-557
Portes, Alejandro/Ruben G. Rumbaut *1990*: Immigrant America: A Portrait. Berkeley
Potts, Lydia *1988*: Weltmarkt für Arbeitskraft. Von der Kolonisation Amerikas bis zu den Migrationen der Gegenwart. Hamburg
Prengel, Annedore *1995*: Pädagogik der Vielfalt. Opladen (2. Aufl.)
Price, Charles *1969*: The Study of Assimilation. In: Jackson, S. 181-237
Pries, Ludger *1996*: Transnationale Soziale Räume. Theoretisch-empirische Skizze am Beispiel der Arbeitswanderungen Mexiko - USA. In: *Zeitschrift für Soziologie*, 25, S. 437-453
Pries, Ludger (Hg.) *1997a*: Transnationale Migration. Baden-Baden (*Soziale Welt*; Sonderbd. 12)
Pries, Ludger *1997b*: Neue Migration im transnationalen Raum. In: ders., 1997a, S. 15-44
Pro Asyl (Hg.) *1993*: Das neue Asylrecht - Ein Leitfaden für die Praxis. Karlsruhe
Pro Asyl (Hg.) *1998*: Mindestanforderungen an ein neues Asylrecht. Frankfurt a.M.
Puskeppeleit, Jürgen *1995*: Die Minderheit der (Spät-)Aussiedler und (Spät-)Aussiedlerinnnen. In: Schmalz-Jacobsen/Hansen, S. 75-89
Radtke, Frank-Olaf *1996*: Multikulturell. Die Konstruktion eines sozialen Problems und ihre Folgen. Opladen
Ravenstein, Ernest George *1885*: The Laws of Migration. In: *Journal of the Royal Statistical Society*, XLVIII, S. 167-227
Ravenstein, Ernest George *1889*: The Laws of Migration. In: *Journal of the Royal Statistical Society*, LII, S. 241-301
Ravenstein, Ernest George *1972*: Die Gesetze der Wanderung I und II. In: Szell, S. 41-94 (englisches Original von 1885 und 1889)
Redford, Arthur *1964*: Labour Migration in England 1800-1850. Mancester (Erstausgabe von 1926)
Redling, Julius *1989*: Kleines USA-Lexikon. Wissenswertes über Land und Leute. München (*Beck'sche Reihe*; 826)
Reimann, Helga *1987*: Die Wohnsituation der Gastarbeiter. In: Reimann/Reimann, S. 175-197
Reimann, Helga/Horst Reimann (Hg.) *1987a*: Gastarbeiter. Analysen und Perspektiven eines sozialen Problems. 2., völlig neu bearbeitete Auflage. Opladen (*WV-studium*; 132)
Reimann, Helga/Horst Reimann *1987b*: Gastarbeiterproblematik und Migrationsforschung. In: dies., 1987a, S. 1-20
Reimann, Horst *1980*: Gastarbeiterpolitik zwischen Integration und Rotation. In: Freund, S. 15-24

Reimers, David M. *1981*: Post-World War II Immigration to the United States: America's Latest Newcomers. In: Gordon, S. 1-12

Repräsentativuntersuchung '95: Situation der ausländischen Arbeitnehmer und ihrer Familienangehörigen in der Bundesrepublik Deutschland. Sozialwissenschaftliches Institut für Gegenwartsfragen und Forschungsinstitut der Friedrich-Ebert-Stiftung im Auftrag des Bundesministeriums für Arbeit und Sozialordnung. Berlin, Bonn, Mannheim 1996

Rheims, Birgit *1997*: Migration und Flucht. In: Stiftung Entwicklung und Frieden, S. 97-117

Richardson, Alan *1957*: The Assimilation of British Immigrants in Australia. In: *Human Relations*, 10, S. 157-166

Richmond, Anthony H. *1969*: Sociology of Migration in Industrial and Post-Industrial Societies. In: Jackson, S. 238-281

Richmond, Anthony H. *1988*: Sociological Theories of International Migration: The Case of Refugees. In: *Current Sociology*, 36, No. 2, S. 7-25

Richmond, Anthony H. *1992*: Sociological Perspectives on Refugee Movements. Paper presented at the conference of the ISA (International Sociological Association), Research Committee on Migration, 5-8 April, Lissabon (Ms.)

Richter, Helmut *1983*: Subkulturelle Segregation zwischen Assimilation und Remigration - Identitätstheoretische Überlegungen für einen dritten Weg in der Ausländerpolitik. In: Hamburger u.a., S. 106-125

Robertson-Wensauer, Caroline Y. (Hg.) *1993*: Multikulturaliät - Interkulturalität? Probleme und Perspektiven der multikulturellen Gesellschaft. Baden-Baden

Rogers, Rosemarie (ed.) *1985*: Guests Come to Stay. The Effects of European Labor Migration on Sending and Receiving Countries. Boulder; London

Rommelspacher, Birgit *1997*: Die Erfindung des Fremden. In: *die tageszeitung* vom 27.11.97

Ronge, Volker *1989*: Die Übersiedler aus der DDR finden rasch Wohnung und Beruf. Größere Schwierigkeiten bei der 'sozialen Integration'. In: *Frankfurter Allgemeine Zeitung* vom 25.9.89

Ronzani, Silvio *1980*: Arbeitskräftewanderung und gesellschaftliche Entwicklung. Erfahrungen in Italien, in der Schweiz und in der Bundesrepublik Deutschland. Königstein/Ts.

Rorty, Richard *1998a*: Achieving our country. Leftist thought in twentieth-century America. Cambridge, Mass.

Rorty, Richard *1998b*: Über Amerika als Gedicht, Nationalstolz und Sentimentalität. Ein Gespräch mit dem Philosophen Richard Rorty. In: *Neue Zürcher Zeitung* vom 8.6.98

Rosch, Marita (Hg.) *1985*: Ausländische Arbeitnehmer und Immigranten. Sozialwissenschaftliche Beiträge zur Diskussion eines aktuellen Problems. Weinheim; Basel

Rosen, Rita *1993*: Mutter - Tochter. Anne - Kiz. Zur Dynamik einer Beziehung. Opladen

Ross, Dorothy *1998*: Jane Addams (1860-1935). Häuslicher Feminismus und die Möglichkeiten der Sozialwissenschaften. In: Claudia Honegger/Theresa Wobbe (Hg.): Frauen in der Soziologie. Neun Porträts. München, S. 130-152

Ruhloff, Jörg *1989*: Harmonisierung oder Widerstreit? Über die Bildungsaufgabe in der Kulturvielfalt. In: *Materialien zur Politischen Bildung*, 2, S. 8-15

Rystad, Göran (ed.) *1990*: The Uprooted. Forced Migration as an International Problem in the Post-War Era. Lund

Sandvoß, Thomas *1995*: Vertriebene, Aussiedler, Spätaussiedler. München

Santel, Bernhard *1995*: Migration in und nach Europa. Erfahrungen. Strukturen. Politik. Opladen 1995

Santel, Bernhard *1998*: Auf dem Weg zur Konvergenz? Einwanderungspolitik in Deutschland und den Vereinigten Staaten im Vergleich. In: *Zeitschrift für Ausländerrecht und Ausländerpolitik*, 18, H. 1, S. 14-20

Sassen, Saskia *1991*: The Global City: New York, London, Tokyo. Princeton

Sassen, Saskia *1996*: Migranten, Siedler, Flüchtlinge. Von der Massenauswanderung zur Festung Europa. Frankfurt a.M.

Schäfers, Bernhard (Hg.) *1994*: Einführung in die Gruppensoziologie. Geschichte, Theorien, Analysen. Heidelberg (UTB; 996) (2., erw. u. aktualisierte Aufl.)

Schäfers, Bernhard (Hg.) *1986*: Grundbegriffe der Soziologie. Opladen (UTB; 1416)

Schäfers, Bernhard *1989*: Gemeindesoziologie. In: Endruweit/Trommsdorff, S. 223-231

Schäfers, Bernhard/Wolfgang Zapf (Hg.) *1998*: Handwörterbuch zur Gesellschaft Deutschlands. Opladen (Redaktion: Sabina Misoch)

Schelsky, Helmut *1950/51*: Die Flüchtlingsfamilie. In: *Kölner Zeitschrift für Soziologie und Sozialpsychologie*, 3, S. 159-177

Schiffauer, Werner *1991*: Die Migranten aus Subay. Türken in Deutschland: Eine Ethnographie. Stuttgart

Schilling, Jürgen *1983*: Multikulturelle Gesellschaft oder Repatriierung? Ausländerpolitik im Widerstreit von christlicher Toleranz und Staatsräson. In: Geissler, Bd. 2, S. 123-130

Schmalz-Jacobsen, Cornelia/Georg Hansen (Hg.) *1995*: Ethnische Minderheiten in der Bundesrepublik Deutschland. Ein Lexikon. München

Schmid, Josef *1996*: Weltbevölkerungswachstum. Die Bürde des 21. Jahrhunderts. In: *Aus Politik und Zeitgeschichte*, B 24-25, S. 14-25

Schmid, Thomas *1989*: Multikulturelle Gesellschaft - großer linker Ringelpiez mit Anfassen. In: *Die Neue Gesellschaft. Frankfurter Hefte*, Nr. 6, S. 541-546

Schmidt Hornstein, Caroline *1995*: Das Dilemma der Einbürgerung. Porträts türkischer Akademiker. Opladen

Schnell, Rainer *1990*: Dimensionen ethnischer Identität. In: Esser/Friedrichs, S. 43-72

Schönbohm, Jörg *1997*: Ausländerpolitik in Deutschland - eine Herausforderung für die Zukunft. In: *Zeitschrift für Ausländerrecht und Ausländerpolitik*, 17, H.1, S. 3-8

Schöneberg, Ulrike *1982*: Bestimmungsgründe der Integration und Assimilation ausländischer Arbeitnehmer in der Bundesrepublik Deutschland und in der Schweiz. In: Hoffmann-Nowotny/Hondrich, S. 449-568

Schöttes, Martina/Monika Schuckar (Hg.) *1994*: Frauen auf der Flucht. Bd. 1. Leben unter politischen Gewaltverhältnissen: Chile, Eritrea, Iran, Libanon, Sri Lanka. Berlin

Schöttes, Martina/Monika Schuckar (Hg.) *1995*: Frauen auf der Flucht. Bd. 2. Weibliche Flüchtlinge im deutschen Exil. Berlin

Schöttes, Martina/Annette Treibel *1997*: Frauen - Flucht - Migration. Wanderungsmotive von Frauen und Aufnahmesituationen in Deutschland. In: Pries, 1997a, S. 85-117

Schrader, Achim *1989*: Migration. In: Endruweit/Trommsdorff, S. 436f.

Schrader, Achim u.a. *1976*: Die Zweite Generation. Sozialisation und Akkulturation ausländischer Kinder in der Bundesrepublik. Kronberg/Ts. (*Athenäum-Taschenbücher*; 4063)

Schütz, Alfred *1972*: Der Fremde. Ein sozialpsychologischer Versuch. In: ders.: Gesammelte Aufsätze, Bd. 2: Studien zur soziologischen Theorie. Den Haag, S. 53-69 (Original von 1944)

Schütz, Philipp *1989*: Der Ruf der Zarin. Ein Beitrag zur Auswanderung hessischer Familien nach Rußland. Marburg *(Sozialwissenschaftliche Studien zur Zwischenbilanz der Umsiedlung, Flucht, Deportation, Vertreibung und Aussiedlung)*

Schulte, Axel *1998*: Multikulturelle Einwanderungsgesellschaften in Westeuropa: Soziale Konflikte und Integrationspolitiken. Bonn (Expertise im Auftrag der *Abt. Arbeits- und Sozialforschung der Friedrich-Ebert-Stiftung*)

Schulz, Marion (Hg.) *1992*: Fremde Frauen. Von der Gastarbeiterin zur Bürgerin. Frankfurt a.M.

Schwarz, Thomas *1997a*: Baltische Staaten und Polen. In: Opitz, S. 56-77

Schwarz, Thomas *1997b*: Zuwanderer und ethnische Vereine im Berliner Sport und die Debatte um Integration vs. Segregation. Beitrag für die Tagung „Ethnisch-kulturelle Konflikte im Sport" der dvs-Sektion Sportsoziologie vom 19.-21.3.1997 (Ms.; Berlin)

Schwierige Fremdheit. Über Integration und Ausgrenzung in Einwanderungsländern. Frankfurt a. M. *1993*

See, Katherine O'Sullivan/William J. Wilson *1988*: Race and Ethnicity. In: Smelser, Neil (ed.): Handbook of Sociology. Newsbury Park et al., S. 223-242

Seidel-Pielen, Eberhard *1989*: Hoffnung auf ein besseres Leben. 25 Jahre türkische Einwanderung nach West-Berlin. Erinnerungen einer Gastarbeiterin der ersten Stunde. In: *Der Tagesspiegel* vom 12.11.89

Seidel-Pielen, Eberhard *1996*: Aufgespießt. Wie der Döner über die Deutschen kam. Hamburg

Seifert, Wolfgang *1995*: Die Mobilität der Migranten. Die berufliche, ökonomische und soziale Stellung ausländischer Arbeitnehmer in der Bundesrepublik. Eine Längsschnittanalyse mit dem Sozio-Ökonomischen Panel, 1984-1989. Berlin

Seifert, Wolfgang *1998*: Ausländische Bevölkerung. In: Schäfers/Zapf, S. 49-59

Sen, Faruk *1990*: Probleme und Eingliederungsengpässe der türkischen Migranten in der Bundesrepublik Deutschland. Genf (*International Labour Office*)

Sen, Faruk *1996*: Türkische Migranten in Deutschland - Ein Überblick. In: Sen/Goldberg, S. 11-45

Sen, Faruk/Andreas Goldberg (Hg.) 1996: Türken als Unternehmer. Eine Gesamtdarstellung und Ergebnisse neuerer Untersuchungen. Opladen (*Studien und Arbeiten des Zentrums für Türkeistudien*; 18)

Senocak, Zafer *1997*: Die Sucht nach Identität. In: *die tageszeitung* vom 28.11.97

Shibutani, Tamotsu/Kian M. Kwan *1965*: Ethnic Stratification. A Comparative Approach. New York and London

Siebel, Walter *1998*: Fremdheit ist das Ferment der Urbanität. In: *Neue Zürcher Zeitung* vom 25./26.4.98, S. 57
Siebert, Horst (Hg.) *1994*: Migration - A Challenge for Europe. Tübingen
Simmel, Georg *1908*: Exkurs über den Fremden. In: ders.: Soziologie. Untersuchungen über die Formen der Vergesellschaftung. Leipzig, S. 509-512
Sinclair, Upton *1980*: Der Dschungel. Berlin (amerikanische Originalausgabe von 1906)
Smith, Antony D. *1981*: The Ethnic Revival. Cambridge
Spencer, Herbert *1876*: The Principles of Sociology. Vol. 1-2. New York; London
Stalker, Peter *1994*: The Work of Strangers: A survey of international labour migration. Genf (*ILO*)
Stefanski, Valentina *1989*: Zuwanderungsbewegungen in das Ruhrgebiet von den 'Ruhrpolen' im späten 19. Jahrhundert bis zu den ausländischen Arbeitnehmern unserer Tage. In: *Westfälische Forschungen*, 39, S. 408-429
Stefanski, Valentina *1991*: Zum Prozeß der Emanzipation und Integration von Aussenseitern: Polnische Arbeitsmigranten im Ruhrgebiet. Dortmund (2. Aufl.) (*Schriften des Deutsch-Polnischen Länderkreises der Rheinisch-Westfälischen Auslandsgesellschaft e.V.*; 6)
Steiner-Khamsi, Gita *1992*: Multikulturelle Bildungspolitik in der Postmoderne. Opladen
Stifung Entwicklung und Frieden *1997*: Globale Trends 1998. Fakten - Analysen - Prognosen. Hg. von Ingomar Hauchler u.a. Frankfurt a.M.
Stölting, Erhard *1991*: Festung Europa. Grenzziehungen in der Ost-West-Migration. In: *PROKLA*, Nr. 83, S. 249-263
Stölting, Erhard *1986*: Goldene Stadt und arkadische Heimat. Mechanismen im Emigrationsdiskurs. In: *ZIBALDONE. Zeitschrift für italienische Kultur der Gegenwart*, 2, S. 4-16
Stonequist, Everett V. *1937*: The Marginal Man. A Study in Personality and Culture Conflict. New York
Straube, Hanne *1987*: Türkisches Leben in der Bundesrepublik. Frankfurt a.M.; New York
Suhrke, Astri/Aristide R. Zolberg *1992*: Jenseits der Flüchtlingskrise. Entspannung und dauerhafte Lösungen für die sich entwickelnde Welt. In: Blaschke/Germershausen, S. 11-51
Szell, György (Hg.) *1972*: Regionale Mobilität. Elf Aufsätze. München
Syrup, Friedrich *1918*: Die ausländischen Industriearbeiter (vor dem Kriege). In: *Archiv für exakte Wirtschaftsforschung*. IX (1918/1922), S. 278-301
Taft, Ronald *1957*: A Psychological Model for the Study of Social Assimilation. In: *Human Relations*, 10, S. 141-156
Taliani, Enrico *1971*: Der 'Gastarbeiter' auf dem Wege zur Emanzipation. In: Leudesdorff/Zillessen, S. 69-96
Tan, Dursun *1997*: Das Ende einer Gastarbeit: Ein Versuch, die Zukunft des deutsch-türkischen Zusammenlebens vorauszusehen. In: Waldhoff u.a., S. 235-252
Taschner, Hans Claudius *1997*: Schengen. Die Übereinkommen zum Abbau der Personenkontrollen an den Binnengrenzen von EU-Staaten. Baden-Baden
Taylor, Charles *1993*: Multikulturalismus und die Politik der Anerkennung. Frankfurt a.M. (amerikanische Originalausgabe von 1992)

Tertilt, Hermann *1996*: Turkish Power Boys. Ethnographie einer Jugendbande. Frankfurt a.M.
Tessmer, Carsten (Hg.) *1994a*: Deutschland und das Weltflüchtlingsproblem. Opladen
Tessmer, Carsten *1994b*: Lichterketten und das war's ...??? Anstelle eines Vorworts. In: ders., 1994a, S. 7-18
Thomas, William Isaac/Florian Znaniecki *1974*: The Polish Peasant in Europe and America. New York (Originalausgabe 1918-1921)
Thränhardt, Dietrich *1984*: Ausländer als Objekt deutscher Interessen und Ideologien. In: Griese, S. 115-132
Thränhardt, Dietrich *1988*: Die Bundesrepublik Deutschland - ein unerklärtes Einwanderungsland? In: *Aus Politik und Zeitgeschichte*, B 24, S. 3-13
Thränhardt, Dietrich *1993*: Die Ursprünge von Rassismus und Fremdenfeindlichkeit in der Konkurrenzdemokratie. Ein Vergleich der Entwicklungen in England, Frankreich und Deutschland. In: *Leviathan*, 21, S. 336-357
Thränhardt, Dietrich *1995a*: Die Lebenslage der ausländischen Bevölkerung in der Bundesrepublik Deutschland. In: *Aus Politik und Zeitgeschichte*, B 35, S. 3-13
Thränhardt, Dietrich *1995b*: Die Reform der Einbürgerung in Deutschland. In: *Forschungsinstitut der Friedrich-Ebert-Stiftung, Abt. Arbeits- und Sozialforschung* (Hg.): Einwanderungskonzeption für die Bundesrepublik Deutschland. Bonn, S. 63-116
Tichy, Roland *1990*: Ausländer rein! Warum es kein 'Ausländerproblem' gibt. München; Zürich (*Serie Piper*; 908)
Todd, Emmanuel *1998*: Das Schicksal der Immigranten. Deutschland - USA - Frankreich - Großbritannien. Düsseldorf
Toksöz, Gülay *1992*: Immigrantinnen in Gewerkschaften. Die (Un)Möglichkeit der aktiven Interessenvertretung. In: Schulz, S. 46-63
Tomei, Verónica *1997*: Europäische Migrationspolitik zwischen Kooperationszwang und Souveräntitätsansprüchen. Bonn (*Forum Migration*; 3)
Torke, Hans-Joachim (Hg.) *1995*: Die russischen Zaren: 1547-1917. München
Treibel, Annette *1988*: Engagement und Distanzierung in der westdeutschen Ausländerforschung. Eine Untersuchung ihrer soziologischen Beiträge. Stuttgart
Treibel, Annette *1990*: Engagierte Frauen, distanzierte Männer? Anmerkungen zum Wissenschaftsbetrieb. In: Hermann Korte (Hg.): Gesellschaftliche Prozesse und individuelle Praxis. Bochumer Vorlesungen zu Norbert Elias' Zivilisationstheorie. Frankfurt a.M., S. 179-196
Treibel, Annette *1993*: Transformationen des Wir-Gefühls. Nationale und ethnische Zugehörigkeiten in Deutschland. In: Blomert u.a., S. 313-345
Treibel, Annette *1997*: Einführung in soziologische Theorien der Gegenwart. Opladen (4., verbesserte Aufl.) (*Einführungskurs Soziologie*; III)
Treibel, Annette *1998*: Migration. In: Schäfers/Zapf, S. 462-472
Tsiakalos, Georgios *1983*: Ausländerfeindlichkeit. Tatsachen und Erklärungsversuche. München (*Beck'sche Schwarze Reihe*; 278)
Tuna, Soner *1997*: Bilingualität als Interkulturalität. In: Waldhoff u.a., S. 127-135
UNHCR (United Nations High Commissioner for Refugees) *1994*: Zur Lage der Flüchtlinge in der Welt. UNHCR-Report 1994. Bonn
UNHCR *1997*: Zur Lage der Flüchtlinge in der Welt. UNHCR-Report 1997-98. Erzwungene Migration: Eine humanitäre Herausforderung. Bonn

Velling, Johannes 1995: Immigration und Arbeitsmarkt. Eine empirische Analyse für die Bundesrepublik Deutschland. Baden-Baden

Voigt, Dieter u.a. *1990*: Soziodemographische Struktur und Einstellungen von Flüchtlingen/Übersiedlern aus der DDR vor und nach der Grenzöffnung. In: *Deutschland-Archiv*, 23, S. 732-746

Vollenweider, Alice 1998: Schauplatz Florenz. Schildbürgerstreiche und Sommernächte. Von Touristen und anderen Ausländern. In: *Neue Zürcher Zeitung* vom 4./5.7.98, S. 33

Wagner, Michael *1989*: Räumliche Mobilität im Lebensverlauf. Eine empirische Untersuchung sozialer Bedingungen der Migration. Stuttgart

Waldenfels, Bernhard *1990*: Der Stachel des Fremden. Frankfurt a.M.

Waldenfels, Bernhard *1997*: Topographie des Fremden. Studien zur Phänomenologie des Fremden. Bd. 1. Frankfurt a.M.

Waldenfels, Bernhard *1998*: Grenzen der Normalisierung. Studien zur Phänomenologie des Fremden. Bd. 2. Frankfurt a.M.

Waldhoff, Hans-Peter *1995*: Fremde und Zivilisierung. Wissenssoziologische Studien über das Verarbeiten von Gefühlen der Fremdheit. Probleme der modernen Peripherie-Zentrum-Migration am türkisch-deutschen Beispiel. Frankfurt a.M.

Waldhoff, Hans-Peter *1997*: Ein Übersetzer. Über die sozio-biographische Genese eines transnationalen Denkstils. In: Waldhoff u.a., S. 323-364

Waldhoff, Hans-Peter u.a. (Hg.) *1997*: Brücken zwischen Zivilisationen. Zur Zivilisierung ethnisch-kultureller Differenzen und Machtungleichheiten. Das türkisch-deutsche Beispiel. Frankfurt a.M.

Waldinger, Roger *1989*: Immigration and Urban Change. In: *Annual Reviews Inc.*, 15, S. 211-232

Waldinger, Roger *1993*: Ethnische Gruppen im Konflikt: Iren, Juden, Schwarze und Koreaner. In: Häußermann/Siebel, S. 108-145

Waldinger, Roger et al. (eds.) *1990*: Ethnic Entrepreneurs. Immigrant Business in Industrial Societies. Newbury Park et al. (*Sage Series on Race and Ethnic Relations*; 1)

Waldrauch, Harald *1995*: Theorien zu Migration und Migrationspolitik. In: *Journal für Sozialforschung*, 35, H.1, S. 27-49

Walker, Mack *1997*: Der Salzburger Handel. Vertreibung und Errettung der Salzburger Protestanten im 18. Jahrhundert. Göttingen (*Veröffentlichungen des Max-Plack-Instituts für Geschichte*; 131)

Walzer, Michael *1998*: Über Toleranz. Von der Zivilisierung der Differenz. Hamburg

Warner, William Lloyd/Leo Srole *1945*: The Social Systems of American Ethnic Groups. New Haven (*Yankee City Series*; III)

Waters, Mary C. *1994*: Ethnische Identität als Option. In: Axel Honneth (Hg.): Pathologien des Sozialen. Die Aufgaben der Sozialphilosophie. Frankfurt a.M., S. 205-232

Watson, James L. *1980*: Arbeitsimmigranten in Grossbritannien - neuere Entwicklungen. In: Blaschke/Greussing, S. 38-52

Weber, Max *1972*: Ethnische Gemeinschaftsbeziehungen. In: ders.: Wirtschaft und Gesellschaft. Grundriss der verstehenden Soziologie. Tübingen, S. 234-240 (Erstausgabe 1922)

Wenning, Norbert *1996*: Migration in Deutschland. Ein Überblick. Münster; New York (*Lernen für Europa*; 3)

Westphal, Manuela *1997*: Aussiedlerinnen. Geschlecht, Beruf und Bildung unter Einwanderungsbedingungen. Bielefeld

Whyte, William Foote *1996*: Street Corner Society. Die Sozialstruktur eines Italienerviertels. Berlin; New York (US-amerikanische Originalausgabe 1943; Übersetzung nach der erweiterten 3. Aufl. 1981)

Wichterich, Christa *1998*: Die globalisierte Frau. Berichte aus der Zukunft der Ungleichheit. Reinbek

Wilpert, Czarina *1984*: International Migration and Ethnic Minorities: New Fields for Post-War Sociology in the Federal Republic of Germany. In: *Current Sociology*, Vol. 32, S. 305-352

Wilpert, Czarina *1987*: Zukunftsorientierungen von Migrantenfamilien: Türkische Familien in Berlin. In: Reimann/Reimann, S. 198-221

Winkler, Beate (Hg.) *1993*: Zukunftsangst Einwanderung. München (3., aktualisierte Auflage) (*Beck'sche Reihe*; 471)

Wischer, Christine *1997*: Zusammen leben: Die Integration der Migranten als zentrale kommunale Zukunftsaufgabe. In: *Aus Politik und Zeitgeschichte*, B 46, S. 29-38

Wirth, Louis *1928*: The Ghetto. Chicago

Withol de Wenden, Catherine *1994*: Europa als Schnittpunkt von Migrationsströmen aus dem Osten und dem Süden. In: Morokvasic/Rudolph, S. 62-73

Withol de Wenden, Catherine *1997*: Kulturvermittlung zwischen Frankreich und Algerien: Eine transnationale Brücke zwischen Immigranten, neuen Akteuren und dem Maghreb. In: Pries *1997a*, S. 265-276

Wong, Diana *1992*: Fremdheitsfiguren im gesellschaftlichen Diskurs. Am Beispiel der Asylzuwanderung nach Deutschland. In: *Soziale Welt*, Sonderband 8 (Zwischen den Kulturen? Die Sozialwissenschaften vor dem Problem des Kulturvergleichs). Göttingen, S. 405-419

Wottreng, Willi *1998*: Die Illegalen - Europas moderne Nomaden. In: *Neue Zürcher Zeitung* vom 24./25.1.98

Wrench, John/John Solomos (eds.) *1993*: Racism and Migration in Western Europe. Oxford; Providence

Yoo, Jung-Sook *1995*: Die koreanische Minderheit. In: Schmalz-Jacobsen/Hansen, S. 285-301

Yoo, Jung-Sook *1996*: Koreanische Immigranten in Deutschland. Interessenvertretung und Selbstorganisation. Hamburg

Zangwill, Israel *1925*: The Melting Pot. A Drama in 4 acts. London (reprint; amerikanische Originalausgabe von 1909)

Zentrum für Türkeistudien (Hg.) *1994*: Ausländer in der Bundesrepublik Deutschland. Ein Handbuch. Opladen

Zentrum für Türkeistudien (Hg.) *1995*: Migration und Emanzipation. Türkische Frauen in Nordrhein-Westfalen. Opladen

Zimmermann, Gunter E. *1998*: Räumliche Mobilität. In: Schäfers/Zapf, S. 514-524

Zolberg, Aristide *1991*: Die Zukunft der internationalen Migrationsbewegungen. In: *PROKLA*, 21, Nr. 83, S. 189-221

Zolberg, Aristide et al. *1989*: Escape from Violence: Conflict and the Refugee Crisis in the Developing World. New York

Zubrzycki, Jerzy *1956*: Polish Immigrants in Britain. A Study of Adjustment. Den Haag